Cyfan-dir Cymru

Y MEDDWL A'R DYCHYMYG CYMREIG
Golygydd Cyffredinol: Gerwyn Wiliams

Dan olygyddiaeth gyffredinol John Rowlands

1. M. Wynn Thomas (gol.), *DiFfinio Dwy Lenyddiaeth Cymru* (1995)
2. Gerwyn Wiliams, *Tir Neb* (1996) (Llyfr y Flwyddyn 1997; Enillydd Gwobr Goffa Ellis Griffith)
3. Paul Birt, *Cerddi Alltudiaeth* (1997)
4. E. G. Millward, *Yr Arwrgerdd Gymraeg* (1998)
5. Jane Aaron, *Pur fel y Dur* (1998) (Enillydd Gwobr Goffa Ellis Griffith)
6. Grahame Davies, *Sefyll yn y Bwlch* (1999)
7. John Rowlands (gol.), *Y Sêr yn eu Graddau* (2000)
8. Jerry Hunter, *Soffestri'r Saeson* (2000) (Rhestr Fer Llyfr y Flwyddyn 2001)
9. M. Wynn Thomas (gol.), *Gweld Sêr* (2001)
10. Angharad Price, *Rhwng Gwyn a Du* (2002)
11. Jason Walford Davies, *Gororau'r Iaith* (2003) (Rhestr Fer Llyfr y Flwyddyn 2004)
12. Roger Owen, *Ar Wasgar* (2003)
13. T. Robin Chapman, *Meibion Afradlon a Chymeriadau Eraill* (2004)
14. Simon Brooks, *O Dan Lygaid y Gestapo* (2004) (Rhestr Hir Llyfr y Flwyddyn 2005)
15. Gerwyn Wiliams, *Tir Newydd* (2005)
16. Ioan Williams, *Y Mudiad Drama yng Nghymru 1880–1940* (2006)
17. Owen Thomas (gol.), *Llenyddiaeth mewn Theori* (2006)
18. Sioned Puw Rowlands, *Hwyaid, Cwningod a Sgwarnogod* (2006)
19. Tudur Hallam, *Canon Ein Llên* (2007) (Enillydd Gwobr Goffa Ellis Griffith)
20. Enid Jones, *FfugLen* (2008) (Enillydd Gwobr Goffa Ellis Griffith)

Dan olygyddiaeth gyffredinol Gerwyn Wiliams

21. Eleri Hedd James, *Casglu Darnau'r Jig-so* (2009)
22. Jerry Hunter, *Llwybrau Cenhedloedd* (2012)
23. Kate Woodward, *Cleddyf ym Mrwydr yr Iaith?* (2013)
24. Rhiannon Marks, *'Pe Gallwn, Mi Luniwn Lythyr'* (2013)
25. Gethin Matthews (gol.), *Creithiau* (2016)
26. Elain Price, *Nid Sianel Gyffredin Mohoni!* (2016)
27. Rhianedd Jewell, *Her a Hawl Cyfieithu Dramâu* (2017)

Y MEDDWL A'R DYCHYMYG CYMREIG

Cyfan-dir Cymru
Ysgrifau ar Gyfannu Dwy Lenyddiaeth Cymru

M. Wynn Thomas

GWASG PRIFYSGOL CYMRU
CAERDYDD
2017

ⓗ M. Wynn Thomas, 2017

Cedwir pob hawl. Ni cheir atgynhyrchu unrhyw ran o'r cyhoeddiad hwn na'i gadw mewn cyfundrefn adferadwy na'i drosglwyddo mewn unrhyw ddull na thrwy unrhyw gyfrwng electronig, mecanyddol, ffotogopïo, recordio, nac fel arall, heb ganiatâd ymlaen llaw gan Wasg Prifysgol Cymru, 10 Rhodfa Columbus, Maes Brigantîn, Caerdydd, CF10 4UP.

www.gwasgprifysgolcymru.org

Mae cofnod catalog i'r llyfr hwn ar gael gan y Llyfrgell Brydeinig.

ISBN   978-1-78683-098-2
e-ISBN 978-1-78683-099-9

Datganwyd gan M. Wynn Thomas ei hawl foesol i'w gydnabod yn awdur ar y gwaith hwn yn unol ag adrannau 77 a 79 Deddf Hawlfraint, Dyluniadau a Phatentau 1988.

Cysodwyd gan Dinefwr Print & Design, Llandybïe
Argraffwyd gan CPI Antony Rowe, Melksham

Cynnwys

Rhagair	vii
Cydnabyddiaethau	xiii

Y Genedl Grefyddol
1. Gwreiddiau'r Syniad o Genedl Anghydffurfiol	3
2. Y Genedl Anghydffurfiol a Llenyddiaeth Saesneg Cymru Ddiwedd y Bedwaredd Ganrif ar Bymtheg	23

Dadeni Cymru Fydd
3. Seisnigrwydd 'Ymadawiad Arthur'	43
4. Chwarae Rhan yng Nghynhyrchiad Cymru Fydd	70

Tri Dysgwr
5. Caethiwed Branwen: Agweddau ar Farddoniaeth Alun Llywelyn-Williams	93
6. Yr Efrydd a'r Almonwydden: Pennar Davies, y Llenor o Lyn Cynon	111
7. Cennad Angen: Barddoniaeth Waldo Williams	128

Dau Fydolwg
8. Ewtopia: Cyfandir Dychymyg y Cymry	149
9. Gwlad o Bosibiliadau: Golwg ar Lên Cymru ac America	171

Dolennau Cyswllt
10. Y Werin a'r Byddigions: *Gwaed yr Uchelwyr* a Diwylliant Llên Troad y Ganrif	191
11. Monica Lewinsky a Fi	210
12. Vernon Watkins: Taliesin Bro Gŵyr	226
13. Y Bardd Cocos ar gefn ei Asyn: Cip ar *Kulturkampf* y Tridegau	240
Mynegai	255

Rhagair

'Ynof mae Cymru'n un', meddai Waldo Williams, ond gan ychwanegu'n onest ac yn awgrymog, 'y modd nis gwn.'[1] 'Deufyd digymod yn ymryson sydd / yn fy mhreswylfa gyfrin', meddai Alun Llywelyn-Williams,[2] gan gyfeirio'n benodol at y ddau ddiwylliant – diwylliant y Gymraeg a diwylliant Saesneg Cymru – a fu'n feithrinfeydd i'w bersonoliaeth ac i'w ddawn. Dau ddatganiad, felly, sy'n llwyr wrthwyneb i'w gilydd – neu fel yna ymddengys ar y darlleniad brysiog cyntaf. Ac eto, medraf fy hun dystio y gall y ddau argyhoeddiad gydorwedd oddi mewn i brofiad amlochrog, amwys, un person. Oherwydd, o ystyried ychydig ymhellach, nid yw'r naill ddatganiad o reidrwydd yn gwrth-ddweud, neu'n nacáu, y llall. Yn wir, medrir dadlau mai undod cyfansawdd yw undod y Gymru fodern. *E pluribus unum* yw'r arwyddair a geir ar sêl fawreddog y Taleithiau 'Unedig', ac mae'n ddisgrifiad teg o Gymru fitw yn ogystal. Ni olyga hynny, wrth gwrs, fod yr elfennau gwahanol sy'n nodweddu'r genedl gyfoes yn cydblethu'n dwt ac yn daclus. Mae'n amlwg ddigon fod y rhan fwyaf o'r priodoleddau hynny'n cyd-fyw'n hynod anfodlon ac anesmwyth, a'u bod nhw hefyd yn gwrthdaro'n barhaus, gan gystadlu'n ffyrnig o ddinistriol â'i gilydd.

Ac o fyfyrio ymhellach, ceir fod modd mentro cam neu ddau arall i'r dyfnderoedd. Oherwydd os taw ffrwyth cydberthyn a thynnu croes gwahanol elfennau yw undod cenedl ar un olwg, yna ar olwg arall, yr undod sy'n cynhyrchu'r profiadau amrywiol hyn o gydberthyn a chroesdynnu. Eto fyth, nid elfennau gosod mo'r cynhwysion gwahanol hyn, oblegid gwelir hwy'n trawsnewid yn barhaus o gyfnod i gyfnod ac o genhedlaeth i genhedlaeth. Mae'r cyfan oll yn symudol; yn fythol adnewyddol a thrawsffurfiannol. A phan fyddwn ni'n synied am 'Hanes Diwylliant', at hyn y byddwn ni mewn gwirionedd yn cyfeirio, er mai prin iawn, iawn, ysywaeth, yw'r haneswyr – boed hwy'n haneswyr diwylliannol neu'n haneswyr cymdeithasol – sydd wedi sylwi ar hynny.

Y broses hon – ac yn bennaf y berthynas gymhleth, gymysg rhwng y ddau ddiwylliant – sy'n nodweddu bywyd diwylliannol y Gymru gyfoes. Hyhi sy'n creu ac yn cynnal 'undod' y mae ei gyfansoddiad yn unigryw i'r genedl. Ni all yr union batrymwaith hwn fodoli oddi mewn i unrhyw gyfanwaith arall. Er da, a hefyd ysywaeth er drwg, y cymhleth tensiynau hyn yw'n cwlwm perthyn arbennig ni fel pobl, ac mae'r ysgrifau sy'n dilyn – cynnyrch ugain mlynedd – yn ymdrech i ymgydnabod â hynny, nid drwy drafod y testun yn benodol ond drwy gydosod dwy lenyddiaeth Cymru a'u trafod ar y cyd. Oherwydd, fel y pwysleisir yn nheitl y gyfrol hon, nid rhyw undod gosod, digyfnewid, mo undod cenedl, eithr ffrwyth proses anodd, barhaus, o gyfannu. Mae'r ysgrifau hyn, felly, yn enghraifft o'r weithred allweddol, fythol ansicr, honno.

Ac yn gynsail i'r gyfrol gyfan mae'r argyhoeddiad a fynegais gyntaf yn y gyfrol *Corresponding Cultures*. Mynnu yr oeddwn fod mawr angen meddwl mewn

> cross-cultural terms, to think, for instance, of writers in the two languages of twentieth-century Wales as deriving from a common cultural source and as sharing social experiences. To think in these terms may be beneficial to our apprehension and appreciation of particular writers, and it should sharpen our sense of the magnitude and hospitable capaciousness of modern Welsh literary culture. But, above all else, to think in these terms is to begin the process of making connections, finding associations, across the cultural divide that has been both the making and undoing of modern Wales, so as to begin the delicate work of stitching Wales together again, and producing an image not of a simple monolithic entity but of a remarkable profusion of significant differences, creative hostilities, silent interconnections and hidden attachments.[3]

Mae hi'n ugain mlynedd bellach ers i'r anogaeth hon gael ei chyhoeddi, ond trist gorfod adrodd ein bod ni'n dal i aros yn ein hunfan, gan ddisgwyl yn ofer o hyd am ymateb priodol. Pa ymdrech a wnaed yn y cyfamser, er enghraifft, i olrhain hanes dyrys cydberthynas gymhleth a chyson gyfnewidiol dau ddiwylliant Cymru, gan gychwyn gyda chyfnod y gwrthdaro (o ymddangosiad *My People*, dyweder, hyd at yr Ail Ryfel Byd) a gorffen gyda dadansoddiad o'n cyfnod amwys ac amlweddog ni o gydnabod a chydberthyn, cyfnod yr esgorodd degawd chwyldroadol y 1960au a chyfraniad gweddnewidiol Cyngor Celfyddydau Cymru arno a datblygiad sydd bellach yn cael ei gefnogi'n swyddogol drwy nawdd Llywodraeth Cymru? Ac o ganolbwyntio ar lenyddiaeth Gymraeg yn unig am y tro, pwy sydd wedi mentro ystyried y posibilrwydd cryf fod dadeni disglair llenyddiaeth yn y Gymraeg ar ddechrau'r ugeinfed ganrif yn bur ddyledus i ddatblygiad bygythiol diwylliant Saesneg y Cymru ddiwydiannol newydd? Nid oes neb, chwaith, wedi trafod yn ystyrlon effaith presenoldeb y Gymraeg ar driniaeth yr iaith Saesneg gan lenorion Cymreig. A byddai'n hawdd amlhau enghreifftiau eraill o'r diffygion sylfaenol amlwg yn ein dealltwriaeth ni o Gymru ddeu-ddiwylliannol yr ugeinfed ganrif.

Nid ymdrech gyson i ymateb i'r her nac i lenwi'r bylchau a geir yn y gyfrol hon. Ymdrech yn unig ydyw i sicrhau bod y ddwy lenyddiaeth yn cydorwedd yn y meddwl ar hyd yr adeg a thrwy hynny fod y sgwrs ddiwylliannol sy'n cyfoethogi'n hadnabyddiaeth ohonom ni ein hunain fel pobl yn cael ei chydnabod. Digon amrwd yw'r rhaniadau oddi mewn i'r gyfrol a phenawdau breision a osodwyd arnynt. Arwyddbyst ydynt yn dynodi rhediad y meddwl, a cheir awgrym hefyd o ddilyniant amser, gan mai trafod Cymru'r canrifoedd a fu y mae'r penodau am 'Y genedl grefyddol' ac felly hefyd y penodau dilynol a grynhoir o dan bennawd bras 'Dadeni Cymru Fydd'. Ymhob achos ceisir arddangos yn dawel fod angen symud yn gyson yn ôl ac ymlaen rhwng dwy iaith a dau ddiwylliant Cymru os am lawn amgyffred datblygiadau allweddol yn hanes y genedl. Eithr ni fynegir yr argyhoeddiad hwnnw'n ymosodol o groch ar ffurf dadl; islais yn unig ydyw.

Wrth fynd heibio, crybwyllir dyled arwyddocaol T. Gwynn Jones i'r awduron Saesneg a fu'n trafod y testun Arthuraidd, ac yn sgil hynny nodir y gallai T. Gwynn Jones ei hun yn hawdd fod wedi dewis barddoni yn y Saesneg yn hytrach na'r Gymraeg, nid yn unig am ei fod wedi ymserchu'n ifanc yng ngherddi'r iaith fain ond am ei fod yn ymwybodol iawn y gallai'r Saesneg lwyr ddisodli'r Gymraeg yng Nghymru. Mae'r adran nesaf yn y gyfrol yn trafod gwaith tri bardd arall y bu'n rhaid iddynt ddewis yn fwriadol ym mha iaith y dymunent ysgrifennu, am mai'r Saesneg oedd eu mamiaith ond eu bod wedi dysgu'r Gymraeg ac wedi ymdrwytho yn ei llenyddiaeth hi. Mae achosion Alun Llywelyn-Williams a Pennar Davies eisoes yn adnabyddus ddigon, ond nid felly achos Waldo Williams. Anghofir fel arfer ei fod wedi ei eni a'i fagu ar aelwyd Saesneg, ac na ddysgodd y Gymraeg tan i'r teulu symud i Fynachlog-ddu pan oedd eisoes yn saith mlwydd oed. Mae'r ffaith mai prin iawn y bu'r trafod ar y wedd allweddol honno ar ei hanes yn enghraifft drawiadol o'n hamharodrwydd ni o hyd i gyfannu'n gweledigaeth o Gymru drwy ddwyn deupen y llinyn diwylliannol Cymreig ynghyd.

A siarad yn fras iawn, bu'n duedd gan y Cymry Cymraeg tan yn ddiweddar uniaethu ag Ewrop ac i ffieiddio'r Unol Daleithiau tra bo'r Cymry Saesneg yn troi eu golygon yn groesawgar i gyfeiriad y Taleithiau Unedig ond yn anwybyddu gwledydd Ewrop bron yn gyfan gwbl. Dyna fan cychwyn yr adran nesaf, sy'n cynnig gorolwg i ni o ymateb llenyddol y ddwy garfan i'r ddau gyfandir. Yn y broses, amlygir yn glir rai o'r gwahaniaethau dyfnaf rhwng dau ddiwylliant Cymru. Ond os mai perthynas groes fydd y berthynas rhyngddynt yn aml, o bryd i'w gilydd ceir enghreifftiau ffrwythlon hefyd o gydgyswllt creadigol, ac ar hynny y canolbwyntir yn adran olaf y gyfrol, o dan y pennawd gobeithiol 'Dolennau cyswllt'.

Cyhoeddwyd ambell un o'r ysgrifau hyn yn wreiddiol yn y Saesneg, ac wrth eu cymhwyso at y gyfrol hon fe'm hatgoffwyd unwaith yn rhagor am y gwahaniaethau sylfaenol rhwng ysgrifennu ar gyfer darllenwyr Cymraeg a darllenwyr Saesneg eu hiaith. Yn anorfod, mae angen darparu cyfeiriadaeth newydd a gwybodaeth gyd-destunol wahanol. Hawdd nodi hynny, ond anoddach, cynilach a mwy cymhleth yw'r gwahaniaeth cywair rhwng ysgrifennu yn y naill iaith a'r llall. Gall yr arddull anffurfiol, agos atoch, sy'n arferol hyd at fod yn ofynnol mewn triniaethau yn y Gymraeg hyd yn oed pan fônt yn academaidd, ymddangos yn gwbl amhriodol yn y Saesneg. Hynny yw, rhaid cadw mewn cof ddisgwyliadau 'darllenydd dychmygol' yn y Saesneg nad yw mor barod i gael ei drin fel petai'n rhannu'r un gwerthoedd ac yn aelod o'r un gymuned â'r awdur. Nid awgrymu yr wyf fod y naill ddull o ysgrifennu yn well na'r llall. Mae i'r ddau nodweddion da a drwg – er enghraifft, ceir yn y Gymraeg amharodrwydd weithiau i ddefnyddio'r cysyniadau anghyfarwydd a'r ymadroddion cymhleth a all fod yn ofynnol os am ddatblygu trafodaeth flaengar, gymhleth, ddysgedig, soffistigedig. Y gofid yw y byddai gwneud hynny'n debygol o elynieithu'ch cynulleidfa ac arwain at y cyhuddiad o fod yn ymhonnus. Y canlyniad anffodus yw y gall trafodaeth Gymraeg weithiau gael ei chyfyngu o fewn terfynau cyfforddus y cyfarwydd, yr arwynebol a'r ystrydebol. Ac mae'r gwrthwyneb yn wir am drafodaeth yn y Saesneg ar brydiau, sef y gall fod tuedd i geisio gwarantu deallusrwydd mentrus ac i arddangos eich soffistigedigrwydd drwy amlhau theorïau ac arfer ieithweddau academaidd astrus cwbl ddiffrwyth a diangen.

Cyhoeddwyd fersiynau cynharach o rai o'r ysgrifau hyn yn y mannau canlynol: 'Gwreiddiau'r syniad o Genedl Anghydffurfiol', *Cylchgrawn Hanes y Methodistiaid Calfinaidd / Historical Society of the Presbyterian Church of Wales*, 38 (2014), 85–104; '"Y Genedl Anghydffurfiol" a llenyddiaeth Saesneg yng Nghymru ddiwedd y bedwaredd ganrif ar bymtheg', *Ysgrifau Beirniadol*, XXIX (2010), tt. 24–50; 'Seisnigrwydd *Ymadawiad Arthur*', *Y Traethodydd* (Gorffennaf 2012), 142–67; 'Yr Efrydd a'r Almonwydden: Pennar Davies, y Llenor o Lyn Cynon', yn Hywel Teifi Edwards (gol.), *Cwm Cynon*, Cyfres y Cymoedd (Llandysul: Gwasg Gomer, 1997), tt. 309–28; 'Ewtopia: cyfandir dychymyg y Cymry', yn Geraint H. Jenkins (gol.), *Cymru a'r Cymry 2000 / Wales and the Welsh 2000* (Caerdydd / Cardiff: Gwasg Prifysgol Cymru / University of Wales Press, 2001), tt. 260–82;

'Caethiwed Branwen: agweddau ar farddoniaeth Alun Llywelyn-Williams', yn Hywel Teifi Edwards (gol.), *Merthyr a Thaf* (Llandysul: Gwasg Gomer, 2001), tt. 393–414; 'Chwarae Rhan yng nghynhyrchiad Cymru Fydd', yn Anwen Jones (gol.), *Perfformio'r Genedl: Ar Drywydd Hywel Teifi Edwards* (Caerdydd: Gwasg Prifysgol Cymru, 2017), tt. 91–116. At hynny, seiliwyd ambell ysgrif ar ddarlith a draddodwyd gennyf: 'Gwlad o bosibiliadau: golwg ar lên Cymru ac America', darlith agoriadol y gynhadledd i lansio Canolfan Uwchefrydiau Cymry America, Prifysgol Caerdydd (21 Hydref 2001); 'Monica Lewinsky a Fi', Darlith Llyfr y Flwyddyn, Cyngor Llyfrau Cymru (Ionawr 2002); 'Vernon Wakins, Taliesin Bro Gŵyr', Eisteddfod Genedlaethol Cymru Abertawe a'r Cylch (Awst 2006); 'Y Bardd Cocos ar Gefn ei Geffyl', Prifysgol Bangor (2007); 'Cennad Angen: Barddoniaeth Waldo Williams', yng nghyfarfod blynyddol Cymdeithas Waldo Williams, sir Benfro (2016). Mae ysgrif arall yn disgwyl cael ei chyhoeddi ar hyn o bryd: 'Y werin a'r byddigions', yn *Gwerddon*, cylchgrawn digidol y Coleg Cymraeg Cenedlaethol.

Unwaith yn rhagor, mae arnaf ddyled sylweddol i'r tîm safonol yng Ngwasg Prifysgol Cymru a fu'n gyfrifol am gynhyrchu'r gyfrol hon, yn bennaf Dafydd Jones, Siân Chapman, Sarah Lewis, Llion Wigley ac Eira Fenn Gaunt. Ac unwaith eto, mae gen i le i ddiolch yn gynnes iawn i fy merch, Elin, am ymgymryd â'r gwaith o baratoi mynegai cymen a chryno. Nid am y tro cyntaf – na'r tro olaf 'chwaith, gobeithio – fe hoffwn gofio'n arbennig am fy ngwraig Karen a'm hwyrion bach, Joseph ac Elliott, wrth gyhoeddi'r darn diweddaraf hwn o'm gwaith.

Nodiadau

1. 'Cymru'n Un', Waldo Williams, *Dail Pren* (Llandysul: Gomer, 2010), t. 78.
2. Alun Llywelyn-Williams, *Cerddi (1934–1952)* (Llundain: Gwasg Gymraeg Foyle, 1942), t. 35.
3. M. Wynn Thomas, *Corresponding Cultures: the Two Literatures of Wales* (Cardiff: University of Wales Press, 1999), t. 74.

Cydnabyddiaethau

3. Seisnigrwydd 'Ymadawiad Arthur'
   Dyfynnir o waith T. Gwynn Jones trwy garedigrwydd Ystad ac Etifeddion T. Gwynn Jones. Cedwir pob hawl.

5. Caethiwed Branwen: Agweddau ar Farddoniaeth Alun Llywelyn-Williams
   Cyhoeddwyd fersiwn cynharach o'r ysgrif hon yn Hywel Teifi Edwards (gol.), *Merthyr a Thaf* (Llandysul: Gwasg Gomer, 2001). Diolchir i Wasg Gomer am ganiatâd i'w chyhoeddi yn y gyfrol hon.

6. Yr Efrydd a'r Almonwydden: Pennar Davies, y Llenor o Lyn Cynon
   Cyhoeddwyd fersiwn cynharach o'r ysgrif hon yn Hywel Teifi Edwards (gol.), *Cwm Cynon* (Llandysul: Gwasg Gomer, 1997). Diolchir i Wasg Gomer am ganiatâd i'w chyhoeddi yn y gyfrol hon.

7. Cennad Angen: Barddoniaeth Waldo Williams
   Dyfynnir o waith Waldo Williams yn y bennod hon trwy ganiatâd Gwasg Gomer.

9. Gwlad o Bosibiliadau: Golwg ar Lên Cymru ac America
   Rhan o *Journals: Early Fifties, Early Sixties* gan Allen Ginsberg. Hawlfraint © Allen Ginsberg, trwy ganiatâd The Wylie Agency (UK) Limited.
   'Wales Visitation' allan o *Collected Poems 1947–1980* gan Allen Ginsberg. Hawlfraint © Allen Ginsberg. Adargraffwyd trwy ganiatâd HarperCollins Publishers.

Y Genedl Grefyddol

1

Gwreiddiau'r Syniad o Genedl Anghydffurfiol[1]

'Standing out pre-eminently as the most remarkable phenomenon in the National life of Wales during recent years', meddai W. George Roberts yn hyderus ym 1903, 'is the overwhelming, almost magical, power of Nonconformity.'[2] Er i haneswyr diweddar fwrw amheuaeth ar y syniad bod y Cymry'n genedl drwyadl gapelog yn Oes Fictoria – dengys yr ystadegau nad oedd y mwyafrif o'r boblogaeth yn tywyllu drws yr un capel, heb sôn am ddod yn aelodau ymroddgar, hyd yn oed pan oedd Anghydffurfiaeth yn ei hanterth[3] – deil yn wir bod yr ymwybyddiaeth o Gymreictod yn y cyfnod hwnnw'n annatod glwm â'r ymdeimlad o berthyn i Genedl Anghydffurfiol ac ategir hynny gan sylwedyddion y tu hwnt i Gymru ei hun yr adeg honno. Felly, ar waethaf gafael ddramatig gynyddol gwleidyddiaeth radical yr enwadau Anghydffurfiol yng Nghymru yn negawdau olaf y bedwaredd ganrif ar bymtheg, a disgleirdeb gyrfaoedd y sêr ifainc T. E. Ellis a David Lloyd George, medrai Cymru Fydd ddatgan yn hyderus a chredadwy am Gymru ym 1890 mai 'Crefydd ydy anadl ei bywyd, crefydd heb wawr gwleidyddiaeth arni.'[4]

Ac eto, ymhen chwarter canrif yr oedd crefydd yng Nghymru yn amlwg ar drai, ac un wedd amlwg ar fywyd deallusol Cymru gydol yr ugeinfed ganrif oedd ymosodiad ffyrnig awduron dylanwadol a haneswyr parchus fel ei gilydd ar gymdeithas gapelog a chrefyddgar y gorffennol. Ar un olwg bwysig yr oedd y gwrth-ymateb hwn yn un ymryddhaol ac iach, a llwyddwyd yn ei sgil i sicrhau darlun mwy cywir, cyfan ac amlweddog o'r Gymru a fu. Ond ar yr un gwynt, yr oedd nifer o'r ymosodiadau a gaed ar y gyfundrefn Anghydffurfiol hwythau'n unllygeidiog ac yn annheg, fel y nodwyd yn fachog gan Saunders Lewis ym 1965 – a prin y medrir ei gyfrif ef yn apolegwr y capeli!

> The religious revival of the eighteenth century made Wales, for a century and a half, a Nonconformist and Calvinist community. There are historians

and critics who are rather sorry about this. Nonconformism is in sad and sullen retreat and Calvinism is almost a dirty word.

For English people of the upper-middle class – that is, the literary English – both Nonconformist and Calvinist have been rather smelly lower class attributes since the eighteenth century. That is the gulf that divides nineteenth-century Welsh literature from English.[5]

Ysywaeth, yn ystod yr ugeinfed ganrif caewyd y bwlch hwnnw rhwng llên Cymru (yn y ddwy iaith) a llên Lloegr yn hyn o beth, a phrin iawn oedd yr awduron a'r deallusion hynny a geisiai achub rhywfaint ar gam y capeli. Yr eithriad pwysicaf yn eu plith, yn ddi-os, yw'r nofelydd nodedig Emyr Humphreys. 'To understand a nineteenth-century Welshman', ysgrifennodd un tro, 'and indeed for a twentieth-century Welshman to understand himself, it is essential to know to which denomination or religious sect his immediate ancestors belonged.'[6] Ystyria Emyr Humphreys ei hun fel nofelydd yn ddisgynnydd William Williams, awdur *Theomemphus*, yn ogystal ag yn storïwr yn llinach awdur anhysbys y *Mabinogi*. Yr oedd Diwygiad Methodistiaid y ddeunawfed ganrif, meddai, yn fodd i greu 'dyn newydd', a'r gweddnewidiad hwnnw a'i gwnaeth hi'n bosibl, maes o law, i Gymru ymrithio'n genedl newydd.

*   *   *

Fel y gwyddom yn dda, esgorwyd ar y genedl newydd honno, y Genedl Anghydffurfiol, tua chanol y bedwaredd ganrif ar bymtheg, pan ymunodd y Methodistiaid – y newydd-ddyfodiaid grymus a'r Anghydffurfwyr anfoddog hynny – ag enwadau'r hen Sentars er mwyn gwrthweithio canlyniadau echrydus Brad y Llyfrau Gleision. Yr oedd modd, wrth gwrs, i'r enwadau traddodiadol olrhain eu hanes yn ôl i John Penri ac i wroniaid ffydd yr ail ganrif ar bymtheg, gan gynnwys sylfaenwyr Llanfaches. Ond ymylol, ar y gorau, fu dylanwad yr enwadau cynnar hynny ar Gymru tan i Ddeddf Taenu'r Efengyl, a basiwyd gan Senedd Cromwell ym 1650, awdurdodi carfan rymus o bregethwyr Piwritanaidd i buro'r Eglwys yng Nghymru. Gwnaed hynny drwy gael gwared o nifer o'r hen offeiriaid ceidwadol a gosod gweinidogion newydd, selog dros achos y Piwritaniaid, yn eu lle. Gwyddys yn dda am enwau'r amlycaf o'r 'Profwyr' hyn – Walter Cradoc, William Erbery, Vavasor Powell – ac, wrth gwrs, am y mwyaf ohonynt o lawer, Morgan Llwyd, a oedd yn Annibynnwr. Mae athrylith Llwyd wrth drin profiadau ysbrydol ac fel llenor crefyddol yn gyfarwydd inni i gyd. Ond nid ar y gweddau hynny ar ei yrfa a'i waith yr wyf am ganolbwyntio yn yr ysgrif hon, ond yn hytrach ar y cyfraniad gwerthfawr ond anfwriadol a wnaeth i ddatblygiad y Genedl Anghydffurfiol, a hynny ddwy ganrif ar ôl ei farw.

Prin, mae'n wir, y medrwn ni sôn am 'hunaniaeth genedlaethol' yn yr ystyr fodern wrth ystyried cyfnod Morgan Llwyd ei hun. Saffach, efallai, fyddai cyfeirio'n hytrach at 'hunaniaeth ethnig', gan fabwysiadu awgrym yr ysgolhaig Anthony Smith.[7] Y mae ef wedi gwahaniaethu'n fras rhwng dwy farn gyfoes gwbl groes i'w gilydd ynghylch ymwybyddiaeth cymuned o fod yn genedl. Mynna un garfan fod yr ymdeimlad o berthyn i genedl yn brofiad hynafol, oesol, a amlygwyd yn gyson ar hyd y canrifoedd. Ond mynna'r garfan arall mai cysyniad diweddar yw'r cysyniad o wladwriaeth genedlaethol. Cynnyrch cyfalafiaeth ddiwydiannol, cyfundrefn weinyddol wladwriaethol, y cyfryngau torfol ac iwtilitariaeth secwlar ydyw cenedl. A phan fydd cenedl fodern yn honni ei bod hi wedi ei gwreiddio'n ddwfn yn y gorffennol, a bod ganddi draddodiad cyfoethog hynafol yn gefn iddi, yna rhamantu amdani ei hun yn unig y mae.

A beth yw barn Anthony Smith am hyn? Mae'n cytuno mai cysyniad modern yw'r wladwriaeth genedlaethol. Ond mae hefyd yn argyhoeddedig bod nifer o nodweddion pwysicaf cenedligrwydd i'w canfod hyd yn oed yng nghymunedau'r hen fyd. Y ddolen sydd, yn ei farn ef, yn cydio'r hen fyd wrth y byd modern yn y cyswllt hwn yw'r ymwybyddiaeth sy'n gyffredin i'r ddau o berthyn i 'ethnie', neu lwyth arbennig o bobl. A'r nodweddion sy'n perthyn i hanfod pob ethnie yw ei fod yn cael ei lunio a'i gynnal drwy gyfrwng myth, symbol a sawl dull o gyfathrebu. Wrth i'r rhain gydblethu a chydweithio maen nhw'n cydio'r boblogaeth yn un ac yn creu ymwybyddiaeth o 'berthyn' sydd yn ddigon cryf i oroesi pob math o droeon mewn hanes. Felly, ym marn Anthony Smith, drwy fod myth a symbol yn ymadweithio (hynny yw, *interact*) mae ethnie yn parhau i ddatblygu, ac yn wir i newid, dros y canrifoedd heb fyth golli yr ymdeimlad o hunanbarhad. Y clwm creiddiol yma rhwng myth a symbol yw'r hyn mae Smith yn ei alw yn 'mythomoteur', a'r mythomoteur hwnnw fydd, i bob pwrpas, yn gyrru cymuned yn ei blaen o oes i oes.

Fy awgrym innau, yn yr ysgrif hon, fydd bod ysgrifeniadau Morgan Llwyd wedi bod yn fodd pwysig i alluogi 'mythomoteur' y gymdeithas y ganed ef ynddi – sef y Gymru draddodiadol, geidwadol, uchelwrol – i ddatblygu i gyfeiriadau chwyldroadol o newydd. Ac ymhen hir a hwyr, arweiniodd hynny at ymffurfiad Cymru newydd, Cymru Anghydffurfiol y bedwaredd ganrif ar bymtheg. Yr hyn a'i galluogodd ef i gyflawni'r swyddogaeth hon oedd ei fod ef ei hun wedi cael y profiad o groesi'r bont rhwng yr hen fyd a'r byd newydd. Fe'i ganed yng Nghynfal, ym 1619, o fewn tafliad carreg i'r man lle gwelir yn awr bwerdy niwclear Trawsfynydd.[8] Yr oedd ei deulu yn perthyn i ddosbarth y mân uchelwyr a oedd wedi bod yn gyfrifol, ers marwolaeth y Llyw Olaf, am gynnal y traddodiad barddol ac am warchod yr hen werthoedd diwylliannol. Cafodd Morgan Llwyd ei hun ei drwytho yn y gynghanedd, ei hyfforddi yn hanes chwedlonol y Brutiau, a'i ddysgu sut i adnabod llinach ac i olrhain achau. Ond yna, ac yntau yn bymtheg mlwydd oed, symudodd i Wrecsam yng nghwmni ei fam, a chamodd ar ei union i fyd cwbl estron, cymdeithas gyfoes y ffin. Yno, am y tro cyntaf, fe'i gwefreiddiwyd gan bregethau tanbaid yr efengylwyr Piwritanaidd. Ac yno, wrth wrando ar un o bregethau'r Cymro Walter Cradoc, profodd dröedigaeth ysgytwol, ac fe'i hargyhoeddwyd yn syth, mae'n bur debyg, fod yn rhaid iddo rannu'r gwir efengyl â'i gydwladwyr annwyl yn ddiymdroi, cyn ei bod hi'n rhy hwyr. Yn y modd hwn, ceisiodd ailgyfannu ei fyd ef ei hun, drwy gydio Cynfal wrth Wrecsam, megis. Ac wrth iddo wneud hynny, gweithiodd bont yn ddiarwybod rhwng yr hen Gymru yr oedd ei gydwladwyr yn dal yn gaeth iddi a'r Gymru newydd a fyddai'n araf ymffurfio yn ystod y ganrif a hanner a oedd i ddilyn.

* * *

Medrwn ddechrau deall y dulliau a fabwysiadwyd ganddo wrth sylwi ar un manylyn bach yn ei lythyr at Richard Baxter, cymedrolwr a oedd yn un o gewri mudiad amlweddog y Piwritaniaid. 'Sr', meddai Morgan Llwyd mewn llythyr a anfonodd ato, 'I hope you are far from disdaining the day of small things (as Augustin the monke under the oake did the Welsh).'[9] A fyddai Baxter wedi deall y neges? Byddai, ond heb lawn amgyffred yr ergyd. Oherwydd, yr oedd y frawddeg yn llawn cyfeiriadaeth gyfrin, gynnil at y cwlwm cymhleth o fyth a symbol a gynhaliai'r ethnie, sef llwyth y Cymry, yr oedd Llwyd yn perthyn iddo.

Gwelir yn syth, wrth gwrs, fod cyfeiriad at Ddewi Sant yn ymhlyg yn yr ymadrodd 'the day of small things'. Credai Morgan Llwyd nad oedd Dewi i'w ystyried yn offeiriad yn Eglwys felltigedig Rhufain. Yn hytrach, cynrychiolai Dewi burdeb bywyd ysbrydol yr eglwys gynnar, a oedd wedi ei gwreiddio'n ddwfn yn nhir Cymru, cyn iddi gael ei dadwreiddio'n greulon gan Awstin Sant, y llysgennad a yrrwyd gan y Pab (tua AD 603) gyda'r bwriad o orfodi'r Brytaniaid, fel y Sacsoniaid, i ymuno ag Eglwys Rufain. Yr oedd Morgan Llwyd yn ymwybodol iawn mai mudiad trwyadl Seisnig oedd Piwritaniaeth yn ei gyfnod ef, ac mai agwedd ddirmygus oedd agwedd yr arweinwyr yn Llundain at y Gymru fach a ymddangosai mor bellennig, mor gyntefig, mor adweithiol ac mor gibddall o anwybodus. Onid oedd Walter Cradoc ei hun wedi ymbil ar y Senedd yn Llundain: 'And what if you should spend one single thought upon poor contemptible Wales? It's little indeed and as little respected.'[10]

Ymdrech oedd sylw Llwyd yn y llythyr at Baxter, felly, i droi'r rhagfarn nawddoglyd honno ben i waered. Awgrym beiddgar Morgan Llwyd oedd mai ei bobl ef, yr hen Frytaniaid megis Dewi Sant a'i debyg, oedd Piwritaniaid gwreiddiol gwledydd Prydain. A sut y llwyddodd Llwyd i ddod i'r casgliad hwn? Drwy addasu, neu arallgyfeirio, hen dybiaeth chwedlonol y Cymry fod yr Efengyl wedi eu cyrraedd nid o gyfeiriad Rhufain ond yn syth o Balestina, am ei bod hi wedi ei chludo yma gan Joseff o Arimathea. Felly, yr oedd Dewi Sant a gweddill y Saint Celtaidd yn ddisgynyddion uniongyrchol yr Apostolion eu hunain. Sylwir ymhellach fod Morgan Llwyd, drwy arallgyfeirio un o fythau creiddiol ei bobl, yn ei alluogi ei hun i gredu nad cefnu ar arferion ei gyndadau – sef yr arferion a ddysgwyd iddo yng Nghynfal – yr ydoedd wrth ymuno â'r Piwritaniaid yn eu byd Seisnig. Na, dychwelyd yr ydoedd at y ffydd hynafol, waelodol, wreiddiol yr oedd ei bobl ysywaeth wedi colli golwg arni. Ei fwriad wrth genhadu ymhlith ei bobl, felly, oedd eu galluogi hwy i adennill y trysor hynafol a gollwyd ganddynt.

* * *

Mae'n ddiddorol cymharu strategaeth Morgan Llwyd, wrth iddo addasu un o hen fythau creiddiol ei lwyth at bwrpas chwyldroadol newydd, ag ymdrechion lliwgar a doniol y gŵr rhyfedd hwnnw Arise Evans i'r un cyfeiriadau yn yr un cyfnod. Yr oedd ef, hefyd, wedi ei eni a'i fagu ym mherfeddwlad Gymreig sir Feirionydd ac yna wedi ymfudo i Wrecsam. Ac er nad oedd yn Biwritan uniongred, rhannai gred eirias Morgan Llwyd fod Diwedd y Byd yn prysur agosáu, cred a oedd wrth gwrs yn gyffredin iawn yn y cyfnod cythryblus hwnnw. Rhys oedd ei enw go iawn, ond fe'i hailfedyddiwyd yn 'Arise' gan y Saeson yn sgil ei hoffter diarhebol o'r adnod yng *Nghaniad Solomon*, 'Arise, my love, my fair one, and come away'.[11] Buan yr ymgartrefodd Arise Evans yn Llundain, ac yno y dechreuodd gyhoeddi cyfres o broffwydoliaethau. Yr oedd gwedd orffwyll ar y rhain o safbwynt y Saeson, ond o graffu drwy lygaid y Cymry ar ei ddatganiadau ynfyd, araf sylweddolwn nad rwtsh llwyr mohonynt wedi'r cyfan. Er mor hynod yr oeddent, fe'u gwreiddiwyd yn hen argyhoeddiad y Cymry mai hwy oedd trigolion gwreiddiol Ynys Prydain a bod yr ynys gyfan yn eiddo iddynt hwy tan i'r Sacsoniaid ei dwyn hi oddi arnynt.

Golygai hyn, meddai Arise Evans, mai disgynyddion yr hen Frytaniaid oedd trwch cenedl y Saeson, yr un fath â chenedl y Cymry, a bod y ddwy genedl yn dal yn ddarostyngedig i'r hen eglwysi llwgr – Eglwys Rufain i ddechrau ac yna Eglwys Loegr – y gorfododd y Sacsoniaid iddynt eu derbyn. A bellach, meddai Arise Evans, yr oedd gan y Saeson, fel y Cymry, gyfle i ymryddhau o'u carchariad ysbrydol: 'Arise', oedd ei anogaeth i'r Saeson, 'that ye may as *Britains* be made partakers of the blessing with us, denying your English and Saxon interest, for surely the Saxon shall vanish, as God hath determined it by our prophecies. Therefore you brave *Britains*, stand up for Christ's kingdom.'[12] Mae'r broffwydoliaeth ryfedd hon yn fynegiant pathetig o ddyhead y Cymry, a oedd bellach i bob pwrpas wedi cael eu traflyncu'n llwyr gan y Saeson yn sgil y Ddeddf Uno, am gyfle i dalu'r pwyth yn ôl i'w concwerwyr.

Unig obaith y Saeson o oroesi Dydd y Farn, yn ôl Arise Evans, yw drwy gydnabod eu Cymreictod cudd – hynny yw, rhaid i'r Saeson droi'n Gymry, gan mai'r Cymry a ddarostyngwyd ac a ddirmygwyd gan y Saeson gyhyd, fydd yn troi'n achubwyr yn Nydd y Farn, gan brofi'n arwyr ysbrydol wedi'r cyfan. 'God hath a special place for England', cyfaddefai Arise Evans yn raslon, dim ond i'r Saeson roi'r gorau i fod yn Saeson: 'for God is come in his promises; therefore now it is time for you English-men to consider it, (and not henceforth to despise, deride and scorn the Welch).' (*ARH*, 16) Yn ei ffordd ddryslyd ei hun, mae Arise Evans yn cyrchu at yr un nod â Morgan Llwyd. Mae'r ddau'n ceisio addasu un o fythau cynhaliol traddodiadol eu pobl, eu llwyth, er mwyn galluogi eu hethnie i oroesi cyfnod o newidiadau ysgubol, ysgytwol, a chwbl chwyldroadol.

* * *

Mae ambell ysgolhaig diweddar wedi awgrymu nad oedd Arise Evans yn ei lawn bwyll.[13] Efallai'n wir. Ac eto yr oedd ganddo seiliau seicolegol a chymdeithasol eithaf cadarn i'w lith hynod. Yr oedd Rhys Evans yn byw yn y cyfnod pan oedd y Cymry bonheddig a oedd wedi tyrru i Lundain yng ngosgordd Harri Tudur ar ôl ei fuddugoliaeth ar faes Bosworth, ac a oedd wedi parhau i besgi drwy gydol teyrnasiad y Tuduriaid, yn ymwybodol iawn eu bod bellach wedi cael eu hisraddio a'u gyrru i'r cyrion gan y Stiwardiaid. O'r herwydd tanseiliwyd eu hyder mai hwy oedd y gwir 'Frytaniaid', ac fe'u gwnaed hwy'n ansicr iawn o'u hunaniaeth fel pobl. Gellir dehongli pamffledi rhyfedd Arise Evans felly fel ymdrech (ofer) ganddo i adfer hen fyth cynhaliol ei lwyth drwy ei amwyso rhyw ychydig i gyfateb i'r sefyllfa argyfyngus oedd ohoni.

Yn wir, gwelir yr un nodweddion seicogymdeithasol yn ysgrifeniadau rhai Cymry Llundain eraill y cyfnod cythryblus rhwng dau frenin. Ym 1658, er enghraifft, cyhoeddodd Thomas Pugh ei bamffled *British and Outlandish Prophesies*, gwaith a honnai ei fod wedi ei wreiddio yn llyfrau cyfrin-ddoeth yr hen Feirdd Cymreig. Cyflwynodd Pugh ei lyfr i'r Gwir Anrhydeddus John Glynne, Arglwydd Brif Ustus Lloegr, ac yn ei ragymadrodd mynnai'r awdur ei fod yn cyhoeddi ei gyfrol 'in testimony of the innate affection I ever bore my Native Country.' A'r ffigwr allweddol yn llith Pugh oedd y 'dewin' Taliesin, 'the Angelical Child taken out of the water... [who] tells you many things that were in the beginning, as Moses doth.'[14]

Yr oedd gan Arise Evans yntau ddiddordeb dwys yn newiniaeth Taliesin, y bardd-broffwyd chwedlonol. Mynnai Arise fod hanes yr Hen Frytaniaid a'r Iddewon wedi closio at ei gilydd yn gynnar ac wedi uno. Yn fuan ar ôl i Brutus ffoi o Gaer Droea a 'darganfod' yr ynys a enwyd ar ei ôl, mudodd llwyth o ddisgynyddion Japhet, mab Noah, hefyd i Brydain. Yr oedd eu ffydd grefyddol hwy mor aeddfed o ddatblygedig, 'that, as I may say so, we [y Brytaniaid / Cymry] were Christians above a thousand years before Christ was born.' (*ARH*, 6) Yr oedd y bobl hyn yn rhagori cymaint ar bobloedd eraill y cyfnod, fel bo Iesu Grist ei hun yn dewis gwraig o'u plith, gan ddefnyddio Joseff o Arimathea i wneud y trefniadau. Yng nghyfnod y Brenin Lucius yr oedd hyn, a ganed mab i'r wraig a'i enwi yn Gystennin Mawr, yr ymerawdwr a wnaeth y ffydd Gristnogol yn grefydd swyddogol holl Ymerodraeth Rufain. Cynhyrfwyd Satan yn enbyd gan y datblygiadau hyn, ac o'r herwydd dialodd ar y Brytaniaid drwy alluogi'r Sacsoniaid a'r Normaniaid i'w goresgyn yn llwyr. Dim ond y Cymry a lwyddodd i osgoi cael eu difa, a hynny drwy gilio i bellteroedd gorllewinol yr ynys a chael hyd yno i noddfa a'u galluogodd i amddiffyn eu hiaith a'u diwylliant. Deallodd Edward I hynny, ac felly ymosododd yn ddidostur o ffyrnig ar yr iaith, ond llwyddodd y Cymry a'r Gymraeg i oroesi ryswut ynghyd â 'so much of their writings as is needed to hold forth the truth for them.' (*ARH*, 15) Trysor mwyaf yr ysgrifeniadau hynafol hyn oedd y *corpus* a ddiogelai holl ddoethineb gyfrin yr Hen Feirdd Brytanaidd, doethineb a ddysgwyd iddynt gan Daliesin, Moses yr Hen Frytaniaid. Wedi buddugoliaeth Harri Tudur ar faes Bosworth a'i goroni'n frenin Lloegr, llwyddodd y Cymry o'r diwedd i adennill eu hen hunan-barch a'u bri ac i deyrnasu dros ynys Prydain yn ei chyfanrwydd unwaith yn rhagor. Byth ers hynny, 'Welch British blood, according to the Welch Prophecies, hath continued on the Throne of great Britain.' (*ARH*, 15)

Fel y gwelir, felly, er bod hanesion chwedlonol Pugh ac Evans yn cyfateb yn awgrymog o fras i ymdrechion Morgan Llwyd i gydio presennol y

Cymry wrth eu gorffennol, mae un gwahaniaeth pwysig o sylfaenol rhyngddynt. Ymdrechai Pugh ac Evans i atgyfodi ac adnewyddu'r credoau hynafol am eu hanes a oedd wedi cynnal y Cymry am ganrifoedd. Eithr ymdrechai Morgan Llwyd i ddefnyddio'r hen chwedlau hynny fel deunyddiau crai y medrai eu hailwampio a'u gweddnewid er mwyn cynnig i'w lwyth olwg chwyldroadol o newydd ar eu gorffennol a'u presennol. Yr oedd ei fryd yn gyfan gwbl ar alluogi ei ethnie i oroesi drwy ymateb yn ddyfeisgar i ofynion newydd ei gyfnod, a thrwy hynny ymaddasu er mwyn goroesi.

Ni ellir gwell esiampl o ymdrechion Morgan Llwyd i lunio disgŵrs newydd na'r modd y mae'n ymdrin â rhai o hoff ddiarhebion y Cymry yn *Llyfr y Tri Aderyn* (1653). Dadl y Gigfran – yr aderyn twyllodrus sydd yn lleisio barn Eglwys Loegr – yw mai ffrwyth profiad y canrifoedd yw'r diarhebion, ac felly eu bod i'w parchu am eu bod yn diogelu ffordd geidwadol, draddodiadol o fyw ac o addoli. Felly, mae'r Gigfran yn hallt ei chondemniad o arfer pregethwyr y Piwritaniaid o ddyfynnu a defnyddio diarhebion i'w hamcanion crefyddol gwyrdroëdig hwy eu hunain. Ateb yr Eryr – yr aderyn sy'n cynrychioli barn y pleidiau Piwritanaidd yn ymryson yr adar – i hyn yw nad ffrwyth synnwyr cyffredin y canrifoedd mo ddiarhebion, eithr posau ysbrydol cyfrin na all yr undyn eu deall heb gynorthwy yr Ysbryd.[15]

Yn ymhlyg yn y ddadl hon am wir ystyr ac arwyddocâd diarhebion y mae gwrthryfel Morgan Llwyd yn erbyn William Salesbury (c.1520–1584), un o arwyr mwyaf yr Anglicaniaid yng Nghymru, a fu'n gyfrifol am gyfieithu'r Testament Newydd i'r Gymraeg am y tro cyntaf. Ymhellach, cydweithiodd Salesbury'n agos â'r Esgob Richard Davies (1501?–1581) pan oedd yr ysgolhaig hwnnw'n trosi'r Llyfr Gweddi Cyffredin i'r Gymraeg, ac ymunodd eto â'r Esgob Davies i ymbil ar y Frenhines Elisabeth i ganiatáu i'r Beibl cyfan gael ei gyfieithu i'r Gymraeg: yn dilyn y Mesur Seneddol a roddodd yr hawl hwnnw, bu'r ddau'n cydweithio ar gynhyrchu 'Beibl William Morgan' (1588). Ochr yn ochr â'r gorchwylion allweddol enfawr hyn, bu Salesbury wrthi am flynyddoedd yn casglu diarhebion Cymraeg ynghyd er mwyn eu diogelu, megis, yng nghorlan Eglwys Loegr.[16] Felly, pan fo'r Eryr yn herio'r Frân ar dir y ddihareb, mae Morgan Llwyd hefyd yn gwrthryfela yn erbyn William Salesbury mewn ymdrech i gipio enaid yr iaith Gymraeg a'i gydio wrth achos radical, newydd y Piwritaniaid yng Nghymru. Dyma wedd arall eto ar ei ymdrech i addasu etifeddiaeth ei lwyth at ddibenion heriol newydd.

*   *   *

Fel y gwelir uchod, rhannai Morgan Llwyd ac Arise Evans hen dyb y Cymry mai nhw oedd Cristnogion cyntaf Ynys Prydain am fod Joseff o Arimathea wedi dwyn yr Efengyl yma yn syth ar ôl y Croeshoeliad. A sylwir mai ar y dyb hynafol hon y seiliodd Llwyd ac Evans ill dau eu neges newydd, mai'r Cymry, felly, oedd 'Piwritaniaid' cynharaf Ynys Prydain hefyd. Fel hyn, er enghraifft, y mae un o gyhoeddiadau mwyaf nodedig ac ysblennydd Morgan Llwyd, *Gwaedd yng Nghymru yn Wyneb pob Cydwybod* (1653) yn cychwyn: 'O chwi hîl a heppil yr hen *Fruttaniaid*. Gwrandewch ar hanes eich hynafiaid, a chofiwch pa fodd y bu, fel y dealloch pa fodd y mae, i gael gwybod pa fodd y bydd, fel y galloch baratoi.'[17]

Ymdrech yw hon i ddysgu'r Cymry i ddehongli hanes eu hynafiaid – hynny yw, hanes gorffennol y genedl – mewn ffordd newydd. Mae Llwyd yn awyddus i'w gydwladwyr ddeall bellach nad i Eglwys Rufain nac i Eglwys Loegr y perthynai'r hen Gymry. Na, Piwritaniaid oedd yr hen Gymry ar y dechrau, tan iddynt gael eu 'hudo i gysgu' yn ysbrydol, chwedl Morgan Llwyd, gan yr offeiriaid a'u hofferen. A pham ei fod ar dân i sicrhau bod y Cymry yn cael eu dihuno o'u trwmgwsg ysbrydol hir? Am nad oedd eiliad i'w cholli, gan fod Dydd y Farn yn prysur agosáu. Felly, mae'n hollbwysig cofio, meddai Llwyd wrth ei bobl, 'pa fodd y bu, fel y dealloch pa fodd y mae, i gael gwybod pa fodd y bydd, fel y galloch baratoi.'

Fan hyn, mae'n amlwg ddigon fod Morgan Llwyd yn synied am ei 'bobl' fel cymuned hanesyddol, fel ethnie. Ac nid yw hynny'n syndod, oherwydd fel y gwyddom, un o ganlyniadau uniongyrchol a mwyaf chwyldroadol y mudiad Protestannaidd oedd bod cymunedau lu a arferai berthyn i un diwylliant Catholig Ewropeaidd trawsffiniol bellach wedi eu hail-lunio'n lliaws o fân wladwriaethau ac yn 'bobloedd' gwahanol. Ac yr oedd hynny'n gyson â'r hyn oedd i'w ganfod yn y Beibl ei hun. Dengys yr Hen Destament yn berffaith glir fod Duw yn medru dethol un genedl o blith yr holl genhedloedd gan ei thrin hi fel ei genedl arbennig ef. A thro ar ôl tro yn ei ysgrifeniadau y mae Morgan Llwyd yn cystwyo ei bobl yn union yr un fath ag yr arferai Proffwydi'r Hen Destament gystwyo cenedl etholedig Israel, gan eu cyhuddo o dorri'r cyfamod arbennig a arferai eu cydio wrth Dduw. Erbyn diwedd y bedwaredd ganrif ar bymtheg, byddai'r syniad yma fod Rhagluniaeth ei hun wedi trefnu bod Cymru'n wlad gysegredig a'r Cymry yn genedl nodedig o dduwiol yn rhan o ideoleg y Gymru Anghydffurfiol. Esblygiad oedd y gred honno o'r ddysgeidiaeth 'newydd' a daenwyd ar led gan Forgan Llwyd a'i gyd-Biwritaniaid yn ystod yr unfed ganrif ar bymtheg. Ym 1631, er enghraifft, benthycodd Oliver Thomas, awdur *Carwr-y-Cymru*, ddarn o ganiad enwog Simeon er mwyn mynegi ei werthfawrogiad o'r achubiaeth oedd bellach ar gael i'w annwyl genedl:

> I praise thee for thy goodness, and thy wonders to my dear nation. And when my eyes see thy salvation coming in this manner to the dwellings of my dear people, then I sing the song of Simeon; namely lettest thou thy servant depart this hour in peace, Lord, for my eyes have seen thy salvation.[18]

Ac mae Morgan Llwyd yn synied am ei genedl yn union yn yr un modd yn un o'i ddarnau mwyaf ysblennydd:

> *O Bobl Cymru*, attoch chi y mae fy llais, *O Drigolion Gwynedd* ar *Deheubarth*, Arnoch chi yr wyfi yn gweiddi. Mae'r wawr wedi torri, ar haul yn codi arnoch. Mae'r adar yn canu; Deffro *(O Gymro)* Deffro. …Wele, mae'r byd a'i bilerau yn siglo. Mae'r ddayar mewn terfysg. Mae taranau a mêllt ym meddyliau'r bobloedd. (*GLl 1*, 128)

Nid achubiaeth enaid un unigolyn sydd ganddo mewn golwg mewn darn fel hwn, eithr dim llai nag achubiaeth ei annwyl genedl gyfan. Pa brawf gwell fedrem ni ei gael ei fod yn uniaethu'n ddwys â'i bobl? Dyma ichi enghraifft rymus, hynod gofiadwy, o un math arbennig o 'mythomoteur', chwedl Anthony Smith, sydd wedi profi'n fodd hynod effeithiol ar hyd y canrifoedd o sicrhau parhad ethnie. 'Of the three types of mythomoteur – the dynastic, the communal-political and the communal-religious', meddai Smith, 'the communal-religious has undoubtedly the greatest impact on the membership of the community and its propensity for ethnocentrism and ethnicist movements of renewal and restoration.'[19] Fel y ceisiais ddangos mewn cyfrol ddiweddar â'r teitl *In the Shadow of the Pulpit: Literature and Nonconformist Wales*,[20] bu'r syniad eu bod nhw'n perthyn i genedl dduwiol, ddethol yn gynhaliaeth i'r Cymry ar hyd y bedwaredd ganrif ar bymtheg – canrif a welodd chwyldro economaidd a chymdeithasol cwbl ysgubol yn hanes ein gwlad. A gwreiddiwyd y syniad hwnnw yn ddwfn yn athrawiaeth Morgan Llwyd a'i gyfeillion Piwritanaidd yn yr unfed ganrif ar bymtheg. Mae'n wir mai o gyfeiriad Lloegr, ac yn fwyaf penodol o gyfeiriad Llundain, y daeth y syniad newydd yma y medrai cymuned gyfan fod yn gymuned etholedig. Ond meddai Morgan Llwyd ar athrylith a'i galluogodd ef i impio'r syniad cyfoes chwyldroadol hwn am genedl ddethol ar rai o hen hanesion chwedlonol cynhenid ei lwyth.

Dyna i chi, er enghraifft, hen arfer dosbarth yr uchelwyr y perthynai Morgan Llwyd iddo o ddisgwyl ymddangosiad ebrwydd y Mab Darogan, yr arweinydd arallfydol carismataidd hwnnw a fyddai'n galluogi'r Cymry i adennill yr holl diroedd a gollwyd ganddynt 'slawer dydd.[21] Mae'n hysbys i bawb fod y Tuduriaid wedi llwyddo i gipio'r disgwyliad traddodiadol oesol hwn am gyfnod o ganrif a'i ddefnyddio'n gelfydd er mantais iddynt hwy eu hunain. Ond yna olynwyd y Tuduriaid gan y Stiwardiaid, a gwthiwyd y Cymry yn ôl i'r ymylon a'r cysgodion unwaith yn rhagor. Felly, medrai Morgan Llwyd groesawu dienyddiad Siarl Stiward, sef y brenin Siarl I, yn frwd, gan ei wawdio drwy arfer y teitl 'The Last King of Britain':

> The law was ever above kings
> And Christ above the law
> Unhappy Charles provokt the lambe
> To dust hee must withdraw....
>
> Lord Jesus come and come in hast
> For men and means do faile
> Show thou thy will and meet thy friends
> And over all prevaille. (*GLl 1*, 55–6)

A beth mae Morgan Llwyd yn ei wneud wrth ddathlu dyfodiad ebrwydd y Brenin Iesu yn y dull yma ond diweddaru gobaith hynafol y Cymry am ymddangosiad y Mab Darogan – gobaith a fuasai'n rhan hanfodol o gwlwm myth a symbol creiddiol y genedl ers canrifoedd. Dyna pam, efallai, y parhaodd nifer sylweddol o Biwritaniaid Cymru i gefnogi Plaid apocalyptaidd bygythiol y Bumed Frenhiniaeth (*the Fifth Monarchy*) ar ôl i drwch y Saeson gefni arni'n gall iawn.[22] Hawdd deall fod cenedl ddarostyngedig y Cymry yn gyndyn iawn i ollwng ei gafael ar gredo a addawai adferiad nerth iddi.

*   *   *

'Caiff yr isaf fod yn uchaf', meddai'r Golomen yn *Llyfr y Tri Aderyn*, 'canys mae'r byd yn troi fel olwyn certwyn.' Ac ym 1655, lluniwyd llythyr peryglus ac ysgytwol o heriol gan grŵp o'r penboethiaid a ddaliai i arddel y gred fod y Brenin Iesu ar fin dyfod. Llythyr hynod feirniadol a anelwyd at yr unben Oliver Cromwell oedd hwn, ac mae'n syndod mawr na chythruddwyd Cromwell ganddo. Mae hefyd yn syndod bod y llythyr eithriadol hwn wedi cael ei anwybyddu'n llwyr, i bob pwrpas, gan haneswyr Cymru. Teitl y llith oedd *A Word For God: A Testimony on Truths Behalf: from several Churches and diverse hundreds of Christians in Wales (and some few adjacent) against Wickednesse in High Places* (*GLl* 1, 3). Mae'n anodd meddwl am gam gwleidyddol chwyldroadol cyffelyb a ddeilliodd o Gymru tan ddechrau'r ugeinfed ganrif ac ymosodiad chwyldroadol Lloyd George ar rymoedd y dosbarth aristocrataidd yn Lloegr. Ni fyddai'n gwbl amhriodol, felly, i synied am *A Word For God* fel rhagflas o'r mudiadau cymdeithasol radical hynny a fyddai'n denu cefnogaeth frwd Anghydffurfwyr Cymru yn ystod ail hanner y bedwaredd ganrif ar bymtheg. Dyma i chi fynegiant gwleidyddol hynod drawiadol hefyd o'r ymwybyddiaeth o berthyn i genedl[23] a feithrinwyd yn y Cymry gan Biwritaniaid megis Morgan Llwyd yr union adeg pan oedd awduron megis John Milton yn mynegi'r un ymwybyddiaeth yn union yn Lloegr. Mae'r darn ysblennydd isod o ryddiaith yn ddatganiad enwog o'r gredo hon:

> Methinks I see in my mind a noble and puissant Nation rousing herself like a strong man after sleep, and shaking her invincible locks: Methinks I see her as an Eagle muing her mighty youth, and kindling her undazl'd eyes at the full midday beam: purging and unscaling her long abused sight at the fountain it self of heav'nly radiance; while the hole noise of timorous and flocking bids, with those also that love the twilight, flutter about, amaz'd at what she means, and in their envious gabble would prognosticate a year of sects and schisms.[24]

Milton yw hwn, wrth gwrs, pan oedd yn dal yn gyforiog o ffydd yn y chwyldro Piwritanaidd a welai ar waith, cyn iddo gael ei ddadrithio'n llwyr.

Mae'n berffaith wir fod rhyw fath o ymwybyddiaeth o berthyn i bobl yn rhan bwysig o brofiad y Cymry ymhell cyn dyfodiad y Piwritaniaid. Ond ymhlith hen ddosbarth traddodiadol yr uchelwyr yr oedd yr ymwybyddiaeth honno gryfaf o bell ffordd, ac yr oedd ynghlwm â'u balchder mewn teulu, a llinach a thras. Meithrinwyd yr union falchder hwnnw ym Morgan Llwyd yng Nghynfal, wrth gwrs, ond ar ôl iddo brofi tröedigaeth, cefnodd yn llwyr ar y cefndir hwnnw – neu'n hytrach, arallgyfeiriodd y balchder uchelwrol: 'Parchedig oeddwn i erioed', meddai'r Eryr yn hunangyfiawn yn *Llyfr y Tri Aderyn*, 'a'm hynafiaid hefyd (fel mae'r achau yn dangos)'. Yma mae'r Eryr yn lleisio'r gred y maged Llwyd ei hun ynddi, ond y Golomen sydd bellach yn mynegi argyhoeddiadau newydd Morgan Llwyd, a dyma'i hymateb hi: 'nid yw achau teuluoedd ond rhwyd a weuodd naturiaeth, yn yr hon y mae pryf copyn balchder yn llechu. Nid wyt ti nes er dyfod ohonot o dywysogion Cymru, onid wyt ti yn un o'r had Tywysog brenhinoedd y ddaear, wedi dy eni, nid o ewyllys gŵr ond o'r Had anllygredig.' (*GLl 1*, 21)

Dyma i chi fynegiant cryno o'r byd newydd yr oedd Morgan Llwyd bellach yn ei gynrychioli – byd lle yr oedd pob enaid unigol a oedd wedi ei achub gyfwerth â'i gilydd. 'I finde that the Lord Jesus is as a golden mine in our own fields, under our owne earth', meddai Llwyd mewn llythyr at ei gyd-Gymro William Erbery, 'and is in Saints as the soul in the eye, or Sun in the Firmament.' (*GLl 2*, 262) Eto fyth, fe'i ceir yn sôn fel hyn yn ei gyfrol *Where is Christ?*: '[For] I have seen the root and immortality of the soul in God himself, and how every Angel, every man, yea, every foul, fish, beast, plant, mettall, or other Creatures, all grow up from their root.' (*GLl 1*, 275) Cymdeithas y saint oedd y gymdeithas newydd yr oedd Morgan Llwyd yn ei darogan, ac ynddi yr oedd pob un o'r etholedig rai yn ddiwahân yn medru ymfalchïo yn eu tras ysbrydol. Nod Llwyd oedd sicrhau mai cymdeithas gydradd felly fyddai cymdeithas y Cymry o hyn ymlaen. Bellach, ni fyddai'r ymwybyddiaeth o berthyn i genedl wedi ei chyfyngu i ddosbarth.

* * *

Ond ni wireddwyd ei freuddwyd tan y bedwaredd ganrif ar bymtheg pan ffurfiwyd y Genedl Anghydffurfiol. Cofir fod Anthony Smith wedi gwahaniaethu rhwng sawl model gwahanol o genedl. Y model dynastig oedd un o'r rhain – a dyna'r model hynafol, traddodiadol yr oedd yr uchelwyr yma yng Nghymru yn ei arddel. Ond model arall – y model blaengar, cymunedol-grefyddol o genedl – a amlinellwyd gyntaf yma yng Nghymru gan Forgan Llwyd yn ei ysgrifeniadau. A chan y model hwn, meddai Anthony Smith, mae'r gallu i oroesi orau, am ei fod yn fodel hollgynhwysol, sy'n cwmpasu'r gymdeithas gyfan. Dyna union gryfder y Genedl Anghydffurfiol, wrth gwrs, ac ymhen hir a hwyr esgorodd y genedl honno, fesul cam, ar genedl y Gymru gyfoes.

Yn y moddau amlweddog hyn, felly, cyfrannodd Morgan Llwyd at ddatblygiad y Genedl Anghydffurfiol ddwy ganrif yn ddiweddarach. Ac eto, cyndyn iawn fu'r genedl honno i gydnabod ei gyfraniad. Anaml iawn y clywir sôn amdano yn ystod y ddeunawfed ganrif, er enghraifft. Ond un eithriad amlwg yn y cyswllt hwn oedd Robert Jones (Rhoslan, 1745–1829), un o arweinwyr mwyaf dylanwadol mudiad newydd y Methodistiaid Calfinaidd yn y cyfnod allweddol hwnnw. Parchai Forgan Llwyd am ei fod yn argyhoeddedig bod Llwyd wedi rhagweld ac wedi darogan y chwyldro ysbrydol a ysgubodd ar draws Lloegr, Cymru a'r Unol Daleithiau ym 1739.

Yr oedd ffydd Robert Jones yng ngalluoedd proffwydol Morgan Llwyd wedi eu gwreiddio yn y gred fod Llwyd yn fab i Huw Llwyd o Gynfal, 'dyn hysbys' uchel iawn ei barch yn ei ddydd. Nid oedd hynny'n wir, ond yr oedd yn gyson â chred Robert Jones Rhoslan fod Llwyd yn ffigwr a oedd yn pontio dau fyd – hen fyd ofergoel, a gynrychiolwyd gan Huw Llwyd, a byd newydd, blaengar, goleuedig y Piwritaniaid. Ac y mae'r straeon y mae Robert Jones yn eu hadrodd am Forgan Llwyd i gyd yn awgrymu yr ystyrir ef yn ffigwr amwys: yr oedd yn ddewin a oedd yn rhannol berthyn i fyd hud a lledrith y gorffennol, ond ar yr un pryd yr oedd hefyd yn Biwritan duwiol ac yn weinidog yr Efengyl.

Dyna'r stori y mae Robert Jones yn ei hadrodd, er enghraifft, am arfer un gŵr bonheddig a oedd yn Eglwyswr selog.[25] Yr oedd ganddo gymaint o atgasedd at Forgan Llwyd nes ei fod yn arfer plymio'i gleddyf yn ddwfn ym mhridd bedd Llwyd bob tro y byddai'n digwydd teithio heibio. Dyna i chi olygfa sinematig wych! Yr awgrym yw bod y bonheddwr yn synied am Forgan Llwyd fel rhyw Dracula ysbrydol a fedrai esgyn yn ddirybudd o'r bedd a gafael yn ddisymwth yn ei brae Anglicanaidd! Ac yn yr un modd, mae Robert Jones hefyd yn adrodd yr hanes am y tro yr oedd Morgan Llwyd yn pregethu mewn mynwent yn ardal Ffestiniog. Yr oedd llawer yn ei gynulleidfa, meddai Robert Jones, 'a oedd yn cellwair ac yn gwawdio [ac] un dyn ieuanc yn rhagori arnynt oll mewn ysgafnder a chellwair'. Cythruddwyd Morgan Llwyd cymaint gan yr ymddygiad hwn, yn ôl yr hanes, nes iddo wylltio'n llwyr a rhybuddio'r gwawdiwr mai ei gorff ef fyddai'r nesaf i gael ei gladdu yn y fynwent honno. Ac felly yn wir y bu.

Ymhellach, mae Robert Jones Rhoslan yn adrodd stori ddiddorol am farwolaeth Huw Llwyd.[26] Ac yntau ar ei wely angau, awgrymodd y teulu y dylai ei fab hynaf, Dafydd, ymweld ag ef er mwyn i'r hen ŵr fedru trefnu ei olyniaeth. Ond gwrthododd Huw Llwyd yr awgrym hwnnw yn ddiamynedd – 'dim ond hen feddwyn dwl fel fi yw Dafydd', meddai ef. A mynnodd weld ei fab iau, Morgan Llwyd, yn ei le. Dyna ddameg wrth fodd calon Robert Jones y Methodist balch, oherwydd drwy ddewis cydnabod Morgan Llwyd fel ei olynydd y mae Huw Llwyd yn diarddel yr hen drefn 'baganaidd' y mae ef ei hun yn perthyn iddi ac yn gosod sêl ei fendith yn hytrach ar yr Anghydffurfwyr a fyddai, maes o law, yn hwyluso'r ffordd ar gyfer y Chwyldro Methodistaidd.

Ond fel y nodwyd yn barod, eithriad prin oedd Robert Jones Rhoslan wrth ddwyn Morgan Llwyd i gof. Nid oedd ysgrifeniadau Llwyd wrth fodd mwyafrif y Methodistiaid, na'r Anghydffurfwyr, gan gynnwys ei enwad ef ei hun, yr Annibynwyr. Na, yr oedd yn rhy anuniongred, yn rhy gymhleth, yn rhy annirnadwy. Anghofiodd y Genedl Anghydffurfiol amdano, felly, bron yn gyfan gwbl, tan i'r cawr hwnnw Lewis Edwards gyhoeddi traethawd arloesol amdano yn *Y Traethodydd* ym 1848. Dyna i chi union gyfnod Brad y Llyfrau Gleision, wrth gwrs, a gellir synied am erthygl Lewis Edwards fel rhan o'r ymdrech sydyn gan yr enwadau i adennill ychydig o'u hunan-barch drwy adnabod eu hanes hen a chyfoethog. Cyffelybodd Lewis Edwards ei brofiad o ddarganfod Morgan Llwyd yn gwbl annisgwyl i brofiad gwraig tŷ a suddodd gyllell i galon darn mawr o gaws Caerffili ac a syfrdanwyd pan ddarganfu yno allwedd fawr a gollwyd ganddi beth amser ynghynt. Diolch i draethawd Lewis Edwards, aeth Morgan Llwyd dros nos, fel petai, o fod yn anhysbys i fod yn un o arwyr allweddol ac yn un o anwyliaid pennaf y traddodiad Anghydffurfiol yng Nghymru. A chydnabuwyd o'r diwedd ei fod yn un o benseiri y Genedl Anghydffurfiol yr oedd y Cymry, ar waetha'r Llyfrau Gleision, yn benderfynol o lynu wrthi ac o ogoneddu ynddi.

Ac ymhen y rhawg, ym 1899, gosodwyd coron ar ben urddas newydd Morgan Llwyd pan gyhoeddwyd golygiad ysgolheigaidd safonol o'i ysgrifeniadau am y tro cyntaf, gan eu trin, o'r diwedd, fel clasuron ysbrydol a llenyddol. Tanlinellwyd arwyddocâd y golygiad hwn i'r Genedl Anghydffurfiol drwy ei gyflwyno i ddau o gewri mwyaf y genedl honno, sef Lewis Edwards a Michael D. Jones. A thrwy gyflwyno'r gyfrol felly i ddau gawr a gynrychiolai ddau enwad hollol wahanol – yr Eglwys Bresbyteraidd a'r Eglwys Annibynnol – pwysleisiwyd bod ar y Genedl Anghydffurfiol gyfan yn ddieithriad ddyled i Forgan Llwyd. Ymhellach, drwy dynnu sylw at y ddolen gyswllt rhwng Morgan Llwyd a Michael D. Jones, cydnabuwyd cyfraniad Llwyd i dwf yr ymwybyddiaeth o berthyn i genedl ymhlith y Cymry. Yn wir, canmolwyd Lewis Edwards a Michael D. Jones yn y cyflwyniad am fod yn gyfeillion triw i Gymru ac am lafurio'n ddiflino o blaid ei phlant. A phwy oedd golygydd y gyfrol ysblennydd, hanesyddol hon? Neb llai na T. E. Ellis, anwylyn pennaf y Gymru Anghydffurfiol, a oedd, wrth gwrs, wedi cyrraedd pinacl ei yrfa fel Prif Chwip y Blaid Ryddfrydol yn San Steffan.

Bu farw T. E. Ellis yn annhymig iawn yr union flwyddyn y cyhoeddwyd ei gyfrol allweddol. Erbyn hynny, yr oedd wedi ennyn parch, edmygedd a chariad y Cymry am ei waith mewn cynifer o feysydd – addysg, Rhyfel y Degwm, landlordiaeth estron, datgysylltiad yr Eglwys yng Nghymru, ac yn y blaen. Yr oedd wedi bod yn genedlaetholwr diwylliannol tanbaid yn null ei arwr Mazzini, ac wedi gweithio'n gwbl ddiarbed oddi mewn i fudiad Cymru Fydd i greu Senedd i Gymru.[27] Ac yn ots i'w gyfaill athrylithgar o gyfrwys Lloyd George, yr oedd gan T. E. Ellis gariad enfawr at ddiwylliant Cymru yn ei amryw agweddau, am ei fod yn deall cyfraniad y 'myth-symbol complex', chwedl Anthony Smith, i barhad y genedl ar hyd y canrifoedd ar waethaf pob amgylchiad gwleidyddol gelyniaethus. Mewn sawl darlith freuddwydiol drydanol, anogodd y Cymry i werthfawrogi ac i ddiogelu eu treftadaeth ddiwylliannol. Yr oedd yn ymserchu yn y celfyddydau gweledol a'r celfyddydau cain, a breuddwydiai am greu mudiad cenedlaethol o ysgolion Celf a Chrefft ac am sefydlu athrofa genedlaethol i hyfforddi penseiri.

Dadleuodd Tom Ellis o blaid comisiynu cyfres o gerfluniau cyhoeddus a fyddai'n ymgorffori arwyr gorffennol y genedl a rhybuddiodd bod ar Gymru ddybryd angen sefydliad cenedlaethol a fyddai'n casglu ynghyd holl lyfrau a llawysgrifau amhrisiadwy y gorffennol ac yn eu diogelu'n ofalus.[28] Gyda golwg ar hyn, dylid bwrw ati'n ddiymdroi, mynnai ef, i sefydlu pwyllgor cenedlaethol 'to oversee the publication in various forms of some of the finer parts of the literature of Wales.' Oherwydd traddodiad llenyddol Cymru, yn ei dyb ef, oedd trysor pennaf y genedl, ac oni bai amdano ni fyddai Cymru wedi goroesi o gwbl. Gwelir yn syth, felly, fod y golygiad ysgolheigaidd o weithiau Morgan Llwyd a baratowyd gan T. E. Ellis, yn wyneb ei holl brysurdeb fel gwleidydd ac ar waethaf ei afiechyd cynyddol, yn ymdrech bersonol i gychwyn ar y gwaith hollbwysig hwn o ddiogelu trysorau llenyddol y genedl ac o alluogi'r bobl gyffredin i adnabod ac i werthfawrogi ei hetifeddiaeth. Ar ôl i Tom Ellis farw, cyfansoddodd Dyfnallt bryddest hynod ddiddorol er cof amdano. Ac yn y farwnad hon cyfeirir at gred greiddiol Ellis fod yn 'rhaid i Dadeni a Llenyddiaeth, / Asbri rhyddid a'i barabl persain, clir, / i gerdded law yn llaw tua'r hyfryd dir'.[29] A'r un modd, mewn telyneg yn coffáu T. E. Ellis, holodd Eifion Wyn, 'Onid yw ei ysbryd trwyddo / Gyda ni yn awr, / yn y wlad yn ysgrifennu / ei farddoniaeth fawr?'[30] Yng ngweledigaeth ysbrydoledig T. E. Ellis, yr oedd diwylliant a gwleidyddiaeth ond yn ddau fynegiant gwahanol o'r un freuddwyd 'farddonol' fawr am weld y Genedl Anghydffurfiol yn cyrraedd ei phenllanw yn ystod dadeni ei hannwyl bobl.

A phwy ymhlith arwyr y gorffennol a ddewiswyd gan T. E. Ellis i ymgorffori'r freuddwyd hon? Pwy ond Morgan Llwyd, wrth gwrs. A phaham mai ef a ddewiswyd? Yn rhannol am fod T. E. Ellis a Morgan Llwyd ill dau yn wladwyr yn y bôn ac yn deillio o gefndiroedd nid annhebyg i'w gilydd. Ond yn rhannol hefyd, debygwn i, am reswm hollol groes. Gwyddai T. E. Ellis o'i brofiadau helaeth fel un o wleidyddion mwyaf disglair Cymru Fydd nad oedd y Gymru Anghydffurfiol bellach yn cwmpasu'r genedl gyfan o gwbl. Gwyddai am ddatblygiad syfrdanol ardaloedd diwydiannol Seisnig y de; gwyddai am y diwylliant torfol newydd estron a lifai i mewn i gymoedd y de gan lwyr danseilio'r gymdeithas grefyddol; synhwyrai hefyd fod tro ar y byd gwleidyddol yng Nghymru a'r Blaid Ryddfrydol a arddelwyd gan y Genedl Anghydffurfiol yn cael ei herio fwyfwy gan fudiadau sosialaidd y gweithwyr diwydiannol. Ac o osod ei gyfrol glasurol o weithiau Morgan Llwyd yn y cyd-destun hwn, sylweddolir yn syth mai ymdrech oedd hi i osod arwyddbost a fyddai'n cyfeirio sylw'r Genedl Anghydffurfiol at y gwerthoedd ysbrydol, cymdeithasol a gwleidyddol y byddai eu mawr angen arni yn y cyfnod bygythiol, argyfyngus oedd bellach o'i blaen hi. Hynny yw, ymdrech oedd cyfrol T. E. Ellis i wneud yr hyn yr oedd Morgan Llwyd ei hun wedi ei wneud ddwy ganrif a mwy ynghynt, sef aralleirio ac arallgyfeirio cwlwm myth a symbol ei ethnie er mwyn sicrhau parhad y genedl yn wyneb holl gyfnewidiadau ysgytwol ei dyfodol.

A medrwn fynd un cam ymhellach, gan nodi'r modd y cyfrannodd Morgan Llwyd hefyd at y broses o godi pont rhwng Cenedl Anghydffurfiol y bedwaredd ganrif ar bymtheg a'r Gymru genedlgarol wleidyddol a'i holynodd hi – ac a'i disodlodd hi i raddau – yng nghalonnau deallusion Cymraeg yn ystod degawdau cyntaf yr ugeinfed ganrif. Ceir mynegiant clasurol tanbaid o'r weledigaeth bellach hon mewn ysgrif lachar o ddisglair gan y cenedlaetholwr a'r rhyngwladwr dawnus Robert Bryan, brawd ieuengaf y ddau farsiandïwr mentrus a sefydlodd rwydwaith o siopau enwog yn yr Aifft ac yn y gwledydd cyfagos. Ac yn arwyddocaol ddigon, cyhoeddwyd yr ysgrif ar flaen rhifyn Ionawr 1900 o gylchgrawn enwog O. M. Edwards, *Cymru*, yn syth, felly, ar gychwyn y ganrif newydd. Gosodir darn enwog o *Gwaedd yng Nghymru* fel epigraff (ynghyd â dyfyniad gan Cervantes) ar flaen yr ysgrif broffwydol honno:

'O Bobl Cymru! Attoch i [sic] y mae fy llais. O drigolion Gwynedd a'r Deheubarth, arnochi yr wyf yn gweiddi. Mae'r wawr wedi torri, a'r haul yn codi arnoch. Mae'r adar yn canu. Deffro, O Gymro, Deffro.'[31]

Eithr nid y deffroad ysbrydol yr oedd Morgan Llwyd ei hun yn ei fawr ddeisyfu sydd gan Robert Bryan mewn golwg, ond deffroad gwleidyddol a fydd yn galluogi'r Cymry i amddiffyn eu hiaith ac i frwydro dros eu hamrnbyniaeth. Byrdwn ei neges 'ôl-drefedigaethol' yw 'mai un o arwyddion amlycaf yr oes ydyw rhaib aniwall y cenhedloedd cryf arfog; ac mai arwydd arall yr un mor amlwg yw dyhead y mân bobloedd am eu hiawnderau – ellyll tywyllwch ac angel goleuni'n rhyfela am oruchafiaeth yn ein dyddiau ni, fel yn nyddiau Zoroaster fil flynyddoedd cyn Crist.' (5) Yna, wedi iddo olrhain y frwydr fawr 'filflynyddol' hon ar draws y cyfandiroedd, mae'n dychwelyd at ei wlad ei hun:

Wedi cip drem frysiog ar ansawdd yr oes, llyma'r gofyniad i'r wefus – gyda phwy y bwrw Cymru ei choelbren? Os bydd yn bur iddi ei hun, i'r oesau a fu ac i'r oesau a ddel, nis gall ond ymuno â'r cenhedloedd bach sy'n gweithio allan eu hiachawdwriaeth eu hunain dan anfanteision dybryd, cenhedloedd sydd megis halen yn cadw'r byd rhag madru. Trwy hynny hi ddewisa y rhan dda nas dygir oddi arni yn oes oesoedd. 'O chwi hil a heppil yr hen Frutaniaid,' medd un o gymwynaswyr gorau Cymru, Morgan Llwyd o Wynedd, 'gwrandewch ar hanes eich henafiaid, a chofiwch pa fodd y bu, fel y dealloch pa fodd y mae, i gael gwybod pa fodd y bydd, fel y galloch baratoi!' (7)

Mae trafodaeth Robert Bryan yn amlwg yn rhagarwyddo y defnydd a wneir maes o law o Forgan Llwyd a'i weithiau gan genedlaetholwyr yr ugeinfed ganrif, ac yn bennaf, wrth gwrs, gan J. R. Jones.[32] Dyma, felly, ben draw eithaf y cyfraniad cyfoethog, eithr anfwriadol, a wnaeth Morgan Llwyd o Wynedd am yn agos i dair canrif ar ôl iddo farw i'r adnabyddiaeth gynyddol ymhlith ei gydwladwyr eu bod yn perthyn i genedl hynafol y Cymry.

Nodiadau

1. Cyhoeddwyd fersiwn cynharach o'r ysgrif hon yn *Diwinyddiaeth*, LXV (2014), 30–47.
2. W. George Roberts, '"Nonconformity": a force in Welsh national life', *Young Wales*, 9 (1903), 86.
3. Nid oedd hanner poblogaeth Cymru yn mynychu yr un capel ym 1851. Erbyn 1882, cyfanswm aelodaeth y capeli oedd 352,249: o'r enwadau i gyd, y Presbyteriaid (Methodistiaid Calfinaidd) oedd y mwyaf eu nifer, yna'r Annibynwyr, y Bedyddwyr ac ymhell ar eu hôl, y Wesleiaid (K. O. Morgan, *Rebirth of a Nation: Wales 1880–1980* [Oxford: Oxford University Press, 1981]), tt. 15–16.
4. *Cymru Fydd: Cylchgrawn y Blaid Genedlaethol Gymreig*, 3 (1890), 36.
5. 'Welsh literature and Nationalism', yn Harri Pritchard Jones (cyf.), *Saunders Lewis: A Presentation of His Work* (Springfield, Ill: Templegate Publishers 1990), t. 215.
6. Emyr Humphreys, *The Taliesin Tradition* (Bridgend: Seren, 1983), t. 101.
7. Anthony D. Smith, *Myths and Memories of the Nation* (Oxford: Oxford University Press, 1999).
8. Ceir crynodeb o'i fywyd yn M. Wynn Thomas, *Morgan Llwyd* (Cardiff: University of Wales Press, 1984); ac eto yn M. Wynn Thomas, *Morgan Llwyd, ei Gyfeillion, a'i Gyfnod* (Caerdydd: Gwasg Prifysgol Cymru, 1991). Gweler hefyd Goronwy Wyn Owen, *Morgan Llwyd* (Caernarfon: Gwasg Gwynedd, 1992).

9. John H. Davies (gol.), *Gweithiau Morgan Llwyd o Wynedd*, 2 (Bangor: Jarvis & Foster; Llundain: J. M. Dent, 1908), t. 271. *GLl 2* o hyn ymlaen.
10. Christopher Hill, *Change and Continuity in Seventeenth-Century England* (London: Weidenfeld and Nicholson, 1974), tt. 3–47, t. 28.
11. Gweler Hill, *Change and Continuity*, tt. 48–77. Hefyd R. Geraint Gruffydd, *In that Gentile Country* (Bridgend: Evangelical Library of Wales, 1976), t. 22. Awgrymodd Evans ei hun ymhellach fod yr enw 'Arise' yn deillio o arfer ei feistr yng Nghaer o'i alw wrtho. Gweler Arise Evans, *An eccho to the voice from heaven, or, A narration of the life, and special calling, and visions of Arise Evans by him published* (Llundain, dim enw cyhoeddwr, 1652).
12. Arise Evans, *A rule from heaven, or, Wholsom counsel to a distracted state wherein is discovered the onely way for settling the good old cause and removing the maladies thereunto: and Mr Pugh his prophesies opened by Arise Evans* (Llundain, dim enw cyhoeddwr, 1669), t. 16. *ARH* o hyn ymlaen.
13. Christopher Hill a Michael Shepherd, 'The case of Arise Evans: a historico-psychiatric study', *Psychological Medicine*, 6 (1976), 351–8.
14. Thomas Pugh, *British and Outlandish Prophesies, most of above a 1000 years Antiquity, the resst very Antient* (Llundain, 1658), t. 18.
15. Cymharer hyn â sylwadau John Smith, un o Blatonwyr blaenllaw Caergrawnt: '*The mind of a Proverb is to utter Wisdom in a Mystery, as the Apostle sometimes speaks, and to wrap up Divine Truth in a kind of Aenegmetical way, though in vulgar expressions, which method of delivering Divine doctrine (not to mention the Writings of the Ancient Philosophers) we find frequently pursued in the Holy Scripture, thereby* both opening up and hiding *at once the Truth which is offered to us.*' ('The Excellency and Nobleness of True Religion', yn C. A. Patrides (gol.), *The Cambridge Platonists* [Llundain, 1961], t. 146.)
16. Brinley R. Jones, *William Salesbury*, cyfres 'Writers of Wales' (Cardiff: University of Wales Press, 1994).
17. Thomas Ellis (gol.), *Gweithiau Morgan Llwyd o Wynedd*, 1 (Bangor / Llundain: 1899), t. 129. *GLl 1* o hyn ymlaen.
18. Merfyn Morgan (gol.), *Gweithiau Oliver Thomas ac Evan Roberts* (Caerdydd: Gwasg Prifysgol Cymru, 1981).
19. Smith, *Myths and Memories*.
20. M. Wynn Thomas, *In the Shadow of the Pulpit: Literature and Nonconformist Wales* (Cardiff: University of Wales Press, 2010).
21. Gweler Glanmor Williams, 'Prophecy, Poetry and Politics in Medieval and Tudor Wales', yn H. H. Hearder a H. R. Loyn (goln), *British Government and Administration* (Cardiff: University of Wales Press, 1974), tt. 104–16.
22. B. S. Capp, *The Fifth Monarchy Men* (London: Faber, 1972).
23. Ceir hanes y cysyniad hwn yn y cyd-destun Cymreig yn Derec Llwyd Morgan, *'Canys Bechan Yw': Y genedl Etholedig yn ein Llenyddiaeth* (Aberystwyth: Prifysgol Cymru, 1994).
24. *The Areopagitica*, yn *Complete Prose Works of John Milton*, II (New Haven: Yale University Press, 1953), tt. 557–8.

25. Mae'r drafodaeth ar driniaeth Robert Jones Rhoslan o Forgan Llwyd yn seiliedig ar Lewis Edwards, 'Ysgrifeniadau Morgan Llwyd', *Y Traethodydd Llenyddol* (Wrecsam, dim dyddiad, ond 1848), 133–52.
26. Bellach, credir mai ewythr Morgan Llwyd oedd Huw Llwyd, ac nid ei dad, fel y tybiai Robert Jones.
27. Gweler Neville Masterman, *The Forerunner: the Dilemmas of Tom Ellis, 1859–1899* (Llandybïe: Christopher Davies, 1972).
28. Thomas E. Ellis, *Speeches and Addresses* (Wrexham: Hughes and Son, 1912).
29. Dyfnallt, *'Tom Ellis': pryddest ail-oreu y Goron yn Eisteddfod Genedlaethol y Rhyl, 1904* (Ystalyfera: E. Rees a'i Feibion, 1905), t. 20.
30. Eifion Wyn, 'O'r Deffroad', *Cymru* (15 Mai 1899), 245. 'Credodd yn ei weledigaeth, / Credodd yn ei Dduw', medd ymhellach.
31. R. Bryan, 'Neges Cymru', *Cymru*, XVIIIL, 102 (15 Ionawr 1900), 5–9.
32. Gweler J. R. Jones, *Gwaedd yng Nghymru* (Lerpwl a Phontypridd: Cyhoeddiadau Modern Cymraeg, 1970).

2

Y Genedl Anghydffurfiol a Llenyddiaeth Saesneg Cymru Ddiwedd y Bedwaredd Ganrif ar Bymtheg

'Mae hanes ac arferion Cymru, yn wir, y bywyd Cymreig, hyd yn hyn, yn *virgin soil*, ac yn y man, mi hyderaf, y gwelir blaenion ein cenedl yn corphori yn y gangen hon o lenyddiaeth ein neillduolion a'n defodau.'[1] Dyna haeriad Daniel Owen yn ei ragymadrodd i *Enoc Huws*, a chanddo ef, yn gwbl ddiamau, y cafwyd y darlun llenyddol mwyaf cyfoethog, cyflawn a chofiadwy o 'neillduolion [a] defodau' y 'Genedl Anghydffuriol' pan oedd hi yn ei hanterth, yn negawdau olaf y bedwaredd ganrif ar bymtheg.

Myn yr haneswyr, wrth gwrs, a hynny'n berffaith gywir, na fu Cymru erioed yn Genedl Anghydffuriol, os golygir bod mwyafrif y Cymry wedi ymaelodi yn yr enwadau, neu eu bod yn mynychu'r capeli. Ond nid dyna wir arwyddocâd y disgrifiad. Yr hyn a olygir, yn hytrach, yw mai dyna oedd delwedd ddewisol Cymry'r bedwaredd ganrif ar bymtheg o'u hanfod fel cenedl. Mae'n amlwg fod y teimlad o berthyn i gymdeithas grefyddol unigryw yn gryf ymhlith y Cymry Anghydffurfiol crefyddgar yn ystod y ganrif honno. Ac, a siarad yn fras, un wedd bwysig iawn ar nofelau Daniel Owen yw'r modd y maent, mewn cyfnod o newidiadau bygythiol, yn ceisio diogelu'r cymhleth ddelweddau a oedd yn gynsail cred gynyddol Cymry'r bedwaredd ganrif ar bymtheg yn y Genedl Anghydffurfiol. Serch hynny, mae'n bwysig sylweddoli nad 'drych' o gyflwr y genedl a geir yn y nofelau. Fel y pwysleiswyd droeon gan ddamcaniaethwyr dros y degawdau diwethaf, mae gan lên ei chyfran yn y gwaith o lunio'r gymdeithas y mae'n perthyn iddi. Nid perthynas oddefol, ymatebol sydd rhyngddi hi a'i chymdeithas ond perthynas adeiladol a chydweithredol. Nid cynnig drych i'r Genedl Anghydffurfiol a wna Daniel Owen y nofelydd, yn hytrach ceisia atgynhyrchu'r ddelwedd honno o

Gymru drwy gynhyrchu testunau a fydd yn ei hadolygu a'i hadnewyddu. Ac ymhell cyn bod sôn am y pŵer a fedd 'disgẃrs' i lunio syniadau a theimladau a phrofiadau, gwelir Daniel Owen yn chwilio am yr union iaith sy'n gweddu i grefydd yn ei gyfnod ef, ac a fedr felly warantu parhad y Genedl Anghydffuriol. Yn wir, o'r safbwynt hwn gellir awgrymu mai arbrofi gydag iaith crefydd a wnâi ef yn ei nofelau mawr i gyd.

Nodwyd droeon gan ddarllenwyr mai un o brif nodweddion athrylith Daniel Owen yw ei allu syfrdanol i fathu ieithweddau amrywiol. Mae ar ei orau bob tro pan fydd ei gymeriadau'n ymgomio, a phob un yn arfer ei briod iaith ddigyffelyb ef ei hun. Mae beirniaid llenyddol yn tueddu i drin y ddawn hon fel agwedd ar allu eithriadol y nofelydd i 'gymeriadu'. Ond gellir hefyd ei gweld fel ymdrech barhaus i ddarganfod ieithweddau sylweddol fydd yn ateb galw dyfnaf y genedl am ddisgẃrs Anghydffurfiol newydd, cyfoes. Ceir llu o gymeriadau – Mari Lewis, Abel Huws, Dafydd Dafis a'u tebyg – y mae eu hiaith yn tystio i hiraeth Daniel Owen am barhad disgẃrs cyfarwydd cyfnod a fu. Wedi'r cyfan, ceidwadwr cymhedrol yw ef yn y bôn, o ran ei ddaliadau diwinyddol, ac mae'r wedd gadwriaethol yn un wedd hynod bwysig ar ei nofelau. Ond ar yr un pryd, gŵyr Daniel Owen yn iawn nad oes modd dychwelyd at ieithweddau'r gorffennol, ac felly wyneb yn wyneb â'r cymeriadau cryf, cofiadwy sy'n cynrychioli cryfderau (a gwendidau) cenhedlaeth a aeth heibio, gosodir cymeriadau gwahanol iawn, unigolion y mae eu hieithweddau'n nodweddu'r tro mawr sydd ar waith ym myd crefydd yng Nghymru wrth i'r bedwaredd ganrif ar bymtheg dynnu at ei therfyn. Yn achos Capten Trefor, er enghraifft, ceir esiampl lachar o'r ffaith bod hen iaith grefyddol gyfoethog y Seiat bellach mor dreuliedig fel bod modd ei dynwared hi'n berffaith a'i hystumio er mwyn twyllo'ch hun a'ch cymdeithas: y mae iaith achubol crefydd wedi cael ei gwyrdroi'n gelfydd yn iaith ddeifiol, ddinistriol. (Mae'r Capten yn wir artist, a hyd yn oed pan fydd Daniel Owen yn ei feirniadu a'i watwar y mae'r nofelydd, y pregethwr a'r areithydd ynddo yn dirgel edmygu dawn y cymeriad i adnabod ei bobl ac i'w trin hwy drwy drin geiriau.) Yn wyneb y fath ddyfeisgarwch disglair, nid yw'n syndod bod Daniel Owen, drwy gyfrwng Wil Bryan a Tomos Bartley ac eraill, yn ceisio awgrymu y gallai fod angen mentro y tu hwnt i ffiniau ieithweddau crefyddol cydnabyddedig, gan barchu iaith werinol neu hyd yn oed fratiaith cyfoes mewn ymdrech i ddod o hyd i ddisgẃrs diffuant a dibynadwy.

Ac yn y cyswllt hwn y mae Daniel Owen yn arbrofi gyda nifer fawr iawn o ieithweddau gwahanol. Sylwyd eisoes gan Robert Rhys, er enghraifft, fod gwahaniaeth arwyddocaol rhwng dull Mari Lewis a dull

Bob o ymadroddi.[2] Mae'r mab yn ceisio arfer iaith newydd – iaith chwyddedig, anystwyth aelod o'r dosbarth gweithiol sy'n ceisio ymgydnabod â syniadau heriol ei ddydd am gymdeithas ac am grefydd drwy ei addysgu ei hun, a hynny o dan amgylchiadau hynod anodd. Y mae Robert Rhys yn cydymdeimlo â chyhuddiad Mari Lewis mai iaith ymhonnus, ffuantus yw iaith Bob, ond mae modd hefyd ddadlau'r gwrthwyneb, sef mai arwydd ydyw o ymdrech arwrol dyn ifanc, nad yw ond colier cyffredin, i fathu iaith sy'n cyfateb i'r syniadau dieithr y mae'n araf ymgyfarwyddo â hwy. Synhwyra Mari Lewis y bygythiad sydd yn iaith ei mab i'w hieithwedd hi a leolir 'o fewn y cywair Cymreigaidd, difaldod' (*DO*, 114) – sylwer ar y modd y mae Mari'n dirmygu Bob drwy geisio lladd ar fyd addysg – ac mae'n awgrymu ymhellach mai ar yr iaith Saesneg ddieflig y mae'r bai am danseilio iaith cred. Ar un olwg, gellir maentumio bod Daniel Owen fel petai'n dueddol o gytuno â hi – arwydd sicr o wendid moesol Susie Trefor, cyn iddi gael tröedigaeth, yw ei hoffter o arfer termau Saesneg ffasiynol – ond ar y llaw arall, y mae ymadroddion megis 'true to Nature' Wil Bryan, a hyd yn oed 'to be sure' Tomos Bartley, yn brawf y gall ymadroddion yr iaith fain hefyd fod yn fodd annisgwyl i ddwyn capelwyr wyneb yn wyneb â gwirioneddau gwaelodol plaen nad yw'r iaith Gymraeg bellach yn chwennych eu cydnabod am ei bod hi'n gaeth i barchusrwydd ffug.

Ond nid oes angen parhau trafodaeth o'r fath – mae digon o sylw rhagorol wedi ei roi'n barod gan lawer o feirniaid llenyddol i ymdriniaeth Daniel Owen o bynciau fel hyn. Dangoswyd ymhellach sut y mae ei nofelau'n nodweddu'r ymdrech gynyddol a wnaed yn y cylchgronau enwadol yn ystod hanner olaf y ganrif i ddefnyddio disgyrsiau a ffurfiau llenyddol yr arferid eu hystyried yn ddim ond cyfryngau ofer i wrthbwyso apêl y rhychwant o ddulliau a chyfryngau adloniannol newydd a oedd yn prysur ddenu'r ifainc o afael y capeli. A rhoddwyd llawer o sylw pellach i'r gwahanol ffynonellau cyfoes, gan gynnwys pregethau a nofelau Saesneg, a ysgogodd ddychymyg ac a fwydodd ddawn y nofelydd athrylithgar Cymraeg. Ond hyd yn hyn ni osodwyd nofelau Daniel Owen yng nghyd-destun y nofelau Saesneg Cymreig a ymddangosodd ar ddiwedd y bedwaredd ganrif ar bymtheg a chychwyn yr ugeinfed ganrif.

* * *

Mae'r nofelau hynny o ddiddordeb arbennig wrth ystyried datblygiad y syniad o'r Genedl Anghydffurfiol, am fod yr awduron yn aml yn ymwybodol eu bod yn ysgrifennu'n bennaf ar gyfer darllenwyr estron na wyddant fawr ddim am y gymdeithas gapelog Gymraeg. Enghraifft nodedig yw *Owen Rees* (1893), triniaeth Elezear Roberts o fywyd crefyddol Cymry Lerpwl yn yr adeg pan oedd 60,000 o Gymry'n byw yn y ddinas ac yn cynnal mwy na hanner cant o gapeli.[3] Mae'n amlwg fod Roberts yn gyfarwydd iawn â nofelau Daniel Owen. Cyfeiria'n benodol at *Rhys Lewis* ac *Enoc Huws* gan nodi eu bod nhw, ynghyd ag *Aelwyd F'ewyrth Robert*, wedi bod yn fodd i ffyddloniaid y capeli dderbyn nad ffieiddbeth oedd ffuglen. Ond ychydig o ôl Daniel Owen a welir ar nofel Roberts, er y gellir awgrymu bod gwaith y ddau yn brawf bod trin rhai agweddau amlwg ar fywyd yr Hen Gorff – y Seiat, y Sasiwn, y bregeth, y cyfarfod eglwys, drama'r cyfarfodydd derbyn i aelodaeth a thorri maes, ac yn y blaen – eisoes yn gonfensiwn nofelyddol cyfarwydd. Ymhellach, mae'r ddau nofelydd yn hoff o arfer patrymau gosod wrth gymeriadu, ac yn cyferbynnu'r blaenor rhyddfrydol, caredig, a'r blaenor llym, deddfol. Hefyd maent yn ddiarbed wrth ddinoethi'r rhagrith a ddaw yn sgil llwyddiant masnachol.

Rhanna Elezear Roberts bryderon Daniel Owen fod Anghydffurfiaeth yn wynebu bygythion o sawl tu ar ddiwedd y bedwaredd ganrif ar bymtheg. Mae llawer i'w ddweud, medd Roberts yn ei ragymadrodd, o blaid mudiad diwylliannol a gwleidyddol newydd Cymru Fydd, ond mae'n bwysig peidio anghofio am 'Gymru fu', gan mai'r hyn sy'n nodweddu'r genedl Gymreig yw ei duwioldeb. Sylweddola'r awdur yn glir fod y datblygiadau mawr ym myd addysg – er eu bod i'w canmol a'u croesawu – yn dechrau peryglu dyfodol byd cred. Yn rhannol drwy lunio cymeriad Tom Smith, Sais addysgedig coeglyd sy'n barod iawn i wawdio'r Cymry a'r Gymraeg, a thrwy gyflwyno'r nofel fel ymdrech cyfaill Tom, 'Rhydderch Jones', Cymro o Lerpwl, i'w berswadio i barchu'r Genedl Anghydffurfiol ychydig bach yn fwy, ceisia Roberts brofi bod modd i grefydd wrthsefyll temtasiynau'r diwylliant seciwlar newydd. Mae Elezear Roberts hefyd o'r un farn â Daniel Owen ei bod hi'n bwysig gwerthfawrogi a mawrygu cryfderau hen ffyddloniaid y gorffennol – cymeriadau cryfion megis Mari Lewis, creadigaeth gymhleth gofiadwy Daniel Owen, a Beti Rees, mam Owen – wrth gydnabod eu culni, eu diffyg dysg a'u diniweidrwydd. Ac os yw'r dadleuon rhwng Bob a'i fam yn *Rhys Lewis* yn enwog am grisialu amheuon sylfaenol dwys y genhedlaeth ifanc ynghylch cynseiliau cred, ceir nifer fawr o olygfeydd yn *Owen Rees* sy'n ymdrin â'r un argyfwng, gan rychwantu dysgeidiaeth Darwin, daliadau'r Sosialwyr Cristnogol, darganfyddiadau'r seryddwyr, a damcaniaethau'r seicolegwyr. Mae Calfiniaeth gaeth y gorffennol hefyd yn cael ei bygwth gan y datblygiadau diwinyddol newydd a nodweddir yn bennaf gan yr

'Uwchfeirniadaeth' a oedd wedi ymddangos yn yr Almaen, ac er nad yw Owen wedi ei ddarbwyllo'n llwyr ganddi, mae'n cytuno bod angen diwygio iaith dreuliedig crefydd – yr hen ymadroddion a'r delweddau cyfarwydd a arferid fel mater o drefn gan y ffyddloniaid wrth fynegi eu ffydd.

Erbyn diwedd y nofel, sylweddola Owen na all fod yn weinidog cyflawn oherwydd nad yw'n medru derbyn pob cymal yn natganiad ffydd yr Hen Gorff. Yn wir, mae'r nofel yn frith drwyddi o ddadleuon diwinyddol astrus y cyfnod parthed achubiaeth, cadwedigaeth, rhagordeiniad, rhyddewyllys, cosb dragwyddol, a phynciau allweddol tebyg. Ac wrth drafod yr Iawn, gwahaniaethir rhwng yr hen ddysgeidiaeth ynghylch 'cyfiawnder absoliwt' yr Hollalluog, a bwysleisid gan Galfiniaid ceidwadol, a chred y to newydd o Ryddfrydwyr yng 'nghyfiawnder cyhoeddus' y weithred ddwyfol. Yn yr achos hwn, fel mewn sawl achos arall, rhestrir enwau llu o arbenigwyr diwinyddol dysgedig ar y testun, ysgolheigion megis Andrew Fuller, Ralph Wardlow ac yn y blaen, nad ydynt bellach yn golygu dim oll i ni. A chyfleir angerdd dwys y dadlau brwd rhwng Owen a'i gyfaill amheugar Arthur Williams ar y pynciau llosg hyn.

Nid yw *Owen Rees* yn fawr o nofel, ond mae'n ddogfen gymdeithasol hynod ddiddorol pan ystyriwn gyfraniad y nofel Gymreig i'r broses o ddatblygu'r cysyniad o Genedl Anghydffurfiol am ei bod hi'n arddangos rhan yr iaith Saesneg yn y broses honno. Yn y bennod glo dychwel Elezear Roberts yn benodol at y testun yn ystod y drafodaeth hir rhwng y Sais Tom Smith a'r Cymro Rhydderch Jones am gyflwr y genedl. Gan gyfeirio at Matthew Arnold, dadleua Jones fod yn rhaid i'r Cymry barhau i arfer y Gymraeg ym meysydd crefydd a barddoniaeth wrth wneud eu gorau glas i feistroli'r Saesneg er mwyn ymuno ym myd busnes a sicrhau cynnydd deallusol. Ac wrth ganmol y 'deffroad cenedlaethol' (*OR*, 375) sydd ar droed ymhlith ei gydwladwyr mae'n pwysleisio'r angen i sicrhau bod gan grefydd, yn ogystal ag addysg, ei chyfran yn y dadeni mawr. Er mai'r Eisteddfod sydd wedi ennyn sylw edmygus y Saeson yn bennaf am fod cymaint o Saesneg yn cael ei harfer ynddi, mynn Rhydderch nad ym maes addysg a llenyddiaeth y mae'r genedl wedi bwrw ei gwreiddiau ddyfnaf ond yn hytrach ym maes ffydd. Mae'n barod iawn i gyfaddef bod angen i'r enwadau fabwysiadu diwinyddiaeth fwy blaengar a dyngarol, gan ganolbwyntio ar Efengyl Ioan yn hytrach nag ar hoff athro'r hen Galfiniaid, yr Apostol Paul, a mynn y gall Cymru fach wasanaethu'r byd mawr modern orau drwy barhau i fod yn genedl grefyddgar, Anghydffurfiol.

Ni roddwyd sylw haeddiannol, hyd yn hyn, i'r ffaith bwysig fod nifer sylweddol o nofelau Saesneg tebyg i *Owen Rees* yn trin bywyd y capeli Cymraeg wedi ymddangos yn ystod yr hanner canrif cyn y Rhyfel Byd Cyntaf. Ac felly ni osodwyd cynnyrch Daniel Owen yn y cyd-destun diddorol a dadlennol hwn. Ymhellach, ni holwyd, o'r herwydd, i ba raddau y cafodd Daniel Owen ddylanwad ar rai o'r nofelwyr Saesneg, nac i ba raddau yr oedd ef yn ymwybodol o beth o'u gwaith hwythau. Yn y cyswllt hwn mae'n werth nodi mai Isaac Foulkes – cyhoeddwr nofelau Daniel Owen, wrth gwrs – a fu'n rhannol gyfrifol am gyhoeddi *Owen Rees*. Fel y dengys y nofel honno, yr oedd rhai (ac efallai nifer) o'r nofelwyr Cymraeg Saesneg yn ymwybodol, erbyn diwedd y ganrif, o waith yr athrylith o'r Wyddgrug. Ceir prawf pellach o hyn ar ddiwedd cyfrol William Edwards Tirebuck, *Jenny Jones and Jenny* (1896), casgliad o storïau sy'n cynnwys darluniau o'r bywyd Anghydffurfiol Cymraeg.[4] Ar glawr ôl y gyfrol ymddengys hysbysiad o gyfieithiad o *Rhys Lewis* gan James Harris, ochr yn ochr â sawl geirda o blaid y nofel, gan gynnwys sylw William Gladstone ei bod yn nodweddu cymeriad y Cymry i'r dim ac yn cydglymu gwirioneddau mawr a deunydd adloniannol yn gelfydd. Sylwadau cyffelyb a ddyfynnir o'r *Liverpool Mercury*, y *Scotsman*, y *Sheffield Independent*, y *Literary World* a'r *Manchester Guardian*. Ond mae'r ymadroddion yn yr adolygiadau – 'full of quaint humour, strong religion' ac ati – yn brawf pa mor anodd oedd y dasg o geisio cyfleu dyfnder a chymhlethdod profiad y Genedl Anghydffurfiol drwy ysgrifennu nofelau Saesneg eu hiaith.

Tanlinellir y broblem gan ymdrechion Tirebuck ei hun. Yn y stori am Jenny Jones a'i 'Jenny', sef ei hasyn, ceir darlun sentimental, nawddoglyd o hen wreigen grefyddol Gymreig â'i chegin fach yn llawn hyd yr ymylon o drugareddau, gan gynnwys lluniau o John Bunyan, ac o hoelion wyth y pulpud. Mae'n ddarlun ystrydebol o werinwraig Gymreig ddelfrydol y cyfnod – yn mynychu pob oedfa'n ffyddlon, yn darllen ei Beibl yn fanwl ac yn gyson, yn cadw'r Saboth yn ddeddfol, ac yn diolch i'r Hollalluog bob tro y bydd hi'n bwyta ei bara beunyddiol syml. Ergyd y stori yw bod yr hen asyn a fu'n ei gwasanaethu mor ffyddlon yn cysylltu'r olygfa o ddynion yn eu dillad gorau gyda'r arfer o orffwys ar y Sul, ac felly ei fod yn ystyfnigo ar ddiwedd y stori pan ddisgwylir iddo lusgo'r cert sy'n cludo corff ei hen feistres i'r fynwent.

Fel y dengys *Jenny Jones and Jenny*, un cyfraniad amlwg i'r ymdrech o gynnal y ddelwedd o Genedl Anghydffurfiol Gymraeg a wnaed gan lenyddiaeth Gymreig Saesneg oedd bod y nofelau a'r cerddi'n denu myth y 'werin dduwiol' i sylw darllenwyr y tu draw i Glawdd Offa. Mae'n wir fod Tirebuck fel petai'n gwneud sbri caredig am ben y myth, gan awgrymu â'i dafod yn ei foch fod Cymru'n wlad mor grefyddol nes bod hyd yn oed yr anifeiliaid yn gwrthod gweithio ar y Sul. Ond prin iawn, ysywaeth, yw'r enghreifftiau o hiwmor fel arfer pan fydd awduron yn llunio darluniau o'r Gymru gapelog, ac yn y cyswllt hwn, mae'n werth sylwi ar esboniad Richard Slotkin o swyddogaeth myth yn y broses o 'gynhyrchu diwylliant'. Gwahaniaetha rhwng tair gwedd ar y broses: cyfraniad ideoleg, sef y cwlwm cymhleth o gysyniadau grymus a fydd yn llywodraethu, ac yn wir yn ddistaw hydreiddio, iaith a gweithredoedd y gymdeithas; cyfraniad mythau, sef y storïau a'r delweddau allweddol a fydd yn crisialu gweddau pwysig ar yr ideoleg gan eu mynegi mewn ffordd ddychmygus, symbolaidd, rymus; a chyfraniad *genres*, sef y ffurfiau artistig gosod a rydd fynegiant i gysyniadau ideolegol, gan fanteisio'n aml ar y mythau wrth wneud hynny.[5] Ac ni cheir enghraifft fwy amlwg o gyfraniad *genre* y nofel Saesneg yng Nghymru at y gwaith o ledu'r myth am y werin dduwiol Gymreig na chyfrol David Davies, *Echoes from the Welsh Hills* (1883).[6]

Esgus diegwyddor yw'r nofel yn rhannol i'r awdur raffu straeon am gewri'r pulpud ac i grynhoi rhai o'u 'perffformiadau' mwyaf enwog. Yn ei ragymadrodd, mae'n cyfaddef na ellir gwahanu'r Genedl Anghydffurfiol yn ei hanfod oddi wrth yr iaith Gymraeg ac mae'n mynnu mai ofer, felly, yw ei ymdrech ef i ddefnyddio'r Saesneg i gyfleu ei phrif nodweddion. Ond teimla ddyletswydd i geisio gwneud hynny, nid yn unig er budd ei genedl ond hefyd am fod gan y Cymry gyfraniad pwysig i'w wneud i gynnydd masnachol ac i ddatblygiad moesol 'pobloedd unedig y deyrnas hon.' Yr oedd Davies yn weinidog ar eglwys yng nghyffiniau Weston-super-Mare, ac mae'n amlwg bod arno awydd meithrin parch trigolion Gwlad yr Haf at eu cymdogion agos. I'r perwyl hwnnw, mae'n cynnig darlun o fywyd syml, hapus mewn pentref gwledig – darlun bwriadol groes i argraff gynyddol y Saeson erbyn diwedd y bedwaredd ganrif ar bymtheg mai cymdeithas ddiwydiannol gythryblus oedd i'w chanfod yr ochr draw i'r Hafren. Mae David Davies yn cynllunio'i nofel o'i chychwyn gyda golwg ar ei ddarllenwyr Saesneg, gan gydymffurfio â'u disgwyliadau cyn eu harwain i gyfeiriadau eraill. Gosodir eglwys y plwyf ar ganol y darlun i ddechrau, gan mai honno fyddai canolbwynt naturiol pentref gwledig yn Lloegr, ond buan yr esbonia'r awdur mai ymylol yw'r llan i fywyd yn y pentref Cymraeg hwn. I gyfeiriad y capeli y mae trwch y pentrefwyr yn troi eu golygon, a rhydd hynny gyfle i David Davies esbonio sut a phryd a phaham y cefnodd y Cymry ar Eglwys Loegr ac ymuno â'r enwadau Anghydffurfiol. Ond os taw'r capeli yw calon bywyd ysbrydol y pentref, yna i gyfeiriad yr efail y bydd y pentrefwyr mwyaf deallus yn anelu'n rheolaidd er mwyn cynnal sgwrs sylweddol gyda'r gof am bregethwyr a phregethau cofiadwy. Rhydd hyn gyfle i David Davies ailadrodd nifer o'r pregethau gorau air am air, a hynny am dudalennau lawer. Nid yw *genre* y nofel yn ddim amgen iddo ef na chyfrwng hwylus i gyflwyno darlun euraidd o fywyd ffyddloniaid y capeli.

Mae'n tywys ei ddarllenydd i gapel Horeb er mwyn blasu'r moddion ac yno'n ei gyflwyno i gymeriadau cadarn megis John Vaughan y crydd; mae'n adrodd hanes twf Piwritaniaeth ac Anghydffurfiaeth o'r unfed ganrif ar bymtheg ymlaen yn drylwyr; mae'n pwysleisio bod y Beibl yn cael ei gadw'n barchus yn yr efail a bod y cwmni dedwydd yn troi ato'n aml am gyfarwyddyd; ac mae'n cyferbynnu'r presennol duwiol â'r gorffennol ofergoelus pan arferai'r Cymry gredu mewn canhwyllau corff a phob math o sothach lliwgar arall. Ac mae David Davies hefyd yn awyddus i sicrhau'r Saeson nad yw cred y Cymry bellach mor gul ag yr arferai fod, gan nad ydynt yn dal yn gaeth i Galfiniaeth sych y gorffennol, gyda'i bwyslais ar ddysgedigaethau megis etholedigaeth. *Hyper Calvinism* yw term y gwerinwyr call, deallus am gred o'r fath, ac maent yn cyffelybu *hyper Calvinists* i jiráff am fod yr uchel Galfiniaid yn ymffrostio bod ganddynt grebwyll ysbrydol sy'n ymestyn ymhell y tu hwnt i gyrraedd dynion cyffredin, a'u bod o'r herwydd yn medru cael gafael ar wireddau prin a hynod flasus. (*EFWH*, 95)

Cymar i *Echoes from the Welsh Hills* yw *Llangobaith*, nofel arbennig o ddiddorol a gyhoeddwyd yn Utica ac a geisiai ddenu sylw'r Americanwyr at y genedl fach hynod dduwiol a rhinweddol yr ochr draw i Fôr yr Iwerydd.[7] Ond ymddangosodd sawl testun Saesneg nid annhebyg yng Nghymru ei hun yn ystod ail hanner y bedwaredd ganrif ar bymtheg, gan gychwyn, dyweder, gyda'r nofel *Among the Mountains: or Life in Wales* a ysgrifennwyd gan 'Ceredig' (W. D. Richards) mewn ymdrech i gipio gwobr yn Eisteddfod Genedlaethol Caerfyrddin ym 1857.[8] Mae'n cynnig darlun cyfoglyd o ddelfrydol o Arthur Williams, gwerinwr ifanc sy'n troi'n siopwr cefnog yn Lerpwl, diolch i'w rinweddau moesol disglair, ac yn datblygu'n bregethwr grymus ar ôl hynny – prawf pendant fod duwioldeb yn dwyn llwyddiant bydol yn ei sgil. Dros hanner canrif yn ddiweddarach, wele'r nofel Gymraeg Saesneg yn dal i gynnig yr un delweddau canmoliaethus cymhleth o'r Gymru Anghydffurfiol rinweddus, fel y dengys gwaith Margam Jones, *The Stars of the Revival* (1910), un o'r nofelau niferus ar gychwyn yr ugeinfed ganrif a oedd yn llawn hiraeth am gyfnod euraidd a fu yn hanes y Genedl Anghydffurfiol.[9] Ac yn ystod yr hanner canrif rhwng *Among the Mountains* a *The Stars of the Revival* cyhoeddwyd sawl nofel debyg yn mawrygu duwioldeb cynhenid y diwylliant

Anghydffurfiol wrth iddo gael ei fygwth fwyfwy gan gymdeithas nad oedd bellach yn rhannu angerdd ysbrydol y gymdeithas flaenorol, nac yn arddel yr un gwerthoedd â hi ychwaith. Ymhlith y rhain yr oedd nofelau megis *In the Land of the Harp and the Feathers* (1896) gan A[lfred] P. Thomas, gwaith sy'n gresynu diflaniad y 'devout old-world Welsh people', a'r 'dear old-fashioned people' yr oedd sêl eu Calfiniaeth ronc bellach yn cael ei ddirmygu gan yr 'half and half Christians' a welai'r awdur o'i gwmpas.[10] Ochr yn ochr â'r nofelau hiraethlon hyn cyhoeddwyd nifer o nofelau Saesneg a geisiai ddangos bod y Genedl Anghydffurfiol yn sicrhau ei pharhad drwy brysur ymaddasu er mwyn cydymffurfio â gofynion y gymdeithas newydd. Mae *Owen Rees* yn enghraifft o'r math yma o nofel, a chyn gorffen yr ysgrif hon trown at enghraifft nodedig arall ohono, sef *Gwen Penri* gan John Bufton. Ond yn gyntaf, mae'n werth pwysleisio nad drwy gyfrwng y nofel Saesneg yn unig y ceisiai'r Genedl Anghydffuriol lunio delwedd ddeniadol ohoni hi ei hun.

* * *

Ym 1893 cyhoeddwyd *The Old Welsh Evangelist* gan William Parry ('Gwilym Pont Taf') a thair blynedd yn ddiweddarach cyhoeddodd yr un awdur ail gyfrol, *Welsh Hillside Saints*.[11] Casgliad o gerddi yw'r ddwy, ac anodd byddai meddwl am enghreifftiau gwell o'r hyn a oedd gan Richard Slotkin mewn golwg wrth sôn am swyddogaeth 'myth.' Byddai hefyd yn ddiddorol dadansoddi'r ddau gasgliad yn fanwl yng ngoleuni astudiaeth bwysig Dorian Llywellyn, *Sacred Place, Chosen People*.[12] Yno mae'n sôn am gysyniadau allweddol megis 'mangre gysegredig' (*sacred place*) a 'chenedl etholedig', ac yn dangos sut y gall cred yn 'hanes cysegredig' (*sacred history*) fod ymhlyg yn y cysyniadau hynny. Ychwaneger atynt un wedd amlwg arall, sef parch cymdeithas y capeli at 'arwyr ysbrydol' sy'n crisialu'r gwerthoedd y mae'r bobl yn llwyr ymuniaethu â hwy. Amlygir pob un o'r gweddau yng ngherddi William Parry, ac ar ben hynny mae'r awdur yn dilyn esiampl David Davies wrth geisio esbonio i'r darllenydd Saesneg ystyr ac arwyddocâd rhai o briodweddau mwyaf amlwg y Genedl Anghydffurfiol, megis ei hoffter o Gymanfa Ganu ac o Sasiwn. Felly, er saled y farddoniaeth, mae'r ddwy gyfrol yn destunau diwylliannol gwerthfawr iawn.

Mae'n ymddangos bod awydd ar William Parry i ysgrifennu epig Anghydffurfiaeth Gymraeg, gan fod ei gerdd hirfaith am 'The Association' (y Sasiwn) yn ymestyn yn ddiddiwedd dros gant a thrigain o dudalennau ystrydebol. Ac mae'r cyfrolau wedi eu cynllunio i bwysleisio ymroddiad llwyr y genedl i grefydd. Cyflwynir y gerdd 'The Old Welsh Evangelist' i dri 'Apostol Cymry', John Elias, Christmas Evans a William Williams o'r Wern, ac y mae hon eto dros ddau gant o dudalennau. Lleolir yr hen Efengylydd ymhlith bryniau a dyffrynnoedd Cymru, a bwriad William Parry, mae'n amlwg, yw awgrymu mai gwlad hynafol gysegredig yw hi. Llecyn gwledig 'far from the marts where commerce counts her gold' yw magwrfa'r arwr, ac felly 'a lowly, simple child' (*OWE*, 5) yw ef, un sydd wedi ei hyfforddi gan yr ysbryd sy'n cyniwair byd natur. Trewir yr un tant droeon a thro yn y cerddi. Noddfa yw'r hen gapel yn y gerdd 'The Sanctuary', a gwelir ei debyg yn sefyll ym mhob man 'Among the hills that rise like sentinels, / The calm, majestic guardians of the land' (*WHS*, 55).

Yr awgrym cyson a geir yn y cerddi gwladgarol yw mai gwlad 'Geltaidd' hynafol yw Cymru ac y gall ymffrostio yn ei rhyfelwyr dewr, ond ei bod hi bellach wedi rhoi'r gorau i'w canmol hwy am ei bod wedi cofleidio ffydd grefyddol a buchedd rinweddus. Yn wir, dyma'r hanes a grynhoir yn 'Harp of the Hills', y gerdd sydd ar flaen *Welsh Hillside Saints* ac a ddisgrifir fel 'Invocation', gweddi ymbilgar ar i'r Ysbryd Glân ysbrydoli'r farddoniaeth sy'n dilyn. 'Slawer dydd arferai'r telynorion gael eu cyffroi gan gampau'r gad, ond bellach gobaith y bardd yw y caiff glywed 'the rushing wind, / From heaven rustle among thy strings' (*WHS*, 1). Ym Mhalesteina'n unig yr arferai'r awel gysegredig hon chwythu, ond erbyn hyn 'Thou hast revealed thyself among our hills, / Thy splendours gleamed among our stubborn rocks; / Thy glory showered on our ancient rills' (*WHS*, 9). Un canlyniad y gred hon yw'r argyhoeddiad bod y tirlun ei hun yn gweithredu fel carreg atsain neu gist atgof – 'the land', chwedl Dorian Llywellyn wrth sôn am Balesteina, 'takes on the function of mnemonic, reminding the nation of its collective duties.' (*SLSP*, 28) Ac ar ben hynny, mae hefyd sawl cornel ar draws y wlad yn sanctaidd am mai yno y magwyd arwyr megis Daniel Rowland, neu William Williams, neu Ann Griffiths. 'As I haunt each sacred glen, / As I trace each hidden nook; / As I mount each rocky ben, / Follow rivulet and brook; / Saintly shades methinks I meet, / Pilgrims to this holy shrine', meddai Parry wrth ymdeithio i gyfeiriad Llangeitho, oherwydd yn y pentref hwnnw 'the Sun of glory shed, / Smiles that into summer grew' (*OWE*, 393). Ymffrost cyson William Parry yw mai gwerinwyr cyffredin yw arwyr crefyddol Cymru i gyd, a bod eu rhinweddau'n nodweddiadol o'r genedl gyfan. Yn ei folawd i 'The Village Blacksmith Preacher' (John Roberts, gweinidog gyda'r Bedyddwyr yn y Bontfaen), pwysleisia'r modd yr oedd ei arwr yn cyfuno huodledd y pregethwr a nerth y gof: 'He came from the smithy hard-handed, / The message of grace to impart' (*WHS*, 274).

Ond pan ddaw William Parry i restru tanysgrifwyr ei gyfrol *The Old Welsh Evangelist*, y mae'n ofalus i osod y crachach yn yr amlwg. Ar flaen y rhestr gwelir enw Arglwydd Tredegar, arwr 'The Charge of the Light Brigade', ac Arglwydd Aberdâr yn dynn ar ei sodlau, ac mae'n arwyddocaol iawn fod enw'r ail o'r rhain yn ymddangos. Ddeuddeng mlynedd cyn cyhoeddi *The Old Welsh Evangelist* cyhoeddasai'r pwyllgor a gadeiriwyd gan Arglwydd Aberdâr adroddiad chwyldroadol am y gyfundrefn addysg yng Nghymru. Yn sgil hynny, sefydlwyd rhwydwaith o ysgolion uwchradd ar draws y wlad a gosodwyd seiliau Prifysgol Cymru. Ffrwyth y bartneriaeth rhwng Anghydffurfwyr Cymreig a'r Blaid Ryddfrydol oedd y datblygiadau hynod bwysig hyn. Felly, wrth osod enw Arglwydd Aberdâr mor agos at ben ei restr y mae William Parry yn tanlinellu'r ffaith nad cenedl geidwadol mo'r Genedl Anghydffurfiol a ddethlir yn ei gerddi ond cenedl flaengar sy'n arloesi ffordd well eto o fyw. Er nad oes sôn yn y farddoniaeth am gyfraniad allweddol Anghydffurfiaeth i fywyd gwleidyddol Cymru ar ddiwedd y bedwaredd ganrif ar bymtheg, mae'r cyfraniad hwnnw yn ymhlyg yn y cyfeiriad at Arglwydd Aberdâr.

Fel yr awgrymwyd wrth fynd heibio, un ffordd garedig o ddehongli cerdd hirfaith, aflwyddiannus Parry am 'The Association' yw ei gweld hi fel ymdrech i gynhyrchu *genre* nodweddiadol Gymreig a fyddai'n fodd i fynegi ideoleg y Genedl Anghydffurfiol ac i fanteisio ar ei mythau hi, yn unol â'r patrwm a awgrymwyd gan Richard Slotkin. A hwyrach y byddai'n werth ystyried camp Daniel Owen ym myd y nofel yn yr un modd. Yn hytrach na chyfeirio at ddylanwad ei hoff awduron Saesneg, megis Scott a Dickens, ar ei waith, oni fyddai'n werth inni ystyried nad oedd ymdrechion Daniel Owen ym myd y nofel ar ddiwedd y bedwaredd ganrif ar bymtheg yn wahanol iawn i ymdrechion y genhedlaeth ddisglair o awduron a fyddai'n ceisio darlunio diwylliant diwydiannol cymdeithas ddeddwyreiniol Cymru rhwng y ddau ryfel byd? Yr un broblem, ac felly yr un her, a wynebai'r naill a'r llall, a chafwyd trafodaeth dreiddgar ar y benbleth honno gan Raymond Williams yn ei ysgrif nodedig 'The Welsh Industrial Novel'.[13] Prif bwynt Williams yw y bu'n rhaid i nofelwyr Cymru addasu'r nofel ddiwydiannol Saesneg at bwrpas cymdeithas gwbl wahanol. Yr oedd dau brif gymhelliad i'w hymdrech. Yn gyntaf, yr oedd nifer ohonynt, yn wahanol i'r nofelwyr Saesneg dosbarth canol, yn deillio o'r dosbarth gweithiol a bortreadwyd ganddynt, a cheisient fynegi union naws y gymdeithas ddiwydiannol Gymreig, a'r cymhleth unigryw o brofiadau (*structure of feelings*) a'i nodweddai hi. Onid profiad cyffelyb a wynebai Daniel Owen wrth ddarllen Dickens a Scott gyda golwg ar sgrifennu nofelau am y diwylliant Anghydffurfiol Cymraeg? Os felly, nid yw'n syndod bod y nofelwyr Cymreig a geisiai drafod y diwylliant hwnnw yn y Saesneg yn wynebu her a oedd hyd yn oed yn fwy, ar un olwg, gan mai'r iaith Gymraeg oedd einioes y Genedl Anghydffurfiol.

Fel y dangosodd Raymond Williams ymhellach, yr oedd yn hoff gan nofelwyr diwydiannol Cymru droi at ffurf y rhamant yn eu hymdrech i ddod o hyd i *genre* cymwys ar eu cyfer. Yn yr un modd, mae'r nofelwyr Saesneg a geisai drin y bywyd Anghydffurfiol Cymraeg hwythau'n ymddiddori yn yr un *genre*. Dro ar ôl tro, maent yn archwilio'r berthynas deimladwy, gymhleth rhwng mab a merch, perthynas y gall fod iddi gynifer o oblygiadau crefyddol, cymdeithasol, diwylliannol a gwleidyddol. A gwnânt hynny er mwyn trin y grymoedd croes niferus a nodweddai'r byd Anghydffyrfiol yn ei anterth. Golyga, wrth gwrs, fod tuedd gref iawn yn y nofelau i drin sefyllfa gymdeithasol y ferch – testun dadl yn barod erbyn diwedd y bedwaredd ganrif ar bymtheg – mewn modd pur draddodiadol. Ac yn hyn o beth, nid ydynt ond yn adlewyrchu barn led geidwadol eu cymdeithas grefyddol eu hunain. Prin y byddai llawer o haneswyr llên ein cyfnod ni'n barod i lwyr gytuno â honiad balch Elezear Roberts yn *Owen Rees* fod y ferch eisoes wedi cael ei phriod le yn y capeli. Yn wir, mae'n bur debyg mai ymdrech anuniongyrchol oedd yr honiad hwnnw i amddiffyn Anghydffurfiaeth Gymraeg yn y cyfnod pan oedd hi'n elyniaethus iawn i fudiadau ac ymgyrchoedd o blaid caniatáu'r bleidlais i fenywod.

Codir cwr y llen ar y tyndra rhwng y ddau ryw oddi mewn i'r capeli yn stori fer Sara Maria Saunders, 'Nancy on the Warpath'.[14] Mae'n stori ddigon amrwd ar un olwg, ond mae yna hefyd ddwyster yn ei chynildeb hi, ac mae'n meddu ar ddigon o egni i chwalu'r myth bod y 'chwiorydd' eisoes yn cael eu cynnwys yng nghymdeithas y capel. Gŵr sarrug, trahaus yw Mr Morris, tad yng nghyfraith Nancy. Mae'n ddiacon parchus ac yn gyhoeddwr yn y capel y mae Nancy hithau'n aelod ffyddlon ohono, ond diafol pen tân ydyw ef sy'n deyrn ar ei aelwyd ei hun ac yn cadw'i wraig yn dynn dan ei fawd. Brwydra Nancy i newid y sefyllfa, yn gyntaf drwy fynnu bod Mrs Morris yn cael ymweld â gwely cystudd ei mab, er bod Mr Morris yn gwbl wrthwynebus i hynny, ac yna'n ail drwy gyrchu at wely cystudd Mrs Morris ei hun er i'w thad yng nghyfraith ei gwahardd yn bendant rhag gwneud. Llwydda Nancy i drechu Mr Morris nid yn unig drwy ei gweithredoedd uniongyrchol beiddgar, ond hefyd drwy fygwth cyhoeddi gerbron yr eglwys gyfan y modd y mae'r cyhoeddwr parchus yn arfer trin ei deulu yn y cartref. Yn y moddau hyn, mae Nancy yn ennill tair brwydr: mae'n mynnu bod gan wragedd y capeli gystal hawl i siarad, a hyd yn oed i siarad yn gyhoeddus, ag sydd gan unrhyw ŵr neu ddiacon;

mae'n mynnu bod gan fenywod yr hawl a'r gallu i fynegi eu hanghytundeb â'u gwŷr drwy weithredu; ac yn olaf, mae'n dangos bod angen i wragedd gyfuno gair a gweithred er mwyn adfeddiannu'r capeli sydd mor annwyl ganddynt ac y maent mor weithgar ac eto mor ymylol ynddynt.

Nid achos yr ymgyrch dros sicrhau'r bleidlais i fenywod yn unig a achosai benbleth i'r diwylliant Anghydffurfiol ar droad y ganrif. Yn sgil adroddiad Aberdâr y soniwyd amdano ynghynt, sefydlwyd rhwydwaith o sefydliadau addysgiadol a alluogai merched, yn ogystal â bechgyn, i dderbyn hyfforddiant safonol, ac felly cynhyrchwyd cenhedlaeth newydd gyfan o wragedd deallus, gwybodus. Ac os oedd sefydliadau crefyddol enwog y Bala a'u tebyg yn dal i dderbyn dynion yn unig, nid oedd yr un peth yn wir am golegau newydd Prifysgol Cymru. Yn y cyswllt hwn, mae'n bryd inni yn awr droi yn ôl at nofel y cyfeiriwyd ati'n gynharach, sef *Gwen Penri* gan John Bufton.[15] Nofel Saesneg am Anghydffurfiaeth Gymraeg ydyw, ac mae o ddiddordeb pur arbennig, gan iddi gael ei lleoli yn yr Wyddgrug a'i chyhoeddi chwe blynedd yn unig ar ôl marw Daniel Owen yn y dref honno. Stori garu affwysol o wan yw'r hanes am garwriaeth Gwen â Rowland Cadwallader, gŵr ifanc â'i fryd ar fynd yn weinidog gyda'r Hen Gorff. Ac mae agwedd yr awdur at y byd y ceisia ei bortreadu yn un ddryslyd o gymysg, gan y gall ymagweddu'n nawddoglyd ar y naw ac eto'n edmygus, gall ymddangos yn wybodus am y diwylliant Cymraeg un funud ac yn gwbl anwybodus y funud nesaf, ac y gall arddangos ei ddysg Seisnig aruchel (drwy ddyfynnu yn Lladin, Groeg, Ffrangeg ac Almaeneg, a chan amlhau dyfyniadau o farddoniaeth Saesneg ac Americanaidd) tra'i fod hefyd yn barod ar adegau i ganmol rhagoriaethau'r 'werin bobl' ddi-ddysg.

Is-deitl *Gwen Penri* yw *A Welsh Idyll*, ac ar un olwg bwysig yr hyn a geir yn y nofel yw darlun dewisol euraidd (neu fyth) o gymdeithas werinol wâr sy'n araf ymaddasu yn wyneb sialensau byd newydd ac yn llwyddo i wneud hynny heb golli ei chywirdeb moesol a'i hygrededd ysbrydol gwreiddiol. Y newid mawr y canolbwyntir arno yn y nofel yw hwnnw a ddaw yn sgil y cyfleoedd addysg sydd bellach ar gael nid yn unig i ddarpar weinidogion ifainc fel Rowland, a oedd â'i fryd ar fynd yn ei flaen i goleg diwinyddol, ond hefyd i'w gariad Gwen, sy'n chwennych mynd i goleg newydd Prifysgol Cymru yn Aberystwyth. Ar ôl iddi gyrraedd yno, y mae Gwen yn dewis gwneud gradd (ac wedyn gradd uwch) mewn gwyddoniaeth, gan ganolbwyntio'n benodol ar fywydeg. Felly try'r nofel yn fath o ddameg fythig am briodas crefydd a gwyddoniaeth mewn cyfnod pan oedd damcaniaethau ffrwydrol Darwin yn creu gagendor bygythiol rhwng y naill a'r llall.

Gweler ymdrech i ymestyn y myth am rinweddau gwaredol y Genedl Anghydffurfiol Gymreig i gyfeiriadau cyfoes nid annhebyg yn nofel Margam Jones, *Angels in Wales*. Ac yn yr achos hwn, tanlinellir yr elfen ddamhegol gan yr enwau a roddir ar y prif gymeriadau. Ar ddechrau'r nofel fe'n tywysir i gymdeithas dduwiol werinol ar ganol y bedwaredd ganrif ar bymtheg, ond buan y clywn dinc o bryder yn lleisiau rhai o'r cymeriadau sydd eisoes yn hiraethu am oes gynharach fwy euraidd byth. 'It's a rush with everything now', meddai Ianto'r saer, 'We are not like the old Methodists, slow and sure.... The religion of our generation is a mixture of politics, science, and theology. And in a few years it will be nothing but a hollow profession.'[16] Â Margam Jones yn ei flaen i greu tri phrif gymeriad a fydd yn gyfrwng iddo geisio mynd i'r afael â'r pryderon hyn. Bachgen yw Gwyddon sy'n amlwg yn cynrychioli byd gwybodaeth a deall; enwau'r ddwy ferch yw Faith a Gwener, y naill yn cynrychioli Ffydd a'r llall yn dynodi Serch dynol nwydus. Ymhellach, awgryma Shinkin, yr hen ddyn hysbys sydd wedi troi'n Fethodist selog, fod y tri phlentyn hyn wedi eu haddysgu 'according to the tastes of their mothers. One was sent to Babylon, the other to Jerusalem, and the third to Athens.' (49) Er i Gwyddon ymserchu'n gyntaf yn Faith, buan y mae'n cael ei swyno'n lân gan Gwener. Ond merch wamal, benchwiban yw hi ac mae'n rhaid iddi gael ei haddysgu'n foesol gan Faith cyn ei bod hi'n gymar addas ar gyfer Gwyddon. Y mae yntau, yn ei dro, yn gorfod cael ei ddisgyblu cyn ei fod yn gymwys ar gyfer y weinidogaeth. Ac ar ddiwedd y nofel, mae Faith, sydd wedi celu ei chariad hithau at Gwyddon ac felly wedi ei haberthu ei hun er ei les ef, yn medru diflannu o olwg y cariadon ifainc drwy farw'n amserol a dianc i dderbyn ei haeddiant yn y nefoedd. Ni ellir cael enghraifft fwy eglur o ddefnyddioldeb *genre* y rhamant i'r nofelwyr a oedd yn ceisio dull o fynegi myth y Genedl Anghydffurfiol Gymreig i ddarllenwyr Saesneg a Seisnig.

Arwr nofel Walter Gallichan ('Geoffrey Mortimer') yw gweinidog ifanc rhyddfrydol, blaengar sy'n cael ei erlid o'i bentref gwledig gan aelodau'r eglwys geidwadol y mae'n gweinidogaethu ynddi. Ar y cychwyn, mae ganddo ryw gymaint o gydymdeimlad â chredoau haearnaidd, Calfinaidd ei braidd, ond erbyn y diwedd y mae wedi cael ei lorio gan eu hatgasedd o 'the new spirit of latitudinarianism' y mae ef ei hun yn ei arddel. Gan ei fod yn credu'n frwd yn yr Uwchfeirniadaeth ddiwinyddol newydd, ni fedr gydsynio â chais ei aelodau a chyhoeddi mai dim ond yr etholedigion cadwedig all osgoi damnedigaeth dragwyddol. Fel mae'n digwydd, cyhoeddwyd *The Conflict of Owen Prytherch* yn ystod ail flwyddyn Diwygiad Evan Roberts, 1904–5, ac mae'r nofel yn cynnwys golygfa lle mae Owen yn mynychu cyfarfod efengylaidd ac yn ffieiddio'r gweddau theatrig, ffuantus ar y profiad.[17]

Yr oedd y tynnu croes yn y capeli rhwng yr hen oruchwyliaeth ddiwinyddol a'r oruchwyliaeth newydd o ddiddordeb ac o ddefnydd mawr i nifer o'r nofelwyr Saesneg. Byrdwn nofel T. Marchant Williams, *The Land of My Fathers* (1889), yw'r frwydr rhwng y genhedlaeth a lynai wrth athrawiaeth Calfin, a'r genhedlaeth ifanc a oedd am gefnu arni. 'Few if any of us, the younger members of the Calvinistic Methodist denomination, believe in Calvinism', meddai Olwen, un o'r prif gymeriadau; 'not that we have given it up, but rather have never taken it up.'[18] (34) Ar weithredoedd da y mae'r nofel yn rhoi ei phwyslais, a dadleuir ymhellach nad oes fawr o wahaniaeth rhwng yr enwadau Anghydffurfiol ar eu gwedd newydd, oleuedig, a'r carfanau oddi mewn i'r Eglwys Wladol sydd hefyd wedi eu diwygio yn yr un modd. Ar ben hynny, mae Marchant Williams – yr awdur pigog hwnnw a adwaenwyd gan ei gyfoeswyr fel 'the Acid Drop' – yn gresynu ac yn dirmygu'r mân wahaniaethau diwinyddol rhwng yr enwadau â'i gilydd: 'Would that the distinction of sects disappeared for ever from The Land of My Fathers!' (225) Defnyddia *genre* y nofel ramant i hybu'r syniad o briodas ddedwydd rhwng yr Eglwys a'r enwadau, gan drefnu bod Hubert, mab y sgweier sy'n un o bileri eglwys y plwyf, yn syrthio mewn cariad ag Olwen, merch Anghydffurfwyr pybyr. Ar y pegwn arall ceir *The Ethics of Evan Wynne* (1913), nofel gan D. Hugh Pryce sy'n taer geisio gwrthweithio ymdrechion yr Anghydffurfiwr i ddadwladoli Eglwys Loegr.[19] Uchafbwynt dramatig y gwaith yw'r ymryson rhwng Jack, mab i archddiacon, ac Evan Wynne, lladmerydd yr enwadau Anghydffurfiol. Dadleua Evan mai eglwys estron sy'n rheibio'r werin yw Eglwys Loegr, eglwys lygredig nad oes ganddi'r parch lleiaf at yr iaith Gymraeg. Mynna Jack fod yr honiadau hyn yn gwbl gyfeiliornus. 'Hen fam' y genedl Gymraeg yw'r Eglwys, ac nid yw'r Anghydffurfwyr yn ddim ond casgliad o sectau cwerylgar sydd wedi eu hudo gan wleidyddion radical eithafol. A chan mai Eglwyswr rhonc oedd D. Hugh Pryce, a chan fod Esgob Tŷ Ddewi wedi ysgrifennu rhagair ar gyfer ei nofel, nid yw'n syndod mai Jack sy'n ennill y dydd. Ar ddiwedd y stori y mae radicaliaeth Evan yn achosi iddo ddioddef chwalfa feddyliol, a thrwy'r profiad hwnnw llwydda i gymodi â'i wraig Enid, merch i offeiriad a oedd wedi ei gelyniaethau gan ei eithafiaeth flaenorol, ac ar ôl i Enid roi genedigaeth i fachgen, mae Evan yn datgan yn llawen ei fod yn edrych ymlaen at weld yr un bach yn datblygu'n 'bigoted Tory and a pillar of the Church!' (317)

* * *

Mae'n amlwg, felly, fod llenyddiaeth Saesneg Cymru (ac yn fwyaf arbennig y nofel yn yr iaith fain) wedi cyfrannu'n sylweddol dros gyfnod o hanner canrif cyn y Rhyfel Byd Cyntaf – cyfnod sydd, wrth gwrs, yn cynnwys nofelau Daniel Owen yn ogystal – at y gwaith diwylliannol o adrodd stori neu weu myth y Genedl Anghydffurfiol. Fel y gwelir yn fwyaf arbennig yn achos y nofel *Owen Rees*, nid o gyfeiriad yr ardaloedd diwydiannol 'Seisnig' yn unig y deuai'r bygythiad i'r dehongliad hwn o'r Gymru Gymraeg erbyn diwedd y bedwaredd ganrif ar bymtheg, ond hefyd o gyfeiriad byd addysg a gwleidyddiaeth wrth i fudiad Cymru Fydd fygwth, ym marn rhai, ddiorseddu crefydd a gosod diwylliant yn ei le fel prif nodwedd y genedl Gymraeg. Ac ar ben hynny dengys y nofelau yn berffaith eglur fod y rhaniadau oddi mewn i'r byd Anghydffurfiol hefyd yn bygwth ei danseilio. Ond gwelir bod y nofelwyr ar y cyfan yn ceisio arfer ffurf a rhethreg ac ieithweddau eu nofelau i wrthweithio'r bygythiadau hyn i gyd ac i sicrhau parhad cenedligrwydd nodweddiadol Gymreig drwy ddiogelu myth y Genedl Anghydffurfiol.

Erbyn diwedd y bedwaredd ganrif ar bymtheg, yr oedd deallusion y capeli yn dechrau sylweddoli bod gan lenyddiaeth ei swyddogaeth, ac yn wir ei dyletswydd, i gynnal y 'genedl' y perthynent hwythau iddi. Ym 1890 cyhoeddwyd ysgrif yn y cylchgrawn *Cymru Fydd* ar y testun 'Llenyddiaeth Gymreig y dyddiau hyn yn ei dylanwad ar feddwl y genedl'.[20] Ynddi y mae'r awdur, John Roberts, Blaenau Ffestiniog, yn cychwyn drwy ddatgan mai 'wrth lenyddiaeth genhedlaethol y byddwn yn deall fynegiant meddwl cenedl mewn ysgrifen.' 'Nid yn unig y mae llenyddiaeth genhedlaethol yn ddanghoseg o ddylanwad a'r gwerth y mae cenedl yn ei roddi ar feddwl ym mysg ei phobl ei hun', ychwanega, 'ond y mae hefyd y prif gyfrwng ag sydd gan genhedloedd eraill tuag at wybod seiliau y gwerth hwnnw… Barna y byd safon a gwerth meddwl y wlad yn ôl nifer ei hawdwyr.' Â yn ei flaen i awgrymu nad yw Cymru eto wedi wedi esgor ar gorff o lenyddiaeth gyfoethog, a gesyd y bai ar ddiffyg beirniadaeth aeddfed a hefyd ar ddylanwad llesteiriol yr eisteddfod ar fyd llên. Eithr, pwysleisia,

> Y mae un nodwedd arbennig yn neillduoli llenyddiaeth Gymreig ag yr ydym yn falch iawn o honi – y mae hi yn *grefyddol* iawn, ac y mae hyn yn beth gwerthfawr iawn. Deillia hyn, yn ddiamau, o'r naws grefyddol sydd yn nodweddu cymeriad ein cenedl. Y mae hi yn ffaith gysurus, ag ystyried tueddiadau gwyllt y cyfnod yr ydym yn byw ynddo, nad oes dim wedi ymddangos trwy y wasg Gymreig yn gyhoeddus yn arogli o anffyddiaeth. Y mae hon yn nodwedd arbennig yn perthyn i lenyddiaeth Gymreig ar hyd y gorffennol, ac y mae argoelion cryf y cedwir bywyd yr un dueddyn yn y dyfodol.

Profwyd John Roberts yn broffwyd gau gan hanes, ond mae ei sylwadau yn ein hatgoffa am y ddolen gyswllt glòs rhwng byd llên a'r byd Anghydffurfiol wrth i'r ganrif dynnu at ei therfyn. Y mae hyn eisoes yn berffaith hysbys, wrth gwrs, yn achos llenyddiaeth Gymraeg y cyfnod, ond ychydig bach iawn o sylw a roddwyd hyd yn hyn i gynnyrch Saesneg Cymru yr un adeg. Awgrym yr ysgrif hon, felly, yw ei bod hi'n amser bellach inni droi ein golygon i'r cyfeiriad hwnnw, ac i dalu sylw i'r modd y gwnaeth llenyddiaeth Saesneg Cymru hithau ei gorau i gynnal, a hynny dros gyfnod o hanner canrif hyd at y Rhyfel Byd Cyntaf, y syniad o'r Genedl Anghydfurffiol Gymreig.

Nodiadau

1. Y rhagarweiniad i *Profedigaethau Enoc Huws* (Caerdydd: Hughes a'i Fab, 1995).
2. Robert Rhys, *Daniel Owen* (Caerdydd: Gwasg Prifysgol Cymru, 2000), t. 114. *DO* o hyn ymlaen.
3. Elezear Roberts, *Owen Rees: A Story of Welsh Life and Thought* (London: Eliot Stock / Liverpool: Isaac Foulkes, dim dyddiad. Ond mae rhagymadrodd yr awdur wedi ei ddyddio i Ionawr 1893). *OR* o hyn ymlaen.
4. W. Edwards Tirebuck, *Jenny Jones and Jenny and Other Tales from the Welsh Hills* (Wrexham: Hughes and Sons / London: Simpkin, Marshall, Hamilton, Kent and Co., 1896). Mae'n amlwg fod Tirebuck yn berffaith gyfarwydd â gweithiau Daniel Owen. Cyfeirir at un ohonynt gan T. Artemus Jones wrth iddo gyfweld â Tirebuck ar gyfer *Young Wales*: ' "Take any story you like," I said, "in *Ystraeon y Pentan* and see how thin, and feeble, and uninteresting it becomes when you strip the ideas of their natural Welsh garb and present them in the stiff ill-fitting garments of a foreign tongue." ' (*Young Wales*, 2 [1896], 288) Ac meddai Tirebuck mewn man arall, wrth ddadlau'n frwd o blaid cyfieithu o'r Gymraeg i'r Saesneg: '[A] writer referred to the great difficulty of translating the works of Daniel Owen into English, and concluded by saying, "If then, he remains, as is not improbable, the only Welsh novelist, the Welsh people will at least enjoy the consolation that they will have him for their exclusive possession." This, surely, is a local and parochial attitude' (*Young Wales*, 2 [1896], 211). Yn yr un erthygl ceir y sylw canlynol gan Tirebuck sy'n amlwg yn berthnasol i'r ymdrech a wnâi yn ei waith ei hun: 'Most English politicians give one the impression of being about as far off the details of Welsh religious and social facts as a hen is from its brood of foster ducklings on a pond.' (209)
5. Richard Slotkin, *Gunfighter Nation: The Myth of the Frontier in Twentieth-Century America* (Norman: University of Oklahoma Press, 1998), t. 5.
6. David Davies, *Echoes From the Welsh Hills: or Reminiscences of the Preachers*

and People of Wales (London: Alexander and Shepheard, 1883). *EFWH* o hyn ymlaen. Gweler hefyd David Davies, *John Vaughan, or More Echoes from the Welsh Hills* (London: Simpkin, Marshall, Hamilton, Kent and Co. Ltd, 1897).

7. Erasmus W. Jones, *Llangobaith* (Utica, NY: Thomas J. Griffiths, 1886).
8. Ceredig (W. D. Richards), *Among the Mountains, or Life in Wales* (Ebbw Vale: J. Davies / London: J. Clarke, dim dyddiad, ond dim hwyrach na 1867).
9. Margam Jones, *The Stars of the Revival* (London: John Long, 1910).
10. A[lfred] P. Thomas, *In the Land of the Harp and the Feathers: A series of Welsh Idylls* (London: H. R. Allenson, 1896).
11. William Parry ('Gwilym Pont Taf'), *The Old Welsh Evangelist and Other Poems* (Bristol: William F. Mack, 1893), *OWE* o hyn ymlaen; William Parry ('Gwilym Pont Taf'), *Welsh Hillside Saints* (Manchester: J. Roberts, 1896), *WHS* o hyn ymlaen.
12. Dorian Llywellyn, *Sacred Place, Chosen People* (Cardiff: University of Wales Press, 1999).
13. Raymond Williams, 'The Welsh Industrial Novel', yn Daniel G. Williams (gol.), Raymond Williams, *Who Speaks for Wales?* (Cardiff: University of Wales Press, 2003), tt. 95–112.
14. Sara Maria Saunders, 'Nancy on the Warpath', yn Jane Aaron (gol.), *A View Across the Valley* (Dinas Powys: Honno, 2002), tt. 27–36.
15. John Bufton, *Gwen Penri: A Welsh Idyll* (London: Elliott Stock, 1899).
16. Margam Jones, *Angels in Wales* (London: John Long, 1914), t. 306.
17. Walter M. Gallichan, *The Conflict of Owen Prytherch* (London: Watts and Co., 1905).
18. T. Marchant Williams, *The Land of My Fathers* (London and New York: Longmans, 1889).
19. D. Hugh Pryce, *The Ethics of Evan Wynne* (London: Everett and Co., 1913).
20. John Roberts, 'Llenyddiaeth Gymreig y dyddiau hyn yn ei ddylanwad ar feddwl y genedl', *Cymru Fydd*, 3 (1890), 537–41.

Dadeni Cymru Fydd

3

Seisnigrwydd 'Ymadawiad Arthur'

John Morris-Jones oedd un o feirniaid cystadleuaeth y gadair yn Eisteddfod Genedlaethol Bangor ym 1902, ac yn ei feirniadaeth grafog cyhoeddodd, yn nodweddiadol ddiflewyn-ar dafod, iddo gael ei siomi gan waith wyth o'r deg ymgeisydd. Y gwendid amlycaf oedd bod 'beirdd wedi arfer cymaint â thestynau ansoddol i awdlau, nes tybied nad yw'r gynghanedd yn gyfaddas i ddim ond i bregethu a thraethu meddyliau cyffredinol ynddi'.[1] Gan un awdur yn unig y cafodd ei blesio'n llwyr:

> *Tir na'n Og* [sef, wrth gwrs, T. Gwynn Jones] yw'r unig ymgeisydd sydd wedi yfed yn helaeth o ysbryd yr hen ramantau. Y mae hwn gartref yn y Mabinogion a'r rhamantau; yn eu byd hwy y mae'n canu; at eu pobl a'u pethau hwy y cyfeiria yn ei gyffelybiaethau – at Olwen a Blodeuwedd ac adar Rhiannon. Y mae ei Gymraeg wedi benthyca ceinder o'u Cymraeg hwy. (*CB*, 9)

Dyma'r union fath o fardd, a'r union fath o farddoniaeth, yr oedd John Morris-Jones wedi bod yn breuddwydio amdanynt am ddeng mlynedd. I bob pwrpas, T. Gwynn Jones oedd y Mab Darogan y dyhëwyd ei weld yn 'Cymru Fu: Cymru Fydd', yr awdl gan John Morris-Jones a gyhoeddwyd ym 1891.

Molawd i 'hen feirdd' cyfnodau euraidd y gorffennol a geir ar gychwyn yr awdl honno. Canmolir hwy am eu gwasanaeth i'r tywysogion a'r pendefigion, 'hen wŷr i daro dros Gymru dirion /...wladgar / Wŷr dewrwych, a hygar eurdorchogion.'[2] Agweddau croes i'r rheini a welir ar ddiwedd y bedwaredd ganrif ar bymtheg, yn nhyb ddirmygus John Morris-Jones: 'Ein hiaith i'n bonedd heddyw, / "Barb'rous jargon" weithion yw;... / Bwy, fy ngwlad, yn geiniad gai / I philistiaeth a'i phlasdai?' (*C*, 58) 'Seisnigaeth falchdrem' sydd bellach yn goruwchlywodraethu a 'Rhyw genedl gaeth – saeth yw sôn – / Yma ŷm yn llaw Mamon.' (*C*, 63) Nid yw'r beirdd eisteddfodol hwythau mwyach yn gwneud dim ond amlhau geiriau gwag i foli'r duw gau hwnnw, neu'n 'naddu diwinyddiaeth, – a hollti /

Gwelltyn coeg athroniaeth / A hedeg uwch gwybodaeth / O olwg gŵr, i niwl caeth.' (C, 64–5)

Tua diwedd ei awdl y mae John Morris-Jones yn dechrau codi calon wrth gofio sut 'Ym mryn a dyffryn mae Cymru'n deffro.' (C, 64) Ac er ei fod yn dal am gyfnod eto i ofidio "Mae y cyfryw oedd i'm cyfarwyddo?' (C, 65), mae'n araf newid ei gân, gan gredu 'fe ddaw it heirdd feirddion – i ganu / Gogoniant y cyfion; / Ac â newydd ganeuon' (C, 66). Yn ymhlyg yn y weledigaeth waredol hon y mae'r awydd am ddyfodiad bardd a fydd yn cydio Cymru Fydd wrth Gymru Fu drwy arfer hen grefft ysblennydd beirdd cyfnod euraidd y gorffennol. Ac wrth gwrs, camp bennaf 'Ymadawiad Arthur', ym marn John Morris-Jones, yw bod T. Gwynn Jones wedi llwyddo i adfer y traddodiad barddol clasurol drwy lunio awdl hynafol ei hiaith sy'n rhwydo naws gyfareddol rhamantau'r Oesau Canol.[3]

Ceir adlais o'r dehongliad dylanwadol hwn ym mhob trafodaeth o awdl T. Gwynn Jones a ymddangosodd yn ystod y ganrif ddiwethaf, hyd y gwelaf i. Yr un yw'r ergyd bron bob tro: dyma'r awdl a esgorodd ar 'ddadeni llên' cychwyn yr ugeinfed ganrif, a chyflawnodd y gamp honno drwy gydio barddoniaeth Gymraeg â'r traddodiad barddol hynafol yr oedd ysgolheigion y prifysgolion yn dechrau ei ddarganfod, ei amgyffred, a'i werthfawrogi o'r newydd ar ddiwedd y bedwaredd ganrif ar bymtheg. Ond tybed a yw'r darlun mor syml â hynny? Fy awgrym i yn yr ysgrif hon yw y byddai'n werth inni graffu unwaith yn rhagor ar 'Ymadawiad Arthur' gan ystyried y cymhlethdodau sy'n ymhlyg yn yr awdl, cymhlethdodau sy'n ei gwneud hi'n rhyfeddol o amlweddog ac amwys. Y mae hyn yn cyfoethogi ei mawredd ac ar yr un pryd yn ei gwneud hi'n arbennig o arwyddocaol, fe dybiaf, yn ein cyfnod ni.

Cysgod Tennyson

Gadewch inni gychwyn drwy ystyried ffaith sy'n ddigon hysbys ac eto fydd byth yn derbyn rhyw lawer o sylw, sef dyled sylweddol T. Gwynn Jones i Tennyson (1809–92), y cawr hwnnw yr ochr draw i Glawdd Offa – er nad oedd y Cymro yn barod iawn i gyfaddef hynny, ychwaith. Cyn i'w gyfansoddiad buddugol ymddangos yng nghyfrol y cyfansoddiadau ym 1903, rhybuddiwyd T. Gwynn Jones gan ei gyfaill Silyn fod Elphin, bardd-gyfreithiwr o Fangor, yn mynd i ymosod arno am fod ei awdl mor ddyledus i Tennyson. Yr haf hwnnw, ysgrifennodd T. Gwynn Jones nodyn pryderus at ei gyfaill: 'Nis gwn i beth a ddysgais, ond yr wyf yn sicr o un peth, sef na wneuthum i mo Arthur yn Sais na Bedwyr yn lleidr. Nid wyf fi'n ŵr mawr fel Tennyson, wrth gwrs...'⁴ Fel y mae'n digwydd, ni chafodd ei gollfarnu gan Elphin wedi'r cyfan. Yn hytrach, canmoliaeth a gafodd ganddo: 'Nis gwaeth faint o ddeunydd gafodd *Tir na n-Og* yng ngherdd Tennyson; oni chreodd rywbeth newydd? Ac wedi'r cwbl, onid oes mawr wahaniaeth rhyngddynt?' (*TGJ*, 136) Ar ôl y gollyngdod hwn, danfonodd T. Gwynn Jones air pellach at Silyn, gan ddatgan y tro hwn fod 'Elphin yn dywedyd fy mod i wedi cymeryd peth oddiar Tennyson lle na chymerais ef ond oddiar Malory!'(*TGJ*, 136) Sylwer ar y gwahaniaeth awgrymog, y newid pwyslais rhwng y gosodiadau yn y naill lythyr a'r llall. Yn fy nhyb i, magu hyder a thrwy hynny fagu wyneb a wnaeth T. Gwynn Jones ar ôl iddo weld adolygiad ffafriol Elphin. Hwyrach nad oedd wedi mynd ati'n fwriadol i gynllunio'i awdl ar lun cerddi Tennyson am y Brenin Arthur, ond mae'n anodd iawn gen i gredu nad oedd yr ymdrwythiad yng ngwaith Tennyson a gawsai o gyfnod ei blentyndod ymlaen wedi dylanwadu'n o helaeth ar ddychymyg T. Gwynn Jones, a bod y dylanwad hwnnw'n amlygu ei hun yn o eglur yn 'Ymadawiad Arthur'.

Yn sicr, o ddarllen y testun 'Ymadawiad Arthur' a osodwyd gan yr Eisteddfod ar gyfer cystadleuaeth y gadair, byddai'n amhosibl i unrhyw Gymro neu Gymraes llengar ddiwedd y bedwaredd ganrif ar bymtheg beidio â dwyn y gerdd enwog 'The Passing of Arthur' (1872) yn syth i gof. Yn wir, y mae John Morris-Jones ei hun yn cyfeirio'n sychlyd at y campwaith hwnnw'n syth ar gychwyn ei feirniadaeth wrth drafod ymdrechion gwannaf y gystadleuaeth: 'Fe ddywedodd rhyw feirniad fod Tennyson yn portreadu Arthur fel "*English gentleman*" – gŵr bonheddig o Sais; y mae'r ymgeiswyr hyn yn ei bortreadu megis pregethwr neu flaenor parchus o Gymro.' (*CB*, 1) Eithr nid rhyw fath o ddynwarediad o Tennyson a geir gan T. Gwynn Jones – dyna ergyd teg sylw John Morris-Jones – ond swyn a chyfaredd yr 'oesoedd gynt' yng Nghymru. Yr awgrym yw nad yw dylanwad y Sais ar y Cymro o bwys yn y byd, gan mai awdl ac arwr gwironeddol Gymreig a gafwyd gan T. Gwynn Jones. A dyna'n fras a fu agwedd beirniaid Cymraeg byth ers hynny. Os cyfeirir at Tennyson o gwbl, yr awgrym pellach a geir, gan ddilyn yng nghamrau Elphin, yw bod cerdd y Cymro yn rhagori ar gerdd y Sais beth bynnag. Ond hyd yn oed os yw hynny'n wir (ac ni chydsyniwn i'n llwyr â'r farn honno) tybed a yw'n gwneud cyfiawnder â'r berthynas 'ryngdestunol' gymhleth sy'n bod rhwng cerdd y naill a'r llall?

Mae'n berffaith wir, wrth gwrs, fod gwahaniaethau sylweddol iawn rhwng y farddoniaeth Gymraeg a'r farddoniaeth Saesneg. Er i 'The Passing of Arthur' gael ei gorffen ym 1869, a'i chynnwys yn syth yn nilyniant cerddi *The Idylls of the King*, gorffennwyd rhan greiddiol y darn dros ddeng mlynedd ar hugain ynghynt, pan oedd Tennyson yn ŵr ifanc, ac ar ddelw y darn byrrach hwnnw yn bennaf y seiliwyd 'Ymadawiad Arthur.'[5] Ym 1833–4, ac yntau newydd golli ei ffrind mynwesol Arthur Hallam, lluniodd Tennyson 'Morte D'Arthur', ac mae ing ei golled bersonol enbyd yn hydreiddio'r gerdd: 'Arthur had vanished / I knew not whither, / The king who loved me, / And cannot die.' (*PT*, 585) Sylwer, er enghraifft, ar unigrwydd affwysol Sir Bedivere wrth iddo sylweddoli bod Arthur ar fin diflannu o'i olwg am byth: 'And I, the last, go forth companionless, / And the days darken round me, and the years, / Among new men, strange faces, other minds.' (*PT*, 595) Ni chlywir tinc tebyg yn awdl y Cymro. Yr un fath, y mae T. Gwynn Jones yr amheuwr yn hepgor yn llwyr y cyfeiriadau crefyddol lluosog a geir yn 'Morte d'Arthur.' Mae'n werth nodi nad oes arlliw o'r ffydd Gristnogol yn ei awdl o gwbl. Y mae Bedwyr yn dwyn y brenin i 'lannerch rhwng iraidd lwyni',[6] tra mae King Arthur, ar y llaw arall, yn cael ei gludo 'to a chapel nigh the field, / A broken chancel with a broken cross.' (*PT*, 586) Ni cheir yr awgrym lleiaf yn 'Ymadawiad Arthur', ychwaith, o gyflwr seicolegol dirdynnol y brenin ei hun – testun sydd o'r diddordeb pennaf i Tennyson, am ei fod yn fodd iddo ymdrin â'r berthynas rhwng drwg a da oddi mewn i'r natur ddynol: 'I perish by this people which I made' (*PT*, 587). Ac nid yw T. Gwynn Jones yn ymddiddori yn y gymdeithas frawdol a chwalwyd ar faes Camlan – brawdoliaeth y Ford Gron, 'The goodliest fellowship of famous knights / Whereof this world holds record', chwedl y brenin yng ngherdd Tennyson (*PT*, 587).

Daw y gwahaniaeth mwyaf arwyddocaol rhwng gweithiau'r Cymro a'r Sais i'r amlwg ar ddiwedd y cerddi, fel y cawn weld, ac o ddilyn trywydd fel hwnnw hawdd fyddai casglu nad yw 'Morte d'Arthur' o fawr bwys, wedi'r cyfan, wrth ystyried 'Ymadawiad Arthur'. Ond nid yw hynny'n wir. Y mae cerdd Tennyson megis yn 'ymgorfforedig' oddi mewn i awdl T. Gwynn Jones ar ei hyd, ac ar bob lefel. Y mae'r awdl yn cydio yn stori Arthur yn yr un man yn union â 'Morte d'Arthur', ac mae'n dilyn y gerdd honno gam wrth gam yn ffyddlon iawn hyd y diwedd, eithr gan hepgor llawer o'r cyffredinoli a gynhwysir gan Tennyson a chan ddehongli'r diweddglo mewn ffordd wahanol iawn iddo ef. Ymhellach, y mae nifer o ddisgrifiadau'r Cymro'n ymdebygu'n fras i ddisgrifiadau'r Sais, eithr gan gynnwys ambell ymadrodd o 'The Passing of Arthur' yn ogystal â 'Morte d'Arthur'. Er enghraifft, lle gwêl T. Gwynn Jones y Brenin Arthur yn bruddglwyfus ar faes y gad 'mal duw celanedd, / A'i bwys ar garn glwys ei gledd' (*ACD*, 42), y brenin ei hun sy'n tynnu sylw at y wedd honno ar ei gyflwr yn 'The Passing of Arthur' ('Behold, I seem but King among the dead' (*PT*, 1746)). Mae King Arthur, yn groes i'r Brenin Arthur, yn derbyn ei gyfrifoldeb am y cyrff a wêl o'i gwmpas. Ond mewn sawl man arall, y mae'r Gymraeg a'r Saesneg yn cynganeddu'n bur glòs. Dyma ddisgrifiad Tennyson o Bedivere yn lluchio Excalibur i'r llyn:

> The great brand
> Made lightnings in the splendour of the moon,
> And flashing round and round, and whirled in an arch,
> Shot like a streamer of the northern morn,
> Seen where the moving isles of winter shock
> By night, with noises of the northern sea. (*PT*, 591–2)

Dyma ddisgrifiad T. Gwynn Jones o ddiflaniad Caledfwlch:

> ... ac fe'i bwriodd
> Onid oedd fel darn o dân
> Yn y nwyfre yn hofran.
> Fel modrwy trwy'r gwagle trôdd
> Ennyd, a syth ddisgynnodd,
> Fel mellten glaer, ysplennydd,
> A welwo deg wawl y dydd. (*ACD*, 49)

Ond dyna ddigon o fanylu am y tro, oherwydd gwaith diffrwyth a diystyr fyddai ceisio penderfynu i ba raddau y mae awdl T. Gwynn Jones yn 'wreiddiol', ac i ba raddau y mae'n dilyn ac yn 'dynwared' Tennyson. Nid i'r cyfeiriad hwnnw yr wyf am fynd. Digon yw sylwi bod perthynas fynwesol, gyson, amrywiol ac amlweddog rhwng yr awdl a 'Morte d'Arthur'; a thu cefn i'r ddwy gerdd, wrth gwrs, y mae campwaith Malory.[7] Os ydym am ystyried 'Ymadawiad Arthur' o ddifrif nid yw'n bosibl inni anwybyddu'r wedd sylfaenol, gynhyrchiol a chynhaliol hon arni. Ar un olwg hynod bwysig, cerdd Tennyson yw *ffynhonnell a sylfaen* awdl T. Gwynn Jones. A beth, tybed, a wnawn o'r ffaith amlwg honno, yn enwedig o gofio un peth allweddol arall? Nid yw'r stori am Arthur a geir yn 'Ymadawiad Arthur' ar gael yn unman mewn hen farddoniaeth, nac mewn hen ramantau, nac mewn hen chwedlau y Cymry. *Pace* sylwadau John Morris-Jones, cynnyrch (ac 'eiddo diwylliannol') y *Saeson* yw'r stori honno i bob pwrpas, nid darn o hen hanes llên Cymru. Gwyddai Tennyson hynny'n iawn – yn wir, dyna'n bennaf paham yr ymddiddorai yn y chwedl hynafol, er ei fod ar yr un pryd mor ymwybodol ag unrhyw ysgolhaig y cyfnod fod cyfeiriadau moel at arwr pur wahanol o'r enw Arthur ar glawr a chadw yn nifer o ysgrifeniadau cynharaf y 'Celtiaid'. Yr hyn oedd bwysicaf i Tennyson, yn y bôn, oedd adfer hanes hen 'Arthur y Saeson'. Arwrgerdd genedlaethol y Saeson yw ei 'Morte d'Arthur' ef. Beth, felly, a wnawn o ymdrech T. Gwynn Jones i greu arwrgerdd genedlaethol Gymraeg o'r un deunydd 'estron'? Cyn ceisio ateb y cwestiwn mae angen sylwi'n fanylach ar hanes cymhleth y defnydd gwleidyddol a wnaed o'r hanesion am Arthur o'r cychwyn cyntaf.

Arthur y Saeson

Wrth gwrs, mynnai rhai, mae'n debyg, mai arwr *Prydeinig* yw'r brenin Arthur ac nid arwr Saesneg. A gŵyr y Cymry'n iawn am hanes a goblygiadau'r gred honno, o gyfnod y Tuduriaid ymlaen hyd at ddyddiau Tennyson ac ymhellach wedyn at gyfnod Lloyd George. Eithr dengys hanes y chwedlau Arthuraidd Saesneg yn eithaf eglur fod hanes y brenin wedi cael ei ddefnyddio o'r cychwyn cyntaf i gyfiawnhau goruchafiaeth y Saeson ymhlith cenhedloedd ynysoedd Prydain.

Y mae'r wedd hon eisoes yn amlygu ei hun ym mhrif ffynhonnell y storïau am Arthur, sef yr *Historia Regum Britanniae* gan Sieffre o Fynwy, a orffennwyd erbyn 1138.[8] Er bod Sieffre (a oedd o dras Lydewig, fe dybir) yn honni iddo gael hyd i'w ddefnyddiau crai gan y 'Brythoniaid' (boed y rheini'n Gymry neu'n Llydawyr), pwysleisia'r ysgolheigion mai ar uno cenedl 'newydd' y Saeson yr oedd ei wir fryd.[9] Felly, ceisiai ei waith galonogi'r Saeson cynhenid a orchfygwyd gan y Normaniaid drwy eu sicrhau bod iddynt hwythau eu cyfran yn yr etifeddiaeth Arthuraidd 'Brydeinig', tra'i fod hefyd yn awgrymu'n gryf wrth ei gyd Eingl-Normaniaid mai hwynt hwy oedd gwir ddisgynyddion y Brutus a ddygodd ddiwylliant newydd, soffistigedig i Ynysoedd Prydain.[10] Unwaith i Wace addasu'r storïau am Arthur yn y *Roman de Brut* (1155) datblygodd y diddordeb yn y brenin ar Gyfandir Ewrop i gyfeiriadau anwleidyddol, gan bwysleisio rhamant y byd sifalrïaidd y perthynai eu Arthur hwy iddo. Ond wrth gyfieithu gwaith Wace i Saesneg Canol ardaloedd canoldir Lloegr ar ddechrau'r drydedd ganrif ar ddeg hawliodd Layamon mai i'r Saeson y perthynai'r brenin mewn gwirionedd, a dyma gychwyn traddodiad cyfoethog a dylanwadol 'Arthur y Saeson' ymhlith llenorion Lloegr.

Mae'r defnydd a wnaed o Arthur gan frenhinoedd Lloegr yn fwy arwyddocaol fyth. Mae gan Glastonbury (Ynys Wydrin) ei rhan bwysig yn y stori wleidyddol hynod honno, a'r eironi yw mai Cymro sydd wrth wraidd y datblygiad allweddol hwn. Ar ddechrau'r ddeuddegfed ganrif lluniodd Caradog o Lancarfan ei *Vita Gildae* ar ran myneich mynachlog Glastonbury, gan honni bod gan Arthur gysylltiad agos â'r lle. Yn ddiweddarach yn y ganrif dangosodd Harri II ddiddordeb arbennig yn yr hanes lleol hwn, a hynny'n bennaf am fod y Cymry yn dechrau achosi trafferth iddo, ac ym 1191 codwyd gweddillion honedig Arthur a Guinivere o'r bedd yn Glastonbury. O hynny ymlaen, meddai James P. Carley yn bwrpasol a chryno, 'the historical Arthur must be seen very much in the context of English imperial policy and the need of its rulers to impose themselves on their nearest neighbours.' (*AEH*, 50)

Flwyddyn ar ôl i Lywelyn Fawr gael ei drechu gan y brenin Edward I (1277), dechreuodd y Cymry drefnu gwrthryfel o'r newydd o dan faner y Brenin Arthur. Felly, ym 1278 ymwelodd Edward I ac Eleanor â Glastonbury ac yn fuan ar ôl hynny datgladdwyd y gweddillion yno am yr eildro er mwyn eu claddu o'r newydd gyda pharch ac urddas dyledus. Yn yr un modd, trefnwyd twrneiment mawreddog gan Edward I yn Nefyn ym 1284 er mwyn dathlu ei fuddugoliaethau mawr yn erbyn y Cymry. Yr union un adeg, dygwyd y 'Groes Naid' oddi wrth y Cymry a chyflwynwyd coron aur y 'Brenin Arthur' yn swyddogol i ofal Abaty Westminster. Dyma gyfnod ysgrifennu y *Brut* Eingl-Normanaidd a ddaliodd mewn bri am sawl canrif, a hefyd dyma gyfnod dathlu twrneimentiau 'Arthuraidd' ar draws Lloegr – y mae'r 'Ford Gron' sydd i'w gweld hyd y dydd heddiw yng Nghaerwynt yn gynnyrch twrneiment arbennig o foethus a llachar a gynhaliwyd, mae'n bur debyg, tua'r flwyddyn 1275.[11]

Fel y gwyddys, prif ffynhonnell Tennyson, wrth gwrs, oedd campwaith Thomas Malory *The Morte Arthur* (1485), a chyfuniad athrylithgar yw'r gwaith hwnnw, ar un wedd bwysig, o'r rhamantau 'sifalri' am Arthur a ddatblygwyd o dan ddylanwad estron Ffrainc a'r defnyddiau brodorol hynny a fynnai mai arwr cenedl y Saeson oedd y brenin. Yn wir, mae William Caxton yn tynnu sylw'n benodol at hyn yn ei ragair i gyfrol Malory. Yn ei ôl ef, cyhoeddwyd y gyfrol ganddo am fod cynifer o wŷr bonheddig wedi pwyso arno'i bod yn hen bryd cael ar glawr a chadw hanes '[the] worthy... Kyng Arthur, which ought moost to be remembered emonge us Englysshemen tofore al other Crysten kynges.'[12] Mae'r hanesion am Arthur bellach i'w clywed gan yr Isalmaenwyr, yr Eidalwyr, y Sbaenwyr a'r Ffrancwyr, meddai Caxton, a hefyd

> Record remayne in wytnesse of hym in Wales, in the tonne of Camelot, the grete stones and mervayllous werkes of yron lying under the grounde, and royal vautes, which dyvers now lyvyng hath seen. Wherfor it is a mervayl why he is no more renomed in his owne contreye, sauf onely it accordeth to the word of God, whyche sayth that no man is accept for a prophete in his owne contreye. (xvi–xvii)

Ceir sylwadau i'r un perwyl yng nghorff testun Malory yn ogystal, yn enwedig tua'r diwedd wrth annog ei gydwladwyr i osgoi'r rhaniadau dinistriol a achosodd gwymp cymdeithas y Ford Gron. 'Lo, ye all Englysshemen, se ye not what a myschyff here was? Lo thus was the olde custom and usayges of thys londe, and men say that we of thys londe have nat yet loste that custom.' (861–2) At ryfeloedd y Rhosynnau, wrth gwrs, y mae Malory'n cyfeirio'n benodol, ac mae'n bwysig cofio mai prif fwriad Harri VII, wrth iddo fynd ati i uniaethu'n benodol â'r Brenin Arthur, oedd nid sicrhau cefnogaeth y Cymry (er mai dyma'r wedd ar ei bolisi a bwysleisir fel arfer gennym ni) ond yn hytrach roi diwedd ar y rhyfel gwaedlyd hir rhwng dwy blaid bwerus pendefigion Lloegr.

Er i'r diddordeb gwleidyddol byw yn y straeon am Arthur bylu ar ôl cyfnod y Tuduriaid, yr oedd awduron (o gyfnod Spenser a Drayton hyd at Thomas Wharton yn y ddeunawfed ganrif) yn dal i ymddiddori ynddynt o bryd i'w gilydd yn Lloegr. Ac er mai'r gred gyffredin oedd mai Tennyson, i bob pwrpas, oedd y cyntaf yn y bedwaredd ganrif ar bymtheg i ganolbwyntio sylw ar yr arwr ac i esgor ar yr Adfywiad Arthuraidd, dangoswyd yn ddiweddar ei fod mewn gwirionedd wedi cael ei ysbrydoli a'i borthi gan y trafodaethau helaeth ar y pwnc a oedd eisoes ar gael erbyn dechrau'r ganrif honno.[13] Ymhellach, fel y pwysleiswyd mewn astudiaeth ysgolheigaidd ddiweddar, nodwedd y bedwaredd ar bymtheg oedd bod y chwedlau 'Prydeinig' am Arthur yn cael eu cymhwyso at bwrpas arbennig: 'the past that they were used to construct was a narrowly *English* one which left out the other constituent parts of the British Isles.[14] Fe'u defnyddiwyd i hyrwyddo 'the new, more specifically *English* form of nationalism which arose during the nineteenth century.' (*MNI*, 8) Ac fel y nodir yn yr un drafodaeth, adwaith i'r datblygiad hwnnw i raddau oedd mudiad Cymru Fydd ar ddiwedd y ganrif, mudiad a fyddai, fel y cawn weld, o bwys mawr i T. Gwynn Jones.

Yng ngoleuni dehongliadau diweddar fel hyn, ni dderbynnir bellach mai golygiad y Foneddiges Charlotte Guest o'r *Mabinogion* (1833) oedd y prif symbyliad i Tennyson fynd ati i ysgrifennu ei 'Morte d'Arthur'. Ymhellach, pwysleisir nad oedd Tennyson yn ddyledus i'r traddodiadau am Arthur yr oedd y Cymry wedi eu hatgyfodi yn ystod dadeni diwylliannol Cymraeg degawdau olaf y ddeunawfed ganrif: 'Neither is Arthur presented as a Celtic or, more particularly, as a Welsh figure. Tennyson thus appears very clearly separate from scholarly historians, topographers or participants in the Welsh Revival.'[15] Yr hyn a ddaw i'r amlwg yw Seisnigrwydd y portread o'r brenin a'i ddilynwyr a geir gan Tennyson, ac felly mae'n bwysig yn y cyd-destun presennol inni ystyried y wedd ganolog honno ar ei waith.

Arthur Seisnig Tennyson

Mewn llythyr a yrrwyd i'r *Spectator* ym 1870 datganodd J. T. Knowles yn ddiflewyn-ar-dafod ei foddhad wrth ddarllen campwaith diweddaraf Tennyson: 'how happily characteristic of their English author, and their English theme seems to be the manner in which these *Idylls of the King* have become a complete poem'.[16] Mae sylw Knowles yn arbennig o ddiddorol, o gofio mai ef oedd golygydd un o'r cyfaddasiadau o waith Malory a wnaeth gyfraniad mor bwysig yn ystod y bedwaredd ganrif ar bymtheg i'r broses o hawlio Arthur fel arwr trwyadl Seisnig. Credwyd yn ystod y ddeunawfed ganrif mai Cymro oedd Malory, ond pan ddarganfuwyd mai Sais ydoedd gwnaed *The Morte Arthur* yn brif ffynhonnell cenedligrwydd y Saeson. Honnwyd yn yr *Encyclopaedia Brittannica* (1879), er enghraifft, mai cyfrol enwog Malory oedd 'truly *the* epic of the English mind as the *Iliad* is the epic of the Greek mind.' (*MNI*, 114) A gofalodd y Foneddiges Charlotte Guest hithau na fyddai ei golygiad hi o'r *Mabinogion* yn tanseilio'r cwlt:

> *The Mabinogion* belongs to that mode of nineteenth-century Welsh cultural nationalism which tried to create a mythical and romantic national past, a past that could serve as a source of pride but at the same time made Wales appear archaic and quaint. It was not, in other words, a text which was intended to overturn English claims to the Arthurian legend, or to resist the dominance of Malory's *Morte d'Arthur*. (*MNI*, 121–2)

Erbyn cyfnod T. Gwynn Jones, dim ond ysgolheigion Cymru (megis Syr John Rhŷs) a fynnai mai cynnyrch y Cymry oedd y chwedlau Arthuraidd yn y bôn.

Yr oedd disgrifiad Knowles o ddilyniant Tennyson yn un eithaf teg, felly. Wedi'r cyfan, cysegrwyd y cyfanwaith er cof am y Tywysog Albert:

> Who dares foreshadow for an only son
> A lovelier life, a more unstained, than his?
> Or how should England dreaming of *his* sons
> Hope more for these than some inheritance
> Of such a life, a heart, a mind as thine (*PT*, 1468)

Fel y sylwodd Matthew Reynolds, 'the *Idylls* present themselves as occupying "homogeneous, empty time," the time of "Englishness." ' (*RV*, 18) Cnewyllyn y weledigaeth wleidyddol a ymgorfforir yn *The Idylls of the King* yw'r gred bod Lloegr ar fin colli hanfod ei 'Seisnigrwydd' wrth iddi

Dadeni Cymru Fydd   51

golli gafael ar y gwerthoedd hynny a oedd wedi galluogi'r genedl i greu Ymerodraeth fyd-eang ac a nodweddwyd gan y Tywysog Albert. Rhannai Tennyson argyhoeddiad Garibaldi, a gweddill arweinwyr ymdrechion cenhedloedd niferus ar y Cyfandir i sicrhau eu hannibyniaeth, fod yn rhaid wrth unoliaeth lwyr cyn y medrai cenedl ymsefydlogi. Mae Tennyson yn mynegi ei ofid dwys ynghylch cyflwr rhanedig a dirywiedig Lloegr yn glir yn ei gerdd 'To the Queen' (1873). Ei bryder yw bod 'Prydain' ar fin cael ei hun yn 'sinking land, / Some third-rate isle half-lost among her seas' (*PT*, 1755), yn hytrach nag yn 'ever-broadening England' fel y bu. Yn y cyswllt hwn, mae'n dwyn hanes Arthur i gof gan bwysleisio cyflafan Camlan: 'The darkness of that battle in the West, / Where all of high and holy dies away.' (*PT*, 1756) Dyma'r union ddarlun bygythiol o'r gorllewin a geir yn 'The Passing of Arthur': 'Nor ever yet had Arthur fought a fight / Like this last, dim, weird battle of the west.' (*PT*, 1745) Anialdir cyntefig, diffaith, hunllefus yw'r parth hwn, 'A land of old upheaven from the abyss / By fire, to sink into the abyss again; / Where fragments of forgotten peoples dwelt.' (*PT*, 1745) Ac er mai am Gernyw yr oedd Tennyson yn meddwl yn fwyaf penodol, mae'n anodd peidio â chredu nad oedd ei ddychymyg ofnus, digalon ef yn cysylltu'r Cymry hefyd â'r parthau a'r bobloedd ymylol, coll hyn.

Yr oedd Tennyson yn hyddysg yn nhriniaethau'r Cymry o'r hanes am Arthur. Fel y dangoswyd mewn ysgrif lachar ddegawdau yn ôl, erbyn iddo gychwyn ar ddilyniant *The Idylls of the King* yr oedd hyd yn oed wedi trafferthu i ddysgu ychydig o Gymraeg er mwyn medru cael rhywfaint o grap ar y ffynonellau gwreiddiol.[17] Yr oedd wedi hen ymgyfarwyddo â'r testunau, megis y Trioedd, a gynhwyswyd yn y *Myvyrian Archaiology of Wales* (1801–7), ynghyd â'r trafodaethau yn *Cambrian Biography* (1803) William Owen Pughe a *Mythology and Rites of the British Druids* (1809) gan Edward (Celtic) Davies. Yn yr hen destunau Cymraeg cafodd hyd i brawf pendant mai i Gernyw, fel y tybiasai ef eisoes, yr oedd Arthur yn perthyn. Yr oedd yn argyhoeddedig bod Sieffre o Fynwy wedi dod ar draws ei storïau mewn ffynhonnell Gymraeg, a gwyddai'n dda hefyd am gyfraniad y Llydawyr i ddatblygiad yr hanesion am Arthur. Erbyn y pumdegau, yr oedd yn darllen fersiwn y Foneddiges Charlotte Guest o'r *Mabinogion* ochr yn ochr ag astudiaeth Thomas Price (Carnhuanawc), *Hanes Cymru, a Chenedl y Cymry, o'r Cynoesoedd hyd at Farwolaeth Llewelyn ap Gruffydd*, ac yr oedd hefyd yn astudio detholiad William Owen Pughe, *The Heroic Elegies and other Pieces of Llywarch Hen, Prince of the Cambrian Britons*. Mae'n debyg ei fod yn ymddiddori ymhellach yn rhai o gyhoeddiadau Iolo Morganwg. Dylanwadodd peth o'r deunyddiau hyn ar ddatblygiad *The Idylls of the*

King, ac eto ni cheir yr arlliw lleiaf o'r modd y dehonglai'r Cymry hanes y Brenin Arthur yn 'The Passing of Arthur'. Fel y pwysleiswyd yn barod, yr oedd Lloegr a Phrydain gyfystyr â'i gilydd yn nychymyg Tennyson wedi'r cyfan, a brenin y Saeson oedd ei Arthur clwyfedig ef.

Arthur Cymru Fydd

Da felly y dywedodd Ceridwen Lloyd-Morgan: 'The Arthur of the English was not the Arthur of the Welsh.'[18] Er bod olion rhai o'r cyfeiriadau Cymraeg a Llydewig at Arthur ar waith Sieffre o Fynwy, gwisgodd gnawd newydd am yr esgyrn sychion ac anadlodd fywyd newydd i'w ffroenau nes creu corff o storïau a oedd yn estron, i bob pwrpas, i'r traddodiadau brodorol. Ond, wrth gwrs, cafodd rhai o'r storïau hynny ddylanwad sylweddol, maes o law, ar amgyffred y Cymry o'r brenin. Yr oedd T. Gwynn Jones yn gefnogwr brwd i fudiad Cymru Fydd, ac ar ddiwedd y bedwaredd ganrif ar bymtheg, ymddiddorai sawl aelod blaenllaw o'r mudiad hwnnw yn y chwedl am Arthur a'i fintai ffyddlon yn cysgu mewn ogof gudd wrth ddisgwyl caniad y corn a fyddai'n arwyddo gwawrddydd y Cymry. Dyma ddarn, er enghraifft, o 'Ffynnon y Tylwyth Teg', cyfieithiad Anthropos o gerdd gan (Syr) Lewis Morris, sy'n disgrifio 'Syr Owen' yn darganfod cuddfan Arthur:

> Ac yno ym mro breuddwydion,
> Mae'n disgwyl am yr awr
> Pan elwir ef drachefn i'r gad
> Gan udgorn Arthur Fawr.
>
> Llef a dreiddia i'r ogof gudd,
> Daw Arthur yn ei ôl,
> A chilia'r llyn, a chwyd y pant,
> Daw blodau ar y ddôl...
>
> Diaddodiad mwyn! Ein dysgeir wyt
> Am gadarn fraich a llais,
> Sydd eto i adferu'n gwlad
> O rwymau tynion trais.
>
> Tyrd! Bresenoldeb dedwydd,
> Gwisg dy oleuni mad.
> Mae Cymru'n disgwyl; tyrd yn awr
> I godi'n hanwyl wlad.[19]

Fel y gwelir, clywir atsain fwriadol yn y llinell olaf o arwyddair *Cymru*, cylchgrawn enwog Owen Edwards, 'I godi'r hen wlad yn ei hôl'; a mynegiant o obeithion gwleidyddol a diwylliannol mudiad Cymru Fydd, wrth gwrs, a geir yng ngherddi Syr Lewis Morris ac Anthropos am Arthur.

Adroddwyd yr un hanes gan Ernest Rhys, a oedd eto bryd hynny yn aelod brwd o Gymru Fydd. Ym 1895, er enghraifft, teithiodd o gwmpas Cymru yn traddodi darlith ar y testun 'The Revolt of the Celt', ac uchafbwynt ei sgwrs oedd y chwedl am y bachgen ifanc a fentrodd gamu ar flaenau ei draed i ogof Arthur, ond a ddihunodd y brenin a'i filwyr drwy daro'n anfwriadol yn erbyn y gloch enfawr yng ngenau'r ogof.[20] Credai ambell gefnogwr selog o Gymru Fydd fod Rhys yn cyfeirio'n benodol yn ei ddarlith at 'wrthryfel' Lloyd George, sef y modd yr oedd y gwleidydd Cymreig tanbaid yn herio'r Blaid Ryddfrydol Brydeinig i gymryd achosion Cymreig megis dadwladoli'r eglwys o ddifrif. Ac er i Rhys wadu'n bendant fod ganddo'r achos hwnnw mewn golwg, cyfaddefodd mewn cyfweliad nad oedd yn ddrwg ganddo serch hynny fod ei stori am ddeffroad Arthur yn cael ei dehongli yn y modd cyfoes hwn.

Pan gyhoeddodd Ernest Rhys ei gasgliad o gerddi, *Welsh Ballads*, ym 1898 cynhwysodd ddwy gerdd am Arthur ynddi ochr yn ochr â cherddi gwladgarol eraill megis 'The coming of Olwen', 'The Grave of Gwen', 'The Lament of Llywarch Hen in his old Age', a 'The Lament for Cyndylan'. 'King Arthur's Sleep' oedd y gyntaf o'r ddwy. Sôn y mae am y modd y sylwodd hen ddyn fod 'Davie' yn cario darn hud o bren cyll yn ei law drwy ffair y Bala, a sut yr arweiniodd ef y llanc at feddfaen unig 'Cast with Druid charactry'.[21] O dan y garreg datguddiwyd grisiau yn arwain i lawr i grombil y ddaear, 'And within, a trembling twilight / Surely shewed a thousand men, / All asleep, in shining helmets. / Ah, to see them wake again.' (23) Marchogion Arthur yw'r rhain, wrth gwrs, wedi eu hamgylchynu â thomennydd o aur. Mae'r gloch fawr yn atseinio, a'r milwyr arfog yn dechrau dihuno, ond y mae'r brenin yn gorchymyn iddynt gysgu drachefn, ac ar ddiwedd y gân lleisir dymuniad Rhys fod Arthur y tro hwn yn deffro o'i drwmgwsg ac yn dychwelyd fel arweinydd ei genedl:

> Yet we wait the day of waking!
> But the grave its counsel keeps:
> Still within his Hall of waiting,
> With his warriors Arthur sleeps. (26)

Mae'n briodol, felly, mai 'The Waking of King Arthur' yw testun y gerdd nesaf, er nad yw hon eto ond yn lleisio gobaith Ernest Rhys am weld deffroad cenedlaethol yn ebrwydd:

> Little harp, at thy cry
> He shall come in his time;
> And thy sword-song on high,
> High shall chime.

Drwy gyfrwng y darnau hyn, felly, cawn gip ar arwyddocâd symbolaidd y chwedlau am Arthur i fudiad Cymru Fydd. Ac eto fyth, yn yr ysgrif 'The Grave of Glyndwr', a gyhoeddwyd gan Ernest Rhys yn *Young Wales* ym 1895, mae ei ddisgrifiad o'i fethiant i ddod o hyd i fedd y tywysog o Sycharth yn adleisio'r cyfeiriad yn y Trioedd at fedd coll Arthur:

> All those elusive ideals that so peculiarly appeal to the Celtic races; all those lost causes that they have from time to time served with such devotion to the bitter end: were they not like the great Glyndwr, buried in an unknown grave? But no! all does not end there. Their spirit, like his, lives and is not forgotten.... Other times, other weapons! The sword of Wales, if you will, lies buried in the grave of Glyndwr. But his tireless courage under disaster, his wit, his resource – these rise again for us, and refuse to be forgotten.[22]

Wrth sylwi ar yr enghreifftiau uchod o ddiddordeb mudiad Cymru Fydd yn ffigwr Arthur, mae'n werth cofio mai Prydeiniwr rhonc oedd Syr Lewis Morris serch hynny yn y bôn, ac er iddo gynnig cefnogaeth ochelgar i'r mudiad, ni fynnai weld Cymru yn ymbellhau o gwbl oddi wrth Loegr. Yn yr un modd, er mor frwd oedd ymlyniad Ernest Rhys wrth ei Gymreictod, ei obaith 'Pan-Geltaidd' ef oedd y medrai Cymru, yr Alban ac Iwerddon gynghreirio i sicrhau bod dylanwad diwylliant grymus 'ffilistia'r' 'Sacsoniaid' ar wledydd Prydain yn cael ei wrthbwyso a'i wrthweithio.

Y mae safbwyntiau'r ddau hyn yn ein hatgoffa felly faint o farnau croes a lechai oddi mewn i fudiad cymhleth, bregus Cymru Fydd, ac ymddengys hyn yn glir wrth bori yn y prif gylchgronau megis *Cymru Fydd*, *Cymru* a *Young Wales*. Ffyniant gwleidyddol oedd nod rhai, ond ar ddatblygiad addysgiadol a diwylliannol yr oedd bryd rhai eraill yn bennaf. Credai ambell un na ddylai'r mudiad arddel perthynas ag Anghydffurfiaeth, tra yr oedd llawer yn credu'n gadarn mai gwerthoedd yr achos Anghydffurfiol oedd asgwrn cefn y mudiad. Yr oedd carfan a fynnai mai rhwystr yn unig oedd y Gymraeg, ond yr oedd y mwyafrif yn argyhoeddedig bod parhad yr iaith a'i diwylliant yn rhan o hanfod gweledigaeth Cymru Fydd. Y Blaid Ryddfrydol oedd cartref naturiol y mudiad yn nhyb llawer, ond yr oedd lleiafrif yn dadlau mai mudiad amhleidiol y dylai Cymru Fydd fod, ac yr oedd eraill yn awgrymu eto fyth mai amcanion diwylliannol yn unig a ddylai fod gan y mudiad mewn golwg. Er na fentrai unrhyw gefnogwr i'r achos cenedlaethol ddatgan yn glir fod angen annibyniaeth lwyr ar Gymru, mynnai'r aelodau yn gyffredinol ei bod hi'n angenrheidiol bod eu gwlad yn cael ei rheoli ei hun o dan adain y gyfundrefn Brydeinig ac oddi mewn i'r Ymerodraeth Brydeinig. Ond yr oedd hyd yn oed y safbwynt hwn yn rhy eithafol i ambell un a dybiai na ddylid gwanhau a pheryglu Senedd San Steffan mewn unrhyw fodd.[23]

O ystyried y rhaniadau cymhleth hyn, nid yw'n syndod bod mudiad cenedlaethol 'clymbleidiol' Cymru Fydd ar fin ymddatod ar hyd yr adeg. Ac ym 1896, wrth gwrs, dirymwyd yr egni gwleidyddol a oedd yn allweddol i lwyddiant y mudiad mewn cyfarfod hanesyddol hynod stormus yng Nghasnewydd. Yno trechwyd ymdrech Lloyd George a'i ddilynwyr i sicrhau bod Rhyddfrydwyr hynod nerthol a dylanwadol ardaloedd diwydiannol y de-ddwyrain yn bleidiol i weledigaeth wleidyddol genedlaethol Cymru Fydd. O hynny ymlaen, gwanychwyd y mudiad yn ddirfawr, a cheir mynegiant o siom angerddol T. Gwynn Jones wrth wylied cynifer o gefnogwyr yr achos yn cefnu arni yn ei gerdd ddychanol 'My Conversion', a gyhoeddwyd ar 30 Mawrth 1900. Llais un o'r encilwyr hyn a glywir yn esbonio: 'I used to be a Radical of yore, / I claimed the widest form of devolution, / Told Mr Bull to mind his own, and swore / Nought but Home Rule could bring the true solution. ... But now... I bow unto my betters.' (*TGJ*, 117)

Ar ôl colli'r frwydr dyngedfennol yng Nghasnewydd, ciliodd Lloyd George o'r frwydr â'i fryd fwyfwy ar wleidyddiaeth Brydeinig, tra yr oedd T. E. Ellis hefyd yn cael ei sugno'n gyson i grombil y gyfundrefn wleidyddol ddengar yn San Steffan, yn y blynyddoedd olaf cyn ei farw annhymig. Wele ddiflaniad dau arwr. Dyma 'ymadawiad Arthur' yn wir; a dyma ni yn ôl yng ngolwg awdl fawr T. Gwynn Jones, awdl amlweddog a chymhleth sydd, yn fy marn i, yn adlewyrchu sawl gwedd groes ar ideoleg Cymru Fydd.

'Ymadawiad Arthur'

Ergyd yr ysgrif hon hyd yn hyn fu'r awgrym y byddai'n werth inni efallai sylwi o'r newydd ar gyd-destun awdl arobryn T. Gwynn Jones, gan nodi'n arbennig ei dyled i Tennyson a'r chwedlau cenedlaethol Seisnig am Arthur, ynghyd â gobaith mudiad Cymru Fydd ar ganol nawdegau'r bedwaredd ganrif ar bymtheg am ddeffroad ac ailddyfodiad y brenin chwedlonol.

Sylwyd eisoes mai marwnadau oedd cerddi Tennyson am Arthur – yr oedd y bardd yn galaru ar ôl colli Arthur Hallam i ddechrau ac yna ar ôl i'r Tywysog Albert farw, gŵr a arwyddai, yn ei dyb ef, werthoedd gwâr a bonheddig y genedl ymerodrol Seisnig-Brydeinig. Marwnad yw 'Ymadawiad Arthur' yr un fath, wrth gwrs, yn y bôn. Clywir ynddi, er enghraifft, ing yr amheuwr T. Gwynn Jones yn wyneb colli ffydd mewn unrhyw rym ysbrydol goruwchnaturiol (y mae diflaniad Arthur a Chaledfwlch yn amlwg yn arwyddo'n rhannol ddiflaniad byd cred), a hefyd ofid bardd a arddelai gred Ruskin a William Morris fod harddwch a cheinder crefft o bob math yn prysur edwino yn wyneb y byd torfol diwydiannol. 'O! ferthaf gleddyf Arthur', meddai Bedwyr wrth oedi cyn taflu Caledfwlch i'r llyn, a'r hyn sy'n atal ei law yw nid gwerth ariannol y cleddyf ond ei harddwch digymar: 'Ei ddyrnfol aur addurnfawr, / Cywrain oedd, ac arni wawr / O liwiau gemau lawer, / Lliw'r tân a lliw eira têr, / Lliw'r gwaed rhudd, lliw gwydr a haul, / Neu sêr yng nghyfnos araul.' (*ACD*, 48) Ac, wrth gwrs, y mae gwedd hunangyfeiriol ar y llinellau hyn, oherwydd onid bwriad T. Gwynn Jones ei hun yw diogelu harddwch hynafol drwy arfer ei grefft fel bardd i lunio cerdd sy'n gywreinwaith dihafal? Dyma'i ymdrech ef i adfer Caledfwlch o ddyfnderoedd du dŵr y llyn.

Ond tristwch a gofid gwaelodol ei gerdd, yn ddi-os, yw'r perygl bod y Cymry a'r Gymraeg yn diflannu o'r tir am byth am nad oes ganddynt bellach nac arwr nac arf anorchfygol i'w hamddiffyn. Dyma'r nodyn hynod ddwys a chofiadwy a drewir yn bennaf yn yr awdl, ac ni cheir yr un awgrym yng ngherddi Tennyson am Arthur o unrhyw ofid eneidiol tebyg bardd am barhad ei bobl. 'Ai rhaid yw arnaf', meddai Bedwyr wrtho'i hun ar lan y llyn, 'ddinistrio'r deyrnas, / Colli er mwyn cymwynas – nawdd didro / Myrddin fal, hebddo, y'n trecho'n trachas?'

> 'Ar fod ynghadw'r hen arf dynghedus
> Y saif rhyddid ein teyrnas fawreddus;
> Cwympem, pe'i collid, rhag llidus – alon
> A rhuthr âch estron, dan orthrech astrus.' (*ACD*, 47)

Dyma'r baich affwysol, arswydus sydd ar ysgwyddau Bedwyr wrth iddo gario Arthur ar ei gefn at ymyl y llyn lle y diflannodd Caledfwlch o dan y don. A dyma'r galar tor calon a deimla wrth syllu ar y llong hardd yn cyrchu Arthur i fro bell anghaffael Afallon: 'Bedwyr yn drist a distaw / At y drin aeth eto draw.' (*ACD*, 52) Dyna un o'r cwpledi mwyaf trasig yn holl hen hanes y Cymry yn fy marn i. Yr her sy'n wynebu Bedwyr ar y diwedd yw sut i wynebu'r drin heb Arthur a heb Galedfwlch – hynny yw, heb y nerth rhyfeddol a fu, hyd yn hyn o leiaf, yn gwbl hanfodol er mwyn sicrhau goroesiad ei bobl. 'The question that he frames in all but words', meddai Robert Frost yn ei gerdd am 'The Oven Bird', 'Is what to make of a diminished thing.'[24] A dyna'r cwestiwn mud a leisir mor arswydus o glir yng nghwpled olaf, treiddgar, truenus awdl T. Gwynn Jones yn ogystal. Mae'n amlwg fod dyfodol bregus y Gymru Gymraeg yn pwyso'n affwysol o drwm ar ei feddwl.

O ble y daw ein cymorth, gan y gwyddom bellach na ddaw oddi ar law nac Arglwydd nac arglwydd? Yn fy marn i, dyma'r cwestiwn a gyniweiriai T. Gwynn Jones ac a gyniweiriai hefyd feddyliau llawer o ffyddloniaid Cymru Fydd yn gynyddol ar ôl y trobwynt tyngedfennol hwnnw yn hanes y mudiad ym 1896. I bob pwrpas, dyna ddiwedd Cymru Fydd fel grym gwleidyddol effeithiol, ac yn fuan ar ôl hynny ciliodd Arthur y mudiad, Lloyd George, eithr nid i Afallon ond i goridorau grym y sefydliad Prydeinig, Sais-ganolig, gan ddwyn gydag ef arf digymar, ymddangosiadol diguro ei rethreg. Yn wyneb y dirymiad gwleidyddol hwn, ni allai gweddillion mudiad Cymru Fydd droi at ddim ond at arfau diwylliannol ac addysgiadol. Ac adlewyrchir y tro hwn yn berffaith glir yn 'Ymadawiad Arthur'. Sylwer ar y modd y breuddwydir am fro goll Afallon:

> Ni ddaw fyth i ddeifio hon – golli ffydd
> Na thrawd cywilydd, na thoriad calon. (*ACD*, 52)

Mae'n anodd iawn peidio clywed cyfeiriad yn y llinellau hyn at y cyfarfod 'deifiol' hwnnw yng Nghasnewydd ym 1896, pan gollwyd ffydd yn addewidion gwladweinwyr gwleidyddol Cymru Fydd, a lle profwyd cywilydd a thoriad calon drwy dwyll a chynllwyn a brad. Yn wyneb hyn oll, hawdd deall cymal nesaf yr awdl:

> 'Yno y mae tân pob awen a gano,
> Grym, hyder, awch pob gwladgar a 'mdrecho
> Ynni a ddwg i'r neb fyn ddiwygio,
> Sylfaen yw byth i'r sawl fyn obeithio;
> Ni heneiddiwn tra'n noddo – mae gwiwfoes
> Ac anadl einioes y genedl yno!' (*ACD*, 52)

Yno, hynny yw, yn ddiogel yng ngofal cariadus yr hengerdd traddodiadol, a'r beirdd, cynhalwyr cenedl y Cymry ar hyd y canrifoedd. Yma'n unig bellach y daw T. Gwynn Jones o hyd i'w noddfa – oddi mewn i gylch cyfrin geiriau a barddoni. (Er, fel y cawn weld, ceir ensyniadau cwbl groes i'r gred hon am seintwar *barddas* yn ogystal yn yr awdl.) Yn y cyswllt hwn, byddai'n werth inni ddwyn yn ôl i gof 'Cymru Fu: Cymru Fydd', awdl John Morris-Jones ddegawd ynghynt. Cofir ei fod yntau, hefyd, am ymddiried yn llwyr yn y beirdd i godi'r hen wlad yn ei hôl, ac felly ar un olwg nid yw T. Gwynn Jones ond yn ailadrodd y wers a ddysgodd gan ei 'feistr'. Eithr cerdd y *wawr* oedd awdl John Morris-Jones – ffrwyth gobeithion ffres mudiad ifanc, newydd Cymru Fydd; ond cerdd y *machlud* yw 'Ymadawiad Arthur', ffrwyth methiant gwleidyddol allweddol mudiad a oedd o'r herwydd, erbyn 1902, wedi hen gloffi ac a oedd yn wir ar fin chwythu ei blwc yn llwyr, gan adael Cymru yn ddigyfeiriad ac yn ddi-rym, heb unrhyw obaith am ddyfodol cenedlaethol. Yn wir, gosodwch ambell ddarn o 'Cymru Fu: Cymru Fydd' ochr yn ochr â darn cyfatebol o 'Ymadawiad Arthur' a chewch yr argraff bod yr ail fel petai'n cynnal sgwrs â'r cyntaf; neu'n hytrach fod awdl T. Gwynn Jones yn garreg ateb i awdl John Morris-Jones, eithr bod cytsain olaf y gri ffyddiog am 'Cymru Fydd' bellach wedi ei cholli ar y pedwar gwynt, gan adael dim ond 'Cymru Fu' i gyrraedd y glust ar ddechrau'r ugeinfed ganrif. Er enghraifft, dyma obaith John Morris-Jones am ddyfodol ei wlad:

> Ynod bydd pob daioni, – hoff bau deg,
>   A phob digoll dlysni;
> Pob gwybod a medr fedri;
> Aml fydd dy ddrud olud di. (C, 66)

A dyma ateb T. Gwynn Jones ddegawd yn ddiweddarach:

> 'Yno, fro ddedwydd, mae hen freuddwydion,
>   A fu'n esmwytho ofn oesau meithion;
> Byw yno byth mae pob hen obeithion,
>   Yno mae cynnydd uchel amcanion' (*ACD*, 52).

Hwyrach y dylem nodi mai 'Tir na n'Og' oedd y ffugenw a ddewisodd ef wrth gystadlu am y gadair ym 1902. Onid Afallon o le yw 'Tir na n'Og', ac onid llais hiraethlon o Afallon, felly, a glywir yn 'Ymadawiad Arthur', yn hytrach na llais ffyddiog, gobeithiol gwlad sy'n breuddwydio am ei hyfory, fel y clywyd yn 'Cymru Fu: Cymru Fydd'?

Gwelir, felly, fod 'Ymadawiad Arthur' yn awdl amserol dros ben am ei bod yn crisialu argyfwng Cymru Fydd ym 1902. Ond y mae ei hymateb i'r argyfwng yn llawer mwy cymhleth, debygwn i, nag a awgrymwyd hyd yn hyn. Ac er mwyn deall hynny mae'n bwysig ein bod nesaf yn dwyn yn ôl i gof ddyled enfawr T. Gwynn Jones i Malory ac i Tennyson. Ar un ystyr, teg fyddai dadlau mai'r hyn a welir yn yr awdl yw gwrthryfel diwylliannol ar ffurf ymdrech lenyddol i gipio un o arwyr mwyaf nodedig Cymru yn ôl o afael y Saeson. Fel y nodwyd gan Frantz Fanon a damcaniaethwyr ôl-drefedigaethol dylanwadol eraill, y mae ymdrechion o'r math yma yn gyffredin ymhlith 'deallusion brodorol' sy'n ceisio dihuno eu pobl er mwyn eu rhyddhau o afael economaidd, gwleidyddol a diwylliannol y cenhedloedd ymerodrol sy'n eu gormesu.[25] Agwedd bwysig ar lwyddiant athrylithgar T. Gwynn Jones yn 'Ymadawiad Arthur' yw'r modd y mae'n llwyddo rywsut i greu cerdd mor drwyadl Gymreig o ddefnyddiau Seisnig estron.

Sylweddolwn pa mor Gymreig yw 'Ymadawiad Arthur' os cyfosodwn gyfieithiad i'r Gymraeg o ddarn o 'The Passing of Arthur' â darn cyfatebol o'r awdl. Ymddangosodd y trosiad, gan John Young Evans (Athrofa Trefeca), yn *Cymru*, a olygwyd gan O. M. Edwards, un o gylchgronau pwysicaf mudiad Cymru Fydd. Mae'n cychwyn gydag araith grefyddol enwog: 'Ac Arthur ateb araf wnaeth o'r llong, – / Rhen drefn dan newid rydd i'r newydd le, / A Duw amlyga'i hunan lawer modd, / Rhag llygru o'r byd gan un arferiad da.' Ac mae'n gorffen wrth i'r brenin ffarwelio â Bedwyr am y tro olaf:

> 'Bellach, bydd wych. 'Rwy'n mynd o'r hirfaith daith,
> Yng nghwmni 'rhain a weli – os gwir fy mynd, –
> (Amheuaeth sy'n cymylu 'meddwl oll)
> I ynys-ddyffryn bau Afallon draw,
> Lle ni syrth cesair, gwlaw, nac eira chwaith,
> Na byth ni rua'r gwynt; ond gorwedd wna'r
> Dwyfddoldir llon gan lennyrch perllan deg,
> A deiliog bantau, is coron hafaidd fôr,
> Lle'r ymiachâf oddiwrth fy archoll blin.'[26]

Mae curiadau cyson y mesur moel sydd mor nodweddiadol o farddoniaeth Saesneg i'w clywed fel curiad calon Seisnig yn y darn deniadol hwn, wrth gwrs. Ond curiadau gwahanol iawn, a'r rheini'n guriadau sy'n unigryw i'r Gymraeg ac i fesur y cywydd, a glywir yn llinellau T. Gwynn Jones:

> Arthur lefarodd wrtho:
> 'Na bydd alarus,' eb o.
> 'Mi weithion i hinon ha'
> Afallon af i wella,
> Ond i fy nhud dof yn ôl,
> Hi ddygaf yn fuddugol
> Eto wedi delo dydd
> Ei bri ymysg broydd…

> Pob rhyw newid, bid fal bo,
> Cyn hir e dreiddir drwyddo...
> Daw inni wedyn adwedd,
> A chân fy nghloch, yn fy nghledd
> Gafaelaf, dygaf eilwaith
> Glod yn ôl i'n gwlad a'n hiaith!' (*ACD*, 51)

Nid addasiad o 'Morte d'Arthur' nac o 'The Passing of Arthur' a geir gan T. Gwynn Jones, eithr trawsffurfiad gwyrthiol o'r bôn i'r brig o destunau Tennyson. Mae fel petai'r Cymro wedi llwyddo i ddwyn Arthur adref at ei lwyth ei hun; fel petai wedi llwyddo i adrodd stori'r brenin yn ei hiaith 'wreiddiol'; ac wedi galluogi'r chwedl am ymadawiad Arthur i gymryd ei phriod le, o'r diwedd, yn nhraddodiad hynafol y farddas Gymraeg. Ar un olwg, yr hyn a gawn yw ymdrech bardd a amddifadwyd yn ifanc o'i briod etifeddiaeth fel Cymro i daro yn ôl drwy gipio'r etifeddiaeth honno o ddwylo'r diwylliant estron a'i dygodd hi oddi wrtho yn y lle cyntaf. 'I have been a Nationalist all my life', meddai mewn ysgrif ddadlennol yn *The Welsh Outlook*:

> I cannot well remember the time when I did not harbour a fiery desire to fight the ancient enemies of my race and to see restored the independence of my country... I hated all the schools I ever attended because I felt they insulted me and everything I cared for, because the teachers never mentioned a word about Arthur or Gruffydd ap Cynan, Llewellyn ap Gruffudd or Owain Glyndwr, and scores of other heroes of whom my father had told me... (*TGJ*, 35)

Ceir yn 'Ymadawiad Arthur', felly, enghraifft Gymraeg berffaith o'r hyn a elwir bellach yn 'strategic essentialism' gan theorïwyr ym maes astudiaethau ôl-drefedigaethol. Cyfeirio y maent at y rhagdybiaeth effeithiol, eithr ffals, sy'n llechu wrth wraidd ymdrechion diwylliannol cenhedloedd darostyngedig i adennill eu hunaniaeth drwy atgyfodi chwedlau a storïau am gyfnod pell yn ôl cyn iddynt gael eu trechu a'u cymathu. Rhith yn y bôn yw'r gred bod modd gwneud hyn, oherwydd nid oes modd i genedl ddychwelyd mewn gwirionedd at unrhyw ffynhonnell hen, ddiledryw. Ond serch hynny, gall y dybiaeth bod y fath beth yn bosibl esgor ar weithrediadau gwaredol, grymus ac effeithiol ym mhresennol y genedl.[27]

A'r hyn sy'n drawiadol am 'Ymadawiad Arthur' yw'r modd y ceir cyfuniad (dadlennol ond anfwriadol) yng ngwead ei thestun o *strategic essentialism* ynghyd â'r gwrthwyneb yn llwyr – sef cyfaddefiad nad yw'r awydd angerddol i ymgysylltu â tharddle brodorol di-goll yn ddim ond rhith. Wedi'r cyfan, fel y dangoswyd yn barod, cynnyrch cenedl y Saeson, ac nid cenedl y Cymry, oedd yr Arthur arwrol, rhamantus y mae T. Gwynn Jones yn trin ei hanes yn ei awdl. Ni cheir unrhyw gyfeiriad yn y traddodiad brodorol Cymraeg at yr hanes am Fedwyr yn bwrw Caledfwlch i'r llyn, nac am y llong hud sy'n ymddangos wedyn i ddwyn y brenin i fro cysur Afallon. Mynegiant o ideoleg cenedlaetholdeb Seisnig fu'r chwedl honno o gyfnod Malory ymlaen. Hynny yw, nid yw'n bosibl i T. Gwynn Jones ddychwelyd at ryw ffynhonnell wreiddiol, bur, ddilychwin Gymraeg a Chymreig yn yr achos hwn am nad yw'r ffynhonnell honno'n bod. Ac er nad oedd T. Gwynn Jones yn bwriadu i'w awdl ddatgan hyn, y mae cydnabyddiaeth anorfod o'r fath yn ymgorfforedig, megis, yn ei destun.

Yn yr un modd, awgrymwn fod 'Ymadawiad Arthur' yn dangos inni mai breuddwyd gwrach yn y bôn oedd gobaith John Morris-Jones a'i debyg y gallai beirdd Cymru ar ddiwedd y bedwaredd ganrif ar bymtheg gamu dros y canrifoedd maith y buasai'r Saesneg yn dylanwadu mor drwm ar fywyd Cymru ac ailgydio'n ddidrafferth a diamwys yn y traddodiad barddol 'gwreiddiol' Cymraeg. Erbyn diwedd y bedwaredd ganrif ar bymtheg nid oedd y 'Caledfwlch' diwylliannol hwnnw ar gael i'r beirdd. Rhaid oedd derbyn bryd hynny nid yn unig fod y Saesneg wedi hen ddylanwadu'n drwm ar y Gymraeg ond hefyd fod yr iaith fain wedi hen ymgartrefu yng Nghymru ac wedi dod yn iaith Gymraeg.

Nid gwedd ddiffiniol ar y gymdeithas yn unig oedd hyn, eithr yr oedd y rhaniad rhwng y Gymraeg a'r Saesneg yn wedd anorfod ar seicoleg bron pob Cymro Cymraeg a Chymraes Gymraeg: yn wir, bu T. Gwynn Jones ei hun yn ansicr am yn hir ai yn y Gymraeg ynteu yn y Saesneg y dylai ef gyfansoddi ei gerddi. Nid yw hynny'n syndod o gofio am yr addysg Saesneg gynnar a dderbyniodd, a hynny mewn ardal a oedd yn uniaith Gymraeg i bob pwrpas yn y cyfnod hwnnw:

> Dyma'r adeg y trwythwyd pob plentyn o Gymro, pe na chawsai ond chwarter o ysgol, i ddysgu ar ei gof gannoedd o linellau o farddoniaeth Shakespeare, Wordsworth a Tennyson, heb iddynt glywed gymaint ag enwau Dafydd ap Gwilym na Goronwy Owen na Cheiriog. (*TGJ*, 33)

Yr oedd T. Gwynn Jones yn barod iawn i gyfaddef nad y profiad o ddarllen cerddi Cymraeg, ond y cyffro a deimlodd yn grwt ysgol saith mlwydd oed wrth ddarllen cerdd naratif hir Sir Walter Scott, 'The Lady of the Lake', a ennynodd ei gariad at farddoniaeth. Hynny hefyd a esgorodd ar ei ddiddordeb ym myd rhamant, ac a osododd ef ar ben y ffordd a arweiniai at y Brenin Arthur: 'When a small boy I organized hundreds of imaginary armies, and won so many battles. Every cave seemed to be a possible resting-place for Arthur.' (*TGJ*, 35) Yr oedd yn ymwybodol iawn, felly, pa mor gymysgryw oedd y gymdeithas Gymraeg (heb sôn am y gymdeithas Gymreig) ar ddiwedd y bedwaredd ganrif ar bymtheg. Deallai ym mêr ei esgyrn nad yw'r fath beth â hanfod parhaol cenedl yn bod. Mae pob cenedl yn fythol gyfnewidiol. Mae'n cael ei chreu o'r newydd gan dreigl amser ac ar ddelw datblygiadau economaidd, gwleidyddol a diwylliannol aflonydd parhaus. Amlygir hyn – er yn anfwriadol ac yn anuniongyrchol – yn 'Ymadawiad Arthur'. Gan fod yr awdl yn ymdebygu i gerddi Arthuraidd Tennyson, y mae'n ymgorffori yn ei gwneuthuriad, yn ei gwead, y gweddau cymhleth a chroes ar y diwylliant Cymraeg yn y cyfnod hwnnw. Ac o'r herwydd, y mae T. Gwynn Jones yn debyg i Fedwyr ddiwylliannol a wynebai frwydr dyngedfennol heb arf hud gwaredol fel Caledfwlch. Bardd ydoedd na fedrai gynnig dim gwell nag arf diwylliannol cyffredin, diffygiol, a phur amwys wedi'r cyfan. Arf oedd hwnnw a fathwyd yng ngwres a berw cyfnod cythryblus, cyffrous o weddnewidiad syfrdanol yn hanes cenedl y Cymry, a gwelir olion hyn oll ar wneuthuriad 'Ymadawiad Arthur'.

Y mae gweddau deublyg, felly, ar destun T. Gwynn Jones am fod ei awdl yn cynnig drych inni o gyflwr cenedl yr oedd ei bodolaeth ansicr yn achosi pryder iddo. Mae'n amlygu'r ffaith ei fod ef, fel bardd Cymraeg, wedi cael ei ysbrydoli gan awduron Saesneg. Y mae ef ei hun yn cyfaddef ei ddyled i Malory, ac yr wyf i wedi maentumio bod arno ddyled sylweddol iawn hefyd i Tennyson, y prifardd o Sais. Ond y mae ei awdl hefyd yn awgrymu bod perygl go iawn y bydd y Gymraeg yn cael ei boddi'n llwyr gan y Saesneg. Yn y cyswllt hwn, mae'n arbennig o ddiddorol sylwi ar ymateb T. Gwynn Jones i lythyr a dderbyniodd gan E. E. Fournier, ar ran Pwyllgor Cymdeithas Geltaidd Dulyn, yn ei longyfarch ar ennill y gadair ym Mangor gydag 'Ymadawiad Arthur'. Yn ôl ei fywgraffydd, David Jenkins,

> Wrth gydnabod y croeso a gafodd yn y wledd [yng Nghaernarfon i'w anrhydeddu] aeth Gwynn ymlaen i sôn fel 'roedd y Cymry'n cyflym fynd yn genedl ddwyieithog, ond os dysgid yr iaith Gymraeg yn briodol yn yr ysgolion elfennol nid oedd reswm yn y byd paham y dylai'r iaith farw. Condemniai ddulliau'r ysgolion o ddysgu'r iaith ac apeliai ar y bobl ifainc oedd wedi derbyn addysg i droi ati i greu llenyddiaeth a fyddai byw fel yr oedd llenyddiaeth cenhedloedd bychain Ewrop yn byw. Arnynt hwy y bobl ifanc a gâi gyfleusterau addysg dda yr oedd y ddyletswydd a'r gallu i gadw'r iaith. Iddo ef 'cadw'r iaith' oedd y frwydr fawr a wynebai pob Cymro cywir, ac nid oedd bwrw arfau i fod yn y rhyfel hwnnw. (*TGJ*, 129)

O ddarllen y darn hwn, deallwn, mi gredaf, pam fod y gerdd yn gorffen ar nodyn amwys a phetrusgar. Yn wir, yng nghyfnod T. Gwynn Jones, amlygwyd rhai o'r peryglon i ddyfodol Cymru o gyfeiriad y Saesneg yn hanes diweddar Cymru Fydd, mudiad a ddrylliwyd yn y pen draw gan ei ymdrech wleidyddol i greu cenedl unedig drwy gydio'r gymdeithas Gymraeg wrth y gymdeithas ddiwydiannol nerthol newydd Saesneg yng Nghymru, a thrwy ymdrech gymodlon i gymathu cenedlaetholdeb Cymraeg â chenedlaetholdeb ymerodrol Prydeinig. Ymgorfforir y gweddau gwleidyddol cyfoes deublyg hyn yn nhestun awdl T. Gwynn Jones, ac mewn ysgrif ddiweddar, awgrymwyd bod ôl ymdrechion gwleidyddol croes tebyg i'w gweld hefyd ar rai o gywyddau Dafydd ap Gwilym ganrifoedd ynghynt.

Yn y drafodaeth ddiddorol honno, canolbwyntia Morgan T. Davies ar sefyllfa'r uchelwyr, a'r beirdd a noddwyd ganddynt, yn ystod y bedwaredd ganrif ar ddeg.[28] Yn achos y ddau, gwelwyd tyndra rhwng dau rym gwleidyddol, cymdeithasol a diwylliannol cwbl groes i'w gilydd. Ar y naill law yr oedd yn rhaid plygu i'r drefn drefedigaethol drwy fynegi teyrngarwch i'r brenin a'i arglwydd, ac i'r drefn Eingl-Normanaidd a sefydlwyd ganddynt yng Nghymru. Ond ar y llaw arall daliai llawer o'r uchelwyr a'r beirdd i fod yn bleidiol, yn nyfnderoedd dirgel eu bod, i'r syniad o dywysogaeth annibynnol Gymreig. Ac awgryma Davies yn ei ysgrif ysgolheigaidd fod y rhaniad mewnol hwn yn arddangos ei hun ar letraws yn rhai o gywyddau Dafydd ap Gwilym. Yn y cywydd i'w gysgod, er enghraifft, ceir Dafydd yn cyfeirio at 'ryw eilun / yn sefyll yn hyll ei hun', ac awgryma Davies mai ystyr 'eilun' yng nghyd-destun y cyfnod arbennig hwn yw nid yn unig 'delw' ond hefyd 'ail-lun' yn yr ystyr o 'gwael neu esgus (o beth gwell), rhith; rhithyn, arlliw, yr argoel lleiaf'. Ac y mae'r ail-lun hwn yn aflonyddu ar Ddafydd. Mae'n arwyddo bod ei gysgod yn greadur annymunol sydd wedi codi o'r isymwybod i gyniwair ei feddwl ac i gorddi ei gydwybod. Mae'r eilun yn tanseilio personoliaeth gyhoeddus y bardd, drwy awgrymu mai rhith a thwyll yw *honno*, ac mae'n cyflwyno'i hun yn fygythiol i sylw Dafydd fel 'dy gysgod hynod dy hun'. Mae'r cyfarfyddiad rhwng Dafydd a'i gysgod, felly, yn ymdebygu i'r profiad y byddai Freud yn ei alw'n brofiad *unheimlich* – profiad pan fydd yr ymdeimlad o agosatrwydd a chynefindra yn annatod gymysg â'r ymdeimlad o'r aliwn.[29]

Ergyd dadansoddiad Morgan T. Davies o sawl enghraifft debyg i hyn yng nghywyddau serch Dafydd ap Gwilym yw bod y bardd yn ymwybodol iawn o'i sefyllfa gymdeithasol amwys a bod yr hunan-adnabod hyn yn cael ei fynegi yn y gweddau chwareus ac eironig ar ei gywyddau soffistigedig. Ac awgrymwn efallai y gwelir argoelion nid annhebyg yn 'Ymadawiad Arthur'. Mae'n amlwg, er enghraifft, fel y nodwyd yn barod, fod cerddi Tennyson am Arthur yn cysgodi'r awdl drwyddi draw, gan arwyddo 'eilun' diwylliannol sydd yn gaffaeliad ond hefyd yn fygythiad. Ymhellach, maentumiwn y byddai'n werth inni sylwi ar yr holl eiriau hynafol, *obsolete* sy'n britho 'Ymadawiad Arthur'. Yr oedd y geiriau hyn yn fêl ar fysedd Syr John Morris-Jones ac ysgolheigion dysgedig Cymraeg eraill y cyfnod, wrth gwrs, gan eu bod yn brawf, yn eu tyb nhw, fod modd adfer iaith a llên sathredig gyfoes Cymru drwy eu cydio wrth y traddodiad barddol hynafol. Ond y gwir amdani yw na fedrai'r mwyafrif helaeth iawn o Gymry Cymraeg y cyfnod hwnnw – nac yn wir y cyfnod presennol – ddeall y geiriau astrus niferus hyn heb droi at eiriaduron tra swmpus. Ffin denau iawn sydd rhwng yr hynafol a'r hynafiaethol. A dyma'r union ffin y mae T. Gwynn Jones yn ymdrechu i'w throedio. Gwyddai'n dda ei fod yn gwneud hynny. Pan aeth ati flynyddoedd yn ddiweddarach i esbonio paham yr oedd bellach am ddiwygio testun gwreiddiol 'Ymadawiad Arthur' rhyw ychydig, gan ollwng heibio rai o'r ymadroddion gwreiddiol mwyaf hynafol, cyfaddefodd mai ffasiwn cyfnod y 1890au a achosodd iddo fabwysiadu'r fath ieithwedd yn y lle cyntaf. Felly, y mae gwedd hunan-gyfeiriol fwriadus ac awgrymog ar ei awdl arobryn yn y cyswllt hwn, ac mae hynny'n ychwanegu ati dinc nad yw'n annhebyg i dinc yr eironi a'r cellwair a'r amwyso a geir yng nghywyddau Dafydd. Yr un modd, os yw 'Ymadawiad Arthur' yn 'gampwaith', yna hwyrach ei bod hefyd yn '*gamp*waith', am fod awgrym o'r 'camp' yn y wedd ardduniadol, 'berfformiadol' ar yr awdl. A'r rheswm am hyn oll yw bod naws ac amgylchiadau'r cyfnod yn peri amheuaeth ddybryd a oes modd cydio presennol cymysgryw cythryblus Cymru wrth ryw orffennol achubol, a oedd, yn nhyb Syr John Morris-Jones a'i debyg, yn bur a diledryw.

Cyfansoddwyd y cywydd 'Penmon' (1906) yr un adeg yn union ag 'Ymadawiad Arthur', ac ar ddiwedd y cywydd lleisir cyfaddefiad lleddf T. Gwynn Jones mai rhith yn unig oedd yr argraff ddiflanedig a gafwyd yn y llecyn hardd hwnnw fod llafarganu'r mynaich i'w glywed o hyd rhwng muriau hen furddun y fynachlog.

> Ond er chwilio'r drych eilwaith,
> Mwy nid oedd namyn y dail
> Prydferth hyd dalpiau'r adfail,
> A distawrwydd dwys tirion –
> Mwy, ni chaem weld myneich Môn![30]

Mae'n ymddangos felly nad oedd ef yn anymwybodol o'r amheuon a leisiwyd gan rai o'i gyfoeswyr o'r duedd i ymguddio o olwg ac o her y byd cyfoes drwy ymgolli ym mreuddwydion ofer am oes aur y Canol Oesoedd. Ac fel mae'n digwydd, yr oedd Tennyson hyd yn oed wedi achub y blaen ar y Cymro yn y cyswllt hwnnw. Flwyddyn ar ôl iddo orffen 'Morte d'Arthur' ym 1834, ysgrifennodd ragymadrodd ac epilog i'r darn gan geisio amddiffyn ei hun rhag y cyhuddiad ei fod wedi adrodd hen stori dylwyth teg ac wedi mabwysiadu dulliau hynafol, amherthnasol o farddoni mewn ymdrech ofer i ddynwared Homer. Yn y rhagymadrodd mae sgwrs yn datblygu rhwng ffrindiau wrth iddyn nhw yfed gwasael adeg rhialtwch y Nadolig. Mae un ohonynt yn annog ei gyfaill i adrodd darn o'r gerdd a ysgrifennodd am Arthur, ac yn y diwedd y mae'r llall yn cydsynio, er ei fod yn ymesgusodi wrth wneud hynny:

> 'Why take the style of those heroic times?
> For nature brings not back the Mastodon,
> Nor we those times; and why should any man
> Remodel models?' (*PT*, 584)

Ceir ymddiheuriadau pellach ar ddiwedd y gerdd, pan fo'r awdur yn barod iawn i'w diarddel hi ('There now – that's nothing!'). Ond serch hynny, ar ôl i'r gwrandäwr fynd i glwydo, mae'n darganfod yn annisgwyl fod y gerdd wedi gafael yn ei ddychymyg ac wedi treiddio i'w isymwybod:

> And so to bed; where in sleep I seemed
> To sail with Arthur under looming shores,
> Point after point; till on to dawn, when dreams
> Begin to feel the truth and stir of day,
> To me, methought, who waited with a crowd,
> There came a bark that, blowing forward, bore
> King Arthur, like a modern gentleman
> Of stateliest port (*PT*, 597).

Yn y modd hwn, felly, mae Tennyson yn amwyso'n gelfydd. Nid yw'r stori am Arthur yn ddim ond rhyw chwedl dlos, ac nid yw'r gerdd am ei ddiflaniad yn ddim chwaith ond rhyw *bagatelle* plentynnaidd. Eto, ar yr un pryd, mae'r chwedl yn meddu ar bŵer cyfrin sy'n medru gweithio pont rhwng cwsg ac effro, rhwng y rheswm a'r dychymyg, a rhwng y gorffennol a'r presennol. A gwelir ymdrech debyg yn 'Ymadawiad Arthur', gan fod yr awdl yn ceisio pontio rhwng y Gymraeg a'r Saesneg. Wedi'r cyfan, sôn am 'Arthur y Cymry' y mae'r epigraff i'r awdl a godir o un o *Englynion y Beddau*:

> Bedd i Farch, bedd i Wythur,
> Bedd i Wgawn gleddyfrudd,
> Anoeth bid bedd i Arthur.

Ond, fel y nodwyd eisoes, ailadrodd un o'r chwedlau enwocaf am 'Arthur y Saeson' y mae corff yr awdl, ac mae'n benthyca'r stori gan Malory a Tennyson. Ymdrech i godi pont, a hynny i nifer o gyfeiriadau pur wahanol i'w gilydd, a geir felly yn 'Ymadawiad Arthur'. Ond y mae mawredd cerdd T. Gwynn Jones i'w briodoli'n rhannol, yn fy marn i, i'r teimladau cymhleth, dwys ac amwys sy'n ymhlyg yn y gerdd parthed a ydyw'n bosibl, mewn difrif, i greu cysylltiad ystyrlon a ffrwythlon rhwng gorffennol pell Cymru a'i phresennol dryslyd; rhwng Cymru Fu a Cymru Fydd; rhwng Cymru a Phrydain; rhwng y Gymraeg a'r Saesneg; rhwng y diwylliannol a'r gwleidyddol. Dyma rai o'r cwestiynau allweddol sy'n cyniwair y canu; a'r amheuon ynghylch yr atebion i'r cwestiynau hyn sy'n peri i'r awdl gadw at y cywair lleddf – a hynny ar waetha'r nodyn gobeithiol a geir yn yr epigraff o *Englynion y Beddau* wrth ddarogan dychweliad Arthur. Y cwestiwn mwyaf ingol i gyd yw sut i gadw'r ffydd ym mharhad eich cenedl yn wyneb yr holl gymhlethdodau a'r holl ansicrwydd affwysol sy'n nodweddu cyflwr Cymru ar ddechrau canrif newydd. Sut mae modd parhau â'r frwydr ar ôl colli Arthur, ac ar ôl i Galedfwlch gael ei luchio unwaith ac am byth i ddyfroedd dyfnion du y llyn? I bob pwrpas, yr ateb a geir yw bod yn rhaid parhau, rywsut, rywfodd, a hynny yn wyneb pob anobaith. Dyma ergyd cwpled olaf hiraethlon, cyniweiriol awdl fawr T. Gwynn Jones – cwpled gofidus, petrusgar sy'n parhau'n ddiollwng hyd y dydd heddiw am ei fod yn dal i grisialu argyfwng parhaol y Cymru Gymraeg ynghyd ag argyfwng y genedl Gymreig gyfan:

> Bedwyr, yn drist a distaw,
> At y drin aeth eto draw.

Nodiadau

1. *Cyfansoddiadau a Beirniadaethau Eisteddfod Genedlaethol Bangor, 1902*, t. 1. *CB* o hyn ymlaen.
2. John Morris-Jones, *Caniadau* (Rhydychen: Fox, Jones and Co., 1907), t. 55. *C* o hyn ymlaen. Gweler hefyd ei 'Salm i Famon', tt. 71–92.
3. Am gyflwyniad defnyddiol i waith a barn John Morris-Jones, gweler Allan James, *John Morris-Jones* (Cardiff: University of Wales Press, 1987).

4. David Jenkins, *Thomas Gwynn Jones* (Dinbych: Gwasg Gee, 1973), t. 135. *TGJ* o hyn ymlaen.
5. Mae'r drafodaeth sy'n dilyn am gyfansoddi'r cerddi am Arthur yn seiliedig ar olygiad safonol Christopher Ricks, *The Poems of Tennyson* (London: Longmans, 1969). *PT* o hyn ymlaen.
6. Daw pob dyfyniad o 'Ymadawiad Arthur' o'r testun a geir yn Vincent Evans (gol.), *Awdlau Cadeiriol Detholedig y Ganrif Hon, 1900–1925* (Llundain: Cymdeithas yr Eisteddfod Genedlaethol, 1930), tt. 42–52. *ACD* o hyn ymlaen. Yn ei ragair i'r gyfrol mae John Morris-Jones yn cyfeirio'n benodol at y cyfnod newydd a gychwynnwyd pan wobrwywyd 'Ymadawiad Arthur': 'fe gafwyd bardd a ganfu ynddo'i gyfle i ganu cerdd sy'n un cyfanwaith perffeithgwbl fel y mae cerdd i fod; ac a feddai, at hynny, reddf i ganfod gwerth barddonol ceinder a chynildeb ymadrodd. Dyma daro cyfeirnod y cyfnod newydd yng nghanu'r Eisteddfod.' (vii–viii). Diolchir i ystâd ac etifeddion T. Gwynn Jones am ganiatâd i ddyfynnu o'i waith. Cedwir pob hawl.
7. Ymddangosodd dau argraffiad rhad o waith Malory ym 1816 (am y tro cyntaf er 1634), a'r rhain a ysgogodd ddychymyg y Tennyson ifanc. Gweler yr erthygl bwysig gan Geoffrey a Kathleen Tillotson, 'Tennyson's Serial Poem', *Mid-Victorian Studies* (1965), 80–109.
8. A. O. H. Jarman, *Geoffrey of Monmouth* (Cardiff: University of Wales Press, 1966).
9. James P. Carley, 'Arthur in English Literature', yn W. J. R. Barron (gol.), *The Arthur of the English: The Arthurian Legend in Medieval English Life and Literature* (Cardiff: University of Wales Press, 1999), tt. 47–58. *AEH* o hyn ymlaen.
10. W. J. Barron, Francoise Le Saux a Lesley Johnson, 'Dynastic Chronicles', yn *Arthur of the English*, tt. 11–46. Felicity Rudd, 'Reading for England: Arthurian Literature and National Consciousness', *Bibliographical Bulletin of the International Arthurian Society*, 43 (1990), 314–32.
11. Juliet Vale, 'Arthur in English Society', yn *Arthur of the English*, tt. 185–96.
12. Eugene Vinaver, *The Works of Malory* (London: Oxford University Press, 1966), t. xv.
13. Matthew Reynolds, *The Realms of Verse, 1830–1870* (Oxford: Oxford University Press, 2001). *RV* o hyn ymlaen.
14. Stephanie L. Barczewski, *Myth and National Identity in Nineteenth-Century Britain: The Legends of King Arthur and Robin Hood* (Oxford: Oxford University Press, 2000), t. 2. *MNI* o hyn ymlaen.
15. Roger Simpson, *The Arthurian Revival and Tennyson, 1800–1848*, (London: D. S. Brewer, 1990), t. 223.
16. J. D. Jump (gol.), *Tennyson: The Critical Heritage* (London: Routledge and Kegan Paul, 1967), t. 316.
17. Tom Peete Cross, 'Alfred as a Celticist', *Modern Philology*, 18:9 (Ionawr 1921), 485–92. Gweler hefyd ysgrif sy'n olrhain datblygiad *The Idylls of the King*: Tillotson a Tillotson, 'Tennyson's Serial Poem'.
18. Ceridwen Lloyd Morgan, 'The Celtic Tradition', *Arthur of the English*, t. 1.

Ceir trafodaethau llawn a manwl o'r Arthur Cymreig yn Rachel Bromwich, A. O. H. Jarman a Brynley F. Roberts (goln), *The Arthur of the Welsh: The Arthurian Legend in Medieval Welsh Literature* (Cardiff: University of Wales Press, 1991).
19. *Cymru*, 10 (1896), 302–3.
20. J. Hugh Edwards, 'An Interview with Mr Rhys', *Young Wales* (1895), 132.
21. Ernest Rhys, *Welsh Ballads* (Carmarthen: Spurrell / Bangor: Jarvis & Foster / London: David Nutt, 1898), t. 22.
22. *Young Wales* (1895), 4.
23. Dewi Rowland Hughes, *Cymru Fydd* (Caerdydd: Gwasg Prifysgol Cymru, 2006).
24. 'The Oven Bird', Robert Frost, yn *Selected Poems* (Harmondsworth: Penguin, 1963), t. 81.
25. Constance Farrington (cyf.), Frantz Fanon, *The Wretched of the Earth* (London: Penguin, 1963).
26. 'Ymadawiad Arthur,' *Cymru*, 8–9 (1895), 105.
27. Ceir cyflwyniad ardderchog i'r syniadau yma yn Bill Ashcroft, Gareth Griffiths ac Helen Tiffin (goln), *Post-Colonial Studies: The Key Concepts* (London: Routledge, 1998). Gweler yn enwedig yr esboniadau ar 'authentic / authenticity' (tt. 21–2) ac 'essentialism / strategic essentialism' (tt. 77–80). Ymhellach, gweler tudalennau rhagymadroddol erthygl Neil Ten Kortenaar, 'Beyond Authenticity and Creolization: Ready Achebe Writing Culture', *PMLA*, 10:1 (1995), 30–42; Kirsti Bohata, 'Hybridity and Authenticity', yn ei *Postcolonialism Revisited* (Cardiff: University of Wales Press, 2004), tt. 129–57.
28. Morgan T. Davies, 'Dafydd ap Gwilym and the shadow of colonialism', yn Helen Fulton (gol.), *Medieval Celtic Literature and Society* (Dublin: Four Courts, 2005), tt. 248–74.
29. Nicholas Royle, *The Uncanny* (Manchester: Manchester University Press, 2003).
30. T. Gwynn Jones, *Caniadau* (Caerdydd: Hughes a'i Fab), t. 156.

4

Chwarae Rhan yng Nghynhyrchiad Cymru Fydd

'Y "pageant master"': fel yna y cyfeiriodd Hywel Teifi Edwards yn gellweirus ato'i hun wrth gyflwyno copi o'i gyfrol olaf, *The National Pageant of Wales*,[1] i'm gwraig a minnau. Mae'r hunanddisgrifiad yn un hynod awgrymog, gan fod Hywel yn cael cymaint o flas ar y gweddau theatrig ar gymeriadau ac ar ddigwyddiadau lliwgar ei genedl, yn arbennig felly yn ystod y bedwaredd ganrif ar bymtheg yr ymserchai ef mor angerddol ynddi. Ac, wrth gwrs, yr oedd ar ben ei ddigon pan oedd yn denu'r 'theatr yr abswrd' yma i sylw ei gydwladwyr drwy gyfrwng ei berfformiadau geiriol digymar ar lwyfannau mawr a mân ei wlad.

Yn wir, enghraifft eithriadol liwgar o 'theatr yr abswrd' y gorffennol oedd 'The National Pageant of Wales' 1909 ar un olwg, o'i ddechrau hyd at ei ddiwedd. Beth ond ffars allai'r fath berfformans fod, gan fod ei ddehongliad anhanesyddol o hanes mor gyntefig o ddethol, ac mor naïf o amrwd? Pwy allai synied o ddifrif am yr Arglwydd Tredegar, arwr 'The Charge of the Light Brigade', fel Llywelyn ein Llyw Olaf, neu am ficer parchus Aberpergwm fel Dewi Sant, neu ddotio ar yr Arglwyddes Bute fawreddog yn ffugio bod yn Dame Wales? A beth am lewion Clwb Rygbi Caerdydd yn esgus bod yn filwyr brwd Ifor Bach? Ond deallai Hywel Teifi'n iawn arwyddocâd y fath sioe ddoniol ar ddiwedd cyfnod hir o ganrifoedd pan na fu gan y genedl yr un drefn neu sefydliad a'i galluogai i adnabod ei hanes. O leiaf, llwyddodd i feithrin ymwybyddiaeth genedlgarol o ryw fath.

Serch y wedd bositif yma ar y pasiant, yr oedd diniweidrwydd y pantomeim mawr a lwyfannwyd yng nghysgod waliau Castell Caerdydd – diniweidrwydd a ymylai ar dwpdra ar brydiau – yn gwarantu i bwysigion y 'Gymru Newydd' (y Gymru ddiwydiannol Saesneg) fod modd creu dolen gyswllt ddiogel rhyngddynt a gorffennol cythryblus eu gwlad. Drwy ddiberfeddu hanes a'i ramantu yn y fath fodd, medrent sicrhau na fyddai eu cenedlgarwch tila'n peryglu eu hymrwymiad i'r Goron, y Sefydliad, y Fyddin, a'r Ymerodraeth Brydeinig. Fel y dywedodd *The South Wales Daily*

News yn ei Saesneg hunanfoddhaus gorau: '[such] an object lesson could not fail to instil into the minds of the young the higher patriotism that in their forefathers kept Wales a distinct and national unity and made her a more powerful factor in imperial progress because she was true to herself.' (*NPW*, 5) Drwy wneud dim ond perfformio'u cenedlgarwch amodol, hynod ochelgar, ar lwyfan dros dro, câi dinasyddion amlycaf Caerdydd y sicrwydd mai dim ond 'chwarae rhan' yr oeddent mewn gwirionedd. Hwyl a sbri am gyfnod byr oedd y cyfan. Dim mwy: dim byd o ddifrif. Yn wir, yr oedd y bwlch doniol o amlwg rhwng eu bywydau pob dydd a'r rhannau melodramatig yr oeddent yn eu chwarae, a'r gwisgoedd ffansi a oedd amdanynt, yn tanlinellu'r ffaith mai 'ffug-chwarae' oedd y cyfan. Yn eu hachos hwy, yr oedd perfformio Cymreictod gyfystyr â chymryd rhan mewn pantomeim hynafol.

Ac eto, bu'r profiad o gydweithio, ac (yn achos y gynulleidfa) o gydwylio a chydgyfranogi, yn fodd i feithrin ymwybyddiaeth dorfol, ac o gydymddibyniaeth genedlaethol o ryw fath. Deallwyd hyn yn iawn gan Gymry llawer mwy pybyr, llawer mwy ymrwymedig, a llawer mwy unplyg na chriw rhyfedd, brith y ddinas fawr. Os taw 'Young Wales Lite' y Sefydliad Cymreig Prydeingar parchus oedd i'w weld yn ei holl ogoniant ar lwyfan y pasiant, Cymry Cymraeg llwyr ymroddgar oedd selogion diwylliannol *hard core* mudiad Cymru Fydd go iawn. Am yn agos i ddau ddegawd cyn 1909 bu rhai ohonynt yn llunio dramâu hanesyddol poblogaidd a fyddai'n addysgu eu cydwladwyr drwy gynnig iddynt adloniant dengar maethlon ac yn cyflwyno peth o hanes y genedl i'w sylw ar yr un gwynt. Ac un o'r prysuraf o'r dramodwyr gwleidyddol hyn oedd Beriah Gwynfe Evans.[2]

Ceir darlun cryno, pefriog o fyw ohono wrth ei waith pob dydd fel newyddiadurwr yng nghanolfan y wasg Gymraeg yng Nghaernarfon mewn ysgrif gan gyfoeswr ifanc iddo, E. Morgan Humphreys.[3] Cofia am y clamp o bensil a ddefnyddiai Evans, am ei broffesiynoldeb cyfrwys, am ei egni dihysbydd, am fanylder a miniogrwydd ei sylwgarwch, ac am bendantrwydd ei farn a'i fynegiant. Noda hefyd ei fod yn dipyn gwell gohebydd nag oedd yn olygydd, gan ei fod yn rhy anystwyth ei anian i fedru cydweithio'n barod, ac i ennyn parch a brwdfrydedd ei weithwyr. Priodolir hyn gan Humphreys i'r ffaith bod Evans nid yn unig yn perthyn i enwad yr Annibynwyr, ond ei fod hefyd wedi treulio'i flynyddoedd cynnar yn gweithio fel ysgolfeistr. Bid a fo am hynny, yr oedd yr unplygrwydd meddwl ac ewyllys a'i nodweddai yn rhan annatod o'i ymrwymiad llwyr i'r 'achos' y cysegrwyd ei fywyd iddo'n gyfan gwbl, sef achos Cymru Fydd a'r dasg o godi'r hen wlad yn ei hôl.

Dadeni Cymru Fydd 71

Wrth reswm, yr oedd cefnogaeth ddibynadwy y wasg leol, ddyddiol o'r pwys mwyaf i'r gwleidyddion a oedd wrthi'n llunio ac yn llywio datblygiad y Gymru Newydd ar lawr Tŷ'r Cyffredin. Pa arf gwell oedd wrth law i sicrhau bod eu 'campau' yn cael eu dwyn i sylw'r werin, a hynny gan gyfrwng y medrent ei reoli?[4] Gan fod cewri amlwg fel Tom Ellis a Lloyd George yn arwain yr ymgyrch ar y pryd nid oedd prinder defnydd dramatig, cyson gyffrous, ac amlygwyd cyfrwystra diarhebol Lloyd George, er nad oedd eto ond yn wleidydd ifanc ar ei brifiant, pan achubodd y cyfle i berchnogi'r wasg yn ei etholaeth ei hun drwy alluogi cwmni lleol i brynu papur dylanwadol *Y Genedl Gymreig*. 'Gwyddai Lloyd George yn dda beth oedd gwerth y wasg', meddai E. Morgan Humphreys, 'yn enwedig gwasg yng nghanol yr etholaeth yr oedd newydd gael ei ethol i'w chynrychioli';[5] a deallai'r cadno'n iawn mai'r golygydd a fyddai'n penderfynu cynnwys, cywair a chyfeiriad pob papur.[6] Felly, mynnodd Lloyd George fod Beriah Evans yn cael ei benodi'n olygydd *Y Genedl*, gan wybod y medrai ddibynnu ar ei deyrngarwch diwyro i fudiad Cymru Fydd a'i gefnogaeth lwyr i'w arweinyddion. Yn y swydd allweddol honno y bu o ddechrau 1892 hyd at ddiwedd 1894, ac fel y cawn weld, cychwynodd golofn yn *Y Genedl* a fyddai, maes o law, yn datblygu'n 'nofel' ddramatig hynod ddiddorol am helyntion gwleidyddiaeth San Steffan.

Ond yr oedd gan Beriah Evans ddiddordeb byw iawn hefyd ym mhrif gyhoeddiadau Cymru Fydd ar hyd y 1890au, sef y cylchgronau cynhwysfawr, swmpus, megis *Cymru Fydd* a *Young Wales*, a gynhyrchwyd gan y mudiad. Hwyrach mai gan y rhain y gwireddwyd orau sylw enwog, craff Benedict Anderson yn ei gyfrol hynod ddylanwadol *Imagined Communities*. Yn ystod y bedwaredd ganrif ar bymtheg, meddai, chwaraeodd y wasg ran gwbl allweddol yn natblygiad ymwybod newydd pobloedd Ewrop o berthyn yn bennaf nid i wladwriaeth ond i 'genedl': '[it was the new forms of] the novel and the newspaper... [that] provided the technical means for re-presenting the *kind* of imagined community that is the nation.'[7] Pwysleisia Anderson na fedrai'r ffenomenon newydd hwn o gymuned ymffurfio tan i fath newydd o ymwybod o gydberthyn a chyd-ddibynnu ddatblygu oddi mewn i gymdeithasau lle na fuasai gan unigolion gwasgaredig gynt ymdeimlad dwfn o gyfundeb ac o gymuned cenedlaethol. Yr oedd gan O. M. Edwards a'i debyg ddealltwriaeth reddfol o hyn. Cysegrwyd ei gylchgronau i'r gwaith o feithrin ymwybyddiaeth o berthyn i Gymru ymhlith eu darllenwyr, a golygai hynny ymdrech fwriadus i ddileu'r hen raniadau rhwng broydd gwahanol, tafodieithoedd gwahanol ac enwadau gwahanol, rhwng ardaloedd cefn gwlad ac ardaloedd diwydiannol, a hyd yn oed rhwng y Gymru Gymraeg a'r Gymru Saesneg. Do, rhoddodd cylchgrawn *Cymru Fydd* sylw arbennig o amlwg i 'gartrefi Cymru', y broydd, yr arferion a'r ieithweddau lliwgar o wahanol a nodweddai'r wlad. Ond gwnaeth hynny er mwyn magu cariad lleol a fyddai'n arwain yn naturiol at gariad at genedl gyfan, ac er mwyn dwyn ardaloedd ynysig, cyfoediog o wahanol Gymru i sylw gwerthfawrogol ei gilydd. Ymdrech ydoedd i wneud rhanbarthau Cymru'n ymwybodol o berthyn i un wlad gyfan gyfansawdd. Cymuned o gymunedau; dyna'r freuddwyd a goleddwyd gan *Gymru Fydd*, ac y mae holl ddiwyg a threfn weledol y rhifynnau, yn ogystal â'u cynnwys, yn arwyddo ac yn hyrwyddo'r freuddwyd fawr honno.

I'r un perwyl, y mae *Cymru Fydd* hefyd yn ymroi'n gyson i'r gorchwyl o gydio Cymru'r presennol wrth Gymru'r gorffennol, gan fod yr ymwybyddiaeth o berthyn i gymuned y genedl yn dibynnu ar adnabyddiaeth o ddolen gyswllt â hanes, yn ogystal ag o berthyn i uned gyfansawdd holl froydd y presennol. Ond serch hyn oll, y mae un wedd gwbl allweddol ar fywyd cyfoes y genedl Gymraeg a Chymreig nad yw nemor fyth yn derbyn sylw yn nalennau *Cymru Fydd*, a honno'n amlwg yw'r wedd wleidyddol. Un rheswm am hynny, wrth gwrs, yw mai cenedlaetholwr diwylliannol oedd O. M. Edwards yn y bôn. Yr ail reswm yw oherwydd bod O. M. yn reddfol ddrwgdybus o genedlgarwch gwleidyddol, am y byddai'n rhwym o greu rhwygiadau oddi mewn i genedl yr oedd Edwards â'i fryd yn llwyr ar ei chyfannu – a hynny hwyrach am y tro cyntaf yn ei hanes hir. Ond nid dyna farn Beriah Gwynfe Evans. Un o wŷr Lloyd George oedd ef, a sylweddolai mai ar y 'llwyfan' gwleidyddol y byddai dyfodol ei wlad yn cael ei benderfynu yn y pen draw.

Yr oedd yn naturiol iddo, felly, ddymuno sicrhau bod y Cymry'n derbyn hyfforddiant i'w galluogi i ddeall sut yr oedd gwleidyddiaeth yn gweithio. Yr oedd trwch y 'werin' yn bur anwybodus o wyddor arbennig y byd cymhleth hwnnw, a cheisiodd Evans ei orau glas i'w goleuo. Er enghraifft, lluniodd lawlyfr hynod ddefnyddiol ym 1894 a esboniai'n glir, yn syml, ac yn fanwl i'r Cymry Cymraeg oblygiadau ymarferol y ddeddf a roesai fod i'r cynghorau plwyf a'r cynghorau dosbarth newydd.[8] Ynddo, pwysleisiodd fod yma gyfle go iawn o'r diwedd i weithwyr cyffredin Cymru gipio rai o brif gyfryngau grym o ddwylo'r sgweieriaid a'r offeiriaid Anglicanaidd estron. Dyna'n wir oedd bwriad Deddf Llywodraeth Leol 1894, ond ni fedrai'r chwyldro cymdeithasol a gwleidyddol a alluogwyd ganddi ddigwydd os nad oedd aelodau'r dosbarth gweithiol yn ddigon hyddysg yn ei goblygiadau a'i phosibiliadau hi i fedru manteisio'n weithredol ar eu cyfle.

Dadeni Cymru Fydd 73

Ond yr oedd gan Beriah Gwynfe Evans ddiddordeb yr un mor angerddol yng ngwleidyddiaeth San Steffan. Deallai fod y Cymry cyffredin yn cael eu hanfanteisio'n ddirfawr am nad oedd ganddynt yr un syniad am 'ddiwylliant' estron hynod Tŷ'r Cyffredin lle y gwnaed nifer o'r penderfyniadau a effeithiai fwyaf ar ddyfodol eu gwlad. Golygai hyn eu bod hefyd yn bur anwybodus am ymdrechion y to newydd, ifanc, dawnus o Aelodau Seneddol a gynhwysai Tom Ellis a Lloyd George, a gallai hynny arwain, maes o law, at ddiffyg gwerthfawrogiad o'u gwaith a diffyg cefnogaeth i'w hachos. Felly, gyda golwg ar oleuo ei ddarllenwyr, aeth ati i sgrifennu colofn ysgafn, ddifyr ar gyfer pob rhifyn o'r *Genedl* yn adrodd hanes dychmygol yr Aelodau hyn yn Llundain bell. Cyhoeddwyd y golofn yn y papur am ddwy flynedd (1892–4) ac yna, bedair blynedd yn ddiweddarach, fe'u casglwyd ynghyd a'u hehangu i lunio nofel a gyhoeddwyd dan y teitl *Dafydd Dafis: Hunangofiant Ymgeisydd Seneddol* (1898).[9]

Wrth lunio'r nofel, pwysodd Beriah Gwynfe Evans yn bur drwm ar ei brofiad o ysgrifennu a chynhyrchu dramâu, gan ei fod yn grediniol bod y ddrama yn cynnig adloniant dengar hwyliog, a'i bod felly'n ffordd hwylus o addysgu.[10] Ond tybiai ymhellach fod mabwysiadu dulliau drama hefyd yn fodd perffaith i bwysleisio mai theatr wleidyddol oedd San Steffan ei hun; bod angen deall hynny os am weithredu'n effeithiol yno; a bod yn rhaid felly i wleidyddion ifainc newydd Cymru Fydd ddysgu sut i chwarae rhan addas ac effeithiol yn y ddrama fawr a lwyfannwyd yn Llundain. Yn eu hachos hwy, golygai hynny ddatblygu cymeriad newydd – yr oedd yn rhaid i 'hogiau'r werin' Gymraeg fel Tom Ellis a Lloyd George ddysgu sut i ymrithio'n greaduriaid cymdeithasol a gwleidyddol soffistigedig a fedrai ddal eu tir yn wyneb holl gyfrwystra profiadol gwybodusion gorau Lloegr. Fel y dengys Beriah Gwynfe Evans yn ei nofel, yr oedd yr Aelodau Seneddol Cymreig a gynrychiolai amcanion Cymru Fydd wrthi'n brysur felly'n esgor ar fath newydd o Gymreictod drwy berfformio'u Cymreictod mewn dull, ac ar lwyfan, na welwyd eu tebyg gan Gymru cyn hynny.

Yn y cyswllt hwn, mae'n berthnasol dwyn i gof syniadau diweddar dylanwadol Judith Butler a'i dilynwyr parthed *performative identity*.[11] Maentumiant nad cynedddf naturiol mo hunaniaeth person, eithr cynnyrch cymdeithasol. O'r crud fe'n cyflyrir i ymddwyn, a hyd yn oed i deimlo, mewn ffyrdd sy'n 'naturiol' a 'normal', a hynny dim ond am eu bod yn arferol a chyfarwydd yn ein cymdeithas. Hynny yw, dysgwn yn ddiarwybod i ni'n hunain o'r cychwyn cyntaf sut i 'berfformio' yn ufudd drwy chwarae'r rhan a ddarperir ar ein cyfer. Ond dim ond cynnyrch hanes cymdeithas arbennig sy'n bod dros dro yw'r arferion hyn yr ydym yn eu mewnoli'n ddiarwybod, gan gredu mai craidd a chynsail ein hunaniaeth unigryw ni'n hunain ydynt. Nid rhyw anian eneidiol tragwyddol mohonynt. A phan sylweddolwn hynny, sylweddolwn ymhellach fod modd inni ymryddhau o'u gafael ac ymddwyn, a 'bod yn ni ein hunain', mewn ffyrdd amgen. 'Fake it till you make it', yw cyngor bachog Leo McGarry yn y gyfres deledu boblogaidd *The West Wing*. Ac y mae'r syniad y medrwn araf lunio personoliaeth o'r newydd drwy 'chwarae rhan' (*role-playing*), a chymryd arnom fod yn rhywun arall, yn lled gyfarwydd inni i gyd yng nghyd-destun therapi'r meddwl ac yng nghyd-destun diwylliant poblogaidd lle gall creaduriaid egsotig fel 'Madonna' a 'Lady Gaga' ymddangos.

Y mae'r hyn sy'n wir am hunaniaeth person hefyd yn wir am hunaniaeth genedlaethol. Gellir addasu rhai o sylwadau mwyaf treiddgar Judith Butler at bwrpas trin y testun sydd o dan sylw yn yr ysgrif hon fel a ganlyn:

> That [national identity] is performative suggests that it has no ontological status apart from the various acts that constitute its reality. This also suggests that if the reality is fabricated as an interior essence, that very interiority is an effect and function of a decidedly public and social discourse... (*GT*, 173)

Ar un ystyr awgrymog o leiaf, dyna sydd gan Beriah Gwynfe Evans mewn golwg, wrth grybwyll, ar ffurf nofel, fod angen bellach i Gymry cyfnewid yr 'hunaniaeth genedlaethol' arferol y maent mor gartrefol yn ei harddel am hunaniaeth Gymreig newydd sy'n gweddu i'r Gymru newydd y mae gwleidyddion Cymru Fydd wrthi'n ddiwyd yn ei chreu. Fel y dengys ei nofel, drwy 'berfformio' y Cymreictod hwn yn unig y dygir ef i fod, er mor ddoniol ac mor anodd ei ddeall fo'r perfformiad ar brydiau. Ac y mae dysgu arfer ieithwedd – neu 'ddisgŵrs' – newydd yn wedd anhepgorol ar y perfformiad hwn.

* * *

Ar ôl casglu colofnau'r *Genedl* ynghyd ac ychwanegu penodau newydd atynt, cyhoeddodd Beriah Gwynfe Evans y cyfan ar ffurf nofel ym 1898. Addurnwyd y gyfrol â chartŵnau a luniwyd yn bennaf gan artistiaid Cymreig, gan sicrhau bod y cyfanwaith yn cydweddu â breuddwyd Tom Ellis y byddai'r celfyddydau cain yn derbyn yr un parch â llenyddiaeth yn y Gymru newydd.[12] Gosododd Ellis gryn bwyslais ar feithrin diddordeb y Cymry yn y celfyddydau gweledol, gyda golwg ar eu gwneud yn genedl fwy diwylliedig. 'Teimla'r awdur yn falch', meddai Beriah Gwynfe Evans yn ei ragymadrodd, 'i feddwl ei fod wedi llwyddo i ddangos i'r byd fod Cymru yn gallu cynyrchu talent arlunyddol o'r radd flaenaf, bod i'r dalent hono faes cyfreithlawn yn llenyddiaeth gartrefol y genedl, ac y medr Cyhoeddwyr Cymru wneud cyfiawnder â chynyrch Celf Cymru.'[13] (vi) Ond yr oedd pwrpas arall hefyd i'r 'gwawdluniau' hyn. Yr oeddent yn ategu'r ffaith bod y nofel yn ymwneud ag 'actorion' y byd gwleidyddol a oedd yn chwarae rhan yn y sioe fawr ddifyr a lwyfannwyd yn feunyddiol yn San Steffan.

Amlygir hyn yn glir yn syth ar gychwyn y nofel. Ar yr wynebddalen, ceir llun o baentiwr arwyddion wrth ei waith ar ben ysgol yn ychwanegu draig goch at yr arfbais bendefigaidd ynghrog uwchben drws tŷ crand Dafydd Dafis yn ardal fwyaf ffasiynol Llundain: 963 Park Lane. Ar waelod yr ysgol, canfyddir draig fawr goch yn dal arwydd yn esbonio mai 'Sion Cymro, Paentiwr Peisarfau Trefedigaethol Mr Balfour' yw'r gweithiwr diwyd. (Yr oedd y Ceidwadwr pendefigaidd Iarll Balfour yn Ysgrifennydd Tramor ar y pryd, a maes o law daeth yn Brif Weinidog y Deyrnas Unedig.) Ar y llawr o dan draed y ddraig gorwedd darnau o bapur ac arnynt sloganau Cymru Fydd: Llyfrgell Genedlaethol, Addysg, Tir, Degwm. Ac mae'r ddraig yn sathru o dan ei thraed bapur yn galw am 'Hawliau Cymro, Cymru a Chymraeg'. Yr ochr arall i'r llun saif gŵr a gwraig bonheddig, wedi eu gwisgo yn null ffasiwn diweddara'r cyfnod, yn syllu'n edmygus ar yr arfbais sy'n ymffurfio uwch eu pennau. Yna'n dwt yn y bwlch lle dylai drws ymddangos gwelwn lun o'r awdur, Beriah Gwynfe Evans. Ond yr hyn sy'n berthnasol i'r drafodaeth bresennol yw bod y darlun wedi ei batrymu yn y fath fodd fel ei bod yn ymddangos fod llen theatr wedi ei hagor i'r chwith ac i'r dde, gan ddatgelu prif actor a chynhyrchydd y ddrama sydd i ddilyn: Beriah Gwynfe Evans.

Tanlinellir y cyfeiriad hwn at fyd y theatr yn y rhagymadrodd i'r llyfr. Yno mae Evans yn esbonio mai ef yw'r awdur anhysbys a adroddodd y straeon am Dafydd Dafis yn y *Genedl*, ac ymlawenha ei fod wedi llwyddo 'i roddi portreadau mor gywir o'r hyn a gymerai le o'r tu ôl i'r llenni fel y tybiai hyd yn nod [sic] y chwaraeuwyr mai rhai o'u cwmni hwy eu hunain a wnaethai ei brad!' (*DD*, vi) Cyfeirio y mae at y dyfalu a fu ymhlith yr Aelodau Seneddol ynghylch pwy a fu'n gyfrifol am ddatgelu eu cyfrinachau drwy gyfrwng y stori am anturiaethau Dafydd Dafis.

Mae'r stori'n cychwyn pan fo bachgen bach tlawd o gefn gwlad Cymru yn anelu'i gamrau at Lundain, ac yn gwneud ei ffortiwn drwy werthu llaeth yn y ddinas fawr. Mae Beriah Gwynfe Evans felly'n fwriadol yn mabwysiadu patrwm bywyd ystrydebol o ymddyrchafol, a hynny am nad yn y bennod gynnar yna o stori ei 'arwr' y mae ei brif ddiddordeb o gwbl.

Diniweityn lled ysmala yw Dafydd, a chanolbwyntia'r nofel ar ei hanes ar ôl iddo wneud ei ffortiwn a phriodi Claudia – merch ddeniadol chwimwth ei meddwl, parod ei thafod, a chraff ei sylwadau sy'n arfer holl gastiau tybiedig y rhyw fenywaidd er mwyn cael y llaw uchaf ar ei gŵr. Mae'r nofel ar ei gorau pan fo'r ddau wrthi'n sgwrsio'n smala:

> 'Ies, David, diar,' ebe'r wraig eilwaith, 'Ei wont tw get iw intw ddihows!'
> 'Be andros,' ebe fi wrthyf fy hun, 'sy ar Claudia 'rwan?'...
> 'Hwot dw iw mîn 'y nghalon i?', meddwn. 'Ei am in ddi hows now, mei diar!'
> 'Ei *dw* wish iw wd toc sensibli David,' ebe hithau, gan guro blaen ei throed ar y ffwtstwl sidan – arwydd sicr nad oedd hi yn meddwl cymeryd dim lol. 'Now dw pwt ddat horid paper owt of iwar hand ffor a minit, and listen.' (*DD*, 2)

Cyfeirio y mae, fe ymddengys, at Dŷ'r Cyffredin. Mae wedi gosod ei huchelgais ar barchus swydd Aelod Seneddol i'w gŵr, ac ni chymer Claudia mo'i gwrthod.

Fel y dengys y darn uchod, y mae gan Dafydd druan gryn dipyn i'w ddysgu, ac arwyddir hynny'n gyson yn y nofel gan ei fethiant doniol i ddeall geirfa estron y byd y mae bellach yn ymdroi ynddo. Arwydd yw hyn mai ond yn araf iawn y daw i ddeall oblygiadau'r rôl newydd y mae disgwyl iddo ei chwarae, ac yntau'n ŵr bonheddig cefnog. A thrwy ddilyn hynt addysgu Dafydd ynghylch sut i ymddwyn fel aelod soffistigedig o'r dosbarth canol ffyniannus, y mae Beriah Gwynfe Evans hefyd, ar yr un pryd, wrth gwrs, yn addysgu ei gyd-Gymry sut i ymrithio'n genedl fodern, wâr, eithr heb droi eu cefnau ar y nodweddion, arferion a gwerthoedd y maent wedi arfer eu harddel.

Claudia yn bendifaddau sy'n bennaf cyfrifol am ddysgu ei gŵr, a cheir enghraifft fendigedig o hyn yn achos arall o'r camddealltwriaethau sy'n britho eu perthynas. Y tro hwn, y mae Claudia yn syfrdanu Dafydd drwy ofyn iddo brynu anrheg pur rhyfedd ar ei chyfer:

> 'Ddi ffact of the mater is, David, iw myst get a teigar!'
> 'Tad anwyl!', llefis, gan lamu ar fy nhraed, a rhodio'n wyllt rhyd y stafell. 'Be da chi'n feddwl w i, deydwch.'...
> Chwarddodd Claudia wrth weld fy anesmwythder.
> 'Mi ryda chi, David, yn un digri,' ebra hi. 'Mae'n faich arno chi i gadw fyny ag arferion yr oes, ond mae'n rhaid gwneud neu fynd yn gyff gwawd i rei llawer is na chi. Mae pawb sy'n rhywun y dyddia yma yn cadw teigar, a gyn eich bod chi wedi mynu'r dogcar newydd uchel yna, mae'n rhaid i chitha gael teigar i fynd hefo fo.' (*DD*, 173)

Mae Dafydd druan, yn ei ddryswch llwyr, yn protestio'n groch am yn hir, ond yn ôl ei harfer mae Claudia yn drech nag ef, ac felly mae'n ildio i'r anorfod ac yn mynd i chwilio'n llwyddiannus am genau teigr ar ei chyfer. A hithau oddi cartref, mae'n gosod y teigr yn y gegin, a phan ddaw Claudia yn ei hôl, clywir sgrech annaearol yn dod o'r man hwnnw. O fynd i chwilio, ceir hyd i'r forwyn, Sarah, yn sefyll ar ben stôl yn sgrechian nerth esgyrn ei phen, ac wrth ei thraed Ffeido, ci anwes Claudia, yn gelain yn dynn yn safnau'r teigr bach. Camddealltwriaeth sydd wrth wraidd y cyfan, wrth gwrs. Yr enw ffasiynol cyfoes ar gyfuniad o was lifrau ac osler yw 'teiger', mae'n debyg, ac y mae Claudia'n cael cyfle arall i wneud sbri am ben gwiriondeb ei gŵr.

Fesul cam, felly, y mae Dafydd yn araf ddysgu sut i droedio'r llwybr sy'n ei arwain at gael ei dderbyn fel aelod cyflawn o'r *bourgeoisie*. A chwarae'r ffŵl bydd yn rhaid iddo am gyfnod eto, nes iddo ddysgu sut i chwarae'r rôl sy'n gweddu i'w statws newydd. Ond, fel y sylwyd yn barod, ni chaiff Claudia ei bodloni gan ymrithiad ei gŵr yn aelod parchus o'r dosbarth canol cefnog. Y mae awydd pellach arni i'w weld yn Aelod Seneddol. Fel y sylweddolwyd eisoes, bid siŵr, nid cymeriad amlochrog, cyflawn mo Dafydd Dafis o gwbl, wrth gwrs. Dyfais ydyw i alluogi Beriah Gwynfe Evans i addysgu ei ddarllenwyr am wleidyddiaeth gyffrous y cyfnod yn Nhŷ'r Cyffredin pan oedd y Gwyddelod terfysglyd, afreolus yn cynllwynio'n eithriadol effeithiol o blaid Ymreolaeth i Iwerddon, a'r Cymry Rhyddfrydol – a oedd, yn ôl yr arfer, lawer mwy dof a pharod i gydymffurfio â'r drefn – yn deisyf Datgysylltiad a Dadwaddoliad Eglwys wladwriaethol Lloegr yng Nghymru. Felly, mae anwybodusrwydd Dafydd ynghanol yr holl gyffro hwn yn fodd hynod hwylus i Evans esbonio i'w gyd-Gymry arferion rhyfedd, dyrys, trefn wleidyddol gyfrin Palas Westminster.

Mae ei arwr hyd yn oed yn cael trafferth yn syth o'r cychwyn i ddeall y man cyfarfod sydd gan Tom Ellis mewn golwg pan fo'n cytuno i'w groesawu i'r Tŷ. O'r herwydd, mae Dafydd yn cael ei gythruddo gan y nodyn a dderbynia gan ei gyfaill:

> 'Wel, deyd mae o' [meddai wrth Claudia yn ei wylltineb] 'am imi weitied iddo fo yn y lobi, fel taswn i ryw ffwtman iddo fo! Aed Ellis a'i Hows of Comons i'w grogi cyn rhosa i iddo fo yn y lobi! Fasa fawr gyn i iddo gael lle imi yn y wêtingrwm gan nad sut. Lobi'n wir! Mi ro i lobi iddo fo' a theflais ei lythyr ar y bwrdd. (*DD*, 7)

Ac mae pethau'n mynd o ddrwg i waeth, oherwydd ar ôl iddo gael mynediad i gysegr sancteiddiolaf y Tŷ, mae'n methu amgyffred ystyr y

'Difishon Bell', ac yna mae'n tybied mai at ryw 'Mr Majority banks' y cyfeirir pan glyw Saeson yn ynganu enw'r Prif Chwip, Mr Marjoribanks – neu'n hytrach 'Mr Marshbanks', fel y maent hwy yn ei ddweud. 'Oh, Dafydd! Dafydd!', meddai Tom Ellis wrtho pan glyw am y camgymeriad, a dyma Marjoribanks ac yntau ill dau yn

> Chwerthin am y gora fel dau ffŵl gwirion, a'm gadal ina'n ffŵl gwirionach fyth i sbio arnyn nhw heb wybod beth oedd yn bod. A dyna lle 'roedd y bobol erill yn y lobi o gwmpas, byddigions i gyd, yn spio'n syn ar y ddau wirion rheiny'n chwerthin fel tasa nhw mewn pantomeim. (*DD*, 51)

Ond y gwir amdani, ar un olwg, yw mai cymryd rhan mewn pantomeim y mae'r ddau, wedi'r cyfan. Theatr yw San Steffan, ac mae'n rhaid i Dafydd Dafis, ynghyd â'i ddarllenwyr, ddod i ddeall mai actorion, ar un ystyr, yw'r gwleidyddion hwythau.

Mae Dafydd yn dal i faglu'n gyson wrth geisio cael crap ar hyn oll. Rhaid iddo ddysgu ystyr y cyfeiriadau at 'Room Number ffiffteen' (sef yr ystafell ddiharebol y mae'r Gwyddelod yn arfer ymgasglu ynddi er mwyn cynllwynio), ac at 'yr Ogof' (sef term i ddisgrifio grŵp o Aelodau anfoddog sy'n ymbaratoi i wrthryfela yn erbyn y Llywodraeth). Ac mae Beriah Gwynfe Evans yn cael hwyl am ben ei fethiant i ddeall ystyr arbennig y gair 'clos' – gair ymddangosiadol gartrefol sy'n gyfarwydd iawn i Dafydd y gwirionyn:

> Mi wyddwn yn iawn be oedd clos cyn imi 'rioed ddod i Lundain; clos penglin fasa nhad yn wisgo bob amser. Mae'n wir wedi imi ddod i gyffyrddiad â rhai o bobl y South, Towyn Jones 'rwan, a rhei felly, mi gefis allan mai nid peth i wisgo ydi clos yno, ond buarth. Ond 'toedd dim buarth yn yr Hows of Comons, a'r unig clos welis i yno oedd y clos penglin a wisgid gan rai o'r swyddogion. Ond wrth wrando a sylwi a pheidio deyd llawer, mi ddois i i wybod mai 'Adran' feddylid wrth 'Clos' yn iaith y Senedd. (*DD*, 79)

'Iaith y Senedd'; ieithwedd arbennig a siaredir yno; sgript ddieithr y mae'r actorion hwythau'n glynu'n ufudd wrthi, oherwydd hebddi ni fedrant chwarae'r rhan a ddisgwylid ganddynt.

* * *

Echel 'plot' y ddrama a chwaraeir yn San Steffan, fel y gellid disgwyl, yw'r ymdrech i Ddatgysylltu a Diwaddoli Eglwys wladwriaethol Lloegr yng

Nghymru. Ond mae yna isleisiau hefyd i'r ddrama, ac y mae un o'r rhai mwyaf diddorol ohonynt yn ymwneud ag ymdrechion menywod i sicrhau eu hawliau cymdeithasol a gwleidyddol. Fel yr awgryma Judith Butler, golyga hynny eu bod yn ceisio ymrithio'n gymeriadau benywaidd gwahanol iawn i arfer cymdeithasol eu cyfnod. Mae'n rhaid iddynt 'berfformio' eu benyweidd-dra mewn ffordd gwbl groes i'r disgwyl; ffordd heriol o amgen.

Mae'r diweddar Ursula Masson wedi olrhain hanes cenhadaeth ymryddhad gyffrous rhai o'r menywod a berthynai i'r mudiad Rhyddfrydol yng Nghymru ar ddiwedd y bedwaredd ganrif ar bymtheg mewn cyfrol safonol gynhwysfawr.[14] Noda fel y dechreuodd carfanau bychain ohonynt ymffurfio ar ddechrau degawd olaf y ganrif gyda'r bwriad o geisio diwygio'r drefn. Tyfodd a lledodd yr awydd hwn i gynghreirio ac ymunodd y menywod 'radical' â chymdeithasau fel y WLA (Women's Liberal Association) ac yn arbennig y WUWLA (Welsh Union of Women's Liberal Associations). Llywydd yr olaf am gyfnod hir oedd Norah Phillips, un o arweinwyr mwyaf blaenllaw y mudiad ennill hawliau, ac ochr yn ochr â hi daeth gwragedd eraill megis Gwyneth Vaughan a Sybil Thomas i'r amlwg. Gwna Masson un sylw arbennig o ddiddorol yn y cyswllt presennol:

> ...as well as events, and cause and effect, [this] book is concerned with women's political language. It is my contention that, in the 1890s, women placed themselves at the 'spoken centre' of the Welsh nation. The phrase is Patrick Joyce's: he suggests that Gladstonian discourse brought women to the 'spoken centre' of British Liberalism in the 1880s. The religious and moral appeal of Gladstone's 1879 Midlothian campaign, and his direct call on women to involve themselves in Liberal politics as a peculiarly womanly and moral duty, had been remembered as a watershed moment by Liberal activists, and the terms and tenor of his address were often to be echoed in the speech of Nonconformist Liberal women of Wales. Joyce has represented this as a development in which women exercised no agency, and from which they derived no power; they were included in a discourse of nation and 'the people,' but had no role in shaping meanings. (*DD*, 3)

Fel y cawn weld, mae digon o dystiolaeth yn nofel Beriah Gwynfe Evans ei fod yn cael ei anesmwytho braidd gan barabledd newydd gwragedd wrth fynnu 'ymyrryd' yn y byd gwleidyddol a arferai fod yn eiddo'n llwyr i ddynion. Er ei fod yn awyddus iawn i feithrin y 'Cymro newydd' a gynrychiolwyd gan Tom Ellis, Lloyd George – a Dafydd Dafis, wrth gwrs – nid oedd yr un mor gefnogol i'r 'Gymraes newydd' a welai'n ymddangos fel hunllef o flaen ei lygaid. Nid oedd lle i fod yn ei 'Gymru Fydd' ef i ddrychiolaeth 'annaturiol' o'r fath, ac er mwyn tawelu ei ofnau ymatebodd i'r bygythiad drwy ei drin fel testun melodrama gomig. Yn wir, mae ar un ystyr yn gosod delwedd y fenyw 'wr-aidd', afreolus yn syth ar ganol ei ddarlun, oherwydd dyna yw Claudia ei hun wedi'r cyfan. Yn syth o gychwyn y nofel, y mae Dafydd Dafis yn barod iawn i gydnabod mai ei wraig sydd ben: 'Eithr nid eiddo gŵr ei ffordd – nenwedig os bydd o'n briod, a'i wraig o'n fyw, a honno rywbeth tebyg i Claudia.' (*DD*, 5) Nid Cymraes mohoni hi, ond mae'n arwyddo'r ymwthgarwch newydd sy'n nodweddu gwragedd ymgyrchol y cyfnod ar draws gwledydd Prydain. Buan iawn y dengys ymhellach mae hyhi, ac nid ei gŵr, sydd wedi ei dawnhau â greddf wleidyddol yn ogystal, ac amlygir honno droeon. Dyna'i thriniaeth gyfrwys hi o un o hoelion wyth Cymru Fydd yn Nhŷ'r Cyffredin, sef Bryn Roberts AS. 'Claudia'n swyno Bryn – a'i rostio fo' (*DD*, 136): dyna sylw cryno Dafydd Dafis ar eu cyfarfyddiad.

> Mi wyddwn fod Claudia am sugno'i waed o; ac eto ddyliach chi byth mo hynny wrth ei gwelad a'i chlywad hi hefo fo ar y ffordd i'r deining-rwm. Mi roedd ei chwerthiniad hi mor ysgafn a pherorus a chlychau arian, a'i llygid hi'n dawnsio yn ei phen hi, ac mi roedd yn debycach lawer i Hogan deunaw oed yn scwrsio hefo'i chariad nag oedd hi i ddynes wedi cynllwyno i ddal Aelod Seneddol diniwad i'w rostio fo'n fyw. (*DD*, 139)

A dyna'n union y mae'n ei wneud, drwy wasgu Bryn i gornel a'i orfodi i syrthio ar ei fai am yrru llythyr i'r *Times* yn beirniadu ymddygiad 'penboethiaid' yr ymgyrch ddatganoli yn y Senedd. Yn ei ddryswch a'i ddicter am ei bod hi'n 'gneud sport' am ben ei lythyr, dyma Bryn yn ymateb yn swrth: 'Tydw i ddim yn credu, Mrs Davies, fod merchaid wedi cael eu bwriadu gan y Brenin Mawr i ymyryd mewn petha fel yma.' (*DD*, 141) Os do fe: dyma'r menywod eraill sy wedi ymgasglu am ginio yn ymateb yn syth:

> 'Rhag cwilydd i chi, Mr Roberts!' ebra [Claudia], gan ddropio'i ffishfforc ar y plat. 'Did iw hiar ddat Mrs Phillips?'
> 'No. I Iwol was it?' ebra'r westyas.
> 'Ranc heresy,' ebra Claudia.
> 'Byt dw sei hwot it was,' ebra un arall o'r ledis.
> 'Wel,' ebra Claudia, wedi llwyddo i dynu llygid pawb atyn nhw'ch dau. 'Mr Bryn Roberts ses ddat Profidens nefer intended wman tw tec part in pyblic affers.'
> 'Oh, Mr Roberts, how cwd iw!' ebra Mrs Phillips. 'And iw ar two tec ddi tsher at mei miting at Caernarvon necst Thyrsde!'
> 'Ei nefer cwd haf thot iw cepabl of sytsh a sentiment, Mr Roberts!' ebra

> Mrs Brynmor Jones, gan chwyddo'r corws.
> 'Men wer disifers efer,' ocheneidiai rhyw Hogan ifanc y pen arall i'r bwrdd. (*DD*, 142)

Ynghudd yn y doniolwch, yn fy marn i, y mae anesmwythyd. Mae llafaredd newydd, ffraeth merched yn ymdebygu, yng nghlyw Beriah Gwynfe Evans, i udo haid o gŵn hela sydd wedi cael hyd i'w prae.

Ac, yn wir, y mae Claudia'n ddidostur pan fydd wedi ei chythruddo. Y mae nifer o gewri eraill y Blaid Ryddfrydol yn y Senedd y naill ar ôl y llall yn derbyn yr un driniaeth â Bryn Roberts ganddi, gan gynnwys Lloyd George ei hun. Drwy arfer cyfrwystra, mae'n ei orfodi i wneud yr hyn nad yw byth yn ei wneud, sef ateb nodyn y mae hi'n ei anfon ato. Mae'n rhoi cymaint o bryd tafod i Sir William Harcourt nes bod hwnnw'n cyffesu wrth Dafydd Dafis:

> 'Iwar weiff is a remarcabli ffein wman, Mr Davies, in meni respects Ei meit se a gloryis wman, won in fact of hwm eni man meit wel ffil prowd. Ei congratiwlet iw mei diar ffelo on hafing sytsh a weiff – byt Ei thanc hevn shi is *not* Ladi Harcort!' (*DD*, 245)

Eiddo'i gŵr yw gwraig, noder. Ac yn y cyswllt hwn, mae'n ddefnyddiol bod y gair 'gwraig' yn golygu 'gwraig briod' yn y Gymraeg, yn ogystal â 'benyw [aeddfed]' – fel petai'r ddau gyfystyr â'i gilydd! Ar ben hyn oll, y mae Claudia'n ddigon egr i fynd i'r afael hyd yn oed â'r GOM ('Grand Old Man') ei hun – sef neb llai na William Gladstone, y cawr enfawr hwnnw o wleidydd. Mae'n perswadio Dafydd i'w ganlyn yn ddirgel yr holl ffordd i Biarritz, er mwyn bod y cyntaf i fedru adrodd bod Gladstone am roi'r gorau i fod yn Brif Weinidog ac Arweinydd y Blaid Ryddfrydol o'r diwedd.

Gwneir y berthynas rhwng Claudia ac arweinwyr y mudiad hawliau i ferched oddi mewn i rengoedd y Blaid Ryddfrydol yng Nghymru yn ddiamwys o glir mewn pennod gyfan a gysegrir i'r testun. Mae'n agor mewn ffordd awgrymog, gan fod Dafydd wedi ceisio dianc i'r gwely'n gynnar (gan honni ei fod wedi cael ychydig yn ormod i'w yfed) er mwyn osgoi cerydd Claudia am beidio ufuddhau i'w gorchmynion. Ond, yn ôl ei harfer, y mae hi'n rhy graff i gael ei thwyllo. Fore trannoeth, dyma hi'n sôn wrtho am ei chyfeillgarwch newydd â 'Mrs Wynford Phillips', 'Sytsh a neis litl wman. And oh! *sytsh* a tôcer! Iw nefer herd won leic her.' (*DD*, 33) Yr awgrym, wrth gwrs, yw nad yw 'Mrs Phillips' yn siarad yn y modd 'priodol' i fenywod – yn enwedig menywod priod – y disgwyliai Dafydd Dafis a'i debyg iddi wneud. Yr hyn *nad* yw Claudia'n ei esbonio yw beth oedd testun y sgwrs a fu rhyngddi a Norah Phillips (i roi iddi nid ei henw priod llawn ond ei phriod enw fel menyw), oherwydd hi oedd un o arweinwyr amlycaf, mwyaf diwyd a mwyaf dawnus mudiad y merched yng Nghymru. Serch hynny, esbonia Claudia nad yw 'Mrs Phillips' yn medru'r Gymraeg, ac felly ei bod hi wedi cytuno i lunio arwyddair i'r mudiad yn ei lle. A beth yw hwnnw ond 'Y gwŷr [sic] yn erbyn y byd.' (34) Wrth gwrs, y mae Dafydd Dafis uwchben ei ddigon â'r camsyniad hwn, ac mae'n cael hwyl ar ei esbonio i Claudia. Yn gwbl groes i'w dymuniad, y mae Claudia wedi yngan y 'gwirionedd' – sef mai priod ddyletswydd y gŵr, ac nid y wraig, yw gweithredu'n gyhoeddus: gartref, ym mynwes ei theulu, y mae ei phriod le hi. Ond y mae Claudia, yn ôl ei harfer, yn llawer rhy chwim ei meddwl i gael ei llorio, a dyma hi'n ateb yn syth: 'Oh, ddat's ol reit. Dyna'r hyn oeddwn i am ddeyd welwch chi. Mi rydw i am roid fy ngŵr i i sefyll yn erbyn y byd gan nad sut.'

Yng ngweddill y bennod, gwelir nid yn unig Claudia ond hefyd ei 'chwiorydd yn yr achos' yn dal eu tir wyneb yn wyneb â gwleidyddion amlyca'r dydd, gan gynnwys Tom Ellis a Lloyd George. Mae'r profiad o wrando arnynt yn ysgytwad i Dafydd Dafis, ac yn y paragraff olaf un, ceir ei gyffes bod y profiad yn codi arswyd arno:

> Dyna'r tro y deuthym i ddeall gynta fod merched eraill 'blaw Claudia'n teimlo dyddordeb mewn gwleidyddiaeth; ac wrth wrando ar Mrs Wynford Phillips a Mrs Williams Idris, ac erill o honyn nhw, yn siarad a Claudia, mi ddechreuais feddwl fod anhawsderau a pheryglon Aelodau Seneddol yn debyg o gynyddu yn hytrach na lleihau yn y dyfodol. Mae plesio dynion yn orchwyl caled yn y byd yma, ond mi fasa plesio'r merched i gyd yn amhosibl. Po fwya oeddwn i'n feddwl am y peth lleia i gyd oeddwn i'n leicio'r rhagolwg o fynd yn A. S. ar gais Claudia na neb arall. (*DD*, 37)

Tanlinellir y pwynt gan gartŵn manwl 'Ab Caledfryn', William Williams (1837–1915), artist a ddysgwyd ym more ei oes gan Hugh Hughes, ac a ddaeth yn adnabyddus yn bennaf am ei bortreadau. Teitl y gwawdlun yw 'The Emancipation of Woman – Rhydd-Freiniad Y Ddynes'. Ynddo gwelir gŵr yn dal chwip, ac ar ei siaced y geiriau 'Gormes Deddf'. O'i flaen mae twr o naw o ferched wedi ymgasglu'n amddiffynnol o amgylch menyw sy'n lled-orwedd ar y llawr a'i garddyrnau wedi eu cydio wrth ei gilydd gan gadwyn. Ar y gadwyn gwelir y gair 'vote', ynghyd â'r gair 'Israddoldeb.' Mae saith merch allan o'r naw yn eistedd yn dawel a pharchus, er bod geiriau megis 'Women's Institute' a 'Rhyddid' i'w gweld yn britho'u dillad. Ond mae dwy ferch yn ymddwyn mewn ffordd bur wahanol, gyda'r naill yn cario basged yn llawn grawn a ffrwythau sy'n nodi 'Graddau'r Brifysgol', a'r llall yn gwisgo het a betgwn y wisg 'draddodiadol' Gymreig ac yn chwifio ysgub â'r geiriau 'Woman Suffrage' arno'n fygythiol uwch ei phen.

Odditano, ceir esboniad o'r llun mewn darn yn dynwared dull Llyfr y Datguddiad:

> And behold, in my vision, I saw the Woman pressed to earth by the weight of her burdens, and bound head and foot by the fetters of traditional inferiority. Over against her stood Man, the Oppressor, armed with his Whip of Power, and wearing the badge of Oppressive Statutes; while, with the broom of Woman suffrage uplifted in brawny arms, Gwyneth Vaughan aimed a vengeful blow at the Oppressor's head. Gertrude Stewart, by means of the 'Vote' File, was releasing the Woman from her fetters, Lady Henry Somerset at the same time relieving her of her burdens; Mrs Wynford Philipps brought the Women's Institute Medicated Bowl to wash her wounds and bruises; Mrs Howell Idris hurried forward with the Tea Tray of Freedom to revive her; and Mrs Brynmor Jones brought a tempting bucket of the luscious fruit of University Degrees to slake the poor creature's thirst for knowledge; while ready as ministering angels to render further assistance, were a host of others led by Miss Gee, Edith Oldham, and Eluned Morgan.

Gwelir, felly, fod y llun yn mynegi dwy wedd wahanol ar ofnau dynion ynghylch ymddangosiad 'y Ferch Newydd'. Ar y naill law, y pryder y byddai merched bellach yn arfer yr union nodweddion 'benywaidd' hynny yr oedd Oes Fictoria'n eu mawrygu'n ddibaid – sef eu 'greddf naturiol' i gefnogi, i gysuro, ac i ymgeleddu eu gwŷr – eithr i gyfeiriadau 'annaturiol' newydd, gan eu defnyddio fel arfau eu gwrthryfel yn erbyn gorthrwm y drefn wrywaidd oedd ohoni. Ac ar y llaw arall, y pryder y byddai merched yn gollwng eu 'benyweidd-dra' heibio ac yn ymrithio'n wr-aidd – sylwer ar y disgrifiad arwyddocaol hwnnw o Gwyneth Vaughan, y ferch sy'n chwifio'r ysgub: 'with the broom of Woman suffrage uplifted in brawny arms.' Ymhellach, mae'n arwyddocaol iawn mai delwedd neb llai na 'Dame Wales' ei hun – ond delwedd sydd bellach wedi ymffyrnigo – a welir yn y llun hwn o Gwyneth Vaughan. Ac wrth gwrs, drwy fabwysiadu arddull Llyfr y Datguddiad, arwyddir yn glir fod y 'weledigaeth' y mae'r cartŵn yn ei hymgorffori yn weledigaeth frawychus, hunllefus, 'apocalyptaidd' ei harwyddocâd. Y mae Diwedd y Byd yn prysur agosáu – ac yn wir yr oedd ofnau 'milflynyddol' yn gyffredin iawn ym mhob cwr o fywyd ym 1898, pan gyhoeddwyd hunangofiant Dafydd Dafis.

Mae'r cartŵn yn ei gwneud hi'n berffaith eglur bod ymddangosiad y 'Ferch Newydd' a fynnai ryddid cymdeithasol a hawliau gwleidyddol yn golygu, yn ei hanfod, fod merched bellach yn siarad ac yn ymddwyn – hynny yw, yn 'perfformio' ac yn 'bod' – mewn ffordd gwbl newydd. Ond mae'r cartŵn hefyd yn gyfaddefiad anfwriadol fod yr ymwybyddiaeth hwn nad yw 'rhywedd' (y ddelwedd gymdeithasol o'r 'ferch') yn 'naturiol', eithr yn ddim ond cynnyrch 'perfformiad', yn codi'r braw eithaf am y golyga nad yw'r ddelfryd Fictoraidd o'r ferch fel angel pen tân yn ddim ond rhith. Fel y dywed Butler:

> In the place of an original identification [hynny yw, y syniad bod y fath greadur gwreiddiol, 'naturiol' yn bod â'r wraig a gynhyrchwyd gan Oes Fictoria] which serves as a determining cause, gender identity might be reconceived as a personal/cultural history of received meanings subject to a set of imitative practices [hynny yw, perfformiadau] which refer laterally to other imitations and which, jointly, construct the illusion of a primary and interior gendered self... [*GT*, 176]

O'r herwydd, os yw'r ferch yn y gwawdlun sy'n chwifio'i hysgub mewn ystum mor fygythiol yn codi ofn, yna mae'r merched sy'n eistedd yn sedêt, fel petaent mewn parlwr parchus, yn peri hyd yn oed mwy o annifyrwch i ddarllenwyr gwreiddiol nofel Beriah Gwynfe Evans. Oherwydd terfysgwyr yw'r gwragedd llonydd hyn i gyd! Ufudd-dod ymddangosedig yn unig yw eu hufudd-dod hwy.

Darlun tebyg i olygfa o fyd y theatr a geir yn llun ab Caledfryn, ac yn y modd hwn y mae nofel Beriah Gwynfe Evans yn gosod y ddrama fawr y mae mudiad y merched yn ei pherfformio ochr yn ochr â drama fawr San Steffan y mae Dafydd Dafis yn adrodd amdani. Yn y naill theatr fel y llall, gwelir Cymry, yn wŷr ac yn wragedd, yn araf ddysgu sut i 'berfformio' eu Cymreictod yn y dulliau newydd y mae'n rhaid iddynt eu mabwysiadau os yw'r genedl y mae Cymru Fydd yn awyddus i'w chynrychioli ac i'w harwain am gamu ymlaen i'r dyfodol.

* * *

Ond os yw'r nofel yn syllu'n hyderus i'r dyfodol, y mae hefyd, ar yr un pryd, yn bwrw cip pryderus tuag yn ôl. A yw hybu Cymru Fydd yn golygu troi cefn yn derfynnol ar y Gymru Fu annwyl? Dyna'r cwestiwn sy'n tudlosgi ym meddyliau cenedlaetholwyr fel Beriah Gwynfe Evans ar ddiwedd y bedwaredd ganrif ar bymtheg, ac y mae *Dafydd Dafis* yn ymdroi'n anesmwyth uwchben y dilema hwn. Dro ar ôl tro pwysleisir nad oes yna hollt na bwlch rhwng y Llundeinwr llewyrchus, cefnog, lled 'fonheddig', a'r llaethwr gwledig gwerinol o Lanidris. Wedi iddo ymrithio'n 'David Davies, 393 Park Place', y mae Dafydd yn cyfaddef ei fod wedi ei orfodi gan Claudia i loywi ei Saesneg, ac 'un o ganlyniadau fod Claudia wedi gwneud imi ymgymysg hefo'r doctoriaid dysgedig ydi mod i rwan yn defnyddio ambell air mawr trwm, afrosgo'. (*DD*, 266) Ond serch hynny, y mae'n parhau'n driw i'w gefndir cynnar ac yn gwrthod anghofio'i wreiddiau: 'Mi rydw i wedi cadw hyny o'r wlad gyni o hyd; fydd dim yn dda gyn i'r *sheets* yma i'r gwely.' (*DD*, 305) Na, yn wir: am lapio'i flancedi cynnes cyfarwydd amdano y mae Dafydd Dafis o hyd.

A thra mae 'Cynlas' yn cael ei adnabod bellach fel 'Mistar Ellis AS', a Howell Williams yn dewis newid ei enw i Mr Williams Idris, mae Dafydd yn glynu'n styfnig, bron tan y diwedd, wrth ei enw bedydd. Yn y ginio fawreddog a gynhelir i ddathlu sefydlu Prifysgol Cymru, mae'n manteisio ar ei gyfle i leisio'i bryderon ynghylch y gweddnewidiadau cymdeithasol ysgubol a wêl o'i gwmpas ym mhob man:

> 'Wel dyma ni, 'rwan,' ebra un o honyn nhw, 'ar ben y ffordd i godi'r Hen Wlad yn ei hôl miwn gwirionedd.'
> 'Ia,' ebra un arall, 'wedi cael yr Iwnifersiti mi ddaw rhyw lun ar Gymru bellach.'
> 'Reit iw ar, mei boi,' ebra y trydydd, 'Ddi lyrned proffeshyns, wil now stand sym tshans in Wêls.'
> 'Cambria redifeifys!' llefai un arall gan daro'r bwrdd nes 'toedd y gwydra'n clecian.
> 'Iyng Wêls tw ddi ffrynt!' ebra gŵr pen arall i'r bwrdd, a dyma hi'n hwre fawr.
> 'Rhoswch chi, hogia,' ebra fine. 'Mi rydw i gymint o Iyng Wêls a'r un o hono chi, ond mi rydw i'n tybied ei bod yn bosib ini anghofio'r graig o'r hon ein naddwyd, a dibrisio gwaith y rhai aeth o'n blaen ni.' (*DD*, 248)

A dyma Dafydd Dafis yn bwrw i'r dwfn ac yn ei morio hi wrth glodfori'r glewion di-'ddigree' a fu – hoelion wyth yr enwadau a'r capeli o gyfnod William Williams a John Elias hyd at ddegawd olaf 'oleuedig' y bedwaredd ganrif ar bymtheg. A phwy sydd yno wrth ei ymyl yn codi ei lewys ac yn amenio ei bregeth ar ei diwedd? Pwy ond y 'dysgedigion' pennaf ohonynt i gyd: Isambard Owen a Tom Ellis. Ymhellach, wrth iddo dewi y mae Dafydd Dafis yn sylweddoli ei fod wedi ymddwyn fel prif actor ac arwr golygfa arwyddocaol allweddol yn nrama fawr datblygiad y Gymru newydd:

> Mi rydw i'n hoffi aros, mewn dychymyg 'rwan, ar yr olygfa hono, gwarogaeth ddigamsyniol yr hogia bywiog pan ddeallasant pwy oeddwn

i, a chyfeillgarwch cynes Isambard a Tom Ellis a'r gwŷr mawr y treuliais i awr bellach yn eu cwmni difyr cyn cychwyn adre. (*DD*, 252)

Ond nid yw ei bryderon yn cael eu lleddfu gan ei gamp yn tawelu'r 'hogia'. Cynyddu, yn hytrach na chilio, a wna'i wewyr meddwl ynghylch canlyniadau cymysg dyrchafiad cymdeithasol 'y werin' – bywyn bod y 'genedl' yn ei dyb ef a'i debyg – wrth i'r nofel ddirwyn i'w therfyn, ac amlhau a chymhlethu a wna'r cyfeiriadau theatrig wrth i'w gyfyng-gyngor ddwysáu.

Ar ôl i Dafydd Dafis dreulio blwyddyn gyfan mewn carchar tywyll du wedi iddo gael ei herwgipio gan benboethiaid Gwyddelig â'u bryd ar sicrhau mai cwynion Iwerddon, ac nid Cymru, fydd ar ben agenda'r Llywodraeth, mae'n dioddef dryswch meddwl difrifol sy'n esgor ar chwalfa nerfol. Yn ei waeledd mae'n cael ei boenydio gan hunllefau lle mae'r digri'n gymysg â'r bygythiol. 'Gweledigaethau Dafydd Dafis' yw'r rhain, wedi eu modelu'n fwriadol ar *Weledigaetheu'r Bardd Cwsc*. Ymwneud y maen nhw â digwyddiadau pwysicaf y cyfnod yng ngwleidyddiaeth Cymru. Yn eu plith y mae'r olygfa arswydus honno o Wragedd Gwrthryfelgar Bygythiol a bortreadwyd yng nghartŵn Ab Caledfryn. Wrth ddarllen am y golygfeydd hunllefus hyn, sylweddolwn fod plot y 'ddrama' y mae Dafydd Dafis wedi bod yn ei mynychu yn 'theatr' San Steffan yn dechrau gwallgofi a'i fod ef bellach wedi colli pob rheolaeth arni. Mae tempo'r newid – sef tempo'r 'newydd' – wedi cynyddu cymaint nes mynd yn drech na Dafydd Dafis, druan.

Ond diolch yn bennaf i Claudia, daw dihangfa annisgwyl i'w ran, ac unwaith yn rhagor defnyddir iaith y theatr i arwyddo'r ddihangfa honno. Mae'r rhan a chwaraewyd ganddi wrth sicrhau rhyddid i'w gŵr yn dwyn sylw edmygus y mawrion at ei achos, ac yn sgil hynny penderfynir ei wneud yn Iarll Dafydd. Y Frenhines Fictoria ei hun sy'n perfformio'r seremoni, a phryd hynny y mae Dafydd yn cael sioc i glywed mai gwir enw ei annwyl Claudia, y wraig y bu'n briod â hi ers blynyddoedd, yw 'Baroness Gwladys of Ty Dafydd in Carnarfonshyr and of Ypland Cort in Iorcshyr.' (*DD*, 334) Erbyn hyn, wrth gwrs, mae nofel Beriah Gwynfe Evans wedi troi'n ffantasi llwyr, ac mae'r ddrama gomig y mae Dafydd yn chwarae ei ran ynddi pan gaiff ei urddo'n Iarll gan Fictoria yn ei 'droing rwm' – pan yw'n manteisio ar ei gyfle i wahodd y frenhines, yn ei thro, i de ar ei aelwyd ef – yn fodd i Beriah fynegi, eithr yn anuniongyrchol a than gêl, ei amheuon dybryd ynghylch y 'Cymry newydd' sy'n troedio llwyfan y Tŷ'r Cyffredin.

A chan fod y nofel, ar ei diwedd, yn dynesu fwyfwy at fyd y theatr, mae'n briodol iawn ein bod yn darganfod yn y tudalennau olaf mai 'yn y thiatr, neu'n hytrach yn lobi'r thiatr', (*DD*, 315) y cyfarfu Dafydd Dafis â Claudia yr ail waith, ac mai drwy ei hachub hi, yr adeg honno, o afael dau ŵr a oedd ar fin ei chipio a'i dwyn i ffwrdd, y bu iddo ennill ei serch. Yn wir, y mae'r olygfa lle y mae Dafydd yn llorio'r ddau ddihiryn, y naill ar ôl y llall, yn olygfa sy'n nodweddiadol o felodramâu poblogaidd Oes Fictoria. Nid oes rhyfedd, felly, fod y nofel yn gorffen drwy fod ei hawdur a'i 'chymeriadau' yn ffarwelio â'r darllenwyr a fu hefyd yn gynulleidfa eu drama:

ANERCH FFARWEL CYNYRCHWYR 'DAFYDD DAFIS'
(Yr Awdwr, yr Arlunwyr, a'r Cyhoeddwr yn Ymddangos ar y Llwyfan yn Ffrynt y Llen – Gwel y Darlun Gyferbyn)

'Pa le mae Dafydd? Ble mae Claudia wen?
Ha Gyfaill! Wele hwynt tu draw i'r llen!
Ond erys gwersi eu bywydau mad
Yn wersi i bob Cymro ym mhob gwlad.
Mae'n hysgrifbin, a'n pwyntil yn ddigoll
A thlyswaith yr argraffydd, un ac oll
Yn dweyd yn groew, yn iaith Dafydd bur
Ac a llais Claudia'n adseinio'n glir: –

'*Os cynt drwy lawer dyrnod frad*
Cadd Cymru anwyl aml glwy,
Rhowch chwithau help i wneud ein gwlad
Yn Gymru Well, – yn Gymru Fwy!'

Y ddrama, felly, sy'n cael y gair olaf, ac ar derfyn y nofel datgelir mai rhyw fath o 'Interliwt' cyfoes yw'r testun yr ydym newydd ei ddarllen: fersiwn modern ydyw o'r dramâu gwerinol poblogaidd difyr a didactig a ysgrifennwyd gan Twm o'r Nant. Drych deniadol oedd yr anterliwtiau, a alluogai'r gynulleidfa i adnabod ei chymdeithas ac i'w hamgyffred yn well. A'r un, hefyd, oedd nod y 'ddrama' a luniwyd ac a berfformiwyd gan Beriah Gwynfe Evans. Cynnyrch cyfnod o chwyldro cymdeithasol oedd *Dafydd Dafis: Hunangofiant Aelod Seneddol*, ac y mae'n naturiol, efallai, fod adnoddau unigryw byd y ddrama a chyfrwng y theatr yn apelio'n arbennig at gyfnod o'r fath. Fel yr esbonia Judith Butler yn rhagymadrodd ei llyfr am 'berfformio' hunaniaeth, *Gender Trouble*, pan fydd cymdeithas yn gweddnewid, mae newydd-deb a chyfnewidioldeb y rhannau y mae'n rhaid i bobl eu chwarae bryd hynny yn amlygu'r rhyddid sydd ganddynt i drawsffurfio eu hunain (*GT*, xvi–xviii). Yr adeg honno mae bywyd pob dydd yn ymdebygu i'r profiad o berfformio ar lwyfan theatr. A dyna paham, efallai, y gwnaeth mudiad Cymru Fydd – mudiad â'i fryd ar weddnewid cymdeithas gyda golwg ar genhedlu cenedl newydd – esgor ar 'nofel' theatrig Beriah Gwynfe Evans wrth i'r bedwaredd ganrif ar bymtheg ddirwyn i ben.

Nodiadau

1. Hywel Teifi Edwards, *The National Pageant of Wales* (Llandysul: Gwasg Gomer, 2009). *NPW* o hyn ymlaen.
2. Ymhlith ei gynhyrchiadau ar gyfer y llwyfan yr oedd *Glyndŵr, Tywysog Cymru*, a luniwyd ar gyfer pasiant yr arwisgo ym 1911.
3. E. Morgan Humphreys, 'Beriah Gwynfe Evans', yn *Gwŷr Enwog Gynt (Yr Ail Gyfres)* (Aberystwyth: Gwasg Aberystwyth, 1953), tt. 120–31.
4. Gweler Aled Gruffydd Jones, *Press, Politics and Society: A History of Journalism in Wales* (Cardiff: University of Wales Press, 1993).
5. Humphreys, 'Beriah Gwynfe Evans', tt. 123–4.
6. Trafodir hyn ymhellach yn *Press, Politics and Society*, t. 134.
7. Benedict Anderson, *Imagined Communities: Reflections on the Origins and Spread of Nationalism* (London: Verso, 1983), tt. 123–4.
8. Beriah Gwynfe Evans, *Y Cyngor Plwyf. Pa Fodd i'w Ethol a'i Weithio, sef Llawlyfr Deddf Llywodraeth Leol 1894*.
9. Beriah Gwynfe Evans, *Dafydd Dafis: Sef Hunangofiant Ymgeisydd Seneddol* (Gwrecsam: Hughes a'i Fab, 1898). *DD* o hyn ymlaen.
10. John Gwilym Jones, 'Dramâu Beriah Gwynfe Evans', *Swyddogaeth Beirniadaeth* (Dinbych: Gwasg Gee, 1977), tt. 303–15.
11. Judith Butler, *Gender Trouble: Feminism and the Subversion of Identity* (New York / London: Routledge, 1999). *GT* o hyn ymlaen.
12. Thomas E. Ellis, *Speeches and Addresses* (Wrexham: Hughes and Son, 1912), yn enwedig tt. 3–84.
13. Gweler Peter Lord, *The Visual Culture of Wales* (Cardiff: University of Wales Press, 2000), 325–6.
14. Ursula Masson, *'For Women, for Wales and for Liberalism': Women in Liberal Politics in Wales, 1880–1914* (Cardiff: University of Wales Press, 2010). Hefyd, Kay Cook a Neil Evans, ' "The Petty Antics of the Bell-Ringing Boistrous Band". the Women's Suffrage Movement in Wales, 1890–1918', yn Angela V. John (gol.), *Our Mothers' Land: Chapters in Welsh Women's History 183–1939* (Cardiff: University of Wales Press, 1991), tt. 159–88.

Tri Dysgwr

5

Caethiwed Branwen: Agweddau ar Farddoniaeth Alun Llywelyn-Williams[1]

Pwy, tybed, ydoedd hoff ferch llenorion Cymru yn yr ugeinfed ganrif? Enw Blodeuwedd a ddaw'n gyntaf i'r meddwl, mae'n debyg, ond mae'n siŵr bod Branwen yn ail go agos iddi, o gofio bod ei stori hi wedi tanio dychymyg R. Williams Parry, T. Rowland Hughes, Saunders Lewis, Waldo Williams, Gareth Meils, Harri Webb, Tony Conran a Gillian Clarke – heb sôn am Edward H. Hawliodd Branwen sylw Alun Llywelyn-Williams, yntau, ac er iddo gefnu arni i bob golwg yn y diwedd, drwy hepgor pob sôn amdani yn ei gasgliad cyflawn o gerddi, mae'r 'eginyn drama' amdani a gyhoeddodd yn *Pont y Caniedydd* yn rhy ddadlennol i ninnau ollwng ei Franwen ef o gof.

Mewn 'ystafell-fwyta stesion wrth y cei mewn porthladd yng ngogledd Cymru' y daw 'Ffoadur' digalon wyneb yn wyneb â Branwen, 'yno'n eistedd wrth y bwrdd siglderig â staen / hen goffi ar y lliain llwyd.'[2] Y mae ef ar fin ymadael â Chymru, wedi ei lethu gan euogrwydd oherwydd cyflwr enbydus ei wlad, gwlad a oresgynnwyd bellach gan ddiwylliant estron, barus; ond newydd gyrraedd o Iwerddon y mae hi, ac yn y parthau hynny yr oedd hithau, hefyd, wedi bod yn 'bensaer anfodlon' difodiant byd, hen fyd yr Ynys Werdd. Dyheu y mae'r 'Ffoadur' am gael dianc rhag y dinistr y buasai'n rhannol gyfrifol amdano. Er mai gwerinwr cyffredin yw, 'yn fy enw i'n llechwraidd y drylliwyd / pob hen syberwyd.' (*PC*, 67) Ond fe ŵyr hi'n well. Ofer yw chwilio am ynys noddfa, meddai wrtho, oherwydd ''Does dim dianc, / mi dybiaf, rhag cur ein geni, rhag hyder bod.' (*PC*, 68)

Myfyrio ar gyflwr Cymru ar ddechrau'r 1950au y mae Alun Llywelyn-Williams yn yr eginyn drama hwn, gan orffen drwy ysgwyddo baich y cyfrifoldeb sydd arno am argyfwng ei genedl. Ond mae yna wedd arall, a gwedd ddyfnach ond odid, ar y ddrama hefyd, a cheir awgrym ohoni pan adrodda Branwen yr hanes cyfarwydd am y modd y trodd hi'r byrddau ar y rhai a oedd wedi ei chamdrin hi cyhyd:

> Mynych y mynnais innau farw, a chwennych
> marwolaeth gaeth ar eraill, er dial fy ngwarth.
> Atebwyd fy neisyfiadau, a dyna'r loes
> dostaf o'r cwbl oll, fod yn rhaid dioddef
> am gyfiawnder fel am fai, a chreu o ddioddef
> ddioddef mwy, a dinistr drachefn o ddinistr
> sy'n chwyddo fyth nes llenwi'r byd â gwae...
> 'Doedd ynof i ddim bai na rhan yn nistryw
> ein cymundeb – neu felly y tybiais i,
> cyn llifo f'euogrwydd dirgel mewn aberth gwaed. (*PC*, 65)

Y profiad a gafodd Branwen oedd y profiad o weddnewidiad personol, a hynny nid er gwell (fel yr oedd hi wedi ei ddisgwyl) ond er gwaeth. Wrth geisio achub ei cham – wrth geisio gweithredu 'cyfiawnder' – creodd ddioddefaint i eraill, a thrwy hynny gwnaeth niwed iddi hi ei hun. O'r herwydd, nid oddi ar ei gwefusau yn unig y daw'r gair 'euogrwydd'; cwyd o eigion ei henaid. Yr un yw'r gair a ddaw o enau / enaid y 'Ffoadur', hefyd, pan hola Branwen beth sy'n bod: 'Euogrwydd sy'n bod! F'euogrwydd i, neu'r tadau, / neu Gymru gyfan efallai.' (*PC*, 63) Ac os edrychwn ar y gerdd gyntaf yn *Pont y Caniedydd*, y casgliad y cyhoeddwyd y cetyn drama am Franwen ynddo, yna gwelwn mai'r un gair yn union sy'n brigo i'r wyneb yn y man hwn eto, a hynny'n syth ar y cychwyn:

> Trwy'r dydd a phob dydd ymlathrai'r môr, gan fwydo'i lesni;
> ni frudiai'r haul stormydd yfory, ni wylai euogrwydd doe. (*PC*, 11)

Yn wir, bron na ddywedwn nad gair cyffredin yn unig yw 'euogrwydd' yn *Pont y Caniedydd* yn ei gyd-destun cyflawn. Cyhoeddwyd y casgliad ym 1956, ac ynddo ceir cerddi sy'n deillio o'r profiadau a gafodd Alun Llywelyn-Williams pan oedd yn gwasanaethu fel swyddog milwrol yn yr Ail Ryfel Byd. Dim ond chwarter y cerddi, mae'n wir, sy'n ymwneud yn uniongyrchol â chyfnod y drin, ond yn y rheini olrheinir y *rite de passage* yn hanes y bardd sy'n cyfateb i'r newid byd, a'r gweddnewidiad personol, yr adroddir amdano yn hanes Branwen. Nid yw'n rhyfedd mai'r teitl a roddir i'r rhan honno o *Pont y Caniedydd* sy'n dilyn y cerddi rhyfel yw 'Ystad Dyn'. Mae'n amlwg bod dau ystyr i'r teitl hwnnw, a bod y naill ystyr yn ymhlyg yn y llall. Dim ond drwy ymgydnabod ag amwyster ei natur ddynol ef ei hun y bydd gŵr ifanc yn aeddfedu'n ddyn, ac yn sgil yr adnabyddiaeth newydd honno o anwadalrwydd moesol gwaelodol yr hunan daw'r ymdeimlad anochel o euogrwydd. Eithr yn y pen draw, yr euogrwydd hwnnw yw prif warant buchedd wâr, oherwydd mae'n dysgu dyn i gymhlethu barn, i ymbwyllo, i ymostwng, ac i ymatal rhag collfarnu eraill a'u camdrin yn fyrbwyll. Dyna y mae Branwen yn ei olygu pan fo'n dysgu, ar ôl iddi beri i'w dioddefaint esgor ar wae i eraill, ei bod hi, fel pob meidrolyn, wedi cael ei chaethiwo mewn byd lle 'na ellir da heb ddrwg'.

Ond os gwir yw bod Alun Llywelyn-Williams yn teimlo'i fod wedi aeddfedu'n ddyn drwy ymgydnabod ag euogrwydd pan oedd yn gweithredu fel milwr, yna disgwyliem fod olion y profiad hwnnw i'w gweld yn y cerddi rhyfel a gynhwysir yn *Pont y Caniedydd*. Ac yn wir, mae'r olion i'w canfod yno, mi gredaf, dim ond inni gymryd golwg arall, a golwg ychydig bach yn wahanol i'r arfer, ar y cerddi hynny. Cytuna'r beirniaid ers tro mai'r profiad dadlennol eithaf a ddaeth i Alun Llywelyn-Williams oedd mai 'Cymrodyr ŷm mewn poen. / Dyma gyfrinach drista'r byd; / a'i rhannu hi yw'n hoen' (*PC*, 25). Ymhellach, pan awgrymodd Gwyn Thomas wrth sgwrsio â'r awdur mai ei brif swyddogaeth fel bardd oedd 'rhannu poen', cydsyniodd Alun Llywelyn-Williams ag ef:

> Ffordd o sicrhau, o glymu'r iawn berthynas ddynol yw rhannu poen.... Yn ystod y rhyfel mi ges i lawer profiad o'r angen am rannu poen, ond 'dyw dioddefaint ac ofn a phryder a thrallod pobl ddim yn darfod pan dderfydd rhyfel. Maen-nhw'n rhan o'n cyflwr meddwl ni ar y ddaear.[3]

Nid wyf am anghytuno'n llwyr, felly, â'r beirniaid sydd am gydio gwaith Alun Llywelyn-Williams wrth y profiad hwn; eithr, yn fy marn i, hanner y gwir yn unig a geir yn y dehongliad cyfarwydd hwnnw o'i waith. Ydyw, mae'n wir ei fod ef, dro ar ôl tro, yn tosturio wrth y rheini sy'n dioddef ac yn uniaethu'n uniongyrchol â hwy – 'gweddw'r stryd' a welodd 'ddifa llanc, / a'm gŵr fy hun ydoedd' (*PC*, 25); Inge archolledig ar ei chythlwng yn Lehrte Bahnhof yn ninas ddrylliedig Berlin; a'r barwn a'i wraig a gollodd fab a oedd yn gerddor dawnus. Ond nid dim ond uniaethu â'u dioddefaint y mae, yn hytrach mae hefyd yn derbyn peth cyfrifoldeb am eu trallod. Wedi'r cyfan, swyddog ym myddin fuddugoliaethus y cynghreiriaid oedd Alun Llywelyn-Williams, ac er iddo yntau brofi colledion erchyll – 'Mi welais ddarnio bachgen glân; / o'r byw, lle bu, ni chaed / dim ond malurion cnawd ar dân gan ffrydiau'r ffynnon waed' (*PC*, 24) – bu ef a'i gymrodyr hwythau'n anorfod gyfrifol, yn eu tro, am weithrediadau tebyg. Mae'n bwysig inni sylwi, awgrymwn i, ar y modd mae'r cerddi rhyfel yn cyfeirio'n dawel, ac yn nodweddiadol gynnil, at y ffaith honno.

Meddylier, er enghraifft, am y gerdd ganolog, hunangyhuddgar honno, 'Ar Ymweliad'. Ynddi mae cyn-filwr yn adfyw profiad a gafodd adeg y rhyfel. Un noson oer, ganol gaeaf, bu'n rhaid iddo chwilio am ymgeledd drwy guro wrth ddrws plasdy cadarn uwchben 'cwm serth a dirgel gan binwydd tywyll' (*PC*, 26). Ar ôl cael mynediad gan y Barwn a oedd yn byw yno, sylweddolodd fod rhan helaeth o'r tŷ wedi cael ei ddifrodi gan gyrch awyr, a bod y dwyreinwynt yn 'chwydu'r plu eira' drwy'r ffenestri di-wydr. Eithr anwybyddwyd y difrod gan y milwr, a mynnodd, yn awdurdodol o ddiamynedd, fod y Barwn yn ei dywys yn ddiymdroi i'r stafelloedd byw. 'Mydrai / yn awr f'esgidiau ar y llawr coed drymder dreng' (*PC*, 27), meddai wrth gofio am y modd didostur yr ymestynnodd ei gam, gan ddiystyru 'ing' y Barwn bonheddig. Yn lloches gynnes yr ystafell fyw fe'i croesawyd yn foesgar gan 'madame', ond eto fyth methodd ef ag ymddwyn yn ystyrgar, a phan welodd lyfrau'n drwch ar ben eu piano pert, 'Yn biwis, chwiliais eu chwaeth' (*PC*, 28). Dim ond bryd hynny – a hithau bellach yn rhy hwyr – y sylweddolodd maint ei gamwedd. 'O'r ffŵl anhyfedr na welswn mo'u cyfrinach!' (*PC*, 28), ochneidia yn ing ei euogrwydd wrth ddwyn y profiad i gof, oherwydd pe na fuasai mor haerllug o ymwthgar byddai wedi sylweddoli mai arwydd o golled enbyd oedd y gerddoriaeth ddistaw a orweddai ar y piano, arwydd bod y cerddor wedi ei golli yn y rhyfel.

Mae'n wir fod y gerdd yn diweddu ar nodyn maddeugar, cymodlon, wrth i'r Barwn droi at yr offeryn mud a'i chwarae 'nes suo'r sain yn gymundeb lle y rhodiai angylion / gan freinio'n briw a gosod ein horiau caeth yn rhydd.' (*PC*, 29) Ond yr hyn yr hoffwn ei bwysleisio yw'r eiliad cynt, a'r adnabyddiaeth newydd o'r hunan a ddaethai wrth i'r milwr ymgydnabod â'i euogrwydd. Ailadroddir y profiad hwnnw yn rhai o'r cerddi rhyfel eraill. 'Heledd ac Inge, pan fo'r ffaglau'n goch – / Inge, neu Heledd, sut?' (*PC*, 29) – fel yna mae 'Lehrte Bahnhof' yn cychwyn, ac ar un olwg ergyd y cwestiwn yw mai'r un yw'r profiad o ddioddefaint, boed yn ddioddefaint heddiw neu'n ddioddefaint ddoe, yn ddioddefaint Cymraes neu'n ddioddefaint Almaenes. Ond wrth i'r siaradwr gydio Heledd ac Inge'n un, a chydnabod mai'r un yw eu ffawd yn y bôn, daw amwysedd ei safbwynt i'r wyneb:

> Llym ydyw'r awel; Heledd, na chryn, nac wyla;
> Hwda dy hyder, yng nghudd ar wely cyfleus y rwbel,
> Yn rhodd am flasu'r sigaret, am sugno'r siocled,
> Cei estyn dy serch i'r concwerwr unig. (*PC*, 30)

Nid oes modd osgoi'r ffaith bod y Cymry a fu'n ddioddefwyr cyhyd bellach wedi troi'n goncwerwyr yn eu tro, yn union fel y trodd Branwen hithau o fod yn ddioddefwraig i fod yn ddialwraig. Nid ar ddamwain, felly, debygwn i, y gosododd Alun Llywelyn-Williams 'Y Gwrth-Gyrch' yn go agos at flaen yr adran o gerddi rhyfel yn *Pont y Caniedydd*, oherwydd ynddi hi mae milwr yn ceisio'n ofer i ymaflyd codwm â'i gydwybod ef ei hun:

> Wedi clirio'r goedwig hon, chwilio'n ochelgar
> bob perth ddiniwed a phob llannerch ddel,
> ymgripio o bren i bren rhag ofn dichellgar
> gynllwyn gelynol yr ymguddiwr ffel;
> wedi concro'r strydoedd briw, mathru aelwydydd
> glandeg gynt, ysbeilio'u stafelloedd tlws,
> wedi mentro brath y bwledi'n tolcio'r paradwydd,
> a chyfarfod â'r Angau syn ar hiniog y drws;
> yna, pan dariwn dro, gan syllu'n flin
> ar olion diffrwyth gwae'r gyflafan chwerw,
> daw arnom gad enbytach, tostach trin
> â'r gras sy'n oeri gwaed y galon ferw.
> Danseiliwr gwael, llechwraidd; yn erbyn hwn,
> Ni thycia tanc, na bom, nac ergyd gwn. (*PC*, 22)

Dyfynnais y gerdd ar ei hyd am fy mod yn credu mai ynddi hi y canfyddwn yr echel a drodd fywyd Alun Llywelyn-Williams, a'i weithgarwch fel bardd, ben i waered. Ceir esboniad clir ar y newid agwedd sylfaenol hwn yn y sgwrs rhyngddo a Gwyn Thomas ym 1971:

> Wel, wrth gwrs, y mae gwareiddiad dyn mewn ymdrech barhaus yn erbyn anhrefn, ac mae bob amser mewn perygl o gael ei ddymchwel, nid yn unig gan alluoedd o'r tu allan, gan y barbariaid, neu gan rymusterau amgylchfyd naturiol dyn, ond gan ei wyriadau a'i afiechydon ef ei hun, gan y barbariaid oddi mewn. (*M*, 18)

Ofn y barbariaid o'r tu allan oedd ar Alun Llywelyn-Williams yn y 1930au, ac arferai ddull o brydyddu a oedd yn gweddu i'r ofn hwnnw. Eithr ar ôl y rhyfel y barbariaid oddi mewn a âi â'i fryd, ac esgorodd y gofid hwnnw ar fath newydd o ysgrifennu.

* * *

Trwy gyfrwng ei brofiadau yn y fyddin, felly, cafodd Alun Llywelyn-Williams olwg gwbl wahanol ar ei hanes personol ef ei hun, ac ymgorfforwyd yr olwg honno yn saernïaeth *Pont y Caniedydd*. Ar ddechrau'r gyfrol ceir yr hyn a elwir yn 'Darnau o Hunangofiant', sef cerddi'n ymwneud, yn bennaf, â'r cyfnod cyn y rhyfel. Rhennir y rheini yn ddwy garfan, y naill yn ymwneud â'r gwynfyd a gollwyd pan ddaethai cyfnod diniwed plentyndod i ben a'r llall yn dwyn i gof gyfnod helbulus y 1930au, pan oedd y bardd yn ŵr ifanc. Cerdd nid annhebyg o ran ei chywair melys hiraethus i 'Fern Hill' – hithau'n gerdd a ysgrifennwyd yn syth wedi'r rhyfel – yw 'Pan Oeddwn Fachgen', a dwyseir yr ymdeimlad o wynfyd coll sydd ynddi gan 'Yr Aethnen', y gerdd a ddaw'n syth ar ei hôl. Yn honno, adroddir yr hanes am dro 'swmerog' ers talwm, 'yn yr haf cynnar crediniol hwnnw' pan arferai'r bachgen a'i deulu adael eu cartref yng Nghaerdydd a threulio'u gwyliau yn Nyffryn Clwyd. Bryd hynny, ni fedrai lawn ddeall yr hen stori am yr 'aethnen', mai hi oedd y goeden a fuasai'n dyst i'r modd y bradychwyd Iesu Grist yng ngardd Gethsemane. Ond erbyn hyn, gall y bachgen bach a dyfodd yn ŵr yn ei oed a'i amser ddeall yr hanes chwedlonol hwnnw i'r dim:

> Gwir oedd y gair, canys hwn oedd y pren
> anfoddog a rannai euogrwydd y brad,
> a chynnull o'r Corff ysig i'w frig ysblennydd
> y cryndod sanctaidd sy'n dirdynnu'i had. (*PC*, 12)

'Euogrwydd' – dyna'r gair yn mynnu brigo i'r wyneb unwaith yn rhagor. Nid rhyfedd, felly, mai 'Penyd y Bardd' yw teitl y gerdd nesaf, lle mae Alun Llywelyn-Williams yn cychwyn ar ei gyffes. Ond er fy mod o'r farn, fel yr awgrymais uchod, mai'r profiad o fynd i ryfel a fagodd yr ymdeimlad newydd o euogrwydd yn nychymyg y prydydd, nid am y profiad hwnnw'n unig, neu'n wir yn bennaf, y teimlai ef yn euog, debygwn i. Yn hytrach, parodd profiadau blynyddoedd y rhyfel iddo amau'r hyn a wnaethai yn ystod y 1930au, a'r cymhellion a fuasai wrth wraidd ei weithgarwch fel golygydd, fel propagandydd ac fel llenor.

Adweithio yn erbyn ei gefndir cynnar yr oedd Alun Llywelyn-Williams i raddau ar hyd y 1930au. Fe'i maged ar aelwyd gyfforddus yn ardal Parc y Rhath.[4] Swyddog meddygol uchel ei barch oedd ei dad, a chysgodwyd y bachgen rhag y dioddefaint a ddaeth i'r cymoedd diwydiannol cyfagos yn sgil y dirwasgiad economaidd. Dim ond wrth dyfu'n llanc y daeth yn ymwybodol o 'gerydd cyni'r tlawd', a pharodd hynny boen meddwl iddo:

> Dan faich dyledwyr chwerw'r dôl,
> dygwn ddirprwyol benyd;
> wrth ymblesera ym Mharc y Rhath,
> fe glyw-wn frath eu hadfyd. (*PC*, 13)

Maes o law, lleddfodd ryw gymaint ar ei gydwybod euog drwy fabwysiadu athrawiaeth Marx am y rhyfel dosbarth, a chan ddarogan diwedd y gymdeithas gyfalafol drachwantus. Gwelai argoelion y diwedd hwnnw yn y modd yr oedd Ffasgaeth a Chyfalafiaeth yn ymaflyd â'i gilydd yn waedlyd o ddinistriol gydol y 1930au. Yr un pryd, ymosodai ar lenyddiaeth Gymraeg y cyfnod, am ei bod yn anwybyddu'r ornest fawr honno. Yn ei farn ddadleuol ef, mynnai hi droi ei chefn yn gyfan gwbl ar fywyd y ddinas a'r cymoedd diwydiannol gan chwilio am loches mewn chwedlau a thrwy ddelfrydu bywyd y gymdeithas wledig. Nid oedd Alun Llywelyn-Williams wedi cael ei fagu yn Gymro Cymraeg cyflawn, ac o'r herwydd dim ond ar ôl iddo loywi ei iaith yn y chweched dosbarth, ac yna fynd yn ei flaen i astudio Cymraeg yng Ngholeg Prifysgol Caerdydd (o dan hyfforddiant W. J. Gruffydd, Griffith John Williams a T. J. Morgan), yr ymgyfarwyddodd â llên Cymru.

Er ei fod yn parchu cyfoeth hynafol y llên honno, teimlai ar ei galon fod angen diwygio'r dulliau cyfoes o ysgrifennu. O'r herwydd, bwriodd ati i lunio cerddi a fyddai'n ymateb yn uniongyrchol i argyfyngau'r byd. Ar yr un pryd, cychwynnodd (ar y cyd â'i gyfaill D. Llewelyn Walters), gylchgrawn a fynnai gamu i'r *Tir Newydd* (chwedl ei deitl) lle'r oedd trigolion tybiedig Seisnigedig y ddinas a chymoedd diwydiannol y de yn byw. Mewn ysgrif nodedig o herfeiddiol yn y cylchgrawn hwnnw, aeth i'r afael â chred Iorwerth Peate a'i debyg mai yn y Gymru wledig yr oedd hanfod y genedl Gymraeg i'w ganfod.[5] Dro arall, ymosododd ar y gweddau dihangol ar brydyddiaeth Gwenallt, ac eto fyth cyfieithiodd ysgrif Saesneg gan ei gyfaill Raymond Atchison yn canmol barddoniaeth W. H. Auden a'i gymrodyr.[6] Ymhellach, gwahoddodd rai o'r awduron Eingl-Gymreig i gyfrannu i *Tir Newydd*, am ei fod yn cydymdeimlo â'u safbwyntiau hwy. O'r herwydd, llwyddwyd i ddenu Jack Jones a Glyn Jones ill dau i gyhoeddi ysgrif yr un yn y cylchgrawn.[7]

Ar un olwg, mae'r cyfraniad a wnaeth Alun Llywelyn-Williams i lên a diwylliant Cymru yn y 1930au yn amlwg o'r gwerth mwyaf. Llwyddodd i dorri tir newydd mewn sawl ffordd, ac yn wir daliai ef ei hun i gydnabod, hyd ddiwedd ei ddyddiau, fod ar y diwylliant Cymraeg bryd hynny angen y procio a'r pryfocio, yr herio a'r arbrofi yr oedd ef wedi eu hysgogi. Ac eto, aethai hefyd i deimlo'n rhannol euog, ar ôl y rhyfel, am yr hyn a wnaethai pan oedd yn ŵr ifanc. Mynegir yr euogrwydd hwnnw orau yn y gerdd 'Dadrith Doe neu Cofio'r tridegau' a argreffir yn *Pont y Caniedydd* (15). Codir yr epigraff ar flaen y gerdd o un o weithiau Richard Hoggart, 'Part of the regret is for adolescence in a period when enemies seemed conveniently well defined', ac yn fy marn i dyma gnewyllyn amheuon Alun Llywelyn-Williams, ar ganol y 1950au, am yr hyn a fuasai ef ugain mlynedd ynghynt. A benthyg iaith y Beibl, teimlai ei fod wedi bod yn rhy barod o lawer bryd hynny i sylwi ar bob brycheuyn yn llygaid ei frodyr a'r un pryd yn feius o amharod i weld y trawst yn ei lygad ei hun. A'r sylweddoliad mwyaf deifiol a geir ganddo yn 'Dadrith Doe' yw'r sylweddoliad sobreiddiol fod chwant am ddistryw wrth fôn ei freuddwyd ef a'i debyg am greu byd gwell:

> Mewn ofn disgwyliem y farn apocalyptig,
> mewn ofn – ac mewn llawenydd. I hyn y'n ganwyd,
> i hyder dinistr y delwau gau; fe'n breintiwyd
> â dig, ac â thosturi dros y tlawd a'r unig.
> 'Welson-ni ddim, bryd hynny,
> mo'r Hwch Ddu'n llechu yn y goelcerth groch,
> na'r diawl yn ysu am eneidiau'r moch. (*PC*, 15)

I'r gelyn, ac i'r awyrennwr yn fwyaf penodol, yr oedd Alun Llywelyn-Williams wedi priodoli'r gwanc gwallgof am ddinistr cyn iddo brofi rhyfel. 'Henffych well, y ddinas ddistryw!', meddai ef bryd hynny, 'Gwêl wên yr awyrennwr rhydd, ei wefus dyn; / gollwng ei fendith fawr i'r ddaear, a chwalu'r byd!' (*PC*, 32)[8] Eithr yn ystod y rhyfel daethai i sylweddoli bod yr ysfa hon oddi mewn iddo yntau hefyd a'i bod hi i'w chanfod gydol y 1930au yn ei ysgrifeniadau heriol, ei sylwadau gelyniaethus a'i syniadau anoddefgar. 'Rown i'n credu', meddai yn y sgwrs a gafodd Gwyn Thomas ag ef ym 1971, 'fod y gymdeithas yn llygredig a gorau po gyntaf y dinistrid hi, a rhoi cyfle i ddynion godi dinas well yn ei lle.' (*M*, 18)

'We had fed the heart on fantasies, / The heart grew brutal from the fare', meddai Yeats am y modd y llygrwyd meddyliau ei genhedlaeth ef, pan oedd yn ifanc, gan freuddwydion rhamantaidd.[9] Yr un oedd barn Alun Llywelyn-Williams, ar ôl iddo aeddfedu, am y breuddwydion a feithrinid ynddo yntau gan yr athroniaeth Farcsaidd. Da y dywedodd Dafydd Glyn Jones, yn ei ysgrif wych am Alun Llywelyn-Williams, mai methiant ideoleg oedd byrdwn neges ei gerddi aeddfed, ac mai hen, hen stori oedd y stori honno.[10] Ond mae mwy na hynny i'w ddweud am y modd y teimlai, erbyn y 1950au, ei fod wedi dod at ei goed fel bardd. Yr hyn sy'n allweddol, awgrymwn i, yw'r modd y teimlai euogrwydd hyd at fêr ei esgyrn am gyfnod ei ieuentid. Ymhellach, sylweddolai eironi trist y ffaith ei fod, yr adeg honno, wedi byw ym mharthau breuddwydion ac yn llwyr gredu mai chwalu breuddwydion yr oedd. Yn 'Ave atque Vale', y gerdd a gyhoeddwyd ar ddalen gyntaf rhifyn cyntaf *Tir Newydd* (Haf, 1935), canasai ffarwél yn ffyddiog i'r hen gredoau prydferth a 'roes hun breuddwydiol yn y Gymraeg':

> rhaid torri hen gyfaredd cân adar Rhiannon
> (adnabod, yna, agor y drws cau):
> rhaid canu'n iach yn drist i luniaidd dro'r
> aur gennin yn y gwyrdd, a'u gadael oll,
> arwyddion ein hen gartref, ar ein hôl.[11]

Yn yr un modd, awgrymodd mewn cerdd arall o'r un cyfnod mai atgof gwan yn unig bellach, yn 'hunllef ein byd ni', oedd yr hen chwedl am 'fwyniant hiraeth Branwen' (C, 15). Wrth gefnu ar chwedlau Rhiannon a Branwen, wrth ddewis camu i lawr i'r ddinas, ac i blith 'peiriannau trystfawr, cryf', credasai yn y 1930au ei fod yn wynebu realiti pethau ac yn 'cloddio'r sail / at fyd prydferthwch newydd, teg a da.' Dadrithiad enbyd, felly, oedd y sylweddoliad maes o law mai breuddwyd gwrach oedd y freuddwyd fawr honno.

Cymedroldeb, cydbwysedd, cymesuredd – mewn rhinweddau a nodweddion tebyg i'r rhain yr ymddiriedai Alun Llywelyn-Williams ar ôl y rhyfel, a chalon y gwir iddo fel awdur oedd y ffaith ddiymwad a leisir gan ei Franwen euog ef mai creadur amwys ei natur yw dyn yn ei hanfod. Ymhellach, daethai i gredu mai hanfod barddoniaeth oedd ei bod yn gyfrwng i fwyseirio mewn ffordd a alluogai'r ddynoliaeth anwadal i gadw golwg wareiddiol ar gydblethiad y da a'r drwg yng ngwreiddyn ei bod. Crynhodd ei safbwynt yn yr ysgrif Saesneg a gyhoeddwyd yn *Artists in Wales*:

> What the war really gave me, I suppose, was a salutary direct experience of human suffering and folly of which I had hitherto been a mere passive observer, and a realisation that they are inherent in the human condition everywhere at all times. They are prerequisite and inescapable conditions for the exercise of love and compassion, for our awareness of joy and our attainment of wisdom, because good and evil are inextricably intermingled. Ideologies, and political systems, even forms of religion, are propitiary ephemeral supports in the face of forces that transcend time and space, but poetry though it can't attempt any solutions to the eternal paradox of human life can at least celebrate its mystery and its magic and articulate our occasional glimpses of universal truth (174).[12]

Wrth i Alun Llywelyn-Williams werthfawrogi'r wedd 'oesol', ddigyfnewid, ar natur gymysgryw dyn, aethai'n fwyfwy i barchu'r eirfa a'r ieithweddau crefyddol a bwysleisiai bechod gwreiddiol, er na fedrai dderbyn yr athrawiaethau crefyddol a oedd ynghlwm wrth y syniad hwnnw. Nid yw'n syndod, felly, iddo fynd ati, yn y ddarlith a draddododd er cof am ei hen athro, R. T. Jenkins, i drafod y cyfraniad a wnaed gan y Methodistiaid i lên Cymru, gan dalu gwrogaeth yn fwyaf arbennig i ddoniau amlweddog William Williams Pantycelyn. Ac wrth drafod gwaith Pantycelyn, mae Alun Llywelyn-Williams yn cynnig sylwadau sy'n goleuo'i waith ef ei hun yn ogystal. Pwysleisia mai 'mewn llenyddiaeth Saesneg' y cafodd Pantycelyn 'batrymau ac esiamplau i'w reidrwydd creadigol ei hun... 'Doedd dim patrymau priodol i'w athrylith i'w cael yn Gymraeg, neu os oedd, wyddai Pantycelyn ddim amdanynt.' 'Camp fawr Pantycelyn oedd trosglwyddo gwin diwylliant estron y Gymraeg', meddai eto; 'Math o drawsblaniad oedd y Pêr Ganiedydd o un diwylliant i'r llall.'[13]

Nodwyd llawer gwaith, wrth gwrs, mai 'math o drawsblaniad' oedd cerddi Alun Llywelyn-Williams yn ystod y 1930au, am ei fod wedi benthyca cymaint oddi wrth W. H. Auden, Stephen Spender a Cecil Day Lewis.[14] Eithr yr awgrym a geir fel arfer yw ei fod wedi bwrw'r dylanwad Saesneg hwnnw o'r neilltu wrth iddo aeddfedu, ac wedi mabwysiadu dulliau cynhenid Cymreig o ysgrifennu. Ond mae'n amheus gen i ai gwir hynny. Awgrymwn i fod ôl y traddodiad mawr Saesneg o farddoniaeth bersonol, fyfyriol, ar y dulliau o brydyddu (gan gynnwys y defnydd o'r wers rydd) a arferid ganddo ar ôl y rhyfel, a phe bai'n rhaid crybwyll enw un bardd Saesneg yn fwyaf arbennig yn y cyswllt hwn, yna awgrymwn i Edward Thomas.

Ym 1938 cyfrannodd D. Llewelyn Walters ysgrif flaengar am gerddi Edward Thomas i *Tir Newydd*, a bron na ellir awgrymu bod rhai o'i sylwadau yn rhagweld y modd y byddai barddoniaeth ei gyfaill, Alun Llywelyn-Williams, yn datblygu:

> Siarad ei farddoniaeth a ddylid... siaradai [ef] ag arddull naturiol – ac mae hynny yn ei farddoniaeth.
>
> Deunydd ei farddoniaeth yw ei atgofion. Cofier iddo droi at farddoniaeth adeg y rhyfel a pheri iddo feddwl a chofio eto am a fu ydoedd effaith y rhyfel arno, a barnu wrth ei waith. Eto, nid atgof wedi ei guddio gan ddymuniad cofio'r gorau yn unig ydyw... Nid yw'n goreuro ei atgofion. Yn ei waith y cawn y dal-yr-anadl a gysylltwn ag atgof, y diffyg cyflawni sydd rhywsut yn goncwest i ddyn, yr anorffenedd na ellir ei gyfannu... Mae'n esiampl wych o'r modd y mae'r hyn a alwn yn gynnwys yn rhoddi ffurf i ryddm. Daw'r ffurf a'r cynnwys gyda'i gilydd, nid peth a arllwysir i fold parod ydyw 'cynnwys' darn o farddoniaeth. Gymaint caethach felly ydyw mydrau Thomas gan y deddfir hwy gan y symudiad.[15]

'Rown i yn credu, ac 'rwy'n credu o hyd o ran hynny', meddai Alun Llywelyn-Williams wrth Gwyn Thomas, 'mai'r *vers libre* yw'r ffurf fwyaf cymwys ar gyfer math arbennig o farddoniaeth fyfyriol, y math yr oeddwn i'n anelu ato ar brydiau' (*M*, 20). Cerddi yn y dull ac yn y cywair hwn yw llawer o'r cerddi a ysgrifennodd ar ôl y rhyfel, ac mae'r gorau ohonynt, megis 'Pont y Caniedydd', yn ymdebygu'n ddirfawr, o ran naws ac osgo, i gampweithiau Edward Thomas, megis 'Old Man', neu 'As the Team's Head-brass'. Nid yw'n syndod, felly, fod Alun Llywelyn-Williams wedi cyfaddef, mewn adolygiad a gyhoeddwyd ganddo'n fuan wedi'r rhyfel, ei fod yn edmygu barddoniaeth Saesneg y Cymro ifanc ymadawedig Alun Lewis, oherwydd yr oedd Lewis wedi patrymu nifer o'i gerddi aeddfetaf ar waith Edward Thomas.[16]

* * *

Aeddfedodd Edward Thomas fel bardd drwy ddod i delerau â'r gweddau rhamantaidd hynny ar ei ddychymyg, a dyna'n union a wnaeth Alun Llywelyn-Williams, hefyd, o gyfnod y rhyfel ymlaen. Wrth gwrs, credai pan oedd yn llanc mai gelyn rhamantiaeth oedd ef, gan ei fod yn cysylltu rhamantiaeth â breuddwydion am orffennol chwedlonol ac am ddiwylliant gwledig euraidd, ac yntau i'r gwrthwyneb yn uniaethu â'r gymdeithas ddiwydiannol, y diwylliant dinesig a dysgeidiaeth ddiledrith Marx. Eithr dysgwyd ef gan y rhyfel mai breuddwydiwr fu yntau hefyd, drwy gydol y 1930au, a sylweddolodd ymhellach fod y duedd i freuddwydio yn wedd annatod, amwys, ar ei ddychymyg ef fel bardd. Mae'n debyg y medrai gyd-fynd â sylw craff Wallace Stevens, y bardd mawr o'r Unol Daleithiau:

> Although the romantic is referred to, most often, in a pejorative sense, this sense attaches, or should attach, not to the romantic in general but to some phase of the romantic that has become stale. Just as there is always a romantic that is potent, so there is also a romantic that is impotent.[17]

Yr her i Alun Llywelyn-Williams, ar ôl y rhyfel, oedd gwahaniaethu, yn achos ei ddychymyg ef ei hun, rhwng y naill fath o ramantiaeth a'r llall.

Wrth gwrs, nid oedd modd iddo wahaniaethu unwaith ac am byth. Rhaid, yn hytrach, oedd bod yn effro ar hyd yr amser i natur amwys ei ddychymyg ef ei hun, ac ar un olwg bwysig gellid dweud mai dyna brif symbyliad ei ysgrifeniadau ar ôl y rhyfel, boed hwy'n ysgrifau neu'n gerddi. Aethai i'r afael â'r gorchwyl hwn yn ei ryddiaith, o'r adeg pan ysgrifennodd *Y Nos, y Niwl, a'r Ynys* hyd ei ddarlith wych am farddoniaeth T. Gwynn Jones (1971). A gellid awgrymu'n gall fod ei ymwneud ef â'i ddychymyg rhamantaidd ei hun yn cyniwair dalennau ei ddau gasgliad pwysig o gerddi, *Pont y Caniedydd* ac *Y Golau yn y Gwyll*. Meddylier, er enghraifft, am ddwy gerdd gyferbyniol yn ei gasgliad, 'Golygfeydd Tramor'. Yn 'Bitola', cerdd a ddanfonir fel nodyn at Cynan ar ôl ymweld â'r lle yr arferid ei alw'n 'Monastîr', mae'n adrodd wrth y bardd hŷn fod y merched yn y fan honno'n 'hen cyn eu hamser / yn pledio llymder llethrau Arcadia', yn gwbl groes i'r cof a fuasai gan Cynan am Chloe gyda'i defaid. 'Drych mae'n siŵr i freuddwydion llanc' yw'r darlun rhamantaidd a geir yn 'Monastir', cerdd sy'n arddangos pa mor annibynadwy yw dychymyg artist.[18] Ynteu ai golwg gyfoethocach nag arfer ar 'realiti' bywyd sydd gan artist i'w chynnig? Ym 'Mont Sainte-Victoire' mae Alun Llywelyn-Williams yn talu gwrogaeth i Cézanne am iddo lwyddo i fynegi cyfaredd mynydd a all, mewn 'gwirionedd' llwm, ymddangos yn ddigon cyffredin:

> Mynydd rhyfedd ydoedd, mor llwyd ac mor llwm
> mor estron dan haul na chynhesodd erioed
> graig dywyll Eryri, ond cafodd hwn serch
> llygaid a llaw y sawl a fu'n byw wrth ei droed. (*GG*, 71)

Dyma enghraifft o'r grym a fedd dychymyg 'rhamantaidd' yr artist i ymestyn bywyd ac i'w fawrhau.

Natur amwys dychymyg rhamantaidd y bardd yw testun yr 'eginyn drama' am Franwen, yn ogystal. Rhamantydd rhonc yw'r 'Ffoadur' yn y darn hwnnw. Dyheu y mae am ddianc i fyd dilychwin, ac yn hynny o awydd mae'n ymdebygu'n fawr i'r awduron Cymraeg y buasai Alun Llywelyn-Williams mor hallt ei feirniadaeth ohonynt yn y 1930au, am eu bod yn 'ymgnawdoliad o ysbryd y dianc… rhag trybini Cymru heddiw.'[19] Eithr *alter ego* Alun Llywelyn-Williams ei hun yw'r 'Ffoadur' yn y ddrama am Franwen, debygwn i, gan mai llais y bardd sydd i'w glywed wrth i'r 'Ffoadur' ewyllysio hwylio i

> wlad arall, bell neu agos, lle mae rhyddid,
> a bywyd eto i'w gael, a hyder yfory.
> Rhyfedd fod byw heddiw mor felys, a ddoe
> pan welais y dydd mor greulon, a'm dinistr
> mor siŵr, heb bair dadeni, ni fynnwn fyw. (*PC*, 64)

Mae tinc digamsyniol hunllefau gorffennol Alun Llywelyn-Williams yn y llinellau hyn, yn ogystal â'i orfoledd am ei fod wedi goroesi'r rhyfel. Felly, pan â'r ddrama yn ei blaen i ategu barn Branwen nad oes y fath ddihangfa'n bod – 'Mi gofiaf innau roedd y pair dadeni / a'r orchest ddynol a'i ddinistriodd ef' (*PC*, 67) – ymatal y mae'r bardd y tro hwn rhag cael ei hudo gan ei ddyheadau rhamantaidd ef ei hun.

Ac eto, fel y dengys *Branwen*, mae ganddo ddigon o achos i freuddwydio am ddihangfa, oherwydd mae ei Gymru ef yn prysur fynd â'i phen iddi. Y mynyddoedd hen, 'gwylio maent / gampau estroniaid'; 'ar gyfer pob golygfa / codwyd gwesty hardd lle telir toll / ar wrid y machlud chwil'; 'sleifia'r rhaeadrau / trwy bibellau dur'; ac mae'r radio a'r teledu yn Seisnigo chwarae'r plant (*PC*, 66). Dyma ddarlun nad yw'n wahanol iawn i'r darlun hwnnw o ddiwedd y byd a luniwyd gan Alun Llywelyn-Williams yn y 1930au, ond y tro hwn mae'n gwrando ar gyngor ei Franwen ac yn edrych am y da sy'n gymysg â'r drwg. A dyna a wnâi Alun Llywelyn-Williams bob cyfle ar ôl y rhyfel. Dyna sut, er enghraifft, y medrai dderbyn yn rhannol nychdod y diwylliant Cymraeg, yn ei ysgrif hunangofiannol yn *Artists in Wales*:

> There can be no doubt at all that the Welsh language has always been the core of our national identity. But I cannot now be absolutely convinced that it will or need always be so... it is not inconceivable that the awareness of a common national identity may in the meantime be transferred to some other nutritive source. The Welsh language even today is not a unifying bond. Neither is English, but the emergence in the twentieth century of an Anglo-Welsh literature seems to be a significant indication that the preponderantly English-speaking population of Wales has found its voice without being divorced from a specifically Welsh environment. (*AW*, 175–6)

Ni olygai hynny ei fod ef ei hun am roi'r ffidil yn y to drwy roi'r gorau i geisio sicrhau parhad y diwylliant Cymraeg. Eithr golygai ei fod wedi mabwysiadu athroniaeth ei Franwen a chredu bod y da a'r drwg yn cydblethu'n un cwlwm tynn ym mhob sefyllfa ddynol.

Wrth wraidd athroniaeth Branwen mae'r sylweddoliad a ddaethai i Alun Llywelyn-Williams ar ddiwedd y rhyfel. Yr oedd ef wedi disgwyl i ddiwylliant y gorllewin gael ei ddifodi, eithr goroesi a wnaethai, felly deallodd ei fod, wrth roi penrhyddid i'w ddychymyg rhamantaidd, wedi synied yn rhy isel am ysfa gyffredin stwbwrn dyn i gynnal trefn wâr. 'Rwy'n gweld gwareiddiad erbyn heddiw'n beth gwydn iawn', meddai wrth sgwrsio â Gwyn Thomas (*M*, 18). Mae'n arwyddocaol ei fod yn dewis gosod y gerdd 'Bardd y Byd sydd Ohoni' yn syth ar gychwyn trydedd ran *Pont y Caniedydd*, sef y rhan honno am 'Ystad Dyn' sy'n dilyn y cerddi rhyfel. Clywir tinc ofnadwyaeth diwedd y byd yn y gerdd hon – sef yr union gywair a gaed ym marddoniaeth Alun Llywelyn-Williams gydol y 1930au – eithr y tro hwn ymwrthodir â'r temtasiwn i wangalonni ac i ddarogan gwae, er mai 'Llawn dinistr yw dyddiau. Beth petai / cwmwl y gwyddon yn diffoddi'n byd?' Rheola'r bardd ei duedd ramantaidd i fynd i eithafion drwy fabwysiadu doethineb Branwen: 'Fe bery bywyd, a chan brydydd fe fyn Duw / fawl i ddirgelwch y rhyfedd byw.' (*PC*, 37)

Teimlai Alun Llywelyn-Williams fod ei ddeall a'i ddychmyg wedi cyrraedd llawn oed yn ystod y rhyfel, a bod ei brydyddu wedi elwa o hynny, ac yn amlach na pheidio mae ei ddarllenwyr craffaf wedi cydysynio ag ef. Gwerthfawrogir cynildeb cyfoethog ei ganiadau aeddfed, ac er y perchir barddoniaeth y 1930au yn ogystal, fe'i hedmygir yn bennaf am ei bod yn mentro torri tiroedd newydd (y ddinas, y diwylliant diwydiannol) ac am ei bod yn costrelu naws cyfnod hanesyddol go bwysig. Ni fynnwn anghytuno â'r farn honno, ond medrwn awgrymu bod un wedd ddiddorol arall ar ganu cynnar Alun Llywelyn-Williams a allai apelio'n arbennig at ddarllenwyr ein cyfnod ni.

Yn *Cerddi (1934–1942)* ceir cerdd ddiddorol am 'Ddeufyd Digymod':

> Deufyd digymod yn ymryson sydd
> yn fy mhreswylfa gyfrin,
> dwy donfedd yn ymdaro
> ar nodwydd ddigyfewin. (*C*, 35)

Pan holodd ei gyfaill Elwyn Evans ef tua diwedd ei fywyd at ba ddeufyd y cyfeiria'r gerdd, yr ateb a gafwyd oedd mai'r diwylliant Saesneg y maged ef ynddo oedd y naill ac mai'r diwylliant Cymraeg y troes ato pan oedd yn llanc oedd y llall. Cofir, wrth gwrs, nad oedd Alun Llywelyn-Williams, a faged yn ninas Saesneg Caerdydd, yn medru rhyw lawer o Gymraeg tan iddo fwrw ati i ddysgu'r iaith o ddifrif ar ôl cyrraedd y chweched dosbarth yn ysgol Cathays.

Yr hyn a fynegir ganddo, felly, yng ngherddi'r 1930au drwyddi draw, yw'r ymdeimlad o fyw'n gyffrous o anesmwyth ar y ffin rhwng deufyd digymod, heb fedru, neu heb fynnu, ymgartrefu'n llwyr yn y naill fyd na'r llall. Bron na ellir awgrymu mai'r ymdeimlad personol hwn, yn ddiymwybod iddo'i hun, a'i galluogodd i fynegi naws wleidyddol cyfnod pan oedd yr hen gyfundrefnau solet yn ymddatod. Weithiau daw'r teimlad ei fod yn crwydro yn nhir neb – 'drwy'r gors fradwrus, y goedwig fygythiol; / mae'r tir yn ddieithr, er profi o'r tad / yr un daith chwerw, 'run alwad ragrithiol'. (*C*, 30) Yn y cyswllt hwn, mae'n briodol inni gofio bod tad Alun Llywelyn-Williams wedi ennill yr MC yn y Rhyfel Byd Cyntaf, a chredaf fod cyfeiriadau eraill at gefndir teuluol y bardd i'w canfod mewn ambell fan arall yng ngherddi'r 1930au. Sylwer, er enghraifft, ar y pennill hwn:

> Wedi gwrando cyngor y meddyg, a deffro
> mewn ystafell lom, ac edrych ar y wlad,

nid yw'r hen fap yn gywir, mae'r ffyrdd
yn ddieithr, yr arwyddion hen yn fud. (C, 16)

Yr oedd Alun Llywelyn-Williams yn hynod falch, ar hyd ei fywyd, mai meddyg oedd ei dad, a bod gan bron pob aelod o'i deulu gysylltiad â'r byd meddygol. Awgrymwn, felly, mai'r hyn a oedd ganddo'n rhannol mewn golwg yn y pennill uchod oedd na fedrai ef gael hyd i faeth na chyfarwyddyd yn y gred Gristnogol yr oedd ei dad yn ei harddel.

Un wedd bwysig iawn ar feddylfryd Alun Llywelyn-Williams oedd na theimlai ei fod wedi'i 'wreiddio' mewn unrhyw fro arbennig, ac yn hynny o beth teimlai'n annodweddiadol o'r Gymru Gymraeg. Gan iddo gael ei fagu ar aelwyd Saesneg ac yna ddysgu Cymraeg yn ei lencyndod, ni fedrai fyth deimlo'n gwbl gartrefol yn unman. Dyna paham, fel y cyfaddefodd wrth Gwyn Thomas, y soniai gymaint yn ei gerddi ar ôl y rhyfel am fannau ar daith – awyrenfa, gorsaf, porthladd ac yn y blaen:

> Mae dyn i mi yn greadur aflonydd, chwilfrydig, ac angen mwy nag un lle arno i'w wneud ei hun yn gyflawn ac yn gredadwy iddo'i hun, a chyda'r moddion teithio sydd gennym heddiw daw hyn yn fwy a mwy amlwg. Dyna pam 'rwy'n amheus iawn o'r holl sôn a geir am *wreiddiau* – mae'r symbol o wreiddiau yn gwneud dyn yn ormod o blanhigyn – gabatsien. (M, 21)

Y wedd gadarnhaol ar 'berthyn' i sawl lle, ac ar ymwneud â sawl byd, a geir fel arfer yn ysgrifeniadau Alun Llywelyn-Williams ar ôl y rhyfel. Dyna pham y mae delwedd y ffin yn cael di disodli, i bob pwrpas, gan ddweledd y bont. Ac eto, erys anesmwythyd ym meddwl y bardd ynghylch yr ymraniad mewnol sy'n ei nodweddu:

> O'm rhan fy hun, rwy'n tueddu i gredu mai'r anfantais fwyaf a brofais i'n bersonol yw'r teimlad nad wyf erioed wedi llwyddo i feistroli'r iaith Gymraeg fel cyfrwng mynegiant cwbl naturiol. Hyd yn oed i'r llenor uniaith, mae llenydda'n frwydr barhaus â'i iaith, ond gan mai yn Saesneg y dechreuais i sgrifennu a chan fy mod o raid yn siarad ac yn darllen llawer mwy o Saesneg nag o Gymraeg, 'dydw i ddim wedi cael gwared â'r ymdeimlad fy mod wrth sgrifennu yn Gymraeg yn gorfod ymdrechu'n rhy galed, a bod yr ymdrech yn ei dangos ei hun. (M, 15)

Hwyrach ei fod yn iawn. Hwyrach mai rhan o'r gwir am wareidd-dra a syberwyd ei ddull cymharol geidwadol ef o ysgrifennu ar ôl y rhyfel, a'r moesgarwch a'r boneddigrwydd sy'n nodweddu ei arddull, yw ei fod am barchu i'r eithaf nodweddion yr iaith 'fenthyg' y mae'n ysgrifennu mor ofalus o gaboledig ynddi.

Ymhellach, gellir dadlau bod yr un ymdeimlad o ansicrwydd wrth fôn ei ysgrifeniadau cyn y rhyfel, eithr ei fod yn ei fynegi ei hun mewn dulliau pur wahanol, megis yn null beiddgar a herfeiddiol y gŵr ifanc o ysgrifennu. Dyna, efallai, sy'n rhoi min arbennig ar ei farddoniaeth gynnar, ac yn peri i'w mynegiant fod yn fwriadus a anwastad. Rhoddir yr argraff ganddi ar brydiau ei bod yn gymysgesdd, yn pastiche, o ddulliau Cymraeg a dulliau Saesneg o ymadroddion. Arferir dulliau hynafiaethol, treuliedig, o draethu mewn mannau – dulliau y cyfaddefodd Alun Llywelyn-Williams yn ddiweddarach iddo eu benthyg o'r *Mabinogi*. 'Hir nif esgorodd drwy anolaith fodd / ar wrthodedig boer y pyllau.' (*C*, 10) Dro arall, clywir adlais ofer, hiraethlon, o'r canu sentimental o swynol a fu. 'Ni'n gyrrir heddiw, am na wyddom pam, / o dyner fwlch ei dwyfron mwyth ar ffo' (*C*, 18). Yn y modd hwn, anelir at greu iaith wneud newydd sy'n mynegi'r ffaith bod 'y ffyrdd / yn ddieithr, yr arwyddion hen yn fud.' (*C*, 16)

Dro ar ôl tro mae'r bardd yn awgrymu ei fod yn sefyll ar wahân. Ac am ei fod yn medru syllu o'r tu allan, gallai syllu o'r newydd ar y gymdeithas gyfoes, boed hi'n gymdeithas ddinesig Saesneg Caerdydd, yn gymdeithas ddiwydiannol cymoedd y de, neu'n gymdeithas wledig y Gymru Gymraeg. Fe'i ceir ef, er enghraifft, yn edrych o bell ar oleuadau'r dre, lle mae'r trigolion yn parhau i gael hen hwyl gan fynnu anwybyddu'r ffawd sy'n eu haros. Mae'r ymdeimlad o fyw ar wasgar yn treiddio drwy'r cerddi i gyd; nid yw na bro nac aelwyd bellach yn ganolbwynt dibynadwy i fywyd crwn, cyfan. Yn wir gellir awgrymu bod y farddoniaeth yn aml yn gwrthbwyntio'r canu bro a nodweddai'r traddodiad Cymraeg. Er bod y cariadon yn 'gorweddian ar y bryn' (*C*, 18), bryn dienw ydyw mewn tirlun annelwig, a gwyddant yn iawn nad oes modd encilio, yn y fangre honno, o afael y byd mawr gorffwyll. Yn wir awgrymir nad oes gan y bryn ddim i'w gynnig iddynt ac eithrio sedd flaen yn sinema bywyd dreng y byd modern:

> gwyliwn, tra gallom, yn y seddau hael,
> y ffilm yn llithro dros oleuni'r sgrin,
> a synnu fwyfwy at yr actio gwael. (*C, 18*)

Wedi'r cyfan, ni all unrhyw gilfach gynnig encilfa glyd pan fo awyrennau rhyfel yn medru ei chyrraedd a'i rheibio yn rhwydd: 'yr awron / gwelsom gysgod ei adenydd dur / yn hedeg hyd lechweddau'r Wyddfa' (*C*, 14).

Fel yr awgrymir yn 'Branwen a Ffoadur arall', ffoadur yw Branwen hithau, eithr yr hyn a olygir wrth hynny yw ei bod hi'n gaeth i'w ffawd, ac yn derbyn na fydd ganddi fyth gartref arhosol yn unman. Ar un olwg, ffoadur tebyg oedd Alun Llywelyn-Williams hefyd, a'r dychymyg ffoadur hwnnw a'i gwnaeth yn fardd mor bwysig. Plentyn 'diwreiddyn' y ddinas oedd ef hyd y diwedd, a daliai ei ddychymyg i fudo'n barhaus o un byd i fyd arall. Eithr sicrhaodd y byddai gan ei blant a'i ddisgynyddion droedle sicrach mewn bro Gymraeg nag a fuasai ganddo ef, a dewisodd danlinellu hynny, a'i ddathlu ar goedd, drwy osod y gerdd 'Tynyfedw' ar ddiwedd ei gasgliad cyflawn o gerddi, *Y Golau yn y Gwyll*:

> Yn hwyr y dydd?
> Sôn am droeon yr yrfa –
> pwy fuasai'n meddwl ymhen hanner can cynhaeaf
> mai'r tŷ dieithr hwn ar y llethr dan y coed
> fyddai'n gartref cynefin heddiw
> i ddwy genhedlaeth newydd o'm gwaed a'm teulu crwydr?
> Nyni, fu'n alltudion cyhyd o'r wlad hir ei hamynedd,
> 'gawn ni yn awr adfeddiannu'r dyfodol yn hwyr y dydd
> yn y fro Gymreiciaf hon,
> a swcro'i hiaith
> ym mharabl nwyfus
> plant dychweledigion y dre? (*GG*, 91)

Yn y darlun olaf hwn ceir golwg o chwith, megis, ar ei fagwrfa yng Nghaerdydd, ac ar y 'deufyd digymod' a roesai fod iddo fel bardd.

Nodiadau

1. Cyhoeddwyd fersiwn cynharach o'r ysgrif hon yn Hywel Teifi Edwards (gol.), *Merthyr a Thaf* (Llandysul: Gwasg Gomer, 2001). Diolchir i Wasg Gomer am ganiatâd i'w chyhoeddi yn y gyfrol hon.
2. 'Branwen a Ffoadur arall', *Pont y Caniedydd* (Dinbych: Gwasg Gee, 1956), tt. 63–8. *PC* o hyn ymlaen.
3. Gwyn Thomas yn holi Alun Llywelyn-Williams, *Mabon*, 1:4 (Gwanwyn 1971), 13–21. *M* o hyn ymlaen.
4. Ceir mwy o fanylion am gefndir Alun Llywelyn-Williams yn ei gyfrol hunangofiant, *Gwanwyn yn y Ddinas* (Dinbych: Gwasg Gee, 1975). Hefyd, gweler Gwyn Thomas, *Alun Llywelyn-Williams*, cyfres 'Llên y Llenor' (Caernarfon: Gwasg Pantycelyn, 1987), ac Elwyn Evans, *Alun Llywelyn-Williams*, cyfres 'Writers of Wales' (Cardiff: University of Wales Press, 1991).
5. 'Y Bywyd Dinesig a'r Gymraeg', *Tir Newydd*, 3 (Gaeaf 1935), 15–16. Cafwyd dadl rhyngddo a Iorwerth Peate yn y rhifyn canlynol, *Tir Newydd*, 4 (Gwanwyn 1936), 4–8. *TN* o hyn ymlaen.
6. 'Gwaith ac Adwaith: rhai sylwadau ar farddoniaeth gyfoes Cymru', *Tir Newydd*, 8 (Mai Gaeaf, 1937), 19–25; Raymond Atchison (cyf. Alun

Llywelyn-Williams), 'Apolos yn Dyrchafu'r Faner Goch: rhai nodiadau ar farddoniaeth Saesneg heddiw', *Tir Newydd*, 10 (Tachwedd 1937), 11–14.

7. Jack Jones, 'Nofelau'r Cymry Seisnig', *Tir Newydd*, 8 (Mai 1937), 5–9; Glyn Jones, 'Nodiadau ar Surrealistiaeth', *Tir Newydd*, 10 (Tachwedd 1937), 11–14.
8. *Cerddi, 1934–1942* (Llundain: Gwasg Gymraeg Foyle, 1944), t. 32. *C o hyn ymlaen.*
9. 'Meditation in Time of Civil War', *Collected Poems of W. B. Yeats* (London: Macmillan, 1963), t. 230.
10. Dafydd Glyn Jones, 'The Poetry of Alun Llywelyn-Williams', *Poetry Wales*, 7:1 (1974), 14–24.
11. 'Ave Atque Vale', *Tir Newydd*, 1 (Haf 1935), 2–3.
12. Ysgrif hunangofiannol, yn Meic Stephens (gol.), *Artists in Wales*, 2 (Llandysul: Gwasg Gomer, 1973, 1973), tt. 166–80. *AW o hyn ymlaen.*
13. 'Traddodiad Llên y Methodistiaid', *Ambell Sylw* (Dinbych: Gwasg Gee, 1988), tt. 30–50.
14. Ond byddai hefyd yn werth cymharu cerddi cynnar Alun Llywelyn-Williams â chynnyrch beirdd Saesneg Cymru yn yr un cyfnod. Gweler, er enghraifft, y cerddi a gesglir yn Keidrych Rhys (gol.), *Modern Welsh Poetry* (London: Faber and Faber, 1944).
15. 'Barddoniaeth Edward Thomas', *Tir Newydd*, 11 (Chwefror 1938), 14–17.
16. Cymherir gwaith Alun Llywelyn-Williams ac Alun Lewis yn M. Wynn Thomas, *Internal Difference: Literature in Twentieth-century Wales* (Cardiff: University of Wales Press, 1991), tt. 42–57; a chan Greg Hill, yn M. Wynn Thomas (gol.), *DiFfinio Dwy Lenyddiaeth Cymru* (Caerdydd: Gwasg Prifysgol Cymru, 1992), tt. 120–44.
17. Milton J. Bates (gol.), *Wallace Stevens: Opus Posthumous* (New York: Knopf, 1989), t. 183.
18. 'Bitola', *Y Golau yn y Gwyll* (Dinbych: Gwasg Gee, 1979), t. 74. *GG o hyn ymlaen.*
19. *Tir Newydd*, 8 (Mai 1937), 24.

6

Yr Efrydd a'r Almonwydden: Pennar Davies, y Llenor o Lyn Cynon[1]

> Ar lethrau llwyd Cwm Rhymni,
> Yn oriau'r gwynt a'r glaw,
> Trist oeddwn yn breuddwydio
> Am ryw binaclau draw.
>
> Pinaclau'r oesoedd euraidd
> Tu hwnt i'r dydd a'r nos
> Breuddwydion ffôl y galon
> A'u gwreiddiau yn y rhos.[2]

Pam dechrau â darn o delyneg am Gwm Rhymni, a Pennar Davies yn grwt o Gwm Cynon? Oherwydd bod cerdd Idris Davies yn ein hatgoffa bod ffigwr y breuddwydiwr yn frith drwy'r farddoniaeth a gynhyrchwyd yn ystod hanner cyntaf yr ugeinfed ganrif ar draws cymoedd diwydiannol de-ddwyrain Cymru. At hynny, gwelwn yng ngwaith Idris Davies pa mor gyfoethog o amlweddog y gallai'r ffigwr hwnnw o'r breuddwydiwr fod. Gallai arwyddo'r awydd gau am gael dianc i arallfyd cyfforddus, glwys, fel y dengys cerdd arall gan Idris Davies:

> Come out of your Methodist dream, boy bach,
> And fight your sorrow in the sun,
> And grip the sunlit flail;
> Out of your wool come you, boy bach,
> With shoulders of steel and brow of brass
> From the iron vale. (*CP*, 186)

Ond medrai hefyd fynegi gallu'r dychymyg i rymuso'r penderfyniad i frwydro dros gyfiawnder cymdeithasol, drwy ddarlunio byd amgen. Yn wir, dyna 'The Poet's Job', chwedl Idris Davies eto:

> O rouse the people to rapture
> And stir their senses five,

> Show them the shining mountains
> And keep their souls alive!
> Sing them the isles of wonder
> And the garden of desire,
> Rouse them to burn their hovels
> And set their hearts on fire! (*CP*, 210)

Ac yn ei gerdd 'The Triumph' (*CP*, 182) y mae Idris Davies eto fyth yn herio'r syniad mai dim ond wrth gefnu ar ei freuddwydion y bydd dyn yn tyfu ac yn aeddfedu. Ar gychwyn y gerdd mae'n cerdded yn chwerwbrudd drwy ddüwch y cwm, 'And smiled at my dead romantic dreams, / The dreams I dreamed when I was under twenty, / When Shelley was my music and my wonder.' Eithr nid ceiniogau'r byd cyfalafol yw diwedd y gân hon, ond adferiad ffydd ei ieuenctid yng ngwirioneddau breuddwyd a'i grym: 'And I saw Shelley upon a wisp of cloud / High over the mining town.'

Cam cymharol fyr yw hi o Gwm Rhymni i Gwm Cynon. Yno, yng nghilfach Cwmaman, y ganed Alun Lewis, bardd arall yr hudwyd ei ddychymyg gan freuddwydwyr a breuddwydion. Sylwyd droeon ar ei ddull o drin y thema yn ei gerdd gyfarwydd 'The Mountain over Aberdare', ond ni chraffwyd yn ddigon manwl efallai ar ei ymdriniaeth â'r un testun yn y fersiwn gwreiddiol o'r gerdd, sef 'On the Welsh Mountains'.[3] Yn honno yr ymgydnabyddir orau â'r gwrthdaro oddi mewn i Alun Lewis rhwng yr awydd i ffoi o Gwmaman er mwyn ehangu a chyfoethogi ei brofiad fel person ac fel bardd, a'r sylweddoliad bod arno gyfrifoldeb i'w gwm genedigol yn ogystal, a bod gan hwnnw, hefyd, wers bwysig i'w ddysgu iddo. Wrth nodi manylion y cwm tlawd oddi tano, sylweddola Alun Lewis eu bod yn magu ynddo gariad tuag atynt: 'All moving me more, oh much more / Than the pigeons cleaving and furling / And all the traditional beauty…' Ond yna mae'n ymollwng i freuddwydio nes bod ymchwydd y gwynt yn y cwm yn ymrithio yn llanw y môr, a'r môr-forynion synhwyrus yn eu hudo i'r dyfnderoedd yr un modd ag yng ngherdd fawr T. S. Eliot, 'The Love Song of J. Alfred Prufrock'. Y cwestiwn sy'n codi wedyn yw, a ddylai ef lynu wrth ei gariad cymwys at y dyffryn, neu a ddylai fentro i'r dwfn, gan ymddiried yn ei freuddwyd am ryddid nwydus, cythryblus? Holi yn unig a wna'r gerdd. Ni cheir ateb ganddi.

Bron na ellir awgrymu, felly, fod traddodiad yn llên cymoedd glofaol de-ddwyrain Cymru (traddodiad a amlygir mewn nofelau yn ogystal ag mewn cerddi) o drafod sawl agwedd ganolog ar brofiad y gymdeithas yn yr ardaloedd hynny drwy gyfrwng ffigwr y breuddwydiwr. Ac i'r traddodiad hwnnw, ar un olwg bwysig beth bynnag, y perthyn cerdd

Pennar Davies, 'Yr Efrydd o Lyn Cynon'.[4] Y mae'n gerdd hir, a'i tharddle yw'r hen faled enwog am y modd y difrodwyd coedwig Glyn Cynon er mwyn i Saeson barus allu elwa o gynhyrchu haearn du. Y mae'r Oes Haearn hon yn llwyr ddisodli'r hen Oes Aur. Wrth i'r noddfa dlos gael ei sarnu'n lân, cilia'r eos friwlon a'r ewig, y wiwer a'r twrch, y ceirw cochion a'r cariadon a fyddai yno'n cadw oed. At hyn oll ychwanega Pennar – a ddeuai 'o'r un hen fro / Â'r glaslanc o Lyn Cynon' (*ELC*, 18) – ei felltith ef ei hun o weld yr iaith yn cael ei baeddu a hen ddiwylliant yn cael ei ddryllio.

Dyna ddiwedd rhan gyntaf cerdd Pennar, a hawdd gweld sut y mynegir drwyddi y dicter hwnnw â'r teimlad o rwystredigaeth, sydd i'w clywed yng ngwaith llenorion gwlatgar Cymru yn ystod y pumdegau – degawd rhyfel Corea a'r bom niwclear, y coedwigo mawr a'r bygythiad i foddi Cwm Celyn. Wedi'r cyfan, onid dyma gyfnod gwrthdystiad enwog Waldo, a cherdd Gwenallt am Rydcymerau?[5] 'Plannwyd egin coed y trydydd rhyfel / Ar dir Esgair-ceir a meysydd Tir Bach.' Ychydig yn ddiweddarach, yn ystod degawd y deffro cenedlaethol, cyfieithodd Harri Webb, a oedd erbyn hynny'n llyfrgellydd yn Aberpennar, yr hen gerdd am Goed Glyn Cynon i'r Saesneg:

> For cutting down and making bare
> The wild birds' nesting place
> May confusion be the share
> Of the false English race.[6]

Rai blynyddoedd ynghynt ysgrifennodd yr un bardd gerdd am goed arall yn yr un glyn – 'Dyffryn Woods', 'Last of the spreading woods of Cynon' – a'i chyflwyno hi i Robert Morgan, gŵr a arferai fod yn löwr ym Mhenrhiw-ceibr ond a oedd bellach yn awdur alltud.

Pe bai'r 'Efrydd o Lyn Cynon' yn gorffen ar ddiwedd y rhan gyntaf, yna perthynai'n dwt i linach y cerddi protest cenedlatholaidd hyn. Ond y mae iddi dair rhan arall sy'n bur wahanol, a'r rheini'n ein harwain ni'n gyntaf i belleroedd byd ac yna i barth breuddwydion wrth i Bennar ddilyn hynt ddychmygol y llanc o Gwm Cynon a gefnodd ar ei fro wedi i'r coed gael eu torri i gyd. Mynd yn forwr a wnâi'r bachgen i gychwyn, a chael amser bendigedig wrth i'r llong hwylio dros y cyhydedd. Yr adeg honno, ymserchai'r morwyr yng nghwmni ei gilydd mewn 'undod cariad prydferth', ac ymddangosai fod byd mawr natur yntau'n cynganeddu: 'Cytgord oedd rhwng entrych nêr / A dyfnder Môr Iwerydd / cytgord oedd rhwng hwyl a chwa / Rhwng dynion da a'i gilydd.' (*ELC*, 21) Ond fel yn achos 'The Ancient Mariner' daeth newid mawr ar fyd, a hynny'n sydyn, pan ddiflannodd y gwynt gan adael y llong yn nofio yn ei hunfan 'Dan lygaid tân yr wybren.' (*ELC*, 23) Buasai'r crwt yn gannwyll llygad y capten, ond ar ôl i hwnnw farw gwnaeth y criw dicllon fwch dihangol o'r llanc, gan ei ollwng wrtho'i hun 'Ar y cefnfor mawr mewn bad / Er taered nâd a sgrechian.' (*ELC*, 24) Yn y drydedd ran ceir yr hanes am y modd y llwyddodd i oroesi. Hyrddiwyd ei gorff ar draeth, a'i 'lwyr lurgunio'n ffiaidd.' Ond yn waeth na hynny, clwyfwyd ei feddwl, a'i enaid, gan freuddwyd am ddyffryn hardd yr un ffunud â'i 'enedigol fro'; dyffryn prydferth 'A choed oddeutu'r afon.' Gafaelodd y weledigaeth honno ynddo gan fagu blys 'di-ball / Anniwall ac anhydyn' (*ELC*, 25). O hynny ymlaen fe'i gyrrwyd o'i gof, ac aeth ar daith. Crwydrai'r byd yn chwilio am y fangre anghaffaeladwy dlos, ond fe'i siomwyd gan bob rhyfeddod yn ei dro, hyd yn oed gan Iorddonen ddofn a gwlad Palesteina. O'r diwedd, ac yntau bellach yn hen, 'daeth yn ôl yn llesg / at gyrs a hesg Glyn Cynon.' (*ELC*, 29) Ysywaeth, nid oedd bellach i'w gael yn y fan honno ond anialdir anghyfannedd. Ni welai'r dychwelydd neb ond hen wreigen grom a fuasai'n gariad iddo pan oedd yn llanc. Ond ac yntau'n anobeithio ac yn 'ymlesgáu', wele'r 'dyffryn hardda 'rioed yn ymddangos ger ei fron. 'A'r coed oddeutu'r afon – / Yn eu mysg y pren di-ail / Ei ddail a'i wraidd a'i aeron.' (*ELC*, 30) A dyna'r rhan hon o'r gerdd yn gorffen wrth i'r efrydd neidio 'oddi ar y lan / A suddo dan yr afon.' (*ELC*, 30)

Yn y rhan olaf, fe'n tywysir ni yng nghwmni'r breuddwydiwr i entrychion nef ac, fel yr esbonia Pennar mewn nodyn, 'defnyddir hen symboliaeth y Nefoedd a gysylltir â'r planedau a'r haul a'r lloer. Cymharer cynllun *Paradise Lost*.' (*ELC*, 17) Wrth esgyn fri ac ehedeg drwy'r gwagle, 'hyd wynfyd gweledigaeth', cred 'y llwchyn taer' ei fod yn rhoi 'ei ynni oll / Yn ddigoll dros Dduw Celi.' (*ELC*, 32) Ond er 'mor odidog oedd ei daith / Trwy baith yr eangderau, / Ac mor ddwys ei fenter ef / Dros dangnef y gwacterau' (*ELC*, 33), diflanna'r weledigaeth yn ddisymwth, gan fynd 'Ar goll fel breuddwyd alltud' (*ELC*, 33). Ac wrth iddo gydnabod am y tro cyntaf werth cariad yr hen wreigen cyfaddefa'r efrydd ei fod wedi ei bradychu hi, a bradychu ei wlad a Glyn Cynon, pan gefnodd ar ei fro enedigol. Eglurir y foeswers yn y pennill olaf:

> Rhaid oedd, wedi'r crwydro ffôl,
> Ddod 'n ôl i'm mun oleulon.
> Rhaid oedd, wedi teithio'r byd,
> Ddychwelyd i'r hen afon.
> Rhaid oedd, wedi dringo'r nef
> Gael cartref yng Nglyn Cynon. (*ELC*, 34)

* * *

Hyd y deallaf i, nid alegori mo'r 'Efrydd o Lyn Cynon', gan na welaf fod pob manylyn yn y gerdd yn cyfateb i ryw wrthrych safadwy, penodol. Yn hytrach, maentumiwn ei bod hi'n ymdrin ag amryw o weddau ar natur amwys delfrydiaeth, a'i bod yn gwneud hynny drwy bendroni uwchben anian breuddwydiwr. Ac awgrymwn ymhellach mai ymchwilio i berfeddion ei gymeriad ef ei hun y mae Pennar yn y bôn. Yn wir, os yw'n wir fod Dylan Thomas, yn 'The Hunchback in the Park', yn darlunio agwedd bwysig ar ei fod ef ei hunan fel bardd, yna teg awgrymu bod y bardd o Aberpennar yntau'n gwneud rhywbeth tebyg yn ei gerdd am y cripl emosiynol o Lyn Cynon.[7] A hwyrach bod lle i ddyfalu ymhellach fod rhyw adlais o'r gair 'efrydydd' yn y gair hynafiaethol a barddonllyd 'efrydd' a ddefnyddir yn y gerdd hon. Oni fu Pennar, ar yn ystyr, yn efrydydd – a hwyrach yn 'efrydd' seicolegol – gydol ei oes?

Yn ôl Gwenallt, 'Bydd dyn wedi troi'r hanner-cant yn gweld yn lled glir / Y bobl a'r cynefin a foldiodd ei fywyd e'',[8] ac yr oedd Pennar yn ŵr a dynnai at ei hanner cant ym 1959, pan gyhoeddwyd 'Yr Efrydd o Lyn Cynon'. Wrth gwrs, erbyn hynny yr oedd er tro byd wedi bwrw heibio'r enwau bedydd a oedd wedi eu rhoi arno (William Thomas), ac wedi mabwysiadu yn eu lle enw'r dref 'a foldiodd ei fywyd e''. Eithr yr oedd hefyd wedi ymadael â'r fro ers blynyddoedd maith, gan deithio ymhell yn gorfforol ac yn feddyliol, ac onid oes o leiaf awgrym yn ei gerdd o'r teimladau croes oddi mewn iddo o'r herwydd? Hawdd deall sut y medrai Pennar uniaethu â'r llanc ar y cychwyn pan fo'n dyheu am fedru ymryddhau a hwylio fel rhyw Fadog tuag at dir newydd. Ond yn y diwedd mae'r condemniad ohono yn gwbl ddiamwys, am iddo ddilyn ei drywydd hunanol ef ei hun ar draul câr, a chymdeithas, a phob cyfrifoldeb.

Hwyrach y gwyddai Pennar, yn ifanc, am demtasiwn o'r fath, a hwyrach mai dyna paham y bu mor hallt ei feirniadaeth arno yn y llythyr pwysig hwnnw a gyhoeddwyd yn y cylchgrawn *Tir Newydd*. Yno, mynnodd mai 'cynnyrch cymdeithas yw celfyddyd, nid cynnyrch celfyddydwyr yn unig. A rhaid wrth gyfathrach fywiog rhwng dyn a'i gymdeithas cyn y gall dyn wneud gwaith pwysig yn y celfyddydau.' Eithr ar yr un gwynt pwysleisiodd nad ymwneud â'r gymdeithas gyfan a wnâi'r llenor, eithr ymwneud 'â'r rhan honno o'r gymdeithas sy'n cyfrif, sef y bobl y mae ganddynt wir ddiddordeb ym mhroblemau'r gymdeithas (sy'n cynnwys problemau dynoliaeth a phroblemau llenyddiaeth).'[9] Safbwynt amwys iawn yw hwn, gan y gallai, er enghraifft, olygu ffarwelio â chymuned fach fel Aberpennar er mwyn chwilio am gwmni cyflawn o'r iawn ryw mewn 'metropolis' megis Caerdydd. Dyheai Pennar am gwmnïaeth eneidiau dethol cytûn, ac onid y dyhead hwnnw a wireddir dros dro yn hanes yr efrydd ar fwrdd y llong? Bryd hynny, 'mwyn oedd y gwmnïaeth lân / Yn oriau diddan hwyrnos.' (*ELC*, 21)

Fe dybiwn i fod llawer agwedd ar brofiad, ac ar bersonoliaeth, Pennar ei hun ynghudd yn 'Yr Efrydd o Lyn Cynon'. Yn wir, mae'n ddiddorol sylwi ar y darlun ohono'n grwt a geir yn yr ysgrif hunangofiannol a gyhoeddwyd yn *Artists in Wales*. Er enghraifft, mae'n sôn am y breuddwydion a gyniweiriai yn ei feddwl pan oedd yn fachgen, breuddwydion a oedd yn drech hyd yn oed nag apêl y sinema:

> But I had my own private keyhole glimpses of paradise and my own private mythologies. One of my constant experiences, extending back, so it seems to me, beyond my earliest personal memories, is the feeling that any loveliness I have seen is a veil through which a finer and rarer and more lasting loveliness can be fleetingly discerned. This helped me to weave fantasies out of remarks I heard without fully understanding them. Unbrothered, I made brothers for myself in my own otherworld, giving them names I had heard my mother say; and later, after I had learnt to read and to lose myself in reading, came to daydream that my true home was a royal court in an enchanted land and that my mother and father were devoted fosterparents whom one day I would lavishly reward. Later still, the urges of adolescence led me to provide my paradise with a princess destined for me. And yet the raw material of these by no means unique imaginings was the dirty Cynon valley with its tips, mean terrace houses and polluted river, but with finely shaped hills suggesting sometimes that it was the next valley that was my heaven.[10]

Ymdeimlir eto yn y darn hwn â'r tyndra oddi mewn iddo, y tynnu croes rhwng ei gariad at y cwm – ac yn wir at Gymru gyfan, fel yr esbonia yn y paragraff sy'n dilyn y dyfyniad uchod – a'i ramantu am fyd amgen. Ac fel yr oedd i'w ddisgwyl, y rhamantu a orfu yn ystod cyfnod ei laslencyndod:

> The influences then were predominantly but not exclusively romantic. My already teeming world of imagination was invaded by wraiths emanating from Keats and Tennyson and Williams Parry, but I never entirely lost the awareness that there is a credible scale of values which puts Swift above Shelley and Elis Wyn above Gwynn Jones. Still, it was the poetry of feeling and self-expression and exploration in nature and supernature that intoxicated me in my late teens and committed me to literature. (*AW*, 122)

Yn wir, mae'r hanes am y llanc o Gwm Cynon wedi ei batrymu, a hynny'n fwriadus, debygwn i, ar lun patrwm cerddi megis 'The Rhyme of the Ancient Mariner', gan Coleridge, ac 'Alastor', gan Shelley. Ymhellach, ceir yng ngherdd Pennar feirniadaeth ar ramantiaeth Gymreig, beirniadaeth debyg i honno sy'n ymhlyg yn *Cerddi'r Gaeaf* ac *Y Dwymyn*, dyweder. Yn y 1930au, newidiodd R. Williams Parry a T. Gwynn Jones ill dau gywair rhamantus eu cân yn rhannol oherwydd digwyddiadau gwleidyddol y cyfnod, gan gynnwys Penyberth, ac awgrymir yn ddigon pendant yn 'Yr Efrydd o Lyn Cynon' mai'r gwrthwyneb sy'n digwydd yn hanes y llanc. Dianc rhag her gymdeithasol a gwleidyddol a wna pan fo'n ffarwelio â'r dyffryn a reibiwyd ac yn hwylio i hawddfyd y dychymyg, ac mae'r awydd hwn am ddihangfa yn amlwg iawn yn y diwylliant Cymreig, fel y noda Pennar yn *Cudd fy Meiau*:

> 'Man gwyn fan draw': nid oes dim sydd yn fwy nodweddiadol Gymreig. Hiraeth; 'gobeithiaw a ddaw ydd wyf': Caer Siddi, Annwn, Cantre'r Gwaelod, Afallon; 'tros y môr mae 'nghariad innau'; 'draw dros y don'; y Ganaan fry, tŷ fy Nhad, pomgranadau'r tir, bryniau Caersalem; y peregrini; ynys Enlli; darogan; coron yr ynys; coronau'r nef; 'dyrchafiad arall i Gymro', troi'n eog neu'n eryr; 'gloywach nen'; llyncu Gwion Bach ac esgor ar Daliesin; B.A. (byth adre); 'A minnau'n ddihangol o'u cyrraedd / Yn nofio mewn cariad a hedd.'
>
> Yr hiraeth am ddihangfa, hiraeth y caethwas, fel y dengys caneuon ysbrydol y Negro Americanaidd: ymhle cawn ddianc rhag hwn?[11]

Hynny yw, ymhle cawn ddianc rhag y dianc hwn? Cwestiwn anodd iawn i'w ateb yn y cyd-destun Cymreig, canys, fel y dengys y dyfyniad uchod, yr oedd Pennar yn ymwybodol fod Cymru yn genedl ddarostyngedig, a bod ei diwylliant, o'r herwydd, yn gyforiog o'r awydd am ollyngdod. Gwelai arwyddion o hynny mewn sawl lle, gan gynnwys byd crefydd. Yn wir, fel y cawn weld yn y man, y mae 'Yr Efrydd o Lyn Cynon' yn cynnwys beirniadaeth ar grefydd swcwr o bob math, ac ym mha le bynnag, neu ym mha enwad bynnag, y bydd hi'n ymddangos. Ac wrth gwrs yr agweddau hynny ar grefydda y mae Pennar yn fwyaf llawdrwm arnynt yw'r rheini y mae'n eu hofni ei hun. Felly, collfernir y dyhead angerddol am ddyrchafiad ysbrydol am fod Pennar yntau yn barod iawn i ymgolli mewn perlesmair:

> Mwy ei flys na blys y sant
> Am foliant yr angylion,
> Mwy na hiraeth marchog blin
> Am brofi rhin Afallon,

Tri Dysgwr

> Mwy na syched llosg yr hydd,
> Y nawnfyd am yr afon. (*ELC*, 31)

Yn yr un modd, medr Pennar rannu chwerwder siom y llanc pan wêl hwnnw '[demlau] glân / Byd anian yn adfeilion' (*ELC*, 19) er bod y bardd yn mynd yn ei flaen i ddangos sut y gall dicter a digalondid lygru'r enaid yn llwyr. Fel y nododd yn ei ddyddiadur ar 29 Fehefin 1955: 'Methiant, siom, oferdeb, chwerwedd – ni allaf ddianc rhagddynt.' (*CM*, 101)

Gwendidau moesol yw'r rhain, wrth gwrs, ond awgrymir yn y gerdd mai oherwydd ei fethiant i ddatblygu'n emosiynol ac yn seicolegol y mae'r llanc yn ymrithio'n efrydd. Yn lle tyfu'n ddyn y mae'n troi'n gripl, a hynny am nad yw ei gymeriad yn aeddfedu. Ni all dderbyn mai gogoniant bywyd yw'r modd y mae'r da a'r drwg, y prydferth a'r hagr, yn cydblethu. Yn hytrach, y mae'n parhau ar hyd ei fywyd i syllu ar y byd drwy lygaid glaslencynnaidd, llygaid sy'n pegynu profiadau ac yn gweld gwahaniaeth sylfaenol, anorchfygol, rhwng y gwych a'r gwachul. Yn hynny o arfer, mae ar un ystyr yn ymdebygu i'r rheini sy'n hiraethu am gael dychwelyd o afael y byd cymhleth, cymysgryw i wynfyd coll plentyndod. Ym *Meibion Darogan* cyhuddir Henry Vaughan a William Wordsworth o goleddu syniadau felly, ond gŵyr y cyfansoddwr Edryd Simon yn well na hwy. 'Rhyw Blatoniaeth arallfydol oedd y tu ôl i'r hiraethu galarus hyn am baradwys goll…. Yr oedd dedwyddyd y plentyn – neu'r ansawdd honno a edrychai fel dedwyddyd yng ngolwg dyn mewn oed – yn hanfodi yn y ffaith fod ffynnon bywyd yn llifo'n rhydd ac yn fyrlymus o obeithiol, a'i ffrwd heb ei chyfyngu i gamlas ffos a rhigol. Erbyn yr ugain oed yr oedd y dyfroedd wedi eu dofi: trasiedi sylfaenol pobun. Ac yr oedd y dynion mwyaf hydeiml yn ymwybodol o'r golled.'[12]

Ar un olwg, felly, y mae'r llanc o Lyn Cynon yn cyfranogi o 'drasiedi sylfaen pobun', ond yn gwrthod wynebu hynny. Un canlyniad, neu fynegiant, pwysig o'r methiant hwnnw yw ei anallu hefyd i garu yn null aeddfed pobl mewn oed. Wrth gefnu ar y cwm a sarnwyd y mae hefyd yn ffarwelio â'r ferch a garai, a thrwy hynny y mae'n ei bradychu hi. Bron na ellir awgrymu, felly, mai cân serch wyrdroëdig yw'r 'Efrydd o Lyn Cynon', gan ei bod hi'n ymdrin â chariad afiach, gwyrdroëdig at yr hunan. Neu, a defnyddio iaith seicoddadansoddiad, y mae holl nwyd y corff, y synhwyrau a'r dychymyg – y nwydau hynny sy'n naturiol yn achos llanc – yn cael eu hatal a'u cyfeirio tuag yn ôl.

Cynnyrch yr ataliad hwn yw'r byd y mae'r llanc yn byw ynddo ar ôl ymadael â Chwm Cynon, ac wrth reswm gwelir ym mhatrwm ac yng ngwneuthuriad y byd hwnnw olion y symbyliad i begynu profiadau a theimladau, sef y symbyliad sy'n nodweddu meddylfryd dihangol y llanc. Wedi iddo ymfoethuso, er enghraifft, yn y profiad o gydgwmnïa â'r morwyr wrth i'r llong hwylio'n esmwyth dros y tonnau, gwelir newid dreng ar ôl iddynt droi arno a'i gamdrin mewn ffordd mor ysgeler. A'r un yw ei ymateb i'r weithred hon ag y buasai ei ymateb gynt i goll coed Glyn Cynon. Hynny yw, mae'n chwerwi ac yn suro ac yn ymroi i deithio'r byd i chwilio am fan gwyn arall fan draw. Mae ynddo ysfa drosgynnol barhaus i godi uwchlaw byd natur, a'r natur ddynol ei hun yn ogystal. Ac o'r herwydd y mae'n methu'n lân ag integreiddio'r greddfau a'r grymusterau hynny sy'n rhan mor hanfodol – er hefyd yn rhan mor amwys – o'i fod. Am ei fod yn dyheu am gyrraedd cyflwr 'uwchddyndod', mae'n 'gwrthod ymgnawdoli' (*CM*, 175): ceir yn yr hanes amdano ryw barodi o'r *Imitatio Christi*, y patrwm hwnnw o fywyd y dyn ysbrydol y credai Pennar mor angerddol ynddo. O'r herwydd, enaid clwyfus yw'r efrydd, ac ni all 'gadw cydbwysedd gallu rhwng tueddiadau a allai fod yn llwyr ddinistriol' (*CM*, 78) ond a ddylai fod 'yn Enaid i Gorff afreolus yr hollfyd.'

* * *

Gwelwyd eisoes y modd amlweddog yr ymdrinnir â ffigwr y breuddwydiwr yn 'Yr Efrydd o Lyn Cynon', a dangoswyd sut yr ymweir â phynciau personol, seicolegol, cymdeithasol a diwylliannol drwy gyfrwng y gwrthrych hwnnw. Ond hwyrach mai'r wedd ysbrydol ar y testun yw'r wedd bwysicaf oll, ac yn wir, priodol fyddai awgrymu bod Pennar yn defnyddio'r gerdd hon i drin nifer o'r agweddau pwysicaf ar ei argyhoeddiadau crefyddol dyfnaf ef ei hun.

Ystyrier, er enghraifft, daith yr efrydd 'Fel saeth trwy'r gwagle uchod / Canys 'roedd ei enaid glân / Yn fflam o dân y Duwdod':

> Llamodd ef, fel mab i'r Tad,
> Trwy'r cread tua'i bigwrn
> Nes trywanu megis cledd
> Fodrwyau rhyfedd Sadwrn...
> O mor wych y gwibiai'r dyn,
> Y llwchyn taer, trwy'r gwagle
> I fod yn un o osgordd Nêr
> Ac ymdaith Sêr y Bore. (*ELC*, 33)

Fel yr esboniwyd eisoes, defnyddia Pennar hen ddarlun yr Oesau Canol o'r bydysawd yn y fan hon, a dyma'r darlun a chwalwyd, wrth gwrs, gan Copernicus pan ddarganfu ef fod y ddaear yn cylchdroi o amgylch yr haul.

Ergyd y penillion hyn, felly, yw bod angen 'chwyldro Copernicaidd' ar yr efrydd, chwyldro a fyddai'n peri iddo sylweddoli nad ef, ac nad y ddynoliaeth chwaith, yw man canol y bydysawd. Y mae'r efrydd yn ysglyfaeth i bechod balchder a chariad at hunan, ac o'r herwydd mae'n ymddwyn fel rhyw Ucarws o Gristion. Cyferbynner ei ymagweddiad ef â sylwadau Pennar amdano'i hun yn *Cudd fy Meiau*:

> Y mae rhywbeth yn fy ngorfodi i archwilio fy malchder, er bod fy enaid yn ymladd yn ffyrnig yn erbyn y fath boendod.
> Fy mhechod cyntaf i yw teimlo mai Myfi yw canolbwynt y cyfanfyd. Fy angen pennaf yw rhyw chwyldro Copernicaidd yn fy nghalon, rhyw brawf mai myfi sydd yn cylchdroi o gwmpas Duw ac nid Duw yn cylchdroi o'm cwmpas i. (*CM*, 175)

Ymhellach, sylwir fod Pennar, yn y penillion a ddyfynnwyd, yn awgrymu wrthym fod ehediad yr efrydd tuag at y Duwdod yn barodi rhyfygus o berthynas Iesu Grist â'i Dad: 'Llamodd ef, fel mab i'r Tad...' Ac yn *Cudd fy Meiau* ceir darn diddorol iawn sy'n cychwyn drwy fyfyrio uwchben natur gnawdol dyn ac yn gorffen drwy ryfeddu at ymgnawdoliad Crist:

> Yn y tywydd tesog ardderchog hwn y mae dyn yn ymdeimlo'n aelod o deulu enfawr y Natura Creatrix. Saim, sug, gewyn, braster, llam a lludded – dyna yw ei gynefin. Hoff gan feirdd yr haf ddisgrifio lliwiau a lluniau'r tymor fel pe baent hwy eu hunain, y beirdd, yn edrychwyr breintiedig o'r tu allan, yn synhwyro'r rhyfeddodau fel ymwelwyr o fyd arall. Ond fe'm gorfodir gan y gwres i'm synhwyro fy hunan ac i'm hadnabod fy hunan fel creadur byr ei anadl a pharod ei chwys ymhlith y myrdd myrddiynau o blant Natur. Mae'n debyg bod yr haul tanbaid yn cael cymaint o foddhad wrth dywynnu ar fesen neu asgell siani faglog neu gynffon gwiwer lwyd ag ar fy ngwegil amyneddgar i.
> Creadur bach chwyslyd mewn tŷ cwrdd mewn gwlad fach ar ddaearen ddisylw ymhlith eangderau'r hollfyd yn dweud bod y Bod Goruchel, Anfeidrol, Aruthrol wedi ymweld â'i blaned ac wedi gwisgo ei gnawd! Creadur bach blewog, fforchog, boliog, na fyddai'n bod onibai am wres un o'r heuliau dirifedi, yn beiddio sôn am Haul y Cyfiawnder a Goleuni'r Byd! Dyma haerllugrwydd – ond y mae bywyd ei hun yn haerllugrwydd – ac yn wyrth. (*CM*, 123–4)

Ystumiad o'r haerllugrwydd hwn yw haerllugrwydd yr efrydd, oherwydd y mae am ymddihatru o afael y paradocs bendigaid – paradocs yr Ymgnawdoliad ei hun a ddatgelodd fod pob agwedd ar fywyd dyn a'r cread yn sanctaidd yn ei hanfod, a hynny'n gwbl ddiwahân. Droeon a thro pwysleisiwyd hynny gan Bennar, a mynnai fod byd y cnawd cyn bwysiced, yn ei hanfod, â byd yr enaid, gan eu bod ill dau yn fynegiannau o rymuster rhyfedd a gorfoleddus yr ysbryd. Cofier, er enghraifft, am sylweddoliad Edryd yn *Meibion Darogan*. Yn yr achos hwn, hefyd, mae'n ddiwrnod poeth, ac y mae Edryd yn chwys domen:

> Sychodd ei dalcen. Ni ddymunai ddringo hyd yn oed corrach o fynydd fel hwn bob dydd. Ond profiad hyfryd ydoedd, er hynny: nid oedd modd peidio â theimlo fod ei fywyd ef yn rhan o fywyd y ddaear. Tybed a oedd Hugo'n iawn yn ei gred fod bodau byw wedi eu carcharu yn y creigiau? Ni allai Edryd gredu yn yr hen syniadau am drawsfudiad eneidiau, yn enwedig y gwrthuni fod enaid euog yn cael ei drosglwyddo i gorff anifail neu blanhigyn fel rhyw fath o gosb, cred a oedd wedi troi'n ormes mewn cryn lawer o grefydd y dwyrain ac wedi gadael ei hôl yng Nghymru gynt, megis yng nghosb Gwydion a Gilfaethwy a chosb Blodeuwedd. Os cofiai'n iawn nid oedd Hugo ei hunan yn gwbl rydd o'r llygredd hwn. Ond yr oedd gwirionedd iachusol yn y sythweledigaeth bendigedig mai'r un Bywyd sydd ymhopeth byw a bod y Bywyd anorchfygol hwn yn ymdreiddio ac yn ymgyrchu ac yn ymchwyddo ymhob man; ie, hyd yn oed yn y pridd a'r cerrig dan ein traed. Edrychodd Edryd o'r newydd ar y clogfaen a phlygodd i'w anwesu â'i law.
>
> 'Fy mrawd wyt ti', meddai, 'fy mrawd, yr hen garreg styfnig!' (*MD*, 32)

Pan fo'n llanc, mae'r efrydd yntau yn medru rhannu peth o'r weledigaeth hon, ond pan dorrir y coed, a phan lygrir harddwch y cwm, metha ef â chynnal ei weledigaeth, ac fe â fwyfwy ar gyfeiliorn. Ni all ddeall nad ym mhrydferthwch byd natur yn unig yr amlygir y Duwdod. Ac nid yw'n fodlon cyd-ddioddef â'r cwm – er mwyn ceisio ei fawrygu, ei amddiffyn, a'i adfer. Eithr Duw sy'n 'cyd-ddioddef â'i greaduriaid' yw Duw Pennar.[13]

Serch hynny, nid yw cyd-ddioddef yn gyfystyr â bod yn oddefgar. Yn wir, hwyrach mai gwendid sylfaenol y llanc, a'i wendid pennaf, yw ei amharodrwydd, neu ei anallu, i frwydro yn erbyn y drwg. Fel yr esboniwyd eisoes, credai Pennar yn angerddol fod yn rhaid i'r Cristion ymgyrchu'n barhaus er mwyn achub y da rhag y drwg, a chredai ymhellach mai'r un oedd y frwydr honno boed hi'n cael ei hymladd ar faes brwydr y galon neu ar faes diwylliant neu ar faes gwleidyddiaeth. Yn wir, yr oedd yn argyhoeddedig bod y brwydrau yma'n ymblethu'n un, ac nad oedd modd gwahanu'r naill ohonynt oddi wrth y lleill. Fel y dywed yn fachog yn *Cudd fy Meiau*, 'Y mae brwydr drystiog yn mynd ymlaen rhwng uchelderau a dyfnderau'r hollfyd, ac y mae dafnau Gwaed ar y Llwybr Llaethog.... Mae'r frwydr yn fy nghalon hefyd. Ni ellir osgoi'r ddeuoliaeth rhwng da a drwg, ac ni ddylid ceisio.' (*CM*, 160)

Y drwg yw bod yr efrydd yn methu â gweld gwaed yn ystod ei daith

Tri Dysgwr

heibio i'r planedau am na fedrai weld olion Y Gwaed – gwaed cyd-ddioddefaint heriol Crist – drwy'r greadigaeth. Unwaith iddo yn llanc fethu mynd i'r afael â'r grymoedd economaidd, cymdeithasol a gwleidyddol a ddifodai goed Glyn Cynon, llygrwyd ei ddeall yn gyfan gwbl. O hynny ymlaen y mae ei hanes yn enghreifftio sylw trist Pennar yn *Gwas y Gwaredwr*, sef y 'gall llygredd y meddwl dynol droi pob addoliad yn gabledd.' (*GG*, 141) Ar yr un pryd, mae'r hanes hwnnw hefyd yn enghreifftio dwy wedd ar hanes Anghydffurfiaeth yng Nghymru, sef y duedd ar y naill law i ymwrthod â'r cyfrifoldeb i herio cymdeithas a brwydro am gyfiawnder, gan osod y pwyslais yn gyfan gwbl ar fywyd gwell yn y byd a ddaw; a'r ymwybyddiaeth ar y llaw arall â'r cyfrifoldeb i weithredu mewn dulliau cymdeithasol a gwleidyddol am nad oes gan y Cristion hawl i anwybyddu'r frwydr dyngedfennol rhwng y da a'r drwg, brwydr i adennill y cread drwy amlygu'r harddwch sydd ynghudd ynddo.

Trafodir y gweddau hyn ar hanes Anghydffurfiaeth Gymreig yn olau mewn darn o'r nofel *Gwas y Gwaredwr*. Cofir mai enghraifft berffaith o *Imitatio Christi* yw cymeriad Arthur Morgan yn y llyfr hwnnw, a'i fod felly yn arwyddo bywyd a gweledigaeth Crist ei hun yn yr oes fodern. Cyfeirir at adroddiad papur newydd am lwyddiant mudiad efengylaidd Arthur:

> [A]eth yr erthyglwr ymlaen i ddweud mai cyfrinydd oedd Arthur Morgan ei hunan yn bennaf, a'i brofiad ysbrydol y tu hwnt i gyraeddiadau y mwyafrif o grefyddwyr. Arloesi'r ffordd i'r nef drosgynnol dros holl grefyddwyr y llawr – dyna oedd gwaith arbennig Arthur Morgan. Y pennaf o'r cyfrinwyr ydoedd. Unigeddwyr ysbrydol oedd y lleill bron i gyd, pobl yr oedd eu hehediadau ysbrydol yn rhy uchel i neb arall eu dilyn; ond yr oedd gan Arthur Morgan y ddawn amhrisadwy i ddwyn eneidiau eraill gydag ef mewn orawen ogoneddus at y profiad o fod ar goll yn y Duwdod – ar goll yn y Duwdod ac eto wedi cyrraedd yr hafan a'r cartref a'r aelwyd ym mynwes y Fam a'r Tad annherfynol eu tosturi. Ond yn y fawlgan orawenus yr oedd rhyw awgrym anymwthgar ond cyson mai rhyw fwnglera trychinebus fyddai llychwino hawddgarwch dedwyddwch nefolaidd yr orchest ysbrydol yma â baweidd-dra 'gwleidyddiaeth'. (*GG*, 112–13)

Afraid dweud bod yr erthyglwr wedi camddeall neges Arthur Morgan yn llwyr drwy fabwysiadu'r un agwedd gyferbyniol â'r efrydd at y berthynas rhwng byd yr ysbryd a 'baweidd-dra gwleidyddiaeth'. Ac o sylwi ar hynny, sylweddolwn hefyd mai'r hyn a geir yn y bôn yn 'Yr Efrydd o Lyn Cynon' yw dehongliad diddorol iawn o hanes diwydiannu cymoedd y de, dehongliad sy'n awgrymu bod llawer o'r bai ar yr eglwysi Anghydffurfiol am yr hyn a ddigwyddodd – colli'r Gymraeg, annhegwch cymdeithasol, llygredigaeth foesol, dioddefaint ingol, goruchafiaeth y 'Bunt a Mamon'. Mae'n amlwg ddigon fod yr hen wreigen sy'n ymddangos ar ddiwedd y gerdd – y ferch a fu'n gariad i'r llanc pan oedd yn ifanc – yn cynrychioli Cymru, fel y gwna'r butain yng ngherddi Gwenallt, er enghraifft. Fe'i bradychwyd hi gan yr efrydd, a hynny mewn rhyw barodi o'r 'eneth gadd ei gwrthod', neu o'r merched truain hynny ym maledi'r bedwaredd ganrif ar bymtheg a 'ddifethwyd' drwy ystrywiau cnawdol dynion. Ac erbyn i'r llanc, sydd bellach yn efrydd mewn gwth o oedran, ddychwelyd ati a dod at ei goed y mae'n rhy hwyr i achub ei harddwch gwreiddiol. Fel y dywed Pennar ar gychwyn y gerdd, gan ymuno yn y gân a genir gan y llanc:

> Trist wyf innau am a fu
> I'r coed oddeutu'r afon,
> Ac nid i'r coed yn unig 'chwaith:
> Fe faeddwyd iaith Glyn Cynon –
> Iaith a gwerin erbyn hyn:
> Daeth chwyn diwylliant estron,
> Castiau gwasaidd, moesau crach
> A sothach yn yr afon.
>
> Och o'i fod! Can's dyma bla
> O bethau gwaetha'r Saeson.
> Collwyd ceinder bywyd bro
> A chofio hen arferion. (*ELC*, 17)

Ydy, mae'n rhy hwyr, ond o leiaf sylweddola'r efrydd trist ar ddiwedd y gerdd werth yr hyn a fradychwyd, ac am y tro cyntaf y mae'n ymwybod ag ystyr cariad ac yn ymdynghedu i fod yn ffyddlon iddo. Ac y mae'r diweddglo hwnnw yn arwyddocaol, o gofio'r brwydrau y gwyddai Pennar a oedd i'w hymladd yn ei gyfnod ef ei hun. Yr hyn a geir ar ddiwedd y gerdd yw rhybudd i'w gyd-Anghydffurfwyr, a'i gyd-Gymry, beidio â chymryd yr un cam gwag yr eildro, a her iddynt adnabod eu hunain, a'u cyfrifoldebau fel Cristnogion, yn well yn y cyfnod cyfoes.

* * *

Hyd yn hyn, canolbwyntiwyd yn gyfan gwbl ar un gerdd, ond priodol sylwi cyn gorffen mai'r gerdd honno a roes ei theitl i'r gyfrol gyfan a cheisio gwerthfawrogi arwyddocâd hynny. Yn fyr, gellir awgrymu mai'r themâu y sylwyd arnynt wrth ddehongli'r gerdd yw'r rhai sy'n treiddio'r gyfrol ar ei hyd. Er enghraifft, mae'r ofn caru sy'n nodweddu bywyd y llanc yn cael ei fynegi eto yn y gerdd 'Byth Mwy', lle mae'r traethydd yn cyhoeddi, 'O, rwy'n dy garu, 'nghariad lân', ac yntau ar yr un gwynt yn ymbil arni i beidio 'â'm caru'n ôl' am fod y 'byd yn llawn o heintiau blin / Gwallgofrwydd , pla a newyn / A'th groth yn esgor ar bob math / O erthyl a phenwannyn.' (*ELC*, 57) Mae'r gerdd hon yn atgoffa dyn am gerddi serch adeg rhyfel, ac felly yn dwyn sylw at y ffaith bod y rhyfel oer yn ei anterth pan gyhoeddwyd y gerdd, a bod bygythiad rhyfel niwclear yn fygyddiad go iawn. Mae hynny'n taflu goleuni newydd diddorol ar y gerdd am 'Yr Efrydd o Lyn Cynon' yn ogystal, a hithau'n gerdd am yr awydd i ffoi o fyd dinistr i arallfyd diogel.

Yn wir, medrai Pennar ei hun gyfranogi o'r awydd hwnnw ar brydiau, fel yr ymddengys yn ei soned i 'Gymru', lle y dethlir harddwch y wlad ac y dyheir am wlad yr harddwch arhosol: 'mawl yw dy geinder, gwyrth dy hanes, wlad, / Ond wele drais, caethiwed, malltod, loes. / I wlad sy well y trôdd dy saint i fyw; / Y Gymru yn y Nef lle nad oes frad.' (*ELC*, 11) Sylwir, felly, fod y temtasiwn a orfu yn achos y llanc o Lyn Cynon yn demtasiwn yr oedd Pennar ei hun yn ymglywed ag ef. Ond fe eir i'r afael â'r temtasiwn hwnnw yn 'Caneuon Li, Bardd a Merthyr', cadwyn o gerddi am fardd llys dychmygol yn 'Sina' gynt. Y mae hwnnw'n cychwyn drwy 'ymdeimlo â'r hud sydd yn hanfodi ymhob hyfrydwch ac eto'n ei orlifo ac, heb yn wybod inni ond ar brydiau o oleuo anghyffredin, yn ymgyfannu yn yr hollfyd.' (*ELC*, 12) Eithr pen draw dwysaf ei weledigaeth yw'r sylweddoliad erbyn diwedd ei gân 'na all prydferthwch a llawenydd osgoi herio gormes ac anghyfiawnder heb fod yn fradwyr iddynt eu hunain.' (*ELC*) Felly mae'r gadwyn yn cloi â cherdd am ei brofiad 'fel dioddefydd dros y da', cerdd lle y mae'n gorfod dioddef gwaradwydd dirmygus rhyw elyn sydd, mae'n debyg, y tu allan iddo a'r tu mewn iddo yr un pryd:

> Ond mae dy arogli di dipyn yn waeth,
> Y fflwcsyn dienaid, y pidyn bach caeth!
> – *Bendigaid y Lleufer a garodd y Llaid*
> *Molianner ef byth yn ddi-goll, yn ddi-baid.* (*ELC*, 16)

Y gerdd fwyaf uchelgeisiol yn y casgliad yw'r bryddest am 'Heilyn ap Gwyn' 'a ysgrifennwyd yn 1952 i'w darlledu gan y Gorfforaeth Ddarlledu Brydeinig' (*ELC*, rhagair). Rhoi'r hanes y mae'r gerdd am un a deithiodd i Iwerddon yng nghwmni Bendigeidfran a'i lu i achub cam Branwen, a cheir ynddi esboniad paham y mae'n rhaid i Heilyn, erbyn diwedd y gân, ddioddef 'Melltith fy mrodyr cu, / melltith fy hen / Gymdeithion dewr / fy melltith i fy hun.' (*ELC*, 35) Yr hyn a wnaeth i ennyn y fath ddicter oedd 'agor / Y drws ac edrych parth â Chernyw' (*ELC*, 49). A thrwy hynny dorri'r hud a ddeilliau o ben toredig Bendigeidfran, y swyngyfaredd warchodol, waredol, a gadwasai'r cwmni ynghyd yn un gymdeithas ddiddig, lon. Bu Heilyn yn gyfrifol, felly, am goll gwynfyd, ac y mae'r gerdd yn ymdrin â'r golled honno mewn modd amwys sy'n cyfateb i ddiwinyddiaeth y Cwymp Ffodus. Ar y naill law, cyfaddefa Heilyn mai 'chwant anniwall, awydd gweld a phrofi, / Cael gwybod holl ddirgelion bywyd byd, / Cael blasu cyfrinachau bod a byw' (*ELC*, 48) a fu'n gyfrifol am y fath weithred anfad. Ond ar y llaw arall dadleua hefyd fod y drwg yn yr achos hwn wedi esgor ar y da:

> Gan honni'n groch mai llwfr yw gwrthod gweld
> Yr hollfyd fel y mae o'n hamgylch ni
> Ac oddi mewn i'n henaid. Onid gwell
> Y gwir diorchudd na chysuron twyll? (*ELC*, 51)

A'r awgrym a gawn ar y diwedd gan yr Heilyn hwn sydd, meddai wrthym, yn 'byw yn eich canrif chwi', yw y gall da dyfu yn wir o'r golled ddrwg wreiddiol, ond dim ond os ceir hyd i'r Gwaredwr a phrofi'r 'chwys a'r gwaed / A gollwyd gynt dros bawb ohonom ni.' (*ELC*, 53)

Y weledigaeth y mae gweithred Heilyn yn agor y drws tuag ati yw'r weledigaeth a fynegir orau yn y gerdd 'Cathl i'r Almonwydden'. Yno, fe eir i'r afael â'r modd y mae harddwch a hagrwch, pleser a phoen yn ymblethu yn ei gilydd drwy'r cread mawr i gyd, a gwneir hynny drwy ddarganfod gwir arwyddocâd aberth yr Iesu: 'Och, Iesu, daw pob atgof am dy boenau / Fel alaw lawen i sirioli 'mryd, / A'r drewdod erch a gododd at fy ffroenau / Fel peraroglau godidoca'r byd.' (*ELC*, 10) Defnyddir y pren almon i arwyddo'r gweddau paradocsaidd ar fywyd a ymgorfforir yn yr Iesu ac a fynegir drwy ei aberth. Yn fwyaf arbennig, dethlir gallu'r Iesu i harddu dioddefaint ac i drawsnewid ing a loes y byd yn fuddugoliaethus. Felly, yn y pennill olaf ond un gwelir yr almonwydden 'A'i brig ymwthgar, braf a'i choron wen, / Y goeden eofn, lew, y pêr, balchlwythog bren.' (*ELC*, 10) Ac yna, ffarwelir â hi yn y pennill olaf drwy fawrygu'r paradocsau sy'n ei nodweddu hi:

> Hawddamor, almonwydden:
> Dyrchafa'r Fflur i drechu gwawd a sen,
> Y goeden 'guddia'i chraith, y byrbwyll, bywiol bren (*ELC*, 10)

Y pren hwn, wrth gwrs, yw'r pren sy'n eisiau yn hanes bywyd y llanc a drodd yn efrydd o Lyn Cynon. Neu, a siarad ar ffurf delweddau, dyma'r pren y methodd y llanc yn lân â'i weld yng nghanol Coed Glyn Cynon.

* * *

Tri Dysgwr

Hwyrach bod Pennar yn rhoi cip i ni ar y berthynas gymhleth rhyngddo ef a'i gwm genedigol yn y nofel *Meibion Darogan*, pan fo Edryd yn sefyll ar ben y mynydd ac yn syllu'n freuddwydiol ar y cwm oddi tano:

> O'r diwedd yr oedd wedi cyrraedd pen y mynydd, a gallai weld Trewalwyn yr ochr draw heb golli golwg ar Flaenalun y tu cefn iddo. Yr oedd rhyw dynfa anghyffredin yn yr olwg ar y ddau gwm a'r rhesi mynyddoedd a warchaeai arnynt a hefyd, yr un mor bwerus, ar y strydoedd anwych a'r tipiau glo. Yr oedd copaon y mynyddoedd a ymestynnai y tu hwnt i'r rhesi agosaf yn ymguddio yn y tes hafaidd; gorweddai Cefn Coch a Thwyn Bola a Mynydd yr Adwy yn ddiog dan blancedi'r heulwen; ymdreiglai pentrefi Cwm mewn olyniaeth ddi-dor a diwahân i fyny ac i lawr o Drewalwyn; ac ar yr ochr arall fe ymlwybrai dilyniant tebyg o dreflannau tlawd a methiannus o Flaenalun i lawr hyd at Ynys Deg a Baileyville a'r tu hwnt. Yr oedd diwydiant wedi trin Cwm Berw dipyn yn arwach na Chwm Alun. Siaradai ambell un o bobl flaenllaw Berw braidd yn ddirmygus am gulni a dinodedd diarffordd Cwm Alun, ond cadwasai'r cwm llai dipyn o'i wyrddlesni cysefin. Ni allai Edryd lai na thybio fod rhyw glefyd marwol wedi cydio yn y llethrau a godai o hynt yr afon Berw; y clytiau o ddaear anial, garegog, ddifywyd, ynghanol hydoedd o laswellt melynaidd a golwg bron mor afiach arno ag ar y glaswellt a geisiai'n ofer oresgyn ambell dip glo. Nid oedd modd osgoi'r teimlad fod cymdeithas dyn yn y ddau gwm dan ddedfryd o farwolaeth hefyd. Ac eto cynhesai calon Edryd at y bryniau a'u cilfachau ac at y werin bobl a'u plant. Cynhesrwydd hiraethus ydoedd. Ag yntau'n syllu fe ymchwyddodd yn ei fynwes ryw newyn am gofleidio'r fro a'i brodorion, a rhyddhau a bywhau'r cyfan. Yn sydyn daeth syndod iddo o deimlo lleithder yn ei lygaid. Rhoes ei fysedd arnynt a cheisio gwenu ei hiraeth ymaith. Ai fel hyn y collasai Crist ddagrau wrth syllu ar Jerwsalem? A chwarddai Edryd am ei ben ei hun drachefn. (*MD*, 35)

'Edryd' ac 'efrydd': mae'r ddau air yn lled-odli, ac eto mae gwahaniaeth y byd rhyngddynt – neu'n hwyrach y gwahaniaeth rhwng dwy ffordd o ymateb i'r byd. A hwyrach mai yn sŵn y gynghanedd wamal, amherffaith, awgrymog hon y dylid ceisio darllen, a deall, bywyd a gwaith Pennar Davies, y crwt hynod, yr efrydydd athrylithgar a'r breuddwydiwr rhyfedd o Lyn Cynon.

Nodiadau

1. Cyhoeddwyd fersiwn cynharach o'r ysgrif hon yn Hywel Teifi Edwards (gol.), *Cwm Cynon* (Llandysul: Gwasg Gomer, 1997). Diolchir i Wasg Gomer am ganiatâd i'w chyhoeddi yn y gyfrol hon.
2. 'Cwm Rhymni', yn Dafydd Johnston (gol.), *The Complete Poems of Idris Davies* (Cardiff: University of Wales Press, 1994), t. 213. *CP* o hyn ymlaen.
3. 'On the Welsh Mountains', yn Cary Archard (gol.), *Alun Lewis: Collected Poems* (Llandysul: Gomer Press, 1994), tt. 178–9.
4. Pennar Davies, 'Yr Efrydd o Lyn Cynon', yn *Yr Efrydd o Lyn Cynon a Cherddi Eraill* (Llandybïe: Llyfrau'r Dryw, 1961), tt. 17–34. *ELC* o hyn ymlaen.
5. D. Gwenallt Jones, *Eples* (Llandysul: Gwasg Gomer, 1951), tt. 20–1.
6. 'The Cynon Woods', yn Meic Stephens (gol.), *Harri Webb: Collected Poems* (Llandysul: Gomer Press, 1995), tt. 213–14.
7. Am driniaeth ddiddorol o ddelwedd yr artist clwyfedig yn llên Eingl-Gymreig gweler John Pikoulis, 'The Wounded Bard: the Welsh novel in English; Lewis Jones, Glyn Jones, Emyr Humphreys', *New Welsh Review*, 26 (1994), 22–34.
8. 'Y Meirwon', *Eples*, 9–10.
9. *Tir Newydd*, 17 (Awst 1939), 6–7.
10. Meic Stephens (gol.), *Artists in Wales* (Llandysul: Gwasg Gomer, 1971), t. 122. *AW* o hyn ymlaen.
11. Pennar Davies, *Cudd fy Meiau: Dyddlyfr y Brawd o Radd Isel trwy'r flwyddyn* (Abertawe: Undeb yr Annibynwyr Cymraeg, 1955), t. 163. *CM* o hyn ymlaen.
12. Pennar Davies, *Meibion Darogan* (Llandybïe, 1971), t. 122. *MD* o hyn ymlaen.
13. Pennar Davies, *Gwas y Gwaredwr* (Abertawe: Gwasg John Penry, 1991). *GG* o hyn ymlaen.

7

Cennad Angen:
Barddoniaeth Waldo Williams

Mae Waldo Williams bellach wedi hen ennill ei blwy fel un sydd – o leiaf pan fo ar ei orau – yn un o awduron mwyaf yr ugeinfed ganrif yng Nghymru, un sy'n haeddu ei osod, er enghraifft, ochr yn ochr ag R. S. Thomas fel bardd crefyddol llachar o wreiddiol.[1] Ond ar ben hynny, y mae hefyd wedi cael ei drin fwyfwy yn ystod y degawdau diwethaf fel sant o berson, cenedlaetholwr eangfrydig, dyngarol, ac anwylyn – yn wir eilun – nid y Gymru Gymraeg yn unig ond hefyd grefyddwyr goleuedig ymhell y tu hwnt i Glawdd Offa.[2]

Popeth yn iawn. Mae'n bur debyg bod 'Waldo' (mae'n harfer ni o gyfeirio ato wrth ei enw bedydd yn ernes o'r cynhesrwydd a'r agosatrwydd a deimlwn tuag ato) yn wir haeddu cael ei werthfawrogi'n gariadus a'i gofio'n barchus yn y fath fodd. Yr oedd, yn amlwg ddigon, yn gymeriad cwbl unigryw, cyfuniad cyfareddol o'r egwyddorol, yr ystyfnig, y diniwed, y drygionus, y craff a'r breuddwydiol. Yr oedd yn fardd gwlad ac yn fardd bro heb ei ail ac eto ar yr un gwynt yn fardd hollgynhwysol, rhyngwladol ei gyrhaeddiad, cwbl ddi-ffin ei weledigaeth, a hael ei gydymdeimlad a'i ddychymyg. Gallai fod yn fydol o arallfydol, gan fynd ar ei union at graidd gwleidyddol a gwreiddiau cymdeithasol gormes, anghyfiawnder a thrais ar draws y gwledydd, a chan fynnu troi ei werthoedd yn weithredoedd hyd yn oed ar draul ei les ei hun.

Oedd, yr oedd felly yn ddi-os yn gwlwm anarferol o nodweddion – yn gymeriad cellweirus, yn enaid hynod hoffus a oedd hefyd yn wrthryfelwr arwrol o ddewr yn erbyn annynoldeb pob trefn wladwriaethol. Ond hyd yn ddiweddar diystyriwyd un wedd greiddiol arwyddocaol arall arno: yr oedd yn bersonoliaeth fregus, hynod gymhleth a chythryblus, a hynny at eigion a pherfeddion ei fod, ac efallai ei bod hi bellach yn bryd i ni sylwi ychydig yn fanylach ar y wedd honno arno, am mai yn y man dirgel hwnnw, hwyrach, y ceir hyd i'r gofidiau hunllefus a'r egni tywyll, rhyfedd, a esgorodd rywsut ar ei ganu gobeithiol, tangnefeddus o olau. Dylid pwysleisio'n syth ar y cychwyn mai'r bwriad wrth dwrio fel hyn i'r dwfn yw nid i danseilio a dryllio'r ddelwedd gyfarwydd ohono, ond yn hytrach i gael at y gweddau hynny ar ei fywyd a all gymhlethu, a thrwy hynny gyfoethogi, ein gwerthfawrogiad ni o'i ddoniau anghyffredin fel bardd, gan gynnig golwg adnewyddol inni ar gerddi sydd, erbyn hyn, mewn perygl o ymddangos yn dreuliedig am fod ein dull cyfarwydd ni o'u trafod yn bygwth cyfyngu ar eu mawredd.

At hynny, rhaid ychwanegu un sylw allweddol arall, sef nad oes fawr sy'n wreiddiol yn yr olwg ar y byd a'i ddynoliaeth a geir yng ngherddi Waldo Williams. Unwaith yn rhagor rhaid pwysleisio nad am fychanu'r weledigaeth ryddhaol, gyfareddol honno yr wyf. Ergyd fy sylw, yn hytrach, yw nad meddyliwr mo Waldo Williams yn y bôn – na phroffwyd o ran hynny. Bardd yw yn anad dim – ac yn ei gerddi ar eu gorau y ceir hyd i hynny o'i athrylith sydd bellach yn weddill inni. Y mae yn un o wir bendefigion y gair – cyfeiriodd Wallace Stevens at 'lords of language', ac y mae Waldo yntau yn sôn am 'arglwyddi iaith'. Ni ddylid ceisio gwahanu'i genadwri oddi wrth y cerddi sy'n ymgnawdoliad unigryw, gwyrthiol ohoni. Oherwydd os mynnwn wneud hynny, gan ddyrchafu'r 'neges' ar draul y geiriau, yna cawn mai'r un neges ydyw ag a bregethwyd yn barod gan nifer o Sosialwyr 'Iwtopaidd' ddiwedd y bedwaredd ganrif ar bymtheg a dechrau'r ugeinfed ganrif; neu gan lu o feirdd y traddodiad Rhamantaidd chwyldroadol, megis Blake, Shelley, Emerson, Whitman; neu gan feddylwyr dylanwadol cyfnod a fu megis Berdyaev. Dyma'r neges hefyd a arddelwyd gan dad Waldo, gan ei ewythr Gwiliamus, a chan y cylch o Sosialwyr 'blaengar' y perthynai'r ddau iddo yn ardal y Preseli. Ac at hyn oll, gellir ychwanegu, wrth gwrs, ffynonellau a ffactorau eraill megis yr unigolyddiaeth gadarn a gydiwyd wrth yr agosatrwydd cymunedol ym mro mebyd Waldo a roddasai fod i derfysg Rebecca a gweithredoedd tebyg o anufudd-dod sifil (*civil disobedience*) yn null Henry David Thoreau, un o arwyr Waldo Williams fel y gwyddom.

Mae hyn oll eisoes yn hysbys ddigon, gan fod cymaint o waith ymchwil gwerthfawr wedi ei wneud i gefndir teuluol, cymdeithasol ac addysgol Waldo.[3] Ond er mor werthfawr yr ymchwil hwnnw, fe fynnwn i mai eilbeth yw, os ydym am gael at 'wreiddyn bod' ei gerddi mawr. Oherwydd y cwestiwn sylfaenol i'w holi yn y cyswllt hwnnw yw sut, a pham, y gweddnewidiwyd yr holl elfennau digon cyffredin yn farddoniaeth fawr. Beth tybed oedd y grymoedd dirgel, cyfrin a ymrithiodd yn ddychymyg eirias ac yn eiriau mor ingol o gofiadwy? Ac awgrymwn i mai grymoedd yr isymwybod oedd y rheini – isymwybod lle y llechai o hyd, drwy gydol bywyd Waldo, atgofion afluniaidd, bygythiol o aflonydd, am rai o'i brofiadau bore oes.

Gan Alan Llwyd y ceir y cyfeiriadau mwyaf cyflawn, gonest o ddadlennol, at y profiadau hyn, a hynny yn ei gofiant diweddar.[4] Y nod yn y drafodaeth hon, felly, yw cymhwyso rhai o ddarganfyddiadau Alan at y pwrpas o rymuso'n gwerthfawrogiad o farddoniaeth Waldo Williams. Yn y cofiant newydd, datgelir, a hynny am y tro cyntaf, yr anhwylder meddwl trist a ddioddefai tad Waldo o'r cyfnod pan oedd y bachgen ond yn bedair blwydd oed hyd at y cyfnod pan ymgartrefodd y teulu ym Mynachlogddu. A hawdd iawn synhwyro'r ansefydlogrwydd gwaelodol difrifol a brofwyd ar yr aelwyd deuluol ar hyd y blynyddoedd tyngedfennol hynny yn hanes datblygiad ffurfiannol Waldo Williams. Fel hyn y crynhodd ef ei hun y sefyllfa flynyddoedd yn ddiweddarach: 'Pan oeddwn yn bedair, yn bump ac yn chwech oed, pryd y mae enaid y plentyn yn dod i berthynas iawn â'i rieni, bu fy nhad, fel y dywedai fy mam ar ôl hynny, ar fin gwallgofrwydd gan ddolur nerfau.' (*CWW*, 44) Y mae un digwyddiad cynnar iawn yn arbennig yn natblygiad y bachgennyn yn sicr o aros yng nghof darllenydd a'i gythryblu ar ôl darllen cofiant Alan Llwyd. Ac yntau o gwmpas pedair blwydd oed, dyma'r Waldo bach yn cael ei ddeffro ym mherfeddion nos gan ei dad, 'a'i lygaid gwallgof o fewn troedfedd i'm llygaid i â mi'n dihuno.' (*CWW*, 45) Dyna gychwyn cyfnod hunllefus yn hanes y teulu, cyfnod pan gysgodwyd bywyd Waldo gan yr ofn y byddai ei dad, yn ei anhwylder meddwl, yn cefnu ar ei deulu'n ddisymwth, ac arswydwyd y crwt yn fwy byth gan y sylweddoliad euog pellach fod rhan ohono yn mawr ddymuno i hynny ddigwydd. Ymhen hir a hwyr cyfaddefodd ei fod wedi treulio oriau yn y cyfnod hunllefus hwnnw yn clustfeinio'n llechwraidd ar ymgom ei rieni gyda'r nos yn y gobaith o gael hyd i dawelwch meddwl. Ymhellach, gwrthodai adael y tŷ, rhag ofn y byddai ei dad yn ymosod ar ei fam. Mynnai 'lercian obiti'r tŷ i fynd i mewn i amddiffyn fy mam, os byddai raid.' (*CWW*, 45) Ac ar hyd yr adeg, arferai ei dad ei gyhuddo'n gwbl afresymol o droseddau amhendant ac annelwig.

Nid yw'n syndod o gwbl, felly, i Waldo ei hun brofi blwyddyn gyfan o anhwylder meddwl pur ddifrifol ddeng mlynedd ar hugain yn ddiweddarach, yn dilyn marwolaeth ei dad a'i fam. Cafodd loches a thriniaeth yn ysbyty'r meddwl yn yr Eglwys Newydd, Caerdydd, ac ymhen y rhawg cydnabu un o'r meddygon yno fod y claf wedi dioddef uffern o amser pan oedd yn blentyn, 'ac yr oedd ei lygaid yn ddagrau wrth ddweyd', meddai Waldo wrth E. Llwyd Williams (*CWW*, 166). Nid yw'n syndod, felly, fod Waldo'r oedolyn wedi gwrthod yn llwyr gydnabod y darlun cyfarwydd o

Dduw fel Tad, a'i fod wedi cynhesu'n hytrach at y profiad o'r Duwdod fel presenoldeb mewnol, dirgel, personol, cyfrin. Fel yr esboniodd yn gyfrinachol wrth ei gyfaill, 'trwy ymddiriedaeth yn ei dad y mae plentyn yn dysgu ymddiriedaeth yn Nuw. Chwalwyd y broses hon i raddau, ac nid trwy rym yr ewyllys y mae e[i] rhoddi'n ôl.' (*CWW*, 45) Ac wrth gwrs, nid oedd gan Waldo ddim i'w ddweud wrth ddiwinyddiaeth draddodiadol 'Yr Iawn', gyda'i darlun o Dduw fel 'Tad' dicllon nad oedd modd i'w blant pechadurus, euog gymodi ag ef ond drwy aberth gwaed y croeshoeliad. Da y nododd D. J. Williams mewn dyddiadur: 'Mae'r cyfan hyn yn rhan o brofiad a phersonoliaeth Waldo, a rhaid cofio pethau fel hyn yn wastad wrth geisio ei ddeall ef a'i waith.' (*CWW*, 166)

Hyd y gwelaf, treiddiodd profiadau hunllefus bore oes Waldo hyd at fêr ei fod, gan hydreiddio ei ddychymyg fel bardd. Pa syndod felly fod yn gas ganddo drais o bob math, ac i'r atgasedd gwaelodol hwnnw ei wneud yn basiffist angerddol o ddwys? Pa syndod hefyd fod arswyd arno gael ei reoli gan unrhyw un arall, a'i fod yn benstiff o unigolyddol ac yn mynnu torri ei gŵys unig ei hun – annibyniaeth barn amdani, a hynny i'r eithaf. Cafodd hyd yn oed ei ffrind mwyaf mynwesol, D. J. Williams, ei bod hi'n gwbl amhosibl cael trefn ar Waldo. A chan fod ei fam wedi bod yn rhywfaint o amddiffyn iddo rhag gorffwylltra ei dad, nid yw'n syndod ei fod yn dueddol o ddelfrydu'r benywaidd gydol oes, na'i fod ar un olwg wedi parhau i ymddwyn fel plentyn diniwed ar hyd ei fywyd, gan ei chael hi'n haws closio at blant nag at oedolion. Dyna un o'r nodweddion y mae'n arfer bellach i seiciatryddion heddiw eu priodoli i'r profiad o gael eich camdrin fel plentyn, ac un o ganlyniadau arhosol arall y profiad trawmatig hwnnw yw bod system nerfol y dioddefwr ifanc yn debygol o gael ei atal rhag aeddfedu'n iawn gan olygu ei fod yn parhau ar hyd ei fywyd i ymateb i'w amgylchedd mewn modd gorsensitif. O'r hyn a adroddir amdano, yr oedd Waldo yn anarferol o groendenau, ond er i hynny fod yn artaith bersonol iddo, mae'n siŵr, mae'n bur bosibl ei fod hefyd yn gaffaeliad iddo fel bardd.

Dyfalwn fod y profiad cynnar o'r tyndra cyson a'r rhwygiadau difrifol ar yr aelwyd wedi cyfrannu'n ddwys ac yn helaeth at freuddwyd arhosol Waldo'r bardd am gyfannu; bod ei brofiad o gael ei glwyfo'n ddifrifol yn seicolegol wedi magu ynddo awydd eneidiol dwfn am iachâd; a bod ei brofiad cynnar o wrthdaro dinistriol oddi mewn i'r teulu wrth wraidd ei ddyhead am gymodi heddychlon rhwng pobloedd byd. Ymhellach, cyfeiriai'r meddygon yn ysbyty'r meddwl Eglwys Newydd yn gyson at yr ymdeimlad lloriol a chwbl afresymol o euogrwydd personol a gyniweiriai meddwl Waldo, felly nid yw'n syndod ei fod wedi treulio'r rhan helaeth o'i fywyd yn ysgwyddo beichiau moesol mwyaf arswydus y byd – y cyfrifoldeb, megis, am yr Ail Ryfel Byd, am Ryfel Corea, am gyflwr gresynus yr iaith Gymraeg, am gyflwr truenus Cymru, ac yn wir am gyflwr ysbrydol enbyd y ddynoliaeth gyfan. Hwyrach yn wir i'w safiadau dewr, ei brotestiadau arwrol, a'i gerddi digymar fod yn fodd iddo liniaru rhyw gymaint, o leiaf, boen ei euogrwydd personol gwaelodol. Ac yr oedd angerdd brawychus yr euogrwydd hwnnw yn agoriad llygaid hyd yn oed i feddygon profiadol yr Eglwys Newydd, a gydnabu eu bod heb ddod ar draws enghraifft gynddrwg o ofid dirfodol cwbl anghyfesur – eu term nhw i'w ddisgrifio oedd *anxiety neurosis*, a'u barn oedd mai Waldo oedd 'y cês mwyaf eithafol yn y wlad.' (*CWW*, 166)

Yn y cyswllt hwn, gall fod syniadau Freud am yr *unheimlich* o werth inni. Cyfeiria'r term at y profiad o gael ein haflonyddu a'n hansefydlogi wrth i'r hyn sy'n hynod gyfarwydd inni (yr *heimlich*) droi'n ddisymwth yn anghyfarwydd, gan achosi i'r cysefin ymrithio o flaen ein llygaid yn hunllefus o anghysefin. Dyma'r profiad o ymddieithrio sydd, yn fy nhyb i, wrth wraidd gweledigaethau mwyaf cyfrin Waldo y bardd, a gellir ei briodoli'n rhannol, o leiaf, i'w brofiad ffurfiannol o'r aelwyd deuluol gynhaliol o gysurus yn cael ei gweddnewid yn hollol annisgwyl, gan droi'n garchar tywyll, bygythiol, gormesol. A chan i hynny ddigwydd yn ei hanes pan oedd ego'r bachgen bach yn dal yn fregus iawn, ataliwyd yr ego hwnnw rhag datblygu'r cyflawnder hydwyth, hyderus sy'n nodweddu'r oedolyn aeddfed a'r sicrwydd cyfatebol bod iddo ei le priodol yn ei amgylchfyd. Ond ar yr un gwynt, bendithiwyd Waldo gan yr ataliadau a'r anableddau hyn â'r gallu cynhenid i synhwyro, ymhell y tu hwnt i'r cyffredin, nad oes gan y ddynoliaeth droedle 'naturiol', gadarn yn y bydysawd o gwbl ac mai hunan-dwyll yr ego meidrol cyfeiliornus o hunandybus yw pob cred i'r gwrthwyneb. Estroniaid ydym i gyd, bodau sy'n anghaffael hyd yn oed i ni ein hunain, a bodolaethau diflanedig sydd wedi'n gwreiddio yn y dirgelwch cyfrin eithaf hwnnw y medrwn ei synhwyro ond ar adegau prin iawn – yr adegau hynny a nodir yn rhai o gerddi mwyaf, a mwyaf rhyfedd, Waldo Williams.

Ac mae'n werth inni fentro camu ychydig ymhellach ar hyd y llwybr dadansoddol hwn. Ar ôl iddo ddioddef afiechyd meddyliol am sawl blwyddyn, dechreuodd tad Waldo araf adennill ei lawn bwyll, er iddo barhau gweddill ei ddyddiau i ddioddef cyfnodau o iselder difrifol. O dipyn i beth, dechreuodd y Waldo bach yntau sylweddoli nad oedd ei dad cyffredin, 'normal', wedi diflannu o'r golwg wedi'r cyfan, ond ei fod wedi bod yno ynghudd ar hyd yr adeg, megis, o dan wyneb y gorffwylltra erchyll. Ac onid dyna hanfod gweledigaeth Waldo'r bardd hefyd o gyflwr y ddynoliaeth? Yn ei dyb gadarn ef, ni fedrai'r holl fudreddi ysbrydol a'r gorffwylltra moesol fyth ddileu'r gwir creiddiol amdani – sef ei bod wedi ei gwreiddio'n ddwfn ac yn gadarn ym myd cyfrin yr ysbryd, a bod hedyn y goleuni dwyfol yn dal i lechu ym mherfeddion bod yr unigolyn mwyaf gwrthun. Un o brif swyddogaethau barddoniaeth, ym marn Waldo, oedd datgelu presenoldeb y goleuni mewnol hwnnw.

A chan mai'r union adeg y symudodd y teulu i fyw ym Mynachlog-ddu y dechreuodd ei dad adfer ei iechyd, nid yw'n syndod bod Waldo yn ystyried yr ardal honno yn ardal wyrthiol o fendithiol a bod yr iaith 'newydd' y cychwynodd ei dysgu ar ôl iddo ymgartrefu yno wedi ei gyfareddu'n llwyr am ei bod yn ymddangos bod ganddi'r gallu i greu ac i gynnal cwlwm perthyn cymunedol a hwnnw'n ddibynadwy, ac yn groesawgar. Yr iaith Gymraeg, hefyd, a roddodd fynediad arbennig iddo i harddwch bro hynafol y Preseli, bro a brofodd yn famaeth i'w ddychymyg. Yn wir, yn ei gerdd serch i'r iaith y mae'n ei thrin fel petai hi'n ddarn o fyd natur ei hun:

> Dwysach wyt ti na'r hwyrddydd hir
> A llonnach nag aderyn cerdd;
> Glanach dy gorff na'r gornant glir,
> Ystwythach na'r helygen werdd.[5]

Ac ymhellach, pwysleisia mai'r iaith honno a fu'n fodd ac yn gyfrwng iddo ymgydnabod â byd natur yn ei gyflawnder: 'A chlywaf wrth gusanu'th fin / Benllanw afiaith popeth byw.' (WWC, 11)

Mae'n bur debyg, yn wir, i Waldo ffoi ar y cychwyn o ansicrwydd aelwyd y teulu a chael hyd i noddfa gynhaliol yng nghaeau a bryniau'r wlad o amgylch Mynachlog-ddu ac yng nghymdeithas glòs y dreflan wledig. Cafodd Wordsworth fagwraeth gyfatebol gan fyd natur yn Ardal y Llynnoedd ar ôl iddo yntau gael ei amddifadu'n ifanc, ac felly nid yw'n syndod i Waldo ymserchu ym marddoniaeth y Sais ar ôl iddo gychwyn ei hastudio yng ngholeg prifysgol Aberystwyth. Y mae un dyfaliad pellach hefyd yn taro dyn. Fel y gwyddys, ym Mynachlog-ddu y cyflwynwyd Waldo i'r iaith Gymraeg, a thybed a fu hynny'n ddihangfa seicolegol allweddol iddo? Wedi'r cyfan, Saesneg oedd iaith yr aelwyd. Felly, gall fod darganfod yr iaith Gymraeg wedi bod yn fodd i'r Waldo ifanc ddianc i fyd arall nad oedd yn ei gysylltu â'r aelwyd nac â'r teulu. Rhoddodd yr iaith Gymraeg fodd i fyw iddo, gan gynnig ailenedigaeth o fath arbennig:

> Pan oeddwn blentyn seithmlwydd oed
> Dy lais a dorrodd ar fy nghlyw;

Tri Dysgwr

> Fe lamaist ataf, ysgafn-droed,
> Ac wele, deuthum innau'n fyw. (*WWC*, 11)

I Waldo, cyfaredd arbennig yr iaith Gymraeg oedd ei synwyrusrwydd ac mae hynny'n aml yn nodwedd ar y sawl sy'n barddoni mewn iaith nad yw'n famiaith – er mai'r Gymraeg oedd *mamiaith awen a dychymyg* Waldo yn ddi-os, cymharer ei gerddi mawr digymar yn yr iaith honno â'i ymdrechion ystrydebol, llipa yn yr iaith fain:

> Where bracken glows in autumn
> And thistledown falls like a dew,
> Lies a glade in a Pembrokeshire woodland
> And a red lane threading through. (*WWC*, 427)

Ie, wel... Ac y mae ei ymateb anarferol o hydeiml i'r Gymraeg i'w briodoli'n rhannol, mi gredaf, i'r modd y bu'n rhaid iddo ganolbwyntio'n fanwl ar ei geirfa a'i chystrawen a'i theithi pan oedd yn ei hamsugno i grombil ei isymwybod. A dwysawyd y profiad o ddysgu, mae'n siŵr, os cywir fy nyfaliad bod yr iaith 'estron' hon yn cynnig gollyngdod iddo. Ni thalwyd digon o sylw hyd yn hyn i'r ffaith seml, foel, greiddiol mai dysgu'r iaith Gymraeg a wnaeth Waldo. Dysgwr ydoedd, a gallai fod yn werth chweil inni gymharu ei gynnyrch â barddoniaeth dysgwyr disglair eraill, megis Alun Llywelyn-Williams, Pennar Davies a Bobi Jones (a ddaeth yn gyfaill agos iddo).

Hwyrach mai yn y cymhleth brofiadau hyn y gwreiddiwyd cariad angerddol Waldo at yr iaith ynghyd â'r argyhoeddiad bod perthynas gyfrin, unigryw, rhyngddi hi a thirwedd hynafol hudolus y Preseli. Cofiwn, er enghraifft, am y datganiad gorfoleddus: 'Dyma'r mynyddoedd. Ni fedr ond un iaith eu codi / A'u rhoi yn eu rhyddid yn erbyn wybren cân.' (*WWC*, 321) Ond cofiwn hefyd am y llinellau ingol o bryderus yn ei gerdd 'Yr Heniaith':

> Ni sylwem arni. Hi oedd y goleuni, heb liw.
> Ni sylwem arni, yr awyr a ddaliai'r arogl
> I'n ffroenau. Dwfr ein genau, goleuni blas.
> Ni chlywem ei breichiau am ei bro ddiberygl;
> Ond mae tir ni ddring ehedydd yn ôl i'w nen,
> Rhyw ddoe dihiraeth a'u gwahanodd.
> Hyn yw gaeaf cenedl, y galon oer
> Heb wybod colli ei phum llawenydd. (*WWC*, 325)

Dro ar ôl tro, hefyd, ceir Waldo yn cyfeirio at hynafiaeth y tir, ac mae'n ddiddorol sylwi mai'r ddelwedd rymusaf a fathodd i ddisgrifio'r cwlwm rhwng y presennol a'r gorffennol hen yn y cyswllt hwnnw oedd, wrth gwrs, 'cadw tŷ / mewn cwmwl tystion.' (*WWC*, 297) Ar hyd ei fywyd, awgrymwn i ei bod hi'n haws o lawer i Waldo synied am ei berthynas â'r iaith, ac â'r Preseli ('tŷ teilwng i'w dehonglreg!', *WWC*, 330), ac â'r genedl Gymraeg, ac yn wir â 'hen deulu dyn', fel tŷ na meddwl yn gariadus am dŷ yng nghyswllt ei deulu a'i dylwyth ef ei hun. Ac eithrio ei gerddi i Linda, ni cheir yr un gerdd ganddo sy'n dathlu cartref ei deulu ef ei hun, hyd y gwelaf. Tinc hiraethus, felly, sydd i'w glywed yn y gerdd 'Yn y Tŷ', lle mae'n canmol aelwyd glyd, gynnes, gynhaliol ei gyfaill D. J. Williams: 'Yn y tŷ mae calon cwm; / Yn y tŷ diffeithia'r ffenestr.' (*WWC*, 282)

Hwyrach bod angen pwysleisio unwaith yn rhagor nad yw'n fwriad gennyf, wrth grybwyll hyn oll, danseilio dawn lachar Waldo Williams fel bardd, nac amau diffuantrwydd a threiddgarwch ei weledigaeth ysbrydoledig. Ceisio dwyn sylw yn unig yr wyf at y grymoedd tywyll, cythryblus a dröwyd, drwy wyrth ei fywyd, athrylith ei ddychymyg, a mynegiant ei gerddi, yn oleuni rhyfedd. A mentrwn fynd gam ymhellach eto, ac awgrymu y gall ein cydnabyddiaeth lawn ni o'i helbulon meddyliol enbyd atgyfnerthu ein gwerthfawrogiad, a'n hedmygedd, o'i gredo ac o'i gân. Mae'n haws inni gydnabod hygrededd gweledigaeth arbennig Waldo ar ôl llawn sylweddoli bod y weledigaeth obeithiol honno wedi ei phrofi'n arswydus o drylwyr gan brofiadau mawr ei fywyd mewnol. Codi o dywyllwch pygddu ei ddryswch meddwl wnaeth ei farddoniaeth gadarnhaol, ymryddhaol.

Ac yn wir, ceir gan Waldo nifer o gerddi'r tywyllwch nad yw'n arfer gennym dalu llawer o sylw iddynt. Cynnyrch ei wangalondid eithaf yw'r rhain, ac maent yn cyfateb yn eu cywair lleddf i nifer o gerddi mwyaf y beirdd Rhamantaidd Saesneg yr ymhyfrydai Waldo ynddynt – y 'Dejection Odes', fel y'u disgrifir. Un o'r mwyaf alaethus ohonynt yw 'Y Plant Marw' – cerdd sydd cystal â chyfaddef nad yw hi'n bosibl barddoni am y fath destun erchyll. Amlinellir cyd-destun yr 'wrth-gân' hon gan Robert Rhys ac Alan Llwyd. Maent yn ei chyfosod hi â darn o'r llythyr a yrrwyd gan Waldo at y *Western Telegraph* (11 Ionawr 1940): 'Yet is not the Navy today mainly concerned with starving to death such children as these in the villages of Bavaria, Saxony, Prussia?' (*WWC*, 606) Ac at hyn cyfeirir ein sylw gan y golygyddion at ddatganiad dewr Waldo gerbron tribiwnlys Caerfyrddin flwyddyn yn ddiweddarach: 'modern warfare, and blockade in particular, I consider detestable, for it takes the bread out of the mouths of children, and starves to death the innocence [ynteu 'innocents', tybed?] of the world.' (*WWC*, 606) O'r dechrau, ceir yn y gerdd gyfeiriadau beiblaidd adnabyddus, a chlywir tinc marwnadu'r salmau a'r proffwydi yn y canu drwyddo. Ond mae'r gerdd yn cyson gloffi drwyddi, ac erbyn y diwedd yr hyn a fynegir gan y rhethregu carbwl, gwag yw diymadferthedd Waldo'r bardd yn wyneb y fath erchyllter:

> Dyma gyrff y plant. Gwyn a du a melyn. Mae myrdd.
> Llithra'r cawr gorffwyll yn sarffaidd heb si i bob gwlad.
> Lle tery ei oerdorch ef rhed syndod trwy'r awyr.
> O, gan bwy cafodd hwn hawl ar y ddaear werdd?
> Gan seren pob gwallgof, lloer y lloerig: 'Rhaid! Rhaid!'
> Gwae pawb sydd yn ffaglu'r seren sy'n damnio'r ddaear. (*WWC*, 311)

Ac o ddwyn i gof brofiadau Waldo yn grwt bach, pa syndod ei fod yn cael ei glwyfo i'r byw gan y sylweddoliad mai plant diniwed, di-rym, yw dioddefwyr pennaf pob cyflafan?

Llethwyd Waldo, ar gychwyn yr Ail Ryfel Byd, gan ymdeimlad o anobaith chwerw, a lleisir hynny'n bur rymus yn rhan agoriadol y gerdd 'O Bridd', lle clywir llais dirmygus y ddaear yn gwawdio'r ddynoliaeth drwy ei hatgoffa ei bod hithau hefyd yn cael ei rheoli'n llwyr gan ddeddf Darwin sy'n gwarantu goroesiad y cymhwysaf:

> Ho, Frawd,
> Fy mrawd yn y pydew gwaed
> Yn sugno'r wich trwy'r war…
> A phwy yw hon sy'n lladd
> Eu hadar yn nwfn y gwrych,
> Yn taflu i'r baw'r pluf blwydd
> I'w gwatwar ag amdo gwrych? (*WWC*, 314)

Yr unig waredigaeth i ddyn rhag yr hunllef hon yw ffoi i 'ddiffeithwch oer' ynys bellennig Kerguelen, man sydd megis 'heb wneuthur na drwg na da', a mangre sy'n burfa rewllyd a all baratoi'r enaid i gyfarfod y Duwdod.

Mynegir yr un ymdeimlad terfynol, nihilyddol yng ngherdd Waldo i'r bom atomig, cerdd a gyhoeddwyd chwap wedi ffrwydrad Hiroshima (6 Awst 1945). Prin y gwyddai Waldo bryd hynny, mae'n siŵr, mai 'Little Boy' oedd yr enw cudd ar y bom hwnnw, ond mae'n gweddu i'r dim i'w brofiadau cynnar ef ei hun. A phrin hefyd fod Waldo eisoes wedi clywed am ddyfyniad hanesyddol Robert Oppenheimer o'r *Bhagavad-Gita* pan wyliodd y bom yn cael ei brofi am y tro cyntaf erioed: 'Now, I am become Death, the destroyer of worlds.' Ac eto, ceir ynganiad eithriadol debyg yn syth ar gychwyn y gerdd: 'Chwalwr i'r Chwalwr wyf. / Mae'r Codwm yn fy nghodwm.' (*WWC*, 316) Y mae'r ail frawddeg honno hefyd, gyda llaw, yn hynod debyg i sylw cofiadwy arall gan Oppenheimer: 'In some sort of crude sense which no vulgarity, no humor, no overstatement can quite extinguish, the physicists have known sin; and this is a knowledge which they cannot lose.'

Mae'n werth nodi bod Waldo yn rhoi'r pwyslais, wrth i'w gerdd ddatblygu, ar y modd y bu i'r broses o lunio'r bom ddad-ddynoli dyn i bob pwrpas, drwy chwalu undod corff a meddwl ac enaid, a thrwy ddatod pob cwlwm yn ein cyfansoddiad dynol. 'Cynllunia fi, ymennydd noeth. / Gwnewch fi, dim-ond-dwylo, / Dim-ond-ystwythder ifanc, / Caria fi yno.' (*WWC*, 316) Datodwr 'cwlwm calon' yw'r bom, nes erbyn y diwedd fod y cwlwm sy'n cydio cariad wrth angerdd a rhywioldeb hefyd wedi ei ddatod, gan adael dyn yn gaeth i feddwdod marwol 'ecstasi angau'. Y mae 'Cân Bom' ar ei hyd, felly, yn gerdd serch wyrdroëdig a fedrai gymryd ei lle yn gyfforddus yng nghyfrol orfoleddus o nihilyddol Ted Hughes, *Crow*.

Fel y crybwyllwyd eisoes, ymddengys i mi fod dolen gyswllt ddadlennol rhwng y canu du yma a phrofiadau trist Waldo yn fachgen ifanc iawn, ond manteisir ar y cysylltiad hwnnw mewn modd llawer mwy ffrwythlon o greadigol yn rhai o'i gerddi gorau, a'i gynnyrch mwyaf 'cyfriniol'. Un enghraifft amlwg a ddaw yn syth i'r meddwl yw 'Cwmwl Haf'. Mae'n dwyn i'r cof brofiad gweddnewidiol Waldo o ymgartrefu ym Mynachlog-ddu am y tro cyntaf, yn syth yn dilyn blynyddoedd erchyll dioddefaint ei dad. Nid oes gennyf amheuaeth o gwbl mai cerdd 'gyfriniol' yw hon yn y bôn, fel yr esboniwyd eisoes gan liaws o ddehonglwyr medrus, a'i bod yn ymwneud yn waelodol â sylweddoliad Waldo fod ei fodolaeth wedi ei wreiddio mewn realiti cwbl estron, an-nynol, anghaffael, y tu hwnt i ofod ac amser ac wrth gwrs ymhell y tu hwnt i eiriau – rhaid nodi fod y cwmwl 'anymwybod' (*the cloud of unknowing*) sy'n traflyncu Waldo yn ei daro oddi ar 'rhaffau cerdd'. Dod wyneb yn wyneb y mae â'r 'Duw unig' a ddisgrifiwyd yn gofiadwy ganddo mewn cerdd arall:

> Heb neb ond ein hunain noethion
> Cyrhaeddwn dy greigle ban...
> Ac yn yr unigrwydd dihenydd
> Fe ddyry i luoedd y byd
> Yr hen weledigaeth ysblennydd
> A'u tyn hwy ynghyd. (*WWC*, 115)

Ac eto, yn syth o gychwyn y gerdd ceir awgrym sy'n amodi'r pwyslais ar y mudandod eithaf – sef yr awgrym bod gan eiriau'r gallu dirgel, cyfrin i'n tywys ni (yng ngofal 'arglwyddi geiriau' fel y cywyddwyr mawr) o leiaf hyd at drothwy'r dirgelwch dileferydd. Ac ymhellach, cydnabyddir yn orfoleddus allu defodol geiriau i arddangos ac i ddathlu urddas a chyflawnder holl ogoniannau'r cread.

Ond yn hytrach na dilyn y llwybr cyfarwydd hwn ymhellach, hoffwn gamu ychydig o'r neilltu a chynnig darlleniad gwahanol, croes, sydd yn cydio'r gerdd wrth y profiadau cynnar tyngedfennol yn hanes datblygiad y bardd. Oherwydd yr hyn sy'n fy nharo i yw'r modd y dethlir, ar gychwyn 'Cwmwl Haf', brofiad Waldo pan oedd yn fachgen o gael ei gyffroi gan dirwedd iachaol Mynachlog-ddu, lle'r oedd gwlith Eden ar bob blodyn a changen, ac ymlwybrai'r gwartheg yn hamddenol tua'u godro gyda'r nos â'u cadeiriau'n ffrwythlon lwythog. Yno medrai Waldo ymlacio am y tro cyntaf, gan wybod i sicrwydd mai 'ymhob tywydd diogelwch oedd y tywydd, / Caredigrwydd oedd y tŷ.' Nid felly y buasai o'r blaen yn ei hanes byr, wrth gwrs, cyn i'r teulu symud i'r fro hudolus wyrthiol hon.

Ond yna, aflonyddir ar y darlun paradwysaidd hwn gan gyrhaeddiad cwbl annisgwyl y cwmwl haf, a ddaeth fel 'ysbryd cawr mawr' gan lwyr danseilio'r sicrwydd newydd hwn yn hanes y crwt. Tybed ai cyd-ddigwyddiad yw mai gwrywaidd yw'r ddelwedd a ddefnyddir i ddisgrifio'r presenoldeb newydd bygythiol, aflonyddol hwn? A thybed, hefyd, ai damwain ydyw mai dyfodiad ei fam, ac nid ei dad, sy'n dwyn cysur iddo gan ei alluogi i ailgyfannu ei fyd ac i ymddiried unwaith yn rhagor yn 'niogelwch' newydd y cartref?[6] Eiddo ei fam yw'r gegin, a'r sylweddoliad hwnnw sy'n adfer sicrwydd Waldo ac yn ei ddwyn yn ei ôl at ei goed:

> Ac O, cyn cyrraedd drws y cefn,
> Sŵn adeiladu daear newydd a nefoedd newydd
> Ar lawr y gegin oedd clocs mam i mi. (*WWC*, 276)

Mae hefyd yn werth inni sylweddoli, debygwn i, ar yr awgrym bod yna gynghanedd gudd gynnil o awgrymog rhwng 'sŵn' a rhythm y clocs ar lawr y gegin a sŵn geiriau a rhythm barddoniaeth – wedi'r cyfan yr hyn a ddychrynodd Waldo fwyaf oedd y sylweddoliad a ddaeth yn sgil y cwmwl haf ei fod wyneb yn wyneb â'r mudandod eithaf a'i fod ef ei hun o'r herwydd wedi ei fwrw'n segur a'i adael yn ddiymadferth o fud.

Hynny yw, ceir awgrym ar ddiwedd y gerdd o'r hyn a olygai i Waldo fod yn fardd – yr oedd gwedd warchodol, achubol ar y swyddogaeth aruchel honno yn ei brofiad ef. Yr oedd barddoni hefyd yn cynnig iddo sicrwydd pellach, gan ei fod yn ei alluogi i ymgartrefu ymhlith beirdd yr oesoedd – gwir gartref Waldo oedd nid unrhyw dŷ cyffredin (fel y gwyddys, yr oedd yn grwydryn aflonydd, digartref i bob pwrpas, ar hyd ei fywyd) ond yn hytrach neuadd hynafol fawr barddoniaeth ei hun. Yno, yng nghwmni 'arglwyddi geiriau' medrai ymgydnabod hyd yn oed â'r gorffennol pell a deall bod iddo yntau ei le 'yn y tŷ sydd allan ymhob tywydd'. Mae'n ymadrodd rhyfedd sy'n troi'r ddelwedd gyffredin o dŷ fel noddfa rhag pob tywydd ben i waered yn llwyr. A dyfalwn i fod yma atgof o brofiadau cynnar Waldo o'r tŷ fel lle caethiwus, brawychus. Felly, yr hyn a gawn ganddo ef, yw'r freuddwyd am dŷ sy'n groesawus o benagored i'r bydysawd cyfan – tŷ yn wir sydd ei hun yn ddarn o'r bydysawd hwnnw.

Gan gadw'r dehongliad anghonfensiynol hwn o 'Cwmwl Haf' mewn cof, trown nesaf at un o gerddi hyfrytaf Waldo – cerdd sy'n siŵr o fod ymhlith y cerddi serch gorau (a mwyaf rhyfedd) a gynhyrchwyd erioed yn y Gymraeg. Mae'n tebygu i *epithalamium*, sef cerdd sy'n dathlu priodas drwy gyfarch y briodferch, yn yr achos hwn wrth iddi fentro i'w chartref newydd yng nghwmni ei chymar. Ac y mae cymlethodd eithriadol ryfedd y mynegiant yn syth o'r cychwyn cyntaf yn gyson â'r hyn a nodwyd eisoes am gymlethdod dyrys syniadaeth Waldo am 'dŷ', a 'chartref' ac 'aelwyd.'

> Oherwydd ein dyfod i'r ystafell dawel,
> Yn yr ogof ddiamser yr oedd,
> A'n myned allan i fanfrig gwreiddiau
> Ac i afalau perllannoedd.
> A'n myned allan drwy'r wythïen dywyll
> I oleuni yr aelwydydd
> A mi'n dilyn y galon gynnes
> Seren fy nos a rhin fy nydd.

Mae'r cystrawennu tywyll yn bwrw'r darllenydd oddi ar ei echel yn syth bin. Beth yn union yw ystyr y cyfan? Beth yw rhediad y mynegiant? Pam y cymalau digyswllt a'r brawddegu carbwl? Awgrymwn i mai ymdrech ydyw i ymgorffori, hyd y bo modd, holl ryfeddod y profiad cyfrin, arallfydol o serch sy'n ein gweddnewid ni'n lân drwy ein tywys ni ymhell y tu hwnt i drefn arferol ein bywydau. Mae'n drysu'n synhwyrau a'n meddyliau ni'n llwyr nes ei gwneud hi'n amhosibl inni leoli'n hunain o gwbl yn y cyfarwydd bellach. Mae'r dryswch yn cychwyn gyda'r defnydd od yna o 'Oherwydd', sy'n ei gwneud hi'n glir bod popeth dilynol yn llwyr ddibynnol ar y gair hwnnw, ac ar y weithred y mae'n ei harwyddo, sef 'ein dyfod i'r ystafell dawel'. A hyd yn oed yn y cymal hwn, y mae Waldo yn ein synnu drwy ddefnyddio berfenw ('dyfod') yn hytrach nag enw ('dyfodiad'), sy'n golygu bod y weithred o ddyfod yn benagored o barhaol yn hytrach nag yn un weithred orffenedig. Hynny yw, yr hyn a bwysleisir ar hyd yr adeg yw'r broses ddeinamig a fu, ac sy'n dal i fod, mor weddnewidiol yn hanes personol Waldo. A beth yw'r broses honno? Y broses o garu Linda, a'r profiad arhosol (neu'n hytrach y cyflwr adnewyddol) o fod yn gymar ac yn ŵr iddi. Cerdd am newid byd yn llwyr yw'r gerdd hon, felly, a sôn y mae am ailenedigaeth i fydysawd cariad ac i fywyd gwyrthiol o wahanol. Ac awgrymir yn gryf ymhellach mai menter ar ran y ddau oedd cymryd y cam hwn i'r annirnad – ei fod wedi golygu 'myned allan drwy'r wythïen dywyll' – ac mai *oherwydd* iddynt gymryd y cam peryglus hwnnw y bu iddynt gyrraedd byd newydd y tu hwnt i reolau gramadeg ac i gaethiwed amser. Awgrymir ymhellach fod y fenter hon yn un barhaus ('dyfod' ydyw ac nid un 'dyfodiad' unwaith ac am byth). Dyfod a wnaethant, a dyfod y maent yn barhaol tra'u bod yn cyd-garu, i Afallon o fyd, gyda'i gnwd ffrwythlon o afalau, a chyrraedd a wnaethant / y maent 'oleuni aelwydydd' – ymadrodd sy'n awgrymu i mi fod Waldo o'r diwedd yn medru credu am y tro cyntaf y medrai aelwyd deulol fod yn gartref y goleuni yn hytrach nag yn ffau'r tywyllwch. I Linda yr oedd y diolch am hynny, am ei waredu o hunllefau duaf ei hanes cynnar.

Mae'n debyg bod Linda, ar ôl iddynt briodi, wedi mynnu prynu llenni *blackout* a oedd mor drwchus nes bod Waldo yn achwyn eu bod yn troi'r ystafell yn ogof, a chyfeiriad cariadus at hynny, mi gredaf, sy'n ymhlyg yn y cyfeiriad at drigo yn 'yr ogof ddiamser' sydd hefyd yn groth holl ryfeddod ffrwythlon y cread. Y drigfan gyfrin honno sy'n eu galluogi i 'fyned allan i fanfrig gwreiddiau / Ac i afalau perllannoedd' fel petaent hwy eu hunain hefyd yn dyfiant naturiol yn y baradwys honno. Ac felly, erbyn i'r paragraff cyntaf gyrraedd ei derfyn, y mae Linda yn ymdebygu i Beatrice a Waldo i'r Dante sydd wedi ei swyngyfareddu'n lân ganddi nos a dydd. Gweddnewidiad gwyrthiol yw'r broses a ddethlir yn y gerdd ar ei hyd, ac adlewyrchir hynny ym mhatrymwaith cywrain geiriau sy'n adlais ac yn amodi ei gilydd, gan gynganeddu mewn modd cyfatebol i broses ffrwydrol atomig. Sylwer, er enghraifft, ar gynghanedd gymhleth y synau 'wu… wi… iw… eu… ai… ŵy'. Felly, mae'r patrwm geiriol yn cynnig inni ddelwedd destunol eiconig o'r broses ddeinamig greiddiol a ddethlir yn y gerdd drwyddi.

Ymwneud y mae 'Oherwydd ein dyfod' â'r broses o drawsnewid y tywyllwch yn oleuni, a'r ansicrwydd gwaelodol a nodweddai fywyd cynnar Waldo yn sicrwydd cadarn yn sgil ei briodas. A rhoddir mynegiant i'r un profiad ymwaredol gwyrthiol yn un o gerddi mawr eraill Waldo, 'Eirlysiau', sy'n dechrau gyda rhes o ebychiadau gorawennus, gorfoleddus:

> Gwyn, gwyn
> Yw'r gynnar dorf ar lawr y glyn.
> O'r ddaear ddu y nef a'u myn.

> Golau a'u pryn o'u gwely pridd
> A rhed y gwanwyn yn ddi-glwy
> O'u cyffro hwy uwch cae a ffridd. (*WWC*, 280)

Sylwer yn arbennig ar y modd y mae'r 'ddaear ddu' yn cael ei *gorfodi* yma i ryddhau'r blodau o'i chrombil. Hynny yw, pwysleisir yr elfen o *drais* yn y broses anodd, boenus o droi'r tywyllwch yn oleuni – delwedd sy'n cydfynd yn berffaith, wrth gwrs, â phrofiadau seicolegol cynnar Waldo ei hun. Nid ar chwarae bach y llwydda'r meddwl i ddianc o afael perygl a gormes. Ac y mae'r holl harddwch gwyrthiol a ddethlir yng ngweddill y gerdd yn llwyr ddibynnol ar y weithred feiddgar, fentrus, dreisgar, gychwynnol hon. *Oherwydd* hynny (os cawn gyfeirio yn ôl at y gerdd serch i Linda) y mae'r gwanwyn yn dod i fod. Gydol y gerdd, y mae Waldo wrth gwrs yn arfer delweddau sy'n cyfeirio at y Croeshoeliad, yr Atgyfodiad, y codi o'r meirw ar Ddydd y Farn ac ati, a phwysleisir yma y pris sydd i'w dalu – mewn poen ac ing – am bob ailenedigaeth i fywyd llawnach. Ond yn echel i'r cyfan saif gweledigaeth drydanol Waldo o Dduw dewr o ddi-hid (*reckless* fyddai'r gair Saesneg), sy'n mynnu mentro popeth i'r eithaf, yn gwbl groes i reswm, er mwyn creu harddwch eiddil, twyllodrus o fregus, yr eirlysiau gwyryfol digymar. Y mae'n ymddiried yn llwyr yn nycnwch cwbl ddi-ildio eu penderfyniad i oroesi drwy oddef pob cur. Ac y mae'r gerdd fawreddog hon yn gorffen drwy fod Waldo'n cydnabod yn falch ei bod hi'n rhaid mai bardd yw'r Duwdod ffôl o fentrus hwn:

> Ond glendid, glendid yma dardd
> O enau'r Bardd sy'n llunio'r byd. (*WWC*, 280)

Y mae'r gerdd ar ei hyd yn ymdebygu i rigwm cyfaredd (*incantation*).[7] A dylid cymryd y gymhariaeth rhwng y Duwdod a'r bardd o ddifrif calon, oherwydd os yw Duw yn ymdebygu i fardd, yna y mae'r bardd yntau yn ymdebygu i Dduw. Golyga hynny wrth gwrs fod Waldo yn credu bod y bardd yntau yn wallgof o fentrus yn ei ymdrech i droi tywyllwch y bywyd meidrol yn oleuni ac yn ei ymddiriedaeth annoeth yn nycnwch harddwch a daioni, ei fod hefyd yn dreisgar yn yr hyn a fynn o eiriau, a'i fod yn gorfod bod yn ddigon gwydn i fedru 'godde cur'. Hynny yw, y mae 'Eirlysiau' yn datgelu cred Waldo fod yn rhaid i farddoniaeth fod yn ddirgel nerthol yn ei dinerthedd a'i 'diniweidrwydd' ymddangosiadol. Sylwer, er enghraifft, ar y modd y tanlinellir ac y pwysleisir cyfres o eiriau yn 'Eirlysiau' drwy eu gosod ar ddiwedd pob llinell, drwy sicrhau eu bod yn unsill ac felly'n acennog, a thrwy eu cydio'n un drwy ailadrodd yr un synau: 'gwyn... glyn... myn... pridd... ffridd.' Ceir un eithriad i'r rhediad yma, a gwelir hwnnw yn y llinell olaf ond un gyda'r gair 'ddi-glwy', sy'n golygu nad yw'r sillaf olaf yn yr achos hwn nac yn odli gyda'r sillafau eraill nac ychwaith yn acennog yr un fath â hwy. Ond, wrth gwrs, y mae'r sillaf *flaenorol* 'ddi' yn odli o chwith â dau o sill arall, gan ei fod y gwrthwyneb perffaith i 'idd'. Ymhellach, ceir odli mewnol cywrain a chyfoethog drwy fod 'myn' yn cyd-fynd â 'pryn' ac â 'gwanwyn' (gair sy'n ymgorffori'r gair 'gwyn', wrth gwrs). Pam gwneud ffws a ffwdan am hyn oll? Am ei fod yn brawf amlwg, awgrymwn i, fod Waldo am i'w gerdd ymdebygu i eicon sonig, geiriol. Hynny yw, drwy chwarae â synau y mae'n medru llunio cysylltiadau mewnol sy'n cyfateb i'r broses o drawsffurfiad gwyrthiol a ddethlir yn y gerdd. Felly, ffurfir dolen gyswllt, er enghraifft, rhwng gair sy'n dynodi purdeb ('gwyn') a gair arall sy'n dynodi grym ('myn'). Y mae Waldo wedyn yn mynnu mynd un cam ymhellach eto, gan gydio'r ddau air hyn wrth un gair pellach a thrwy hynny eu clymu ill tri yn un cyfanwaith, sy'n dynodi'r broses o ailenedigaeth natur a elwir gennym yn 'wan-wyn'. Eto fyth, wrth wneud hynny y mae yn tynnu'n sylw at un manylyn arall arwyddocaol – sef bod y gair 'gwanwyn' yn gyfuniad o'r sain 'gwyn' a'r sain 'gwan', sy'n mynegi yn berffaith, wrth gwrs, y wyrth fregus o enedigaeth gwynder gwan ond dygn yr eirlysiau a ddethlir yn y gerdd.

Yr wyf yn ymwybodol iawn erbyn hyn fy mod ar fin gorgymhlethu a thrwy hynny dywyllu barn yn hytrach na'i goleuo. Felly, gadewch imi dynnu'n araf at fy nherfyn. Teg cyfaddef yn barod iawn ac yn hollol agored mai unllygeidiog ar y gorau fu'r drafodaeth gyfyng hon ar farddoniaeth fawr Waldo Williams. Ni chafwyd gennyf, er enghraifft, unrhyw gyfeiriad at allu Waldo i wamalu, i gellwair, ac i rigymu'n slic, nac at y cyfuniad anarferol o'r cymhleth a'r syml yn ei gynhysgaeth, nac at y gweddau cydwladol ar ei genedlgarwch, nac at ei safiadau cymdeithasol a gwleidyddol heriol o arwrol – safiadau sy'n dal yn berthnasol iawn i'n byd ni heddiw. Cofiaf yn dda am sylw treiddgar un o ffrindiau Waldo, Wil Ifan, a nododd fel y bu i 'Waldo's solemn inside fin[d] relief in concocting impossible limericks and parodies', ond a ychwanegodd yn fachog, 'The Abergwaun Waldo is himself more Waldos than one.' Er fy mod i'n cydnabod bod Waldo yn eithriadol amlweddog, dewisais yn fwriadol ganolbwyntio'n unig ar 'solemn insides' Waldo yn yr ysgrif hon, gan gredu na chafodd y wedd honno arno sylw digonol hyd yn hyn.

Wrth imi ddynesu at y diwedd, gadewch imi glosio unwaith yn rhagor at fy nhestun drwy ganolbwyntio ar un gerdd ddengar arall ganddo, 'Caniad Ehedydd':

> Ymrôf i'r wybren
> Yn gennad angen
> Fel Drudwy Branwen
> Yn nydd cyfyngder.
> Codaf o'r cyni
> A'm cân yn egni
> Herodr goleuni
> Yn yr uchelder. (*WWC*, 324)

Mae'r agoriad hwn yn sicr o ddwyn i gof gerdd enwog Shelley, 'To a Skylark' – un o ffefrynnau Waldo ei hun. Ond o gyfosod y ddwy gerdd, cawn fod gwahaniaethau go sylweddol rhyngddynt. O'r herwydd bron na fyddai'n deg dweud bod Waldo wedi llunio 'cerdd ateb' fel teyrnged fwriadol i Shelley, ond hefyd mewn ymdrech i gynnig gweledigaeth amgen o'r aderyn. Fel hyn, wrth gwrs, y mae cerdd Shelley yn agor:

> Hail to thee, blithe spirit!
> Bird thou never wert,
> That from heaven, or near it,
> Pourest thy full heart
> In profuse strains of unpremeditated art.[8]

Cyfarch yr ehedydd o bell y mae Shelley, felly, tra mae Waldo yn esgus lleisio union gân yr aderyn ei hun. A lle bo'r Sais yn trin yr ehedydd fwyfwy, wrth i'w gân ddatblygu, fel aderyn nad yw'n rhannu'r un byd â dyn am fod ei wir gynefin ymhell oddi fry, uwchlaw cymylau amser ac yng nghwmni'r haul a'r sêr, y mae Waldo yn mynnu i'w aderyn ef arddel perthynas glòs â'r ddynoliaeth. I Shelley, nid yw'n bosibl i'r ehedydd gydymdeimlo â chyflwr enbydus y byd. A hynny oherwydd, yn ots i'r ehedydd,

> We look before and after,
> And pine for what is not:
> Our sincerest laughter
> With some pain is fraught;
> Our sweetest songs are those that tell
>   of saddest thought. (766)

O'r herwydd, ni all caniad yr ehedydd fod o gymorth i ddynion ond drwy ddeffro ynddynt ddyheadau a fydd, yn y diwedd, yn anodd hyd at fod yn amhosibl i'w gwireddu:

> Like a poet hidden
> In the light of thought,
> Singing hymns unbidden

Tri Dysgwr

> Till the world is wrought
> To sympathy with hopes and fears it heeded not[.] (76–5)

Nid felly y gwêl Waldo'r berthynas rhwng cân ei ehedydd ef a dynolryw. Yn hytrach, y mae ei nodau yn cynnig dihangfa go iawn iddynt, drwy bontio'n waredol rhwng y daearol a'r goruwch-ddaearol, rhwng y gwaethaf yn y natur ddynol a'r gorau, rhwng y tywyllwch a'r goleuni:

> Disgyn y gloywglwm
> Hyd lawer dyfngwm
> Lle rhoddodd gorthrwm
> Gleisiau ar geinder.
> Gwiwfoes yr oesoedd,
> Hardd yr ynysoedd,
> Branwen cenhedloedd,
> Codaf i'w hadfer. (*WWC*, 324)

Y mae hyn yn gyson â'r modd y mae ehedydd Waldo yn syth ar gychwyn y gerdd yn ymroi i'r wybren – hynny yw, nid codi'n ddidrafferth y mae, fel y gwna ehedydd Shelley, yn hytrach y mae'n ymdrech iddo ddringo, am ei fod yn golygu gweithredu'n hunanaberthol o fentrus. Dyma weledigaeth sydd felly yn cyfateb i'r darlun o'r Duw *reckless* o achubol a gafwyd yn barod yn 'Eirlysiau'. 'Cennad angen' yw aderyn Waldo, negeseuydd cyfryngol sy'n dwyn fyny fry cais y ddynoliaeth am gymorth yn ei chyfyngder. Ac nid cri diymadferthyn yw cân yr ehedydd hwn ychwaith ond egni pefriol sy'n ei wneud yn 'herodr goleuni'. Y mae'r cyfeiriad canoloesol yn rymus o effeithiol am ei fod yn awgrymu y wedd ddefodol ar gân yr ehedydd (ac ar gân y bardd ei hun hefyd) ac yn gosod urddas aruchel ar ei genhadaeth. Ac y mae i'r ddelwedd ganoloesol oblygiadau arwyddocaol arall, gan ei fod yn awgrymu bod Waldo yn synied am yr ehedydd fel llatai – fel 'cennad' a all gario apêl y ddynoliaeth ddarostyngedig hyd at glustiau y Duwdod ei hun.

'Cennad angen' yw'r ehedydd, felly, ac y mae'r cyfeiriad pellach ato fel drudwy Branwen yn cyfoethogi arwyddocâd yr ymadrodd hynod gofiadwy hwn yn ddirfawr. Y mae'r stori am Franwen, ferch Llŷr, yn gyfarwydd inni i gyd, wrth gwrs. Ar ôl i'r dywysoges Gymraeg gael ei gorfodi gan ei gŵr, Matholwch brenin Iwerddon, i weithio fel morwyn yn y gegin, dyma hi'n hyfforddi drudwy dof i gario neges at ei brawd, Brân, yn ymbil arno ddod i'w hachub. Fel y gwyddom, nid yw'r chwedl yn ei chyflawnder yn gorffen yn hapus, ond nid y diwedd trist sydd gan Waldo mewn golwg ond yn hytrach gweithred Branwen o ddefnyddio aderyn fel llatai. Yn y rhan honno o'r stori y mae'n cael hyd i symbol sy'n mynegi cyfrifoldeb pob bardd i wrthryfela yn erbyn trais lle bynnag y bo'n amlygu ei hun ac i ddwyn golau cyfiawnder a grym cydwybod i sylw'r byd. 'Herodr goleuni' yw'r gwir fardd felly, a'i gân yn llawn egni i wrthweithio cyni'r byd. Y mae Robert Rhys wedi dwyn ein sylw at y modd y mae'r gerdd yn lleisio 'asbri cenhedlaeth o genedlaetholwyr a galonogwyd gan ganlyniadau is-etholiad ac etholiadau seneddol 1945 ac a deimlai fod gwawr wen, olau ar dorri yn hanes eu plaid dan arweinyddiaeth y llywydd ifanc newydd, Gwynfor Evans.' (*WWC*, 616) Ond at hynny mynnwn ychwanegu un sylw arall. Wedi'r cyfan, stori am drais ar yr aelwyd yw stori Branwen yn y bôn, chwedl sy'n dinoethi'r modd y gall cartref droi'n hunllef a chwmni'r tylwyth agosaf brofi'n felltith affwysol. Enghraifft ydyw o'r hyn a elwir heddiw yn *domestic abuse*. Ac yn yr un modd, ni fyddai'n gwbl amhriodol i gymhwyso'r ymadrodd *child abuse* at ddioddefaint Waldo yn ystod y blynyddoedd dreng hynny pan nad oedd ei dad, druan ohono, yn ei lawn bwyll. Felly, pan fo Waldo yn synied am ei ehedydd, ac felly am ei gerdd ei hun amdano, fel 'cennad angen / Fel Drudwy Branwen / Yn nydd cyfyngder', y mae'n amhosibl imi beidio â dwyn i gof diymadferthedd y bachgen bach pedair blwydd oed. Onid cydnabod y mae Waldo yn y gerdd hon ei ddyled enfawr ef i'r farddoniaeth a fu'n fodd iddo yn y pen draw oresgyn y profiadau poenus cychwynnol hynny, ac a'i galluogodd i droi tywyllwch y blynyddoedd cynnar yn oleuni ei brofiadau cyfriniol o ddarganfod y daioni cudd hwnnw a oedd, wedi'r cyfan, yn wythïen wyrthiol o achubol a redai drwy'r cread cyfan? Onid 'cennad angen', felly, oedd barddoniaeth fawr Waldo wedi'r cyfan, ar hyd ei oes?

Nodiadau

1. Ceir ysgrif ddiddorol yn cyfosod y ddau ar wefan R. M. (Bobi) Jones: *http://www.rmjones-bobijones.net/* (cyrchwyd 17 Tachwedd 2016).
2. Ceir cyfieithiadau sylweddol o'i gerddi i'r Saesneg, gan gynnwys cyfrol nodedig Tony Conran, *Waldo Williams: The Peacemakers* (Llandysul: Gomer, 1997). Mae cyn-Archesgob Caergaint ac Arglwydd Ystumllwynarth, Dr Rowan Williams, hefyd wedi cynnwys nifer o gerddi unigol wedi eu cyfieithu ganddo mewn sawl casgliad o'i farddoniaeth ef ei hun.
3. Gweler, er enghraifft, Ned Thomas, *Waldo* (Caernarfon: Gwasg Pantycelyn, 1985); Robert Rhys, *Chwilio am Nodau'r Gân: Astudiaeth o Yrfa Lenyddol Waldo Williams hyd at 1939* (Llandysul: Gwasg Gomer, 1992); Damian Walford Davies a Jason Walford Davies (goln), *Cof ac Arwydd: Ysgrifau Newydd ar Waldo Williams* (Abertawe: Cyhoeddiadau Barddas, 2006).

4. Alan Llwyd, *Cofiant Waldo Williams, 1904–1971* (Tal-y-bont: Y Lolfa, 2014). *CWW* o hyn ymlaen.
5. Alan Llwyd a Robert Rhys (goln), *Waldo Williams: Cerddi 1922–1970* (Llandysul: Gwasg Gomer, 2014), t. 11. *WWC* o hyn ymlaen.
6. Hyd yn oed pan fo Waldo yn canmol ei dad, fel y gwna yn 'Y Tangnefeddwyr', y mae tinc gochelgar i'r sylw. Cysylltir cariad mynwesol â natur hael ei fam, tra mae ei dad yn cael ei gydnabod yn fwy cyffredinol a braidd yn oeraidd am ei werthfawrogaid o gariad brawdol, a gwahanieithir yn glir rhyngddynt: 'Mae Gwirionedd gyda nhad, / Mae Maddeuant gyda 'mam'. (*WWC*, 267) Mae yma adlais amlwg o'r gwahaniaeth diwinyddol traddodiadol rhwng Duw'r Tad a'r Mab.
7. Er, dylid nodi y sylw gwerthfawr ar y testun yn nodiadau Alan Llwyd a Robert Rhys mai 'mesur emynyddol sydd i'r gerdd hon.' (*WWC*, 586)
8. A. S. B. Glover (gol.), *Shelley: Selected Poetry, Prose and Letters* (London: Nonesuch Press, 1951), t. 763.

Dau Fydolwg

8

Ewtopia: Cyfandir Dychymyg y Cymry

'Fe all Cymru ddeall Ewrop', honnai Saunders Lewis, 'canys y mae hi'n un o'r teulu.'[1] 'I found myself in Welshness', ychwanegai Jan Morris, 'and came to realize that I had also been an European all the time.'[2] A siarad yn fras iawn, y mae modd rhannu awduron Cymru'r ugeinfed ganrif yn ddwy garfan, sef y rheini sy'n arddel perthynas ag America, a'r rheini sy'n bleidiol i Ewrop. Fe welwyd y rhaniad hwn yn glir iawn yn ddiweddar pan ymddangosodd dwy gyfrol yr union un pryd. Yr oedd y naill – *In the Frame* – yn gyfrol a wnâi'n fawr o 'American Wales', sef y rhan ddeheuol honno o Gymru y tybiwyd, ganrif yn ôl, ei bod yn ymdebygu, oherwydd ei grym economaidd a'i phoblogaeth gymysgryw, i'r Unol Daleithiau.[3] *Bydoedd: Cofiant Cyfnod* oedd y llall, cyfrol gan Ned Thomas a oedd yn hel atgofion am ei brofiadau helaeth ef o ymwneud â gwledydd mawr a mân y Cyfandir, ac emyn o fawl, yn y bôn, i amrywiaeth ieithyddol a diwylliannol Ewrop.[4]

Er iddo dderbyn addysg brifysgol yn Freiburg ac ym Mharis, America-garwr oedd T. H. Parry-Williams, i'm tyb i, ac eto, yn syth ar ddechrau ei gyfrol gyntaf o gerddi, ceir 'Trindod', rhigwm sy'n costrelu ei ymateb i gyfandir Ewrop. Yn nwy ran gyntaf y gerdd y mae Parry-Williams yn sôn am ei brofiad o syllu ar gelfyddyd y Catholigion yn Lwsérn a Pharis; a thrwy ymwrthod ag odl lawn y mae'n lledawgrymu nad yw'r gelfyddyd grefyddol hon yn ddilys, gan nad yw'n cynganeddu â dihidrwydd y 'rhwyfwyr haf' a 'dinasyddion Paris Ffrainc'. Ond yn rhan olaf y gerdd darperir odl berffaith gan fod Parry-Williams bellach yn sôn nid am ddelwgarwch amheus Catholigion y Cyfandir, ond am ddull syml, diaddurn a diffuant capelwr gwerinol Cymraeg o addoli:

> Ni welais Iesu na Llaw Duw
> O'i flaen pan grymai ar y llawr
> Gan alw ar yr Ysbryd byw
> Trwy binwydd cefngor y sêt fawr.[5]

Nid dim ond cerdd yn ymwneud ag Ewrop yw 'Trindod', wrth gwrs, cerdd am 'Ewropia' ydyw – hynny yw, cerdd sy'n enghreifftio'r modd yr ydym ni'r Cymry wedi creu darluniau dychmygol a dychmygus o Ewrop ar ein delw ein hunain. A chysyniadau nodweddiadol Gymreig yw'r darluniau hyn, gan fod syniadau am Gymru yn ymhlyg ynddynt – cerdd o fawl i'r Gymru Ymneilltuol yw 'Trindod' yn y bôn, er bod y bardd ar yr un pryd yn sylwi mewn modd chwareus o amheugar ar anghydweddoldeb yr arfer o chwilio am ysbryd mewn pren!

Fy nhestun i, felly, yw'r modd y mae awduron Cymru wedi mapio cyfandir Ewrop mewn gweithiau llên, ac y mae'r fath destun yn amserol iawn ar hyn o bryd pan fo'r 'Ddaearyddiaeth Newydd' yn pwysleisio nad yw mapiau fel y cyfryw yn ddim ond ffrwyth dychymyg dyn. Wedi'r cyfan, ystyr 'geography' yw 'ysgrifen y ddaear', sef ymdrech dyn i osod ei ddelw ef ei hun ar wyneb tir.[6] Yng nghyd-destun y drafodaeth bresennol y mae'n briodol sylwi mai Cymro, Lloyd George, oedd un o'r gwladweinwyr a luniodd fap newydd o Ewrop ar ddechrau'r ugeinfed ganrif. Ond ers hynny cafwyd sawl map gwahanol iawn i hwnnw. Y mae pobloedd Dwyrain Ewrop heddiw yn hoff o adrodd stori am yr hen ŵr a aned yn Awstro-Hwngari, a aeth i'r ysgol yn Tsiecoslofacia, a briododd yn Hwngari, a weithiodd gydol ei oes yn yr Undeb Sofietaidd ac sydd erbyn hyn yn byw yn Wcráin. 'Rŷch chi wedi teithio'n bur bell, felly, yn ystod eich bywyd', meddai dieithryn wrtho ar ôl clywed yr hanes. 'O na', etyb yr hen ŵr, 'wnes i ddim gadael cartref erioed.'

Beth, felly, a olygir wrth 'Ewrop'? Po fwyaf o sôn a glywir am Ewrop y dyddiau hyn, mwyaf oll o ansicrwydd sydd ynghylch cwmpawd yr hyn y cyfeirir ato. A ydyw gwledydd Prydain i'w cyfrif yn rhan o'r Ewrop hon? Neu, os mynnwn gyfyngu ein sylw i'r Cyfandir ei hun, beth a ddywedwn am Rwsia? Ac os derbynnir yr hen syniad bod y rhannau hynny o Rwsia y tu yma i fynyddoedd y Cawcasws i gyd yn perthyn i Ewrop, yna rhaid rhoi'r gorau i'r gred gyfarwydd fod y wladwriaeth Tsiec a Hwngari, dyweder, yn ddwy o wledydd Dwyrain Ewrop. Na, rhan o ganolbarth Ewrop, neu *Mitteleuropa*, yw'r rhain. Ni fyddai neb yn amau wedyn fod gwlad Groeg yn wlad Ewropeaidd, ond beth am y Twrciaid, hen ormeswyr y wlad honno a hen elynion 'diwylliant Ewrop'? Onid oes ganddynt hwythau eu troedle ar y Cyfandir?[7]

Nid yw'n hawdd penderfynu, felly, ym mha le yn union y mae'r Ewrop fythol gyfnewidiol hon yn dechrau nac yn gorffen nac, yn wir, pa 'wledydd' a gynhwysir oddi mewn i'w ffiniau, gan mai gwladwriaethau byrhoedlog, ansefydlog yw'r gwledydd hefyd. Ac o ystyried hyn i gyd, pa ryfedd fod syniadau'r Cymry, hwythau, am Ewrop mor ddryslyd o anghyson, ac mor gwbl wahanol i'w gilydd? Dyma gyfandir o destun yn wir, ac mewn trafodaeth fer fel hon ni ellir, wrth reswm, ond troedio ambell lwybr digon cyfarwydd ar ei draws. Ond hyd yn oed wedyn anodd yw gwybod ble yn union i ddechrau. Ar ddiwedd ei ddarlith ardderchog, 'Lledu'r Gorwelion', er enghraifft, y mae Alun Llywelyn-Williams yn nodi bod drws pwysig wedi ei agor tua'r Cyfandir ym meddyliau'r Cymry yng nghyfnod y Dadeni, pan gyhoeddodd Gruffudd Roberts o Filan mai ei ddelfryd ef oedd 'i ddysgu, helpu, diddanu, a pherffeithio gwŷr fy ngwlad ymhob peth a fo golud iddynt, hyglod yngolwg y byd.'[8] Ond, gwaetha'r modd, nid yw gofod yn caniatáu imi olrhain Ewrowybyddiaeth y Cymry mor bell yn ôl â hynny. Yn hytrach, mabwysiadaf, er hwylustod, awgrym y diweddar D. Myrddin Lloyd mai'r Chwyldro Ffrengig oedd tarddle'r ddau syniad a roes fod, ar un olwg, i Gymru Newydd y bedwaredd ganrif ar bymtheg, sef y syniad am werth a hawl a rhyddid yr unigolyn, ar y naill law, a'r syniad am gymuned genedlaethol werinol ar y llaw arall.[9] Ac o fanteisio ar yr awgrym hwn – eithr gan gydnabod (gweler isod) ei fod yn ddadleuol – hawdd deall sut y medrai dwy olwg gwbl groes i'w gilydd ar berthynas Cymru ac Ewrop gael eu gosod ar bapur gan ddau o awduron amlycaf y bedwaredd ganrif ar bymtheg, sef Emrys ap Iwan ac O. M. Edwards.

'Ffrainc yw mam gwareiddiad, a Lloegr yw ei famaeth' (*DEL*, I, 81), meddai Emrys ap Iwan, mewn brawddeg nodweddiadol gynnil, ond ysgubol, ac yn y sylw brathog hwn gwelwn ddeutu'r neges gyffrous a geir ganddo am sut y dylai Cymru, er ei lles ei hun, glosio at ddiwylliannau Ewrop. Cychwynnaf drwy anwybyddu'r agweddau hynod amheus ar y neges bryfoclyd hon, oherwydd ni fynnwn dros fy nghrogi i unrhyw un amau fy edmygedd mawr o gyfraniad athrylithgar Emrys ap Iwan. Ef, yn anad neb, a roes inni'r olwg gyntaf, a'r olwg graffaf, ar gyflwr trefedigaethol Cymru, ac ar gymhlethdod y taeog a faged o dan y fath amgylchiadau. Deallodd i'r blewyn holl effeithiau hunan-niweidiol dyrys y cymhlethdod hwnnw; yr hunanddirmyg a fynegid drwy ddiffyg parch at yr iaith Gymraeg, awch yr enwadau Ymneilltuol am weddusrwydd, yr awydd angerddol am ymddyrchafiad bydol, ofn y Cymry o'u cysgod eu hunain rhag iddynt gynddeiriogi'r Saeson, y dawelyddiaeth wleidyddol a ddeilliai o'r ofn hwnnw, yr ysfa barhaus i ryngu bodd y Saeson, ac yn y blaen. Y feddyginiaeth orau ar gyfer hyn oll, meddai Emrys ap Iwan yn dreiddgar o gall, fyddai i'r Cymry fynnu cael golwg decach a mwy manteisiol arnynt hwn eu hunain drwy syllu yn nrych Ewrop yn hytrach nag yn nrych Lloegr. O edrych yn y drych amgen hwnnw gwelai'r Cymry gwasaidd, er enghraifft, mai 'cenedl uniaith yw'r Saeson yn anad un

Dau Fydolwg 151

genedl yn Ewrop. Ni fynnant ac ni fedrant ddysgu un iaith ddieithr.' (*DEL*, I, 166) Gormodiaith, yn sicr, a gormodiaith fwriadol, efallai, gyda golwg ar fagu mwy o hyder yn y Cymry, yn sgil yr ymosodiad milain ar y Gymraeg a welwyd yn y Llyfrau Gleision (1847), awgrym nad oedd yn rhaid iddynt droi'n uniaith Saesneg wedi'r cyfan.

'Yr ydym wedi bod cyhyd mewn caethiwed, ac wedi ymddygymod cystal â fo', meddai Emrys ap Iwan yn ddeifiol, 'fel na fynn y rhan fwyaf ohonom gredu eu bod mewn caethiwed. Y mae gwifrau ein cawell mor anweledig o feinion, a'r Saeson annwyl yn ein porthi mor ofalus â briwsion a dwfr, fel yr ydym yn tosturio wrth yr adar rhyddion, druain, sy'n chwilio'n ofer am damaid ar hyd y meysydd, ac am glwyd glyd yn y perthi di-ddail.' (*DEL*, I, 168) Gwir a ddywedodd, bob gair, a lluniodd arf miniog i chwalu gwifrau'r cawell hwnnw – sef darlun pwrpasol o'r Ewrop eang, eangfrydig y gallai Cymru rydd fod yn rhan fach falch ohoni pe bai'n dianc o afael 'John Bully'. 'Trwy dreulio tair neu bedair blynedd ar y Cyfandir', meddai'n gall, gyda golwg ar ei brofiad ef ei hun, 'gwelent [sef y Cymry] nad yw'r Saeson ddim mor fawr o lawer yng ngolwg cenhedloedd eraill ag ydynt yn eu golwg eu hunain, ac yng ngolwg y Cymry plentynnaidd sy'n credu bod "*I say*" yn Saesneg yr un peth â "Fel hyn y dywed yr Arglwydd" yn y Gymraeg.' (*DEL*, I, 24)

Ond, fel yr awgrymais eisoes, y mae gwedd arall ar y darlun. Gan i'r llun gael ei greu i waredu 'epaod Cymru' (*DEL*, I, 80) rhag 'Saisaddoliaeth', cip o chwith ar Loegr a geir, ar un ystyr, yn narlun dethol Emrys ap Iwan o Ewrop ddelfrydol. O ganlyniad, ceir ynddo ddisgrifiad Nelsonaidd o unllygeidiog ac ystumiadau rhyfedd o'r gwledydd cyfandirol. Pan fo'n taranu yn erbyn imperialaeth Lloegr y mae Emrys ap Iwan yn dewis anghofio am ymerodraethau Ffrainc a'r Almaen. Yn wir, ceir ganddo ysgrif hir o foliant i Napoleon sy'n llwyr anwybyddu'r ffaith mai drwy ddarostwng mân bobloedd a chenhedloedd y Cyfandir i ewyllys Ffrainc fawr y daethai ef i'w deyrnas imperialaidd. Ac ymddengys yn drist o eironig i ni mai cymryd arno ei fod yn Emrij van Jan, brodor tyner o Frwsel, y mae Emrys ap Iwan pan fo am gynnig i'w gyd-Gymry olwg arnynt eu hunain o gyfeiriad Ewrop. Nid yw'n hawdd i ni anghofio, bellach, mai dyma'r union gyfnod pan oedd gwlad Belg yn creu uffern ar y ddaear yn ei threfedigaeth yn y Congo. 'Emrys ap Iwan', meddai Myrddin Lloyd, 'oedd y cyntaf i dderbyn neges genedlaethol y Chwyldro Ffrengig fel Cymro.' (*DEL*, II, xv) Neges arall y chwyldro hwnnw a dderbyniwyd gan drwch ei gyd-wladwyr, sef neges ynglŷn â 'breintiau cynhenid dyn' (*DEL*, II, xv), yr hyn y mae Emrys ap Iwan yn ei alw'n 'unigoliaeth' ac yn ei gyplysu ag Ymneilltuaeth (*DEL*, I, 111).

Golwg Ymneilltuwr rhonc ar y Cyfandir a geir yng ngweithiau O. M. Edwards. Os defnyddia Emrys ap Iwan syniadau dethol am Ewrop er mwyn creu myth gwaredol sy'n rhan o wleidyddiaeth ryddhad, myth gwahanol iawn a geir yn y gyfrol glasurol honno *O'r Bala i Genefa*. Fel yr awgrymir yn y teitl, taith oedd hon ar hyd echel y byd Protestannaidd, taith, meddai O. M. Edwards yn awgrymog yn ei ragair, 'rhwng hen gartref meddwl Cymru a hen gartref meddwl Ewrob.'[10] Diwinyddiaeth Calfin yw alpha ac omega gwyddor meddwl Edwards, a thrwy gydol ei siwrnai y mae'n ymddwyn yn debycach i bererin o Bresbyteriad nag i hanesydd gwrthrychol.

Trinnir yr Iddewon ganddo â chymysgedd o ddirmyg hiliol a goddefgarwch nawddoglyd, a'r un yw ei agwedd at y Pabyddion hwythau, agwedd y mae'n ei mynegi ar osgo drwy anghymeradwyo celfyddyd gain grefyddol. 'Gwelaf mai nid yn yr un oes â chrefydd bur y mae'r celfau cain yn blodeuo', meddai. ''Does gan ddynion mo'r amynedd i ddarlunio eu teimladau mewn cerrig neu baent pan fo eu heneidiau ar dân. Pan fo diwygiad wedi llosgi allan, pan fo'r ystorm wedi llonyddu, y daw'r adeiladydd a'r arlunydd at eu gwaith...Y prawf cryfaf i mi o nerth iach Cymru ydyw y ffaith mai mewn llenyddiaeth a cherddoriaeth yn unig y mae bywyd wedi ymddarlunio hyd yn hyn.' (*OBG*, 122-3) Nid yw'n rhyfedd ei fod mor hoff o ddwyn emynau i gof wrth dramwyo gwledydd y Cyfandir, fel petai geiriau'r emynwyr mawr yn swynbethau a all ei ddiogelu rhag pob ofergoel grefyddol. A hwyrach mai'r emyn mwyaf addas ar ei gyfer fyddai 'Pwy a'm dwg i'r ddinas gadarn', gan nad yw O. M. Edwards yn gwbl gyfforddus ei feddwl nes iddo gyrraedd ei ddinas noddfa, dinas Calfin, lle y mae'n mwynhau hel atgofion am 'fywyd ystormus a manwl burdeb buchedd y Geneva fu.' (*OBG*, 155) Yno y teimla ei fod yng ngwir gynefin ei enaid:

> Gwaith anawdd i mi ydyw gadael Geneva, aros yma am flynyddoedd i chwilio ei hanes fuasai wrth fy modd. Bendith heddwch y nefoedd arhoso arni, y mae wedi gwneyd gwaith mawr. Y peth fu'r Bala i Gymru, hynny fu Geneva i Brotestantiaeth Ewrob... Yr wyf wedi cael fy ngolwg olaf arni, ond nid ymedy dinas Calfin byth o'm cof. (*OBG*, 203)

Gwedd arall ar ei weledigaeth ef o Ewrop yw'r wedd wleidyddol. Rhyddfrydwr radical a gweringarwr pybyr oedd O. M. Edwards, ac felly gwnâi yn fawr o drefi Antwerp, Utrecht a Ghent, Brwsel, Louvain a Liège am mai yno y bu 'ymdrech fawr y canoloesoedd – ymdrech y dref yn erbyn y castell; ymdrech rhyddid yn erbyn caethiwed; ymdrech y gweithiwr am fwynhau ffrwyth ei lafur; ymdrech am fasnach rydd yn erbyn gorthrwm arglwydd ac offeiriad; ymdrech Masnach, seiliedig ar allu llaw gelfydd a bywyd diwyd, yn erbyn y *Feudal System*, seiliedig ar waed a gwahaniaeth sefyllfa mewn cymdeithas.' (*OBG*, 17)

A chyn ffarwelio ag O. M. Edwards y mae'n werth inni sylwi ar un wedd arall eto ar ei Ewrop ef, oherwydd y mae'n rhagflaenu rhai delweddau dylanwadol o Ewrop a luniwyd yn yr ugeinfed ganrif. Haera fod Catholigiaeth yn ennill menywod i'w phlaid drwy elwa ar eu balchder o'u harddwch.'Peth anawdd ydyw troi gwragedd', meddai, 'a'r ffordd hawdda i wneyd ydyw eu darbwyllo i gredu y byddant yn grandiach ac yn dlysach wedi gwneyd.' (*OBG*, 135–6) Cyfeiria'n watwarus at arfer Eglwys Rufain o annog merched i wisgo gwisg wen ac i addurno eu pennau â choronig o flodau pan fydd esgob yn ymweld ag eglwys. 'Yr wyf yn araf ddod i gredu', meddai, 'fod merched yn debyg iawn i'w gilydd ym mhob man; yr un teimladau – sef amynedd, eiddigedd, a balchder, ynghyd â'r holl dda a drwg a ddaw o'r pethau hyn, – sydd ganddynt ym mhob gwlad.' (*OBG*, 136) Y mae'n amlwg, onid ydyw, mai'r wedd dybiedig 'fenywaidd' ar Eglwys Rufain sy'n peri esmwythyd i Edwards – yr addurnweithiau cain, synwyrusrwydd y seiniau, a harddwch yr eglwysi?

Fel y gwelwn maes o law, y mae amheuon gŵr-aidd ynghylch anianawd 'y rhyw deg' yn cyniwair meddyliau nifer o'r Cymry amlwg a luniodd ddelweddau o Ewrop yn hanner cyntaf yr ugeinfed ganrif. Gwaetha'r modd, er mwyn gwneud tegwch â'r delweddau hynny rhaid brysio heibio, am y tro, i sawl delwedd arwyddocaol arall. Cymerai ysgrif gyfan, er enghraifft, i wneud cyfiawnder ag ymdrechion arswydus y *Welsh Outlook*, o hydref 1914 ymlaen, i uniaethu'r Cymry â brwydr Gwlad Belg yn erbyn yr Almaenwyr. Brithir dalennau'r cylchgrawn ag ysgrifau am lenorion a cherddorion Belgaidd, ac am arlunwyr mawr Fflandrys. Adeg ymweliad Emile Verhaeren â Chymru, ym mis Rhagfyr 1914, ceir cyfres o ysgrifau am ei waith gan P. Mansell Jones, a throsiad Eilian Hughes o'i gerdd 'Aeroplane sur Bruxelles'. Cynhwysir ffotograff ohono, ochr yn ochr â darluniau o Maeterlinck a Meunier. Yn gefndir i hyn oll, cymherir y Cymry â'r Belgiaid. Celtiaid yw'r Walwniaid hwythau, meddir, a rhoddir sylw arbennig i ddau ddiwylliant Gwlad Belg oherwydd bod y wlad yn ymdebygu i Gymru yn hyn o beth. 'There is a rural pastoral Wales and an urban industrial Wales… There is an old chapel-going, sermon-loving Wales and a Wales of sensual thousands who care for none of these things. So there are (or were) two Belgiums, one pulsing with vitality, where "the women are moulded to bear children easily", the other with dreaming eyes fixed on a vanishing past.'[11] Yr un modd ffieiddir delfryd yr Almaen o seilio cenedligrwydd ar y syniad am burdeb hil (syniad a dadogir ar y

Ffrancwr Gobelineau): 'We know that mixed races... in very many cases are an advance upon each of the original races from which they were composed... the mixed race growing up in Wales in [sic] proving itself to be better either than the purely Welsh or the purely English.' (460) Arwyddocâd hyn oll yw bod y Rhyfel Mawr wedi esgor ar ymdrech am y tro cyntaf i gydio Cymru gyfan – ac nid y Gymru Gymraeg yn unig – wrth wledydd cyfandir Ewrop. Byddai'n anodd i ni heddiw orbrisio'r datblygiad hwnnw.

Er i Wlad Belg dderbyn sylw helaeth gan y *Welsh Outlook* unwaith i'r rhyfel ddechrau, daliai'r cylchgrawn i arddel ei berthynas ag Ymneilltuaeth Cymru drwy barchu diwylliant yr Almaen. Wedi'r cyfan, rhoddasai hwnnw fod i'r diwinyddion a'r athronwyr a oedd wedi dylanwadu mor drwm ar Gymru. Ond ochr yn ochr â Luther a Kant ceir cyfeiriadau at Bach a Goethe, fel y gellid ei ddisgwyl gan fod diwylliant seciwlar yr Almaen bellach wedi dechrau dylanwadu ar lenorion Cymru. Soniodd T. Gwynn Jones am hynny mewn ysgrif bwysig yn rhifyn cyntaf y *Welsh Outlook* ar 'Modern Welsh Literature': 'Professor Morris Jones's translations from Heine graced the early volumes of *Cymru*, and contributed largely to the fashioning of the modern Welsh lyric...Later translations from foreign languages include a large number of lyrics from the French, German, Italian, Spanish, Breton and Gaelic, and of a few classical odes.' (20)

Pe bai amser yn caniatáu, byddai'n ddiddorol olrhain y modd y blodeuodd yr arfer hwn o gyfieithu llenyddiaethau Ewrop i'r Gymraeg yn ystod hanner cyntaf yr ugeinfed ganrif. Nid yw'n syndod bod Saunders Lewis wedi mawrygu cyfraniad T. Hudson-Williams i lên Cymru. Dywed mai '[c]ymwynas arbennig y cyfieithwyr da yw helpu pobloedd gwareiddiad i amgyffred cymhlethdod eu gwareiddiad', gan ychwanegu'n awgrymog fod cyfieithydd hefyd yn galluogi cenedl i 'weld fod gan bob llenyddiaeth drysorau ysbrydol y bydd y ddynoliaeth yn colli eu dylanwad i fesur onid erys pobl y bydd yr iaith a llên honno yn dreftadaeth iddynt.'[12] Flynyddoedd yn ddiweddarach, canmolodd Alun Llywelyn-Williams yntau gyfraniad cyffelyb *Cyfres y Werin*, cyfres a olygwyd gan Henry Lewis ac Ifor L. Evans. Cyhoeddwyd pymtheg o gyfrolau ganddynt rhwng 1920 a 1927, yn cynnwys dramâu gan Molière, Goethe, Schiller ac Ibsen, ynghyd â gweithiau gan Maupassant, Daudet, Gogol ac awduron Tsiec. Fel yr awgrymodd Alun Llywelyn-Williams:

> Dyna at ei gilydd ddetholiad bach digon amrywiol o rai o gampweithiau yr awen a'r meddwl Ewropeaidd, hen a diweddar, ac ymgais deg i ddechrau ar y gorchwyl o ddwyn Cymru i gysylltiad uniongyrchol unwaith eto, fel y bu yn yr Oesoedd Canol, â chynhysgaeth ddiwylliannol

y Cyfandir ac i ryw raddau o leiaf i berthynas fywiol â llif meddwl cyfoes y gwledydd heb orfod gwylio'r cyfan o bell trwy len haearn yr iaith a'r diwylliant Saesneg.[13]

A dyna ni wedi cyrraedd, yn ddiarwybod megis, y cyfnod rhwng y ddau ryfel byd, y cyfnod mwyaf ffrwythlon, ond odid, yn holl hanes syniadaeth Cymru am Ewrop. Fel y gŵyr pawb, y mae'r cyfoeth syniadau i'w briodoli'n bennaf i waith tri gŵr: Ambrose Bebb, Saunders Lewis ac R. T. Jenkins. Ond gan mor gyfarwydd yw eu syniadau hwy bellach, ni fynnaf fynd i'r afael â chnewyllyn eu hathroniaeth. Yn hytrach, mentraf gynnig ambell olwg ychydig yn wahanol i'r arfer ar ysgrifeniadau dau ohonynt am Ewrop, ac er mwyn hwyluso'r ffordd trof yn awr at lyfr hynod ddiddorol a gyhoeddwyd ychydig flynyddoedd yn ôl am ymateb deallusion Lloegr i'r Cyfandir yn y 1920au a'r 1930au.

Europe in Love, Love in Europe yw teitl y llyfr. Eidales o'r enw Luisa Passerini yw'r awdur, ac y mae ei chyfrol hi yn canolbwyntio ar agweddau amwys Prydain Fawr at gyfandir Ewrop yn ystod y 1920au a'r 1930au.[14] Ar y naill law, dymunai llawer o ddeallusion Prydain y pryd hwnnw gynorthwyo gwledydd Ewrop i uno er mwyn creu un wladwriaeth ffederal enfawr; ond ar y llaw arall, teimlent y dylai Prydain Fawr gadw ar wahân i'r datblygiadau hynny a pharhau i uniaethu ag Ymerodraeth Brydain fydeang. Yn y cyfnod rhwng y ddau ryfel, gwnaed ymdrechion lu gan wleidyddion a deallusion i osgoi rhyfel arall drwy lunio Ewrop newydd. Ariannwyd y cylchgrawn *New Europe*, er enghraifft, gan y Cymro David Davies. Cylchgrawn a anelai at sicrhau cyfiawnder i wledydd bychain ydoedd, ac amlinellwyd yr un ddelfryd mewn llyfr gan yr enwog Thomas Masaryk. Ym 1923 cyhoeddodd y Cownt Coudenhove-Kalergi ei lyfr *Pan Europa*, a buan y cyfieithwyd y gyfrol i bymtheg o ieithoedd. Yn wir, dengys Luisa Passerini fod lliaws o lyfrau, cylchronau a mudiadau a geisiai greu cyfanfyd newydd ar gyfandir Ewrop wedi ymddangos rhwng 1918 a 1939. Arwydd oedd yr holl ymdrechion hyn o ofid gwleidyddol cynyddol – y gofid bod gwareiddiad Ewrop gyfan o dan fygythiad o gyfeiriad comiwnyddiaeth Rwsia, cyfalafiaeth farus yr Unol Daleithiau, a breuddwyd Goebbels am Ewrop Newydd a fyddai byw o dan sawdl waedlyd Ffasgiaid yr Almaen. Ym 1929 gosododd Aristide Briande, prif weinidog Ffrainc ar y pryd, gynnig i greu taleithiau unedig Ewrop gerbron cyfarfod o Gynghrair y Cenhedloedd yng Ngenefa. Gwrthodwyd y cynnig hwnnw, ac yn rhannol o'r herwydd, awgryma Luisa Passerini, ymroes llawer o'r rheini ym Mhrydain a ddymunai weld Ewrop ffederal i freuddwydio'n fwy brwd byth am ryw oes aur Ewropeaidd a fu.

Apeliai'r freuddwyd honno'n arbennig at y rhai a berthynai i garfan geidwadol oddi mewn i Eglwys Rufain, gan gynnwys awduron megis Belloc a Chesterton, ac ym 1932 cyhoeddodd Christopher Dawson gampwaith o'r enw *The Making of Europe: An Introduction to the History of European Unity*.[15] Megis Saunders Lewis, ffieiddiai Dawson y modd y chwalwyd undod cred a diwylliant Ewrop ar ddiwedd yr Oesoedd Canol gan wladwriaethau cenedlaethol newydd. Cenedlaetholdeb oedd y bwgan pennaf iddo: 'The ultimate foundation of our culture is not the national state, but the European unity... if our civilisation is to survive it is essential that it should develop a common European consciousness and a sense of its historic and organic unity.' (xxii–xiii) Yr un fath â Saunders Lewis credai Dawson fod ei gydwladwyr yn gaeth i syniadau cyfeiliornus am eu hanes eu hunain ac mai ei genhadaeth bersonol ef fyddai unioni'r camargraff hwnnw. At hynny, rhannai Dawson argyhoeddiad y Cymro fod yn rhaid dychwelyd i'r cychwyn cyntaf oll, sef i'r cyfnod cynnar pan ffurfiwyd diwylliant Ewrop drwy gydio gweddillion gwerthoedd yr Ymerodraeth Rufeinig wrth gredo newydd yr Eglwys Gatholig. Ond o hynny ymlaen y mae fersiwn Saunders Lewis a fersiwn Christopher Dawson o hanes yn cefnu'n llwyr ar ei gilydd, oherwydd barnai'r Sais mai barbariaid i bob pwrpas oedd y Cymry yn ystod cyfnod yr Eglwys Geltaidd. Dim ond pan ymunodd y Cymry â'r Eglwys Gatholig y perthynai'r Eingl-Sacsoniaid eisoes iddi y galluogwyd Cymru i fod yn rhan o ddiwylliant Ewrop.

Onid yw damcaniaethau Dawson yn taflu goleuni diddorol ar syniadau Saunders Lewis am berthynas Cymru ac Ewrop? Os oedd hyd yn oed un o ddeallusion amlycaf yr Eglwys Gatholig ar y pryd, un a rannai ei edmygedd ef o gyfanfyd cred Ewrop yn y cyfnod cyn y Dadeni ac a ffieiddiai ddatblygiad gwladwriaethau 'cenedlaethol' nerthol a chwalodd yr endid hwnnw, yn gallu mynnu mai dim ond drwy ymostwng yn gynnar iawn yn ei hanes i Loegr y perthynai Cymru o gwbl i ddiwylliant Ewrop, nid yw'n syndod yn y byd fod Saunders Lewis wedi dewis brwydro mor galed i brofi'r gwrthwyneb, sef mai Cymru, ac nid Lloegr, oedd gwir etifedd diwylliant 'Ewropeaidd' Rhufain a bod ganddi hi ei chyfran annibynnol, hynafol, haeddiannol yn niwylliant y Cyfandir. Cofier am y datganiad enwog a wnaeth ym 1927:

> Gobaith heddwch economaidd y byd yw bod cyfalafwyr Prydain yn methu yn eu bwriadau i droi Ymerodraeth Brydain yn fyddin economaidd i ymosod ar Ewrop a'r Amerig. Ond ym Mhrydain a oes traddodiad Ewropeaidd? A oes yma genedl a fu'n rhan wreiddiol o wareiddiad y Gorllewin, yn meddwl yn null y Gorllewin ac yn gallu deall Ewrop a chydymdeimlo â hi? Yr ateb yw: Cymru. Y Cymry yw'r unig

genedl ym Mhrydain a fu'n rhan o Ymerodraeth Rufain, a sugnodd laeth y Gorllewin yn faban a chanddi waed y gorllewin yn ei gwythiennau. Fe all Cymru ddeall Ewrop, canys y mae hi'n un o'r teulu.[16]

Dyma enghraifft wych o athrylith Saunders Lewis i greu yr hyn y byddai anthropolegwyr yn ei alw yn 'fyth tarddiad' ar gyfer ei genedl, ac yn hynny o beth y mae ei waith ef yn cyfateb, dyweder, i *Drych y Prif Oesoedd* gan Theophilus Evans neu *Y Ffydd Ddi-Ffuant* gan Charles Edwards.

Ceir cyfraniad yng nghyfrol Luisa Passerini at syniad canolog arall a all oleuo cariad arbennig Saunders Lewis at Ewrop. Credai llawer o dueddfryd ceidwadol mai yn Ewrop, yn anad unlle, y tarddodd ac y datblygodd y syniad aeddfed am gariad cyflawn mab a merch, syniad a ddaethai wedyn yn gynsail gwareiddiad ei hun. Priodolir hyn yn aml i'r modd y plethwyd cariad a serch yn un gan drwbadwriaid Profens yn yr Oesoedd Canol. Dyma sylfaen perthynas briodasol gyflawn, meddid, ac oddi mewn i'r berthynas honno yn unig y gallai merch fyw a charu'n weddus, gan fagu teulu ac ymostwng i ewyllys ei gŵr. Eithr erbyn y 1920au gwelid bygythiad i'r ddelfryd Ewropeaidd honedig hon o ddau du – o gyfeiriad Rwsia ac o gyfeiriad yr Unol Daleithiau. Rhoddwyd rhyddid arswydus o newydd i ferch yn y naill le a'r llall, ac ystyrid hynny yn fygythiad i wareiddiad ei hun. O'r herwydd, ceid llawer o sôn ymhlith traddodiadwyr am 'argyfwng priodas', a chlywir adlais o hyn yn ysgrif Saunders Lewis, 'Y Teulu' (1930). Rhybuddia fod llywodraeth Lloegr ar fin dilyn esiampl Rwsia Sofietaidd a dinistrio'r teulu, gan gychwyn drwy wneud 'gwryw a benyw yn llwyr gydradd â'i gilydd yng ngolwg y gyfraith.' (51)

Yn sgil sylwadau adweithiol o'r fath, tybed ai cyd-ddigwyddiad yn unig ydyw bod Saunders Lewis yn meithrin syniadau pur geidwadol am wareiddiad Ewrop yn ystod yr union gyfnod pan oedd ef hefyd yn ysgrifennu *Monica* a'r rhan gyntaf o *Blodeuwedd*? Onid oes lle i gredu y gallai fod cysylltiad rhwng y naill ddatblygiad a'r llall? Wrth gwrs, teimlai Saunders Lewis fod y traddodiad Ymneilltuol yng Nghymru yntau'n fygythiad o gyfeiriad arall i gysyniad gwareiddiedig Ewrop o briodas gyflawn oherwydd bod yr Ymneilltuwyr yn didoli cariad oddi wrth serch. Dyma a ddywedodd yn ei ysgrif am fywyd a gwaith Goethe (1923):

> Y mae hanes ei fywyd fel dyn yn rhamant dihysbydd. Mae'n debyg mai dyma'r ochr iddo nas deall y Cymro. Rhyw ddwy flynedd o'i oes y mae'r Cymro yn claeargaru, yna'n priodi, a dyna ei ddiwedd. O bydd iddo fwy o hanes na hynny, ni bydd ond budreddi. Ni ŵyr ef ystyr 'serch', fel y dëellir hynny ar y cyfandir.[17]

Â yn ei flaen i glodfori Gretchen, Frederika, Lotte, Lili a'r Frau von Stein, prif gymeriadau benywaidd *Faust*, oherwydd eu bod yn 'arwydd ynni ac arial bywyd diderfyn.' Nid yw'n syndod felly i Saunders Lewis greu Monica a Blodeuwedd yn fuan wedi hynny. Cymeriadau 'Ewropeaidd' yw'r rhain ar un ystyr, ac y mae'n amlwg bod Saunders Lewis yn ymserchu i raddau yn eu nwyfusrwydd synhwyrus. Ond ar yr un gwynt y mae eu hofn hwy arno hefyd oherwydd eu bod yn bygwth byw yn annibynnol ar deulu ac ar ŵr, ac yn bygwth dyrchafu serch uwchlaw cariad (sef y gwrthwyneb i bechod yr Ymneilltuwyr!). Yn hynny o beth, gelynion gwareiddiad Ewrop yw'r ddwy ohonynt – cymeriadau sy'n lled arwyddo'r 'Fenyw Newydd' a welsai Saunders Lewis o bell yn y Rwsia Sofietaidd ar y naill law a'r Unol Daleithiau ar y llaw arall.

Teimlir anesmwythyd tebyg ynghylch natur merch yn *Crwydro'r Cyfandir*, llyfr arloesol afieithus Ambrose Bebb am daith tri chyfaill o amgylch gorllewin Ewrop. Y mae naws fachgennaidd a hen lancaidd i'r gyfrol hon ar ei hyd, fel petai'n rhagflaenu *road movies* a *buddy movies* yr Unol Daleithiau, er mai am y Mabinogi y mae Bebb yn cofio wrth iddo ef a'i ffrindiau 'fabolbrancio'.[18] Bron yn syth ar y cychwyn ceir stori ysmala am ymdrech aflwyddiannus 'Siôn' i ddal Bebb ym magl serch (*CC*, 28). Ceir cellwair ynghylch Siôn a'i 'Siân', sef ei 'fotor car', oherwydd gwrthrych benywaidd yw motor car a 'gwryw' ('march') yw motorbeic (*CC*, 17). Hoff gan Bebb ymadrodd 'gwreiddiol' Léon Daudet, 'na bydd merched gwirioneddol hardd fyth yn rhedeg ar ôl syniadau gwleidyddol gwyllt a phenboeth.' (*CC*, 227) Hoff ganddo hefyd, felly, ferched sy'n ddiogel o henffasiwn, megis yr eneth honno yn Angers sy'n gweini mafon cochion mor osgeiddig: 'Anaml y sylweddolais erioed o'r blaen fod y fath gelfyddyd gyfrwys mewn gweini. Gwyddai'r ferch honno hi i'w manylion.' (*CC*, 103) Yr oedd defod a seremoni yn golygu llawer i Bebb, yn enwedig yng nghylch bwyta ac yfed, ac y mae arwyddocâd arbennig, wrth gwrs, i'r gair 'celfyddyd' yn ei eirfa ef oherwydd ei fod yn chwilio'n ddiflino am gymdeithas ragfodern lle y perchir crefft. 'Peth da', meddai'n hiraethus, 'ydyw bod camp ei gelfyddyd yn rhoddi ei enw ar ddyn.' (*CC*, 97) Yr un modd, edmyga nodweddion gwerinol merched cefn gwlad Ffrainc: 'Y merched yw gogoniant Ffrainc, 'do's dim dwywaith. Edrychwch arnyn 'nhw. Ma' nhw ym mhobman – ar y tir, yn rhedeg tram a thrên, a phob gwesty yn y wlad.' (*CC*, 122) Y gweddau ceidwadol ar ymddygiad merched sy'n ei blesio orau bob tro. Y mae wrth ei fodd, er enghraifft, pan ddaw ar draws priodas yn St Malo: 'Nid priodas Eiddig, nid priodas Rhagrith. Un o'r priodasau delfrydol hynny sydd yn myned lailai yn y byd ar hyn o bryd, ond sy'n aros eto yn un o nodweddion gorau Catholigrwydd bywyd Llydaw.' (*CC*, 59)

Pan fo'n eistedd ar sedd gefn motorbeic Siôn, teimla Bebb ei fod bron yn llythrennol ar gefn ei geffyl, yn gwireddu ei freuddwyd am fod yn farchog dewr yn Oes Sifalri (*CC*, 79, 94).Wrth iddo ef a'i gyfeillion geisio achub y blaen ar ferch mewn car, sylwa Bebb ei bod h'n dal i ennill 'mor hawdd ac esmwyth â Rhiannon wrth fynd heibio Gorsedd Arberth.' (*CC*, 150) Nid yw'n syndod mai cyrraedd Profens, felly, yw un o uchafbwyntiau'r daith: 'Ers oriau yr oeddym ar binnau megis yn disgwyl am y porth aur i mewn i fro hud a lledrith, i fro cariad a rhamant, i fro hanes hen a bywyd sionc, i fro'r goleuni llachar a'r *joie de vivre*.' (*CC*, 154) Ac yn Avignon y mae Bebb yn dwyn Frédéric Mistral i gof, 'trwbadwr a aned ganrifoedd ar ôl eu cyfnod hwy.' (*CC*, 163) Rhyw Fistral o genedlaetholwr oedd Bebb ei hun, wrth gwrs, rhamantydd a fynnai weld olion Cymru'r Oesoedd Canol lle bynnag yr âi yn Ffrainc. Adwaith oedd hyn i raddau yn erbyn rhagfarn Ymneilltuwyr ynglŷn â phob diwylliant Catholig, rhagfarn a briodolir yn fwriadol yn *Crwydro'r Cyfandir* i gyfaill dychmygol Bebb, sef Siôn. Ond, o ganlyniad, coleddai Bebb syniadau doniol o delynegol am ragoriaethau diwylliant Ffrainc, a mynegir y syniadau hyn yn groyw yn unfed bennod ar ddeg y gyfrol – y bennod fwyaf gormodieithus, ond odid, a ysgrifennwyd erioed am Ffrainc a'i phobl! 'Y mae traddodiad – y peth sefydlog a bonheddig hwnnw – i'w deimlo yn ei holl osgo. Y mae'r Ffrancwr yn uchelwr yn y bôn', ac felly ymlaen am bennod gyfan (*CC*, 186)!

Eithr yr hyn sy'n ddiddorol yng nghyfrol Ambrose Bebb yw'r ymdrech a wnaed ganddo i lunio myth o Ewrop a fyddai'n galluogi'r Gymru Gymraeg wledig i greu dolen gyswllt rhwng y gorffennol a'r dyfodol. Ac yn hyn o beth, y mae'n arwyddocaol iawn nad o Fangor (sef dinas dysg) y mae'n dewis cychwyn ar ei daith, eithr o'i hen gynefin gwledig, Tregaron. 'Yno, yn y pridd a'r caeau o gwmpas, y mae fy ngwreiddiau i bob un, ac nid heb ymdeimlo ac ymglywed â hwy yn gyntaf y mae'n ddiogel imi gychwyn' (*CC*, 8–9). Eithr nid yw'n hawdd mynd â'r wlad gydag ef ar gefn ei feic modur, fel y mae'n darganfod wrth geisio gwneud cyfrwy o wellt. Sedd anghyfforddus tost yw honno, ac y mae'n rhaid iddo luchio'r cyfrwy'n ddiseremoni i'r clawdd. Ceir symbol arall awgrymog pan fo Bebb yn treulio ei awr olaf yn Nhregaron yn lladd gwair ar y fferm lle y'i maged. 'Cerddais innau o'r tu ôl iddo ef [sef Rhys y gwas] a'i wedd a'i beiriant fel y cerddais ganwaith o'r blaen, gan sylwi ar gyflymder y gyllell yn rhedeg yn ôl ac ymlaen, ar gryndod yr ystod wair cyn syrthio i lawr â'i phen tuag yn ôl bob tro, ac ar esmwythed cerddediad y ddwy gaseg. Cofiais mai wrth gerdded felly y dysgais Ladin yr ysgol Sir gynt. Yna, euthum i fy hun i gymryd lle Rhys, ac i eistedd ar amgylchoedd y cae ac ar y peiriant ar ei gylch lladd, nes dyfod amser imi droi at y tŷ, a hwylio i fynd i'm taith' (CC, 25). Hawdd deall, wedi darllen y darn hwn, mai ymdrech yw *Crwydro'r Cyfandir* i gysoni cylchdro'r 'indsian ladd gwair' â'r llinell cyn sythed â saeth a amlinellir gan y motorbeic, y 'Zenith', pan fo ar garlam.

Tua diwedd *Crwydro'r Cyfandir* ceir 'cip ar yr Eidal deg', ac yn y man hwnnw gwelir Ambrose Bebb yn cloffi rhwng sawl meddwl wrth geisio pwyso a mesur gwleidyddiaeth Mussolini. Nid dyma'r lle i fynd i'r afael â'r cwestiwn dyrys ynghylch agweddau Bebb, Saunders Lewis a J. E. Daniel at yr Ewrop newydd Ffasgaidd. Digon yw nodi am y tro fod eu hagweddau amwys hwy wedi gelyniaethu nifer o Gymry ifainc erbyn diwedd y 1930au, ac mai syniadau gwahanol iawn am berthynas Cymru ag Ewrop a goleddid gan y gwrthwynebwyr hyn. Hoffwn edrych rywbryd ar ddalennau'r *Ddraig Goch* a'r *Llenor*, gan ymestyn fy sylw wedyn i gyfeiriad Cylch Cadwgan a fu'n cyfarfod yn ystod yr Ail Ryfel Byd, a chan gymharu eu cyfansoddiadau hwy ag ysgrifau Saunders Lewis yn *Cwrs y Byd*. Hefyd, hoffwn sylwi'n arbennig ar y trafodaethau a gyhoeddwyd yn y cylchgrawn *Heddiw*, gan gynnwys ysgrifau Geraint Dyfnallt Owen, a sylwadau a cherddi Alun Llywelyn-Williams. Ond ni allaf ond craffu ar un enghraifft arbennig o werthfawr o'r modd yr aethai to newydd ati i greu mythau newydd i gysylltu Ewrop a Chymru.

Cyfrol Cyril P. Cule, *Cymro ar Grwydr* (1941), sydd gennyf mewn golwg, llyfr taith pur wahanol i *Crwydro'r Cyfandir*.[19] Cymaint oedd edmygedd anfeirniadol Ambrose Bebb o Ffrainc fel y medrai gredu bod trigolion ei threfedigaethau i gyd yn falch o'u hystyried eu hunain yn Ffrancwyr. Eithr gwyddai Cule yn amgenach, gan ei fod wedi profi dicter trigolion Syria at Ffrainc. Gwyddai ymhellach, ar ôl treulio blwyddyn yn ddi-waith ym Mharis, fod y Ffrancwyr hwythau'n dal dig yn erbyn yr estroniaid a'r ffoaduriaid a ddaethai i'w gwlad i chwilio am waith pan oedd Ffrainc yn dioddef dirwasgiad economaidd. Iddewon o'r Almaen oedd y trueiniaid hyn, a thrwy wrando ar eu hanes dysgodd Cule gasáu Ffasgaeth â chas perffaith. Pan symudodd yn ei flaen i Fadrid, buan y sylweddolodd mai gwas bach Hitler a Mussolini oedd y Cadfridog Franco a geisiai ddymchwel llywodraeth weriniaethol ddemocrataidd Sbaen yn enw gwareiddiad Cristnogol Ewrop. Uniaethai Cule yn arbennig â'r Basgiaid, yn rhannol am y teimlai fod tebygrwydd rhyngddynt hwy a'r Cymry. Felly, ar ôl gorfod ffoi o afael Franco yn ôl i Gymru, ymdrechodd Cyril Cule yn daer i genhadu ar ran trigolion Euskadi, ac o blaid y rhai a ymladdai'n ddewr yn rhengoedd byddinoedd y Ffrynt Poblogaidd. Ond fe'i siomwyd gan ymateb ei gyd-Gymry, ac y mae'n werth nodi ei sylwadau'n fanwl:

Yn fuan ar ôl imi ddychwelyd o Sbaen, fe losgwyd yr Ysgol Fomio yn Llŷn gan dri o wroniaid y Blaid Genedlaethol. Yr oedd cryn dipyn o siarad plaen yn y wasg Gymreig am fandaliaeth y Swyddfa Ryfel, yn taenu ei ffieidd-dra anghyfaneddol ar un o gysegrleoedd y Cymry. Ychydig amser ar ôl hynny, fe gyflawnwyd fandaliaeth lawer gwaeth ar un o gysegrleoedd cenedl y Basgiaid, sef Guernica, – y Ddinas Sanctaidd lle'r oeddys yn arfer urddo penaethiaid y genedl tan gysgod hen dderwen. Symbol traddodiadau'r Basgiaid oedd y dderwen honno. Tan ei chysgod hi yr urddwyd yr Arlywydd Antonio Aguirre fel pennaeth Euskadi tan y drefn newydd, – trefn newydd oedd hefyd yn hen, canys dyma adfywidad rhyddid i genedl oedd yn hŷn na Sbaen, yn hŷn na Ffrainc, a hyd yn oed yn hŷn na'r Ymerodraeth Rufeinig. (190)

Nid sefydlu ysgol fomio a wnaethpwyd yn Guernica. Gwnaethpwyd rhywbeth anrhaethol [sic] fwy dieflig. Ehedodd awyrblaniau Almaenaidd dros y dref, gan daflu cawodydd o fomiau, ac yna, daethant yn is, gan saethu ar y minteiodd o ffoaduriaid â pheiriant-ynnau. Dyna wnaeth y boneddigion hynny oedd am 'amddiffyn traddodiad Ewropeaidd'! (100)

Y mae'r darn hwn yn dwyn i gof gerdd Alun Llywelyn-Williams o'r un cyfnod, 'Pryder am Sbaen a Chymru':

> Draw dros y môr, mae'r amgueddfa wych
> dan raib, a'r sêr gan sŵn yr awyrennau'n flin;
> clywch gri ein brwydr ni, a gwerin Sbaen
> yn wylo dysgub eu hanwyliaid crin.[20]

Megis Alun Llywelyn-Williams, teimlai Cyril Cule yn angerddol mai 'ein brwydr ni', sef brwydr gwerinwyr Cymru, oedd brwydr y Ffrynt Poblogaidd yn erbyn byddinoedd Ffasgaidd Franco. Nid yw'n rhyfedd ei fod 'yn bresennol yn y cyfarfod mawr a gynhaliwyd ym Mhafiliwn Aberpennar i groesawi'r [sic] milwyr o Adran Gymreig y Brigâd Cydgenedlaethol ar eu dychweliad o'r Rhyfel Cartref yn Sbaen' (118).

Credai Cyril Cule fod perthynas waed rhwng Ffasgaeth a Chyfalafiaeth, a chredai ymhellach fod y gyfundrefn a luniwyd gan gyfalafwyr 'wedi rhoi bod i ddosbarth newydd – y proletariat diwydiannol – dynion sy'n cynhyrchu yn gymdeithasol. Yn hwyr neu hwyrach, fe wêl y dynion hyn mai hwy biau'r dyfodol.' (119) Cymru'r cymoedd diwydiannol oedd Cymru Cyril Cule yn y bôn. Y proletariat, rhagor yr amaethwyr, oedd ei werin ef. Sosialydd o genedlatholwr ydoedd, yn llinach T. E. Nicholas, a thrwy gredu'n gryf mai'r un oedd brwydr y werin broletaraidd am gyfiawnder ar draws Ewrop o Rwsia i Sbaen i Gymru, cyfranogai o fyth am gydberthynas Cymru ac Ewrop a rennid gan nifer o Gymry amlwg, gan gynnwys Gwyn Thomas (yr awdur Eingl-Gymreig o'r Barri) a'r gŵr ifanc a ddaeth yn adnabyddus ddegawdau'n ddiweddarach fel yr Athro Gwyn A. Williams.

Drwy gyfrwng gwaith Cyril P. Cule fe'n harweiniwyd, felly, i ystyried y modd y mae awduron Saesneg Cymru wedi ymdrin ag Ewrop, ac i'r cyfeiriad hwnnw yr wyf am droi yn rhan olaf y drafodaeth hon. Golyga hynny fy mod yn gorfod esgeuluso, am y tro, y diddordeb newydd yn Ewrop a ddangoswyd gan sawl cenhedlaeth o Gymry Cymraeg dros yr hanner canrif diwethaf. Eithr nid drwg o beth mo hynny, oherwydd y mae'r darlun hwnnw'n rhy gymhleth o lawer i fynd i'r afael ag ef mewn un ysgrif fer. Sylwai Saunders Lewis ei hun, mor gynnar â 1969, fod newid mawr wedi bod ers iddo ef ac Ambrose Bebb ddechrau hyrwyddo diddordeb y Cymry yn niwylliant y Cyfandir:

> Erbyn heddiw y mae popeth wedi newid yn llwyr. Y mae efrydwyr ifainc yn mynd o Gymru i wledydd y cyfandir yn fynych fynych. Ceir sgyrsiau radio ar y Llenor yn Ewrop gan athrawon a darlithwyr o Gymry Cymraeg sy'n arbenigwyr yn eu pynciau. Rhoes Mr Emyr Humphreys inni ar radio Cymru gyfres o gyfieithiadau o ddramâu Ffrangeg ac Ellmyneg ac Eidaleg gan arweinwyr y ddrama yn Ewrop. Nid oedd y chwyldro hwn wedi cychwyn yn 1921 pan aeth Ambrose Bebb o Aberystwyth yn *lecteur* i'r Sorbonne. Da y dywedodd A. E. Zimmern yn 1920 mai trwy ffenestr Lloegr yn unig yr edrychai Cymru ar y byd. Torrodd Bebb lwybr gwahanol. Cododd ef fantell Emrys ap Iwan a'i gwisgo.[21]

Y mae'r deyrnged i Emyr Humphreys yn briodol oherwydd ymhlith awduron Saesneg Cymru ef, yn ddi-os, yw'r un a etifeddodd gred ganolog Saunders Lewis fod diwylliant Cymru wedi bod yn rhan werthfawr annatod o wareiddiad cyfandir Ewrop ers cyfnod y Rhufeiniaid, ac ef, hefyd, sydd wedi ceisio amlygu'r gred honno mewn llên. Cafwyd cyfaddasiadau ganddo o gerddi gan Montale a dramâu Pirandello, canolbwyntiodd yn benodol ar Ewrop yn amryw o'i nofelau, yn enwedig mewn dwy a gyhoeddwyd ar gychwyn ei yrfa a dwy ar ei diwedd; lluniodd sawl nofel yn ymwneud â pherthynas Cymru â'r Cyfandir; a datganodd droeon ei fod yn ei ystyried ei hun yn llenor Ewropeaidd. Teimla fod amharodrwydd y Saeson i'w cyfrif eu hunain yn Ewropeaid cyflawn yn ei amlygu ei hun yn y nofel Seisnig. Pan fydd nofel wedi ei gosod yn Fflorens, er enghraifft, 'rydach chi'n gweld y lle, yn fy nhyb i, trwy lygaid Sais, llygaid twrist, mwy na hynny llygaid imperialaidd, llygaid dyn sydd â'r hawl ganddo fo i edrych i lawr ar y *"lesser breeds without the law,"* ac ar arferion rhyfedd y brodorion.'[22]

Amlygir gallu i'r gwrthwyneb gan Emyr Humphreys, sef y gallu i ymuniaethu â brodorion gwledydd Ewrop, a gwelir hyn yn eglur yn ei nofel hwyr, *The Gift of a Daughter*.[23] Ynddi cedwir y ddysgl yn berffaith wastad, er enghraifft, rhwng argyhoeddiad y Cymro, Aled, fod gan Eidales ifanc o'r enw Grazia'r hawl i ddianc o afael ormesol ei thylwyth a chred wrthgyferbyniol yr uchelwr Muzio y dylid parchu traddodiad, costied a gostio, rhag i hen gymdeithas sefydlog a gwâr gael ei disodli'n llwyr gan ddiwylliant cydwladol diwreiddiau'r byd modern. Byw yn Etruria y mae Muzio a Grazia, ac y mae gweddillion diwylliant yr Etrusciaid o'u cwmpas ym mhobman. Pobl a ddiflannodd o olwg hanes yw'r Etrusciaid, ac er iddynt adael delweddau hudolus ar eu hôl ar furiau dinasoedd eu meirwon, nid oes neb heddiw a all ddehongli'r ysgrifen ar y muriau gan fod iaith yr Etrusciaid yn anadferadwy. Hwyrach fod neges i ni'r Cymry Cymraeg yn hynny? Rhagarwydd o'r hyn sy'n ein haros? Lledawgrymir hyn yn *The Gift of a Daughter* wrth i Emyr Humphreys weu rhwydwaith o gysylltiadau cyfoethog rhwng Cymru a'r Eidal. Un o'r agweddau pwysicaf, felly, ar weledigaeth Ewropeaidd Emyr Humphreys yw'r modd y bu'n gyfrwng iddo, fel llenor, agor cil y drws ar brofiadau sawl cymdeithas ar y Cyfandir a allai oleuo sefyllfa'r gymdeithas sydd ohoni yng Nghymru.

Er mai Emyr Humphreys, yn bendifaddau, yw etifedd Saunders Lewis yn ei ymwneud ag Ewrop, y mae Raymond Garlick yn ail pur agos iddo. Pan benderfynodd Prydain ei bod am ymuno â'r Gymuned Ewropeaidd, cyfansoddodd Raymond Garlick gerdd goeglyd yn llongyfarch y Saeson, 'a people / ascending to their origins at last.'[24] Eithr am y Cymry, gallent ddatgan 'Before ever / England was, we were. And still we are.' Eto fyth, yr oedd Cymru yn rhan o Ewrop ymhell cyn i Loegr fodoli o gwbl: 'It's an old affair – Wales went in with Gaul, you see, / … A couple of millenniums [*sic*] / we've been in.' Awgryma Garlick, felly, fod ymwybyddiaeth o berthyn i Ewrop ym mêr esgyrn diwylliant y Cymry ('as the long dimension / of a culture's blood and bone'). Ond am y Saeson, hanes Lloegr yn unig oedd eu hanes hwy, hanes gwladwriaeth ryfelgar a dyfodd yn ymerodraeth fyd-eang. Gobaith Raymond Garlick yw bod penderfyniad Lloegr (a gwladwriaethau mawr rhyfelgar eraill, megis Ffrainc a'r Almaen) i fwrw ei choelbren o blaid creu Ewrop newydd yn arwydd bod y cyfnod hir pan oedd cenhedloedd mawrion Ewrop yng ngyddfau ei gilydd wedi dod i ben, a bod cyfnod newydd yn gwawrio pan fyddai cenhedloedd bychain heddychlon, megis Cymru, yn cael cyfle i gyfrannu eu hatling at feithrin cytgord a chreu Ewrop ddiwyllliannol newydd: 'For some of us, you see, / Wales is another word for peace.'[25] Awgryma Garlick ymhellach fod cyfle i'r iaith Gymraeg dderbyn ei haeddiant o'r diwedd oddi mewn i gyfundrefn newydd, a thua diwedd y gerdd 'Fanfare for Europe' y mae'n annog Lloegr i gydnabod mai'r Gymraeg yw un o ieithoedd hynaf Ewrop: 'A monoglot and monolithic state, begins to know / the otherness of others, / those peacock gardens of theirs – / language, tradition, culture: Europe's cornucopia.'

Ac yntau'n aelod o Eglwys Rufain ers degawdau, hudwyd Raymond Garlick yn ogystal gan gariad Saunders Lewis at y cyfnod pan oedd y Cymry'n arddel yr un grefydd ag Ewrop gyfan. Felly, pan ganoneiddiodd y Pab chwech o ferthyron Catholig Cymru ym 1972, lluniodd Raymond Garlick gerdd o fawl a oedd yn agos i ugain tudalen o hyd. Eithr nid y merthyron hynny yn unig a fawrygwyd ganddo. Canmolodd nifer o wroniaid Cymraeg y ffydd Brotestannaidd yn ogystal oherwydd ei fod yn edmygu dewrder unigolion a fynnai wrthsefyll grym gwladwriaeth yn enw egwyddor moesol a chrefyddol: 'resistance to the juggernaut that tries / to flatten all beneath the monstrous wheels / that trundle the gross idol of the State.'[26] Pan gyfansoddodd Raymond Garlick y gerdd, yr oedd nifer o aelodau ifainc Cymdeithas yr Iaith Gymraeg (gan gynnwys ei fab ei hun) newydd gael eu carcharu am dorcyfraith di-drais a chredai Garlick eu bod yn perthyn i linach anrhydeddus merthyron Cymru. At hynny, credai ei bod yn briodol iawn fod y Catholigion a berthynai i'r llinach honno yn cael eu cydnabod yn Rhufain gan y Pab – 'The oldest voice of Europe, Peter's' (64) – oherwydd gwrthwynebwyr cydwybodol Cymru oedd y ddolen a gysylltai'r genedl â diwylliant Ewrop ar ei orau. Fel y gwelwyd eisoes, nid yn ysblander diwylliannol y gwledydd grymus rhwysgfawr y gwelid Ewrop ar ei gorau, yn nhyb Raymond Garlick, eithr yn y gwerthoedd moesol a berchid gan bobl a phobloedd distadl cyffredin – gwerthoedd megis yr annibyniaeth barn a nodweddai werinwyr ystyfnig yn yr Iseldiroedd (lle y bu Raymond Garlick a'i deulu yn byw am saith mlynedd). Gobaith Garlick, felly, oedd y byddai Cymru yn adfer ei hunanbarch drwy ymddihatru o afael y byd rheibus modern a gynrychiolid gan Loegr, ailafael yn y gwerthoedd a nodweddai ei hanes ar ei gorau, ac ymuno yn ymdrech y cenhedloedd bychain i greu Ewrop newydd, nid ar ddelw y gwledydd mawrion eithr ar sail gwerthoedd ysbrydol hynafol amgen.

Er bod Raymond Garlick ac Emyr Humphreys yn ysgrifennu yn Saesneg, uniaethent ill dau â'r Gymru Gymraeg, ac adlewyrchir hynny yn y ffordd yr edrychent ar Ewrop. Nid felly Duncan Bush, fel y gwelir yn *The Genre of Silence*, cyfrol eithriadol rymus o gerddi a ddrysodd ddarllenwyr pan gyhoeddwyd hi ym 1988.[27] Cyflwynwyd y gyfrol fel casgliad o gerddi

Victor Bal, un o'r nifer enfawr a ddiflannodd oddi ar wyneb daear yn yr Undeb Sofietaidd yn ystod teyrnasiad Stalin. Y mae enwau'r mawrion yn eu plith bellach yn felys yn y cof – Yesenin, Mayakovsky, Mandelstam ac Isaac Babel. Eithr bardd anhysbys yw Bal, ac yng nghyfrol Bush cynhwysir pymtheg o gerddi ganddo sydd newydd ddod i'r golwg ymhlith papurau bardd anhysbys arall, Uevgeni Nikolayevich Gubsk, ynghyd â detholion o hunangofiant anorffenedig Bal, a nodiadau cynhwysfawr ar y testunau i gyd gan olygydd dienw sy'n dyfynnu'n helaeth o sgwrs a fu rhwng Bal ac Isaac Babel ym 1937. Neu felly yr ymddengys. Ond gadewir y darllenydd rhwng dau feddwl oherwydd nid yw'n sicr ai person go iawn oedd Victor Bal ynteu cynnyrch dychymyg Duncan Bush yn unig. A thrwy feithrin yr ansicrwydd hwnnw y mae Bush yn peri inni sylweddoli mor dwyllodrus yw'r hyn a ystyriwn yn 'hanes'. Darniog a bylchog iawn yw ein hamgyffred o'r gorffennol.

Y mae dull Bush o ysgrifennu yn awgrymu mai ar ffurf y 'ffugio' a geir mewn llên y goroesodd rhai o'r gwirioneddau pwysicaf am gyfnodau a fu (meddylier, er enghraifft, am y 'dystiolaeth' a geir yn storïau Isaac Babel am gafalri'r Fyddin Goch), a lledawgrymir ymhellach mai llên yw'r cyfrwng gorau sydd gennym i dorri mudandod llethol y gorffennol. Llais y di-lais yw barddoniaeth i Bush. Drwy lynu wrth y gred honno a thrwy ddangos ei barch angerddol at grefftwr geiriau, y mae Bush yn arddangos ei Gymreictod. Nid ar chwarae bach y dylai awdur ysgrifennu, yn ei dyb ef, eithr rhaid troi at waith awduron a fu'n byw o dan erledigaeth er mwyn gwerthfawrogi hynny, oherwydd collwyd golwg ar wir arwyddocâd llên yng ngwledydd y Gorllewin. Hallt yw beirniadaeth Bush ar 'spoiled brats of consumerism, born twenty years later, out of the self-indulgence of the late Sixties, and reaching adulthood under Thatcherism thrice-returned.'[28] Yr un modd, y mae'n gas ganddo'r elfennau hunangyfeiriol, chwareus sy'n nodweddu llenyddiaeth ôl-fodernaidd.[29]

Etifedd traddodiad gwleidyddol radical cymdeithasau diwydiannol de Cymru yw Duncan Bush yn y bôn, a byddai'n ddiddorol cymharu'r defnydd a wna o 'Victor Bal' â'r hyn a wnaed gan Gareth Miles o weithiau Bulgakov. Ond y mae un agwedd bwysig arall ar *The Genre of Silence* y dylid ei nodi. O'r saith cant o awduron a ddaeth ynghyd ym Moscow yng nghyfarfod cyntaf Cyngres yr Awduron (1934), dim ond hanner cant a oroesodd gyfnod gwaedlyd Stalin. A phechod y rhai a 'ddiflannodd' oedd eu hamharodrwydd i gysegru eu doniau yn llwyr i fawrygu'r 'gymdeithas newydd'. Cred Duncan Bush fod y wers erchyll honno yn rhybudd i Gymru oherwydd bod pwysau mawr ar awduron Cymreig (yn enwedig o du cenedlaetholdeb) i gydymffurfio â gofynion eu 'cenedl'. Ac fel un a faged ar aelwyd ddi-Gymraeg yng Nghaerdydd, teimla Duncan Bush nad yw ef yn perthyn i'r 'genedl' fel y mae rhai'r Cymry Cymraeg yn dal i synied amdani. Felly, iddo ef y mae troi i gyfeiriad Ewrop yn gyfystyr â mynnu'r hawl i fod yn awdur Cymreig ar ei delerau annibynnol diymrwymiad ei hun.

Agwedd i'r gwrthwyneb yn llwyr sydd gan Jan Morris. Islaw'r cyflwyniad i'w chyfrol gyfareddol, *Fifty Years of Europe: An Album* (1997), argreffir rhigwm gogleisiol: 'From Reykjavik to Ljubljana, / Cheerful Cork to weird Tirana, / No exotic route avails / To clear my homesick mind of Wales, / Where my Love is at, / And also Jenks the cat.' Ac yn y rhagymadrodd i'r gyfrol y mae Morris yn cyferbynnu ei hagwedd bresennol at Ewrop â'r agwedd a oedd ganddi pan oedd yn filwr Prydeinig yn Nhrieste ym 1946: 'I thought of myself then as firmly British, and I looked at everything around me, I fear, slightly *de haut en bas*.'[30] Dim ond flynyddoedd yn ddiweddarach, ar ôl iddi arddel ei Chymreictod, y daeth i deimlo ei bod yn ddinesydd Ewrop. 'I myself long ago grew out of my British imperialism', meddai ym 1997, 'found myself in Welshness, and came to realize that I had also been a European all the time, and although I have always been a solitary traveller, an onlooker, in Trieste I now no longer feel an outsider.' (7)

Yn nhyb Jan Morris, Trieste yw prifddinas amrywiol bobloedd Ewrop oherwydd nid un o ddinasoedd gwladwriaethau 'cenhedlig' mawrion y Cyfandir mohoni (nid yw trigolion Trieste yn ystyried eu hunain yn Eidalwyr) ond man lle y cesglir pobloedd ynghyd o bedwar ban y Cyfandir yn un gybolfa fawr. Ac fel un sydd bellach o'r farn ei bod hi'n perthyn i un o'r mân bobloedd hynny, ystyrir Trieste ganddi yn gartref ysbrydol naturiol. O'r fan honno gall weld yn glir fod y Cymry yn un o'r 'minority nations – not just enclavists, or ethnic segmentarians, or members of compulsory federations, or islanders, but people who, though clamped within the frontiers of greater states, still consider themselves complete nations in themselves, inhabiting their native territories. They have all been mucked about by history in one way or another.' (98)

O Trieste, yn ogystal, y gwêl Morris mai'r un yn y bôn yw penbleth y Cymry a phenbleth cenhedloedd bychain ar draws Ewrop. Ac yn ei thyb hi, gellir disgrifio'r benbleth honno o dan bedwar pen, fel petai'r Cymry'n gorfod byw o dan felltith rhyw wrach Geltaidd chwedlonol: poenedigaeth penbleth hunaniaeth ('the Torment of Confused Identity'), poenedigaeth y tafod a rwygwyd ymaith ('the Torment of the Torn Tongue'), poenedigaeth dau ddiwylliant ('the Torment of the Two Peoples'), a phoenedigaeth y disodliad ('the Torment of Dispossession') (98–9). Sylwer, felly, fod Jan

Morris – yn wahanol, dyweder, i Saunders Lewis – o'r farn nad drwy gyfrwng y diwylliant Cymraeg yn unig y mae'r Cymry i'w hystyried eu hunain yn un o bobloedd Ewrop. Yn hytrach, cynnyrch y cyfnod modern – y cyfnod a esgorodd ar y Gymru 'Eingl-Gymreig' – yw'r nodweddion hynny sydd bellach yn cydio Cymru wrth Ewrop. A byddai'n ddiddorol cymharu argyhoeddiad Jan Morris yn y cyswllt hwn â'r trafodaethau pwysig am gysylltiadau Cymru ag Ewrop a geid yn rhai o sgyrsiau olaf Raymond Williams, ac yn y testunau amrywiol a gyhoeddwyd dros gyfnod o chwarter canrif yn y cylchgrawn *Planet* o dan olygyddiaeth oleuedig Ned Thomas a John Barnie.

'Rhaid inni agor dorau led y pen' i gyfeiriad Ewrop, meddai Griffith John Williams drigain a deg o flynyddoedd a mwy yn ôl. Ac ar ôl dyfynnu'r geiriau hynny ym 1982 yn ei ddarlith 'Lledu'r Gorwelion', ychwanegodd Alun Llywelyn-Williams y dylai'r Cymry 'fanteisio hyd yr eithaf ar gynhysgaeth feddyliol a diwylliannol Ewrop a'r byd i gyd; yn y gobaith, yn wir gan gredu, y bydd lledu'r gorwelion i feddiannu'n llawn ein treftadaeth gydwladol yn ysbrydoliaeth i rym creadigol ein diwylliant cynhenid Cymraeg.'[31] Cytunwn ag ef, eithr heb fynd mor bell â derbyn sylw ychwanegol Saunders Lewis mai 'Ewrop yw arweinydd a chanolbwynt y byd.'[32] Gŵyr pawb ohonom yn rhy dda bellach fod y byd yn llawer mwy nag Ewrop, a bod ar Ewrop ddyled fawr i'r byd hwnnw. Y mae'n briodol gorffen, felly, drwy gyfeirio at y chwedl hynafol am Ewropa, y dywysoges brydferth o Phoenicia a gipiwyd gan Zeus, ar ôl iddo ymddangos iddi ar lun tarw cannaid hardd, ac a gludwyd yn groes i'w hewyllys i ynys Creta. Ei henw hi, meddai'r chwedl, a roddid i'r parthau hynny a ymestynnai i'r gorllewin o wlad Groeg. Awgrym pellach y chwedl, wrth gwrs, yw mai o'r Dwyrain y daethai'r syniadau a ddiwylliodd wledydd y Gorllewin – wedi'r cyfan, onid brawd Europa, Cadmus, a ddygodd yr wyddor i Ewrop gyntaf? O'r herwydd y mae'n briodol inni ddathlu nid yn unig uniad Cymru ac Ewrop ond hefyd gydberthynas Ewrop â gweddill y byd; a dyna'n union a wneir yn nhri phennill olaf y gerdd 'Ewropa', gan Euros Bowen, penillion sy'n dathlu geni diwylliant Ewrop o'r paru cyntaf hwnnw a fu rhwng y forwyn Ewropa a'r tarw Zeus ei hun:

> Esgeiriau ias ei gariad,
>   ei fynd yn fwyn,
>   a'i dendio'n llond ysgarlond ei gyrn.
>
> Anwyliant yn dynoli
>   erwau Ewrop
>   o radau deoriad aur y dwyrain.

Ei fynd ar gyfandir
yn iaith cenedlaethau,
yn adegau a wybydd gysgod gobaith.[33]

Boed i'r gobaith hwnnw fwrw ei gysgod dros Ewtopia'r Cymry ymlaen eto i'r dyfodol.

Nodiadau

1. Saunders Lewis, *Canlyn Arthur* (ail argraffiad; Llandysul: Gwasg Gomer, 1985), t. 31.
2. Jan Morris, *Fifty Years of Europe: An Album* (London: Viking, 1997).
3. Dai Smith, *In the Frame: Memory in Society, 1910–2010* (Cardigan: Parthian Press, 2010).
4. Ned Thomas, *Bydoedd: Cofiant Cyfnod* (Tal-y-Bont: Y Lolfa, 2010).
5. 'Trindod', *Casgliad o Gerddi T. H. Parry-Williams* (Llandysul: Gwasg Gomer, 1987), t. 5.
6. Ceir crynhoad defnyddiol o'r syniadau sy'n greiddiol i'r 'Ddaearyddiaeth Newydd' yn John Kerrigan, 'The Country of the Mind', *Times Literary Supplement* (11 Medi 1998), 2–4.
7. Gweler, er enghraifft, Timothy Garton Ash, 'The Puzzle of Central Europe', *The New York Review of Books*, XLVI, 5 (1999), 18–23.
8. Alun Llywelyn-Williams, *Ambell Sylw* (Dinbych: Gwasg Gee, 1988), t. 135.
9. D. Myrddin Lloyd (gol.), *Detholiad o Erthyglau a Llythyrau Emrys ap Iwan* (3 cyf.; Y Clwb Llyfrau Cymreig, 1937–40), tt. II, xv. Ond gellir dadlau mai'r Almaen, yn hytrach na Ffrainc, oedd gwir darddle'r cysyniad o gymuned 'genedlaethol' werinol, gan i'r syniad hwnnw gael ei feithrin gan Herder. Un nodwedd ddiddorol ar hanes ymwneud Cymru ag Ewrop, yn wir, yw'r rhaniad rhwng y deallusion hynny a oedd yn cynhesu'n bennaf at yr Almaen a'r rheini oedd yn bleidiol i Ffrainc. Ac, wrth gwrs, dylanwadwyd yn ddirfawr ar eu dewis o'r naill ddiwylliant neu'r llall gan yr amgylchiadau gwleidyddol ar y pryd. *DEL* o hyn ymlaen.
10. O. M. Edwards, *O'r Bala i Genefa* (Y Bala: Davies ac Evans, 1889). *OBG* o hyn ymlaen.
11. *The Welsh Outlook*, I (1914), 498.
12. Gwynn ap Gwilym (gol.), *Meistri a'u Crefft: Ysgrifau Llenyddol gan Saunders Lewis* (Caerdydd: Gwasg Prifysgol Cymru, 1981), t. 13.
13. Llywelyn-Williams, *Ambell Sylw*, t. 119.
14. Louisa Passerini, *Europe in Love, Love in Europe* (New York: New York University Press, 1999).
15. Chrisopher Dawson, *The Making of Europe: An Introduction to the History of European Unity* (London: Sheed and Ward, 1932).
16. Lewis, *Canlyn Arthur*, t. 31.

17. ap Gwilym (gol.), *Meistri a'u Crefft*, tt. 259–60.
18. W. Ambrose Bebb, *Crwydro'r Cyfandir* (Wrecsam: Hughes a'i Fab, 1936), t. 61. *CC* o hyn ymlaen.
19. Cyril P. Cule, *Cymro ar Grwydr* (Llandysul: Gwasg Gomer, 1941).
20. Alun Llywelyn-Williams, *Y Golau yn y Gwyll* (Dinbych: Gwasg Gee, 1979), t. 19.
21. ap Gwilym (gol.), *Meistri a'u Crefft*, t. 54.
22. 'Tir Neb: M. Wynn Thomas yn holi Emyr Humphreys am ei nofelau a'i straeon byrion', yn R. Arwel Jones (gol.), *Dal Pen Rheswm: Cyfweliadau gydag Emyr Humphreys* (Caerdydd: Gwasg Prifysgol Cymru, 1999), t. 84.
23. Emyr Humphreys, *The Gift of a Daughter* (Bridgend: Seren Books, 1998).
24. Raymod Garlick, 'Fanfare for Europe', yn ei *Incense* (Llandysul: Gomer, 1976), tt. 11–13. Y mae'n briodol mai *A Sense of Europe* yw teitl y casgliad cyflawn cyntaf (1954–68) o gerddi gan Raymond Garlick.
25. 'Note', yn Raymond Garlick, *A Sense of Time* (Llandysul: Gomer, 1972), t. 13.
26. 'Acclamation', *A Sense of Time*, t. 68.
27. Duncan Bush, *The Genre of Silence* (Ogmore-by-Sea: Poetry Wales Press, 1988).
28. Duncan Bush, *Midway* (Bridgend: Seren Books, 1998), t. 40.
29. Cyfweliad Richard Poole â Duncan Bush, *Poetry Wales*, 28:1 (1982), 22.
30. Morris, *Fifty Years of Europe*, t. 3.
31. Llywelyn-Williams, *Ambell Sylw*, t. 135.
32. Lewis, *Canlyn Arthur*, t. 29.
33. Euros Bowen, 'Ewropa', *Lleidr Tân* (Caernarfon: Gwasg Gwynedd, 1989), t. 54.

9

Gwlad o Bosibiliadau: Golwg ar Lên Cymru ac America[1]

Y flwyddyn 2000 yw hi. Mae gan Gymru ei chyrff llywodraethol ei hun, a rennir yn Dŷ'r Cyffredin ac yn Dŷ'r Arglwyddi. Ac mae ganddi ei phrif weinidog – Y Foneddiges Gwen Tudor, merch landeg, ddiwylliedig, telynores ddawnus a gwleidydd craff:

> The first year of her premiership was eventful. The British Empire was drawn into a war with America, a war which ended in the complete triumph of the British crown over its ancient foe, a triumph which more than made amends for the defeat of the eighteenth century. Owing to Lady Gwen's exertions, Wales turned out a larger quota of volunteers, in comparison with its size and population, than any other part of the Empire, and on the field of battle the Welsh youth, though at a terrible cost, more than upheld the martial glory of their forefathers.[2]

Fel yna mae awdur anhysbys yn rhagweld y berthynas rhwng Cymru a'r Taleithiau Unedig yn y misolyn *Cymru Fydd*, yng Ngorffennaf 1890. Byrdwn ei stori ar ei hyd yw y byddai Cymru a feddai ar lywodraeth 'annibynnol' oddi mewn i Ymerodraeth Brydeinig ddiwygiedig, ffederal, yn sicr o fod yn ffyddlon, hyd yr eithaf, i'r ymerodraeth honno.

Wrth i ni, heddiw, ddarllen y paragraff hwn, wrth gwrs, a chraffu ar y cyfeiriad at aberth gwaed y Cymry ifainc sy'n marw, yn eu miloedd, dros yr Ymerodraeth Brydeinig, mi gofiwn, yn anorfod, am gyflafan y Rhyfel Mawr, bum mlynedd ar hugain ar ôl cyhoeddi *Lady Gwen*. O gyfeiriad Ewrop y daeth y bygythiad i'r drefn, ac nid o gyfeiriad yr Unol Daleithiau. Ac eto, ar hyd yr ugeinfed ganrif daliai llawer o Gymry Cymraeg i synied am America fel y gelyn. Ac os taw'r Undeb Sofietaidd oedd 'the Evil Empire' i Reagan a'i griw, yna 'ymerodraeth' y Taleithiau yw'r bwci bo dieflig a fu'n codi arswyd ar nifer o awduron a deallusion mwyaf dylanwadol y Gymru Gymraeg am ddegawdau yn ystod yr ugeinfed ganrif.

Yn sicr, yr oedd ganddynt – ac mae gennym ni i gyd – resymau diwylliannol digon dilys dros ymgroesi rhag nerth y gyfundrefn Eingl-Americanaidd. Ond gall amheuon iach droi'n rhagfarnau cibddall, afiach. Meddylier, er enghraifft, am y modd y mae Gwenallt yn ymdrin â'r Americanwyr yn y gerdd 'Oberammergau', a gasglwyd yn y gyfrol *Eples* (1951). Mae'n cychwyn drwy sôn am y fraint o gael pererindota 'i blith gwerin fynyddig, goediog, grefftgar, Gatholig / nid oedd yn ei thir adnoddau diwydiannol i'r Mamon asynglust eu codi.' 'Sut', gofynna Gwenallt, 'y gallai Catholigion mor ddidwyll / Fagu digon o gasineb yn y Ddrama i'w groeshoelio Ef.' Haws credu y 'Gallai'r Phariseaid Marcsaidd dros y ffin / Ei boenydio a'i hongian Ef yn selog giaidd, / A gallai'r Americaniaid yn eu mysg / Actio'r gwŷr busnes yn y Deml i'r dim / A byddai Ianci o Iwdas / Wedi taro gwell bargen â'r Archoffeiriad.'[3]

Chwe blynedd yn unig ar ôl yr Ail Ryfel Byd, felly, mae'n well gan Gwenallt ymddiried yng ngwerinwyr Bafaria, o bob man – magwrfa Natsïaeth – nag yn nhrigolion Boston. Er tegwch iddo, mae'n debyg na wyddai fod llygad y geiniog wedi bod o bwys i drigolion Oberammergau ers y ddeunawfed ganrif, o leiaf, a bod eu casineb at yr Iddewon wedi ei amlygu ei hun ar hyd y canrifoedd yn eu perfformiad o'r ddrama. Ond gan mai sôn am gynhyrchiad 1950 oedd Gwenallt, dylai fod yn gwybod bod Anton Presinger – y gŵr a chwaraeai ran Iesu Grist y flwyddyn honno – wedi ei gael yn euog gan dribiwnlys ym 1947 o fod yn Natsi, fod Cyngres Iddewon America wedi ymbil ar y Cynghreiriaid i atal y pentrefwyr rhag perfformio'r ddrama, ac mai'r Americanwyr, yn y pen draw, a alluogodd y ddrama i gael ei llwyfannu – a hynny drwy dalu am y cynhyrchiad cyfan, er mwyn gosod cynsail economaidd ar gyfer twf cymdeithas ddemocrataidd, oddefgar, wâr, ym Mafaria.[4]

Wrth ddewis y teitl 'Gwlad o Bosibiliadau', felly, nid synied yr oeddwn yn ystrydebol am 'The American Dream', ond cyfeirio at y gweddau cyffrous o aneirif ar gydberthynas Cymru a'r Taleithiau, fel yr amlygir hynny yn y diwylliant llên. Ac er mwyn archwilio'r gydberthynas honno'n fanwl, mae'n werth inni o bryd i'w gilydd droedio'r lôn nas troediwyd, chwedl Robert Frost. Wrth bori yn Llyfrgell Genedlaethol Cymru beth amser yn ôl, deuthum ar draws adroddiad o bapur newydd ym 1936.[5] Sôn yr ydoedd fod Saunders Lewis, yn ystod y cyfnod yn dilyn y llosgi ym Mhenyberth, wedi cael gwahoddiad i ymuno ag un o brifysgolion amlycaf America: 'he has, however', meddai'r adroddiad, ' made no definite plan for the future.' Beth pe bai wedi derbyn y cynnig hwnnw, ysgwn i, gan ddiflannu o'r golwg – fel y gwnaethai ei frawd, wrth gwrs – i berfeddwlad y Taleithiau? Hwyrach y buasai wedi cyfarfod â D. J. Williams yn y fan honno – pe buasai D.J. yntau wedi ymollwng i'r dyhead i ymfudo i America yr oedd ef wedi ei brofi'n ifanc.

Ond nid oes rhaid camu i fyd y dychymyg er mwyn creu dolen gyswllt ddifyr o annisgwyl rhwng Saunders Lewis a'r Unol Daleithiau, oherwydd mae'n werth ystyried o ddifrif y posibilrwydd mai Americanes oedd Blodeuwedd, fel yr awgrymais yn yr ysgrif am 'Ewtopia: Cyfandir Dychymyg y Cymry'. Yn ystod dauddegau'r ugeinfed ganrif clywyd llawer o sôn ymhlith traddodiadwyr am 'argyfwng priodas', a chlywir adlais o hynny yn ysgrif Saunders Lewis am 'Y Teulu' (1930). Rhybuddia fod llywodraeth Lloegr ar fin dinistrio'r syniad Cristnogol o'r teulu, gan gychwyn drwy ddilyn esiampl Rwsia Sofietaidd a gwneud 'gwryw a benyw yn llwyr gydradd â'i gilydd yng ngolwg y gyfraith.'[6] Nid yw'n syndod i Saunders Lewis greu Monica a Blodeuwedd ill dwy yn y cyfnod hwn. Mae'n amlwg bod yr awdur yn ymserchu i raddau yn eu nwyfusrwydd synhwyrus. Ond ar yr un gwynt y mae eu hofn hwy arno hefyd, am eu bod yn bygwth byw'n annibynnol ar deulu ac ar ŵr. Yn hynny o beth, cymeriadau sy'n arwyddo'r 'Fenyw Newydd' yw'r ddwy, y 'Fenyw Newydd' a welai Saunders Lewis o bell yn y Rwsia Sofietaidd ar y naill law ac yn y Taleithiau Unedig ar y llaw arall.

Ac i ystyried y posibilrwydd mai Americanes yw Blodeuwedd, beth am fentro un cam ymhellach, ac awgrymu ei bod hi'n bosibl mai yng ngwaith Americanwr y cafodd Saunders Lewis o hyd gyntaf i'r syniad o undod diwylliannol hynafol Ewrop – y cysyniad a lywodraethai ei feddwl ar hyd ei oes. 'Pan oeddwn i'n fyfyriwr ifanc yn Lerpwl yn union cyn rhyfel 1914–18', meddai mewn ysgrif a gyhoeddwyd yn *Y Faner* (9 Chwefror 1949),

> Henry James oedd y nofelydd pwysig i ni oll. [C]afodd fyw yn y cylchoedd mwyaf diwylliedig yn y prifddinasoedd enwocaf yn Ewrop yn y cyfnod aur a fu i'r gymdeithas bendefigaidd Ewropeaidd rhwng coroni ymerawdwr yr Almaen yn Versailles a dymchwelyd yr ymerodraeth Ellmynig yn y rhyfel byd cyntaf. Ei nofelau ef yw'r darlun gorau a feddwn o'r cyfnod aur hwnnw. Ni chofiaf fod sôn am *visa* yn un o'r nofelau ac nid ffin yw cyffin ganddynt. Un wlad yw Ewrop iddynt oll. Heddiw fe welwn wleidyddion ac economyddion yr Unol Daleithiau yn gwasgu fwyfwy am dorri i lawr ffiniau economaidd a gwleidyddol gwladwriaethau Ewrop, a digon hwyrfrydig yw llywodraeth Loegr o leiaf i fodloni hynny. Nid drwg fyddai cofio fod prif ddehonglydd Ewrop i'r Americanwyr wedi ei dangos hi iddynt yn ddi-ffin, yn undod cymdeithasol a hanesyddol, yn wlad glasurol, a bod y syniad yn rhan o'u hetifeddiaeth ysbrydol hwy.[7]

Mae Saunders Lewis yn mynd yn ei flaen i glodfori'r weledigaeth o Ewrop a geir gan Henry James: 'mi dybiaf fod y gair Cymraeg "mwynder" yn awgrymu naws y peth. Holl gelfyddyd y canrifoedd, ac yn goron i'r cwbl, cymdeithas hamddenol, bendefigaidd, wedi ymgynefino â'i holl gyfoeth dynol a dyneiddiol hwn erioed ac wedi magu moesau priodol i'r fath etifeddiaeth, dull o fyw yn y cyfryw amgylchfyd heb straen, yn hawdd, yn araf, yn ddiymgais, yn llednais – dyna fwynder Ewrop.' (218) Afraid dweud mai darlun unochrog i'r eithaf yw'r darlun hwn o gyfandir Ewrop fel y ceir yn nofelau Henry James. Mae'n llwyr anwybyddu amwysedd teimladau James tuag at y Cyfandir, a'r feirniadaeth finiog a geir yn ei waith o'r cyfrwystra mileinig, y snobyddiaeth ddinistriol, a'r llygredigaeth foesol a nodweddai'r hen drefn bendefigaidd yno erbyn diwedd y bedwaredd ganrif ar bymtheg.

Ond mae Saunders Lewis yn llygad ei le pan yw'n awgrymu mai 'dull teg o ystyried gwaith cynnar Mr Eliot yw ei dderbyn fel atodiad i waith James.' (218) Ac mae yn llygad ei le eto pan yw'n nodi mai golwg o chwith ar America yw'r weledigaeth o Ewrop a goleddid gan Henry James a chan T. S. Eliot – a chan Saunders Lewis ei hun, efallai. Ond ar ddiwedd ei ysgrif, mae'n cyfaddef bod

> Ewrop ac America Henry James wedi diflannu a phatrwm y bywyd clasurol wedi ei ddistrywio. Nid oes dim yn aros i'r llenor Americanaidd ond sefyll yn ei wlad ei hun. Dyna ddweud yn nhermau'r llenor yr hyn y mae Cynllun Marshall yn ei ddweud mewn termau economaidd am Ewrop a'r Amerig. Ac nid oes eto lawn chwarter canrif er pan fu farw Henry James. Collwyd holl seiliau ei gelfyddyd ef, nofelydd olaf gwareiddiad. (220)

Hyd y gwn i, nid oes neb wedi ymchwilio i'r posibilrwydd mai cynnyrch Cynllun Marshall yw'r gweithiau hynny a ysgrifennodd Saunders Lewis ar ôl yr Ail Ryfel Byd. Ond awgrymwn i y gallai gwaith ymchwil i'r cyfeiriad hwn fod yn fuddiol a dadlennol.

Ac ar ôl mentro awgrymu mai America a esgorodd ar weledigaeth Saunders Lewis o Ewrop, gadewch imi gynnig un posibilrwydd ysgubol, heriol, herfeiddiol pellach, sef mai America hefyd a esgorodd ar ddadeni barddoniaeth Gymraeg ar ddechrau'r ugeinfed ganrif. Sylwch am eiliad ar y darn canlynol:

> Unwaith, ganol nos aeafaidd,
> a mi'n craffu'n wan a chlafaidd
> ar gyfrolau henaidd, hynod,
> chwedlau angof lawer rhyw;

> pan oedd hun ym min fy mynnu,
> clywais gnithio gyda hynny,
> megis un yn isel guro,
> curo dôr y lle rwy'n byw.

Dyna ichi gyfieithiad T. Gwynn Jones o gerdd adnabyddus Edgar Allen Poe, 'The Raven'. Fe'i darlledwyd hi ym 1948 mewn rhaglen nodwedd a luniwyd gan Aneirin Talfan Davies, ond fe'i cyhoeddwyd hi gyntaf yn *Y Llenor* ym 1922 – sef pedair blynedd yn unig ar ôl cyhoeddi *Madog*.[8] 'Ni wn pam yr euthum ati i Gymreigio'r gân anfarwol hon, "Y Gigfran",' meddai T. Gwynn Jones, 'ond fy mod, pan oeddwn yn hogyn, yn edmygu Poe yn fawr iawn.' (63) Mae Aneirin Talfan Davies, yn ei dro, yn ein hatgoffa ni fod Syr John Morris-Jones wedi trosi 'Annabel Lee' i'r Gymraeg ar ddechrau'r ugeinfed ganrif, a bod Elphin wedi llunio addasiad o 'Lenôr'. 'Rhamantuster' Poe a ddenodd sylw'r T. Gwynn Jones ifanc – a siawns na ddylanwadodd ei 'ramantiaeth synhwyrus a'i dristwch prudd-felys' (63), chwedl Aneirin Talfan, ar ganiadau megis 'Ymadawiad Arthur'. 'Adwaith yn erbyn realiaeth wyddonol oedd canu symbylwyr fel Poe a'i gyffelyb', meddai Aneirin Talfan, 'ond adwaith yn erbyn crefydd Biwritanaidd oedd llawer o ganu dechrau'r ganrif hon yng Nghymru.' (64) Fel arfer, wrth gwrs, ni cheir cyfeiriad at na Poe nac America gan y rheini sy'n canmol dadeni barddoniaeth Gymraeg. Ewrop sy'n cael y clod i gyd am y canu newydd, soffistigedig. A'r un yw'r hanes pan eir ati i olrhain llinach y wers rydd. 'Yn Ffrainc tua'r flwyddyn 1886 y cychwynnodd y *vers libre* modern', meddai Saunders Lewis yn ddigyfaddawd, gan anwybyddu *Leaves of Grass* Walt Whitman (1855) yn gyfan gwbl. 'Oddi wrth y Ffrancwyr y dysgodd beirdd diweddar y Saesneg y dull. Arweiniad llenyddol Ffrainc yw'r ffaith sylfaenol yn hanes holl farddoniaeth Ewrop er dyddiau Baudelaire.'[9] Hwyrach na wyddai Saunders Lewis y mynnai gelynion Baudelaire yn ei ddydd fod y bardd yn arfer gweddïo i dri pherson – i Dduw, i'w fam, ac i Edgar Allen Poe!

Hynny yw, mae gelyniaeth rhai o lenorion a deallusion amlycaf y Gymru Gymraeg tuag at America, a'u dirmyg o ddiwylliant y wlad honno, wedi creu rhyw wawdlun amrwd, syml, o'r berthynas gymysg, gymhleth, sy'n bodoli, mewn gwirionedd, rhwng America ac Ewrop, a rhwng Cymru ac America. Mae'n hen bryd chwalu'r darlun ystumiedig, treuliedig hwnnw; a dyna pam, wrth gwrs, fy mod i wedi gwamalu'n bryfoclyd wrth gynnig fy sylwadau, ac wedi arfer gormodiaith drwy wneud rhyw ddatganiadau ysgubol, heriol. Y gwir amdani yw bod cydberthynas Cymru ac America yn gynnil eithriadol ac yn amlweddog i'r eithaf. A gwelir hynny hyd yn oed os oedwn uwchben un enghraifft fach yn unig; dychwelwn, felly, at waith T. Gwynn Jones. Os taw rhyw ramantusrwydd pruddfelys yr oedd America yn ei arwyddo iddo'n ifanc, yna cwbl groes i hynny oedd ei syniad aeddfed am y wlad. Gwelir hyn yn 'Dirgelwch', cerdd naratif hir a geir yng nghyfrol ryfedd, ôl-ramantaidd T. Gwynn Jones, *Y Dwymyn* (1944).[10]

Yn y gerdd hon, mae Americanwr ifanc a anafwyd yn ddifrifol mewn damwain car yn gorwedd ar wely cystudd mewn rhyw lecyn hynafol, diarffordd, cyntefig yng nghanolbarth Cymru. Ac wrth erchwyn y gwely y mae nyrs ifanc a ddaethai o ddinas ddieithr, bell i'w ymgeleddu. Wrth i'r llanc araf wella mae'n mynd am ambell dro ac yn cael rhyw brofiad anesmwyth o *déja vu* wrth gerdded ar hyd un lôn arbennig. Bu ef yn y fangre ddirgel, ryfedd hon o'r blaen, eithr mewn bywyd arall. Mae'r nyrs, hithau, yn cyfaddef iddi hi gael profiad tebyg. Ar ddiwedd y gerdd, a'r Americanwr wedi gwella'n llwyr, mae'r ddau ohonyn nhw'n ffarwelio â'r lle ac yn ei chychwyn hi am y ddinas fawr i briodi. Ac wrth i olau coch eu car ddiflannu i'r pellter ac i'r gwyll clywir un o hen drigolion y pentref yn adrodd stori ysbryd sy'n dal ar lafar gwlad, am gerbyd rhithiol a welwyd yn mynd ar ei ben yn erbyn pont amser maith yn ôl. Eithr o fynd i chwilio, ni ddaeth y pentrefwyr o hyd i na'r cerbyd na'r gyrrwr gorffwyll.

Fel yr atgoffodd Jerry Hunter ni eto yn ddiweddar, 'y breuddwyd Iwtopaidd, yr ymdrech i ganfod ac i gyrraedd byd gwell', oedd thema fawr T. Gwynn Jones ar hyd ei oes. Ond mae mawredd ei gerddi, o *Ymadawiad Arthur* ymlaen, i'w briodoli i'w frwydr ffyrnig ddiddiwedd ef yn erbyn ei anian freuddwydiol, ddihangol ef ei hunan. Ar un olwg, meddai Jerry Hunter, dangosir mai 'ceisio diriaethu rhith-wlad y gorllewin a wna Madog, ac o'r herwydd mae ei wlad enedigol ef yn troi'n rhith ("rhith ydoedd Cymru weithian").'[11] Ar un olwg, hanes Madog o chwith a geir yn 'Dirgelwch'. Dyma ichi America fodern yn ymweld â Chymru hynafol, ac erbyn y diwedd y mae byd newydd rheswm ac ymarferoldeb yn ymbriodi â hen fyd y dychymyg. Mae'r Americanwr yn cael ei iacháu drwy gael ei gyfannu ar ddiwedd y gerdd. Ac mae Cymru hynafol, hithau, yn cael ei chipio o afael yr hen rithiau andwyol ac yn cael ei chydio wrth realiti y byd modern annihangol. Ond nid dadrithiad a geir ar ddiwedd y gerdd hon, fel y ceir ar ddiwedd 'Madog' ac 'Ymadawiad Arthur'. Yn hytrach, dethlir y ffaith nad yw 'realiti' byd y rheswm a breuddwydion byd y dychymyg yn gwbl groes i'w gilydd wedi'r cwbl. Mae rhyw 'ddirgelwch' anghaffael, annistryw, gwaelodol yn eu clymu'n un.

Ond dyna ddigon am y tro am y Gymru Gymraeg a'i llên. Beth, felly, am y Gymru Saesneg ei hiaith a'i llenyddiaeth. Dyma ichi lond gwlad arall o bosibiliadau, a cheisiais ddangos hynny yn y bennod yn *Corresponding Cultures:* 'Wales' American Dreams'.[12] Ni fynnwn ailadrodd y drafodaeth honno, felly, awgrymaf ambell bosibilrwydd pellach. Nid oes neb, er enghraifft, hyd yn hyn wedi ymchwilio i ddylanwad gwaith y bardd mawr Wallace Stevens ar feirdd Saesneg Cymru ar ôl yr Ail Ryfel Byd. T. Harri Jones, John Ormond, R. S. Thomas – ymserchai'r tri hyn, ynghyd â sawl llenor arall, yng ngherddi rhyfedd, athrylithgar yr Americanwr mawr. Serch hynny, nid wyf am fynd i'r afael â'r testun hwnnw – er y gallai arwain i gyfeiriadau diddorol: er enghraifft, nid oes neb wedi sylwi ar y gerdd hir a ysgrifennodd T. Harri Jones am Cotton Mather.[13] Yn hytrach, af ar ôl posibilrwydd arall, pur wahanol, sef mai Cymro oedd un o'r enwocaf o herwyr y Gorllewin Gwyllt – neb llai na Jesse James. Prysuraf i ychwanegu nad ymdrech yw hon i brofi llinach waed, tebyg i'r ymdrech i brofi mai Cymro oedd Thomas Jefferson – er bod rhai'n mynnu mai o sir Benfro y deilliai teulu'r herwgipiwr enwog. Na, yr hyn sydd gen i mewn golwg yw'r modd yr ymdrinnir â Jesse James yn nofel ddiddorol Desmond Barry, *The Chivalry of Crime*.[14] Mae'n nofel hynod dreisgar – bron na allech ddweud ei bod hi'n delynegol o dreisgar – a rhan o fwriad yr awdur yw chwalu'n mythau cyfarwydd ni am Orllewin Gwyllt yr Unol Daleithiau, drwy ddatguddio'r gwirionedd creulon am fywyd Jesse James a'i debyg. Nid oes dim sy'n arbennig o newydd yn hynny o beth, wrth gwrs. Yn yr Unol Daleithiau bu haneswyr megis Richard Slotkin a nofelwyr megis Cormac McCarthy, a hyd yn oed Larry McMurtry, wrthi ers degawdau yn dadrithio'u darllenwyr yn y cyswllt hwn. Ond yr hyn sy'n drawiadol yw bod Cymro yntau wedi cyflawni'r gamp mewn modd disglair.

Ymgartrefodd Desmond Barry yn y Taleithiau tua chanol yr 1980au, a chynnyrch y cwrs ysgrifennu creadigol a ddilynodd ym Mhrifysgol Columbia yw *The Chivalry of Crime*. Ond maentumiwn i mai cymdeithas ddiwydiannol de Cymru oedd gwir darddle'r nofel, oherwydd yno y maged Desmond Barry. Yr oedd ei dad yn gweithio mewn ffatri a'i fam yn gweithio mewn siop, a gellir synied am *The Chivalry of Crime* fel penllanw diddordeb trigolion ac awduron 'American Wales', chwedl Alfred Zimmern a Dai Smith, yn arwyr y Gorllewin Gwyllt. Wrth gwrs, amlygir diddordeb cyffelyb gan Gymry o ardaloedd eraill hefyd. Yn ei hunangofiant, *Hwb i'r Galon*, mae Cassie Davies, a faged yn ardal Tregaron, yn cofio, gydag awch, iddi ddarllen yr hanesion am Indiaid Cochion a rhyw Albert Marwood yn *Y Drysorfa Fach*, ar ddechrau'r ugeinfed ganrif. 'Roedd Tomos Lefi dipyn o flaen ei oes', meddai, 'yn cyfaddasu storïau *Wild West* mewn cylchgronau a ddosberthid drwy'r capeli yn bennaf bryd hynny.'[15] Gŵyr pawb, wrth gwrs, am ddiddordeb byw Gwyn Thomas yn y 'cowbois a'r Indians' – diddordeb a ddechreuodd mewn sied 'sinc, gwyrdd, sef gwneuthuriad pictjiwrs bro fy mebyd, Blaenau Ffestiniog.'[16] Ac wrth gwrs, cynhyrchodd Cymru hithau ei 'chowboi' go iawn – sef Owen Rhoscomyl, a gawsai ei adnabod fel 'The Kid'. Cyhoeddodd nofel, *Lone Tree Lode*, a seiliwyd ar ei brofiadau ef ei hun.[17]

Ond ar ôl cydnabod hyn i gyd, rhaid cydnabod bod rhyw berthynas arbennig o glòs a dwys yn dal i fod rhwng ardaloedd diwydiannol de Cymru a'r Gorllewin Gwyllt, a bod y berthynas hon yn brigo i'r wyneb dro ar ôl tro yn y llenyddiaeth a gynhyrchwyd gan yr ardal honno. Fe'i gwelir yn y 1930au yn nofel Lewis Jones, *Cwmardy*, pan fo'r awdur yn disgrifio dau o'i brif gymeriadau: 'Father and son remained silent for some minutes, the former looking like a Wild West desperado, with the red silk scarf dangling loosely from his neck.'[18] Fe'i gwelir eto yn nofelau Ron Berry a storïau byrion Leslie Norris. Ac fe'i gwelwyd ar wedd newydd yn nrama Ed Thomas, *House of America*. Felly, gellir synied am *The Chivalry of Crime* fel nofel sy'n perthyn i draddodiad llên Saesneg de Cymru.[19]

Ond ar yr un pryd, mae'n nofel gwbl unigryw oherwydd nid yw'n syllu o hirbell ar hanes mythig y Gorllewin: yn hytrach, mae'n ceisio myned o dan groen yr hanes go iawn. Wrth gwrs, ymdrech Desmond Barry yw hynny yn rhannol i gyrraedd at galon y gwir am ei wlad fabwysiedig, yr Unol Daleithiau. Oherwydd oni ellir datgan am bob gwlad mai yn ôl ei mythau y'i hadnabyddir hi? Ond tybiaf fod *The Chivalry of Crime* hefyd yn nofel sy'n chwalu un o hoff fythau'r Cymry amdanynt eu hunain. Gwlad ddistaw, ddiniwed yw Cymru, meddem ni, o'i chymharu â ffyrnigrwydd bywyd y Taleithiau Unedig. Ac mae *The Chivalry of Crime* yn cychwyn fel petai hi am ategu'r myth hwnnw, oherwydd fe'n cyflwynir i Joshua Beynon, bachgen bach hynod ddiniwed, eiddil o gorff, sydd wedi symud, yng nghwmni ei dad a'i fam, o un o gymoedd diwydiannol de Cymru ac wedi ymgartrefu mewn tref fwyngloddiol ar y ffryntîr. Ond wrth i'r nofel fynd yn ei blaen y mae Joshua yn cael ei hudo fwyfwy gan y rhamant aflan sy'n perthyn i Robert Ford, y *gunslinger* didrugaredd a anfarwolodd ei hun pan laddodd yr enwog Jesse James drwy ei saethu yn ei gefn. Eithr nid cael ei lygru y mae Joshua; yn hytrach, amlyga'r nofel y cariad amwys hwnnw at drais sy'n llechu oddi mewn i'r Cymro bach o'r cychwyn. Ac yn hynny o beth, gellir awgrymu mai nofel yw *The Chivalry of Crime* sy'n datgelu'r cymhellion tywyll sydd y tu cefn i hoffter y Cymry o'r chwedlau am y Gorllewin Gwyllt. Nofel yw hi, felly, lle y mae Desmond Barry yn mynd i'r afael â gwirionedd pur annifyr amdano ef ei hun, fel person, fel awdur, ac fel Cymro a oedd wedi ymserchu yn America ymhell cyn iddo ymgartrefu yno.

Ond gallwn fynd gam ymhellach eto, a hynny i gyfeiriad ychydig bach yn wahanol. Oherwydd nid 'Gorllewinwr' – 'Westerner' – oedd Jesse James mewn gwirionedd, ond 'Deheuwr' – 'Southerner'. Magodd flas ar drais yn ystod y Rhyfel Cartref, pan oedd yn herwr-ryfela yng nghwmni'r arweinydd gwaedlyd, gorffwyll Bill Anderson. Ac ar ôl y rhyfel, arferai Jesse James a'i gefnogwyr yn y wasg gyfiawnhau ei lofruddiaethau enbyd ef a'i griw drwy honni mai dial yr oeddent am y modd y chwalwyd cymdeithas wâr, fonheddig taleithiau'r De gan rymoedd buddugoliaethus cymdeithas farus, ddidostur taleithiau'r Gogledd. Felly, gellir synied am *The Chivalry of Crime* fel un o'r gweithiau llenyddol hynny sy'n ymddiddori yn y gynghanedd rhwng Cymru a 'the South'.

Gan ddau Americanwr, fel mae'n digwydd, y ceir yr olwg fwyaf diddorol ar y gynghanedd honno. Ond cyn sôn am yr enghreifftiau hynny, gadewch imi gyfeirio'n fyr iawn at ddwy enghraifft arall o ddolennau cyswllt rhwng llên America a Chymru. Y posibilrwydd yw mai Cymro a ysgogodd John Berryman i ysgrifennu'r gerdd nodedig honno 'Homage to Mistress Bradstreet' (1953), un o'r cerddi allweddol yn hanes llên America ar ôl yr Ail Ryfel Byd. Nid dyma'r lle i fanylu ar yr honiad hwn. Ond ceir triniaeth olau ar y gerdd mewn erthygl gan John Pikoulis, lle y ceir sôn am y cyswllt rhwng 'Homage to Mistress Bradstreet' a'r farwnad a ysgrifennodd John Berryman i'r bardd Eingl-Gymreig Alun Lewis ychydig amser ynghynt.[20]

Yr ail enghraifft yw'r posibilrwydd mai Cymru oedd mamwlad y Beats, ac mae gen i stori bersonol i'w hadrodd yn y cyswllt hwn. Ym 1995 bu bron imi gael cinio gyda'r nos gydag Allen Ginsberg. Yr oedd yn ymweld ag Abertawe ar y pryd a gwahoddwyd fy ngwraig a minnau i'r Windsor Lodge i giniawa ag ef. Yno y buom ni o hanner awr wedi pump tan hanner awr wedi wyth, heb inni glywed na siw na miw o'r hen Allen. Ond cafodd faddeuant ar ôl inni glywed ei hanes y diwrnod hwnnw. Pan gyrhaeddodd Ginsberg Gymru dywedodd wrth ei 'ofalwyr' ei fod am gwrdd â dau fardd o Gymro, am eu bod nhw'n hysbys iddo. Y naill fardd oedd John Ceiriog Hughes, y llall oedd Dic Jones. Yn anffodus, nid oedd modd trefnu iddo gyfarfod Ceiriog, ond clywyd fod Dic Jones yn mynychu cynhadledd *Barddas* yn Aberystwyth. Felly, fore'r diwrnod o dan sylw, gyrrodd Dafydd Rowlands Ginsberg o Abertawe i Aberystwyth, er mwyn ei gyflwyno i Dic Jones. Ac yn wir, gwnaeth y ddau gyfarfod â'i gilydd, mae'n debyg – cyfarfyddiad deufyd pur anghymharus. Yna, eisteddodd yr Americanwr yn y blaen i wrando ar y talwrn. Am y pum munud cyntaf curodd ei ddwylo'n wyllt ar ôl pob englyn. Wedyn, syrthiodd i drwmgwsg. Y disgwyl oedd y byddai'n teithio'n syth yn ei ôl i Abertawe, gan ddychwelyd i'r

Dau Fydolwg

Windsor Lodge ddiwedd y prynhawn. Ond mynnodd fod Dafydd Rowlands yn mynd ag ef allan o'i ffordd i ymweld â Thalacharn. Yno, aeth Ginsberg yn syth at ymyl bedd Dylan Thomas, a chyn i'r Cymro gael cyfle i symud gewyn, suddodd Ginsberg ar ei luniau ar lan y bedd a dechrau llafarganu *kaddish* ar gyfer yr ymadawedig.

Mae'n bwysig nodi bod Ginsberg wedi dod ar draws Dylan Thomas gyntaf ym 1952, bedair blynedd cyn cyhoeddi *Howl and Other Poems*. Ddiwedd Ebrill oedd hi, a Ginsberg yn hamddena mewn bar yn San Remo, pan gamodd Dylan Thomas i mewn, â chlais mawr ar ei dalcen. Anelodd Ginsberg yn syth amdano, a cheisio ei berswadio i ymuno ag ef yn ei atig i barhau â'r yfed. Ond gwrthod a wnaeth y Cymro:

> Thomas decided to go, and I closed a cab door on them, ran to the other side & stuck my tongue at him which I immediately regretted tho I meant it as a friendly gesture. He stared out at me drunkenly without response.
>
> Ah, Dylan Thomas, I would have liked to know you that night, wish I could have communicated who I was, my true feeling, and its importance to you. For I too am a lover of the soul. How disappointing to come away empty-handed with no recognition from this Chance meeting – I feel sick and unhappy because I could not make a great sweet union of the moment of life – now this is 45 minutes after, it will pass but it is sad and true.[21]

Collais fy unig gyfle i rannu bara ag Allen Ginsberg, yn yr un modd ag y collodd yntau ei unig gyfle i dreulio noson feddw yng nghwmni Dylan Thomas. Ond clywais yr Americanwr yn darllen ei gerddi y noson ganlynol, ac ar ddiwedd y perffwmiad euthum ato a gofyn iddo dorri ei enw yn fy nghopi arbennig i o *Wales Visitation*, y gerdd broffwydol, frudiol a ysgrifennodd ar ôl ymweld â Chapel-y-Ffin ym 1967. Noder ar ddiwedd y gerdd hon sut a lle y cafodd hi ei hysgrifennu: 'July 29, 1967 (LSD) – August 3, 1967 (London).' '[O]rchards of mind language manifest human / of the satanic thistle that raises its horned symmetry / flowering above sister grass-daisies' pink tiny / bloomlets angelic as lighbulb': fel y sylwer, mae blas yr LSD ar y canu.[22]

Ac wrth gwrs Wordsworth, ond yn bennaf Blake, yw dwy awen Ginsberg yn y gerdd drwyddi: 'the lambs on the tree-nooked hillside this day bleating / heard in Blake's old ear, & the silent thought of Wordsworth in eld Stillness / clouds passing through skeleton arches of Tintern Abbey – / Bard Nameless as the Vast, babble to Vastness!' (480) Mae'r gerdd, felly, yn nodweddu'r 1950au a'r 1960au – y cyfnod pan fabwysiadodd cenhedlaeth o ysgrifenwyr ifainc yn America y syniad neo-ramantaidd mai gweithred 'bardic', freuddwydiol, oedd ysgrifennu go iawn. Parodd hynny iddynt edrych yn eu hôl i gyfeiriad Blake, ac i gyfeiriad Whitman – gweler cerdd fawr Ginsberg, 'A Supermarket in California' (136). Ond gellir dadlau mai 'bard' o Gymro a gychwynnodd y broses: a Dylan Thomas, wrth gwrs, oedd y bardd barddol, barddaidd hwnnw. Ac eto, er gwaetha'r holl sylw a roddid gan fywgraffyddion ac ysgolheigion i holl giamocs Dylan Thomas ar ei ymweliadau ag America, prin fod unrhyw un wedi ceisio mynd ati'n benodol o ddifrif i astudio'n drwyadl y modd y bu i'r Cymro, y cyfnod hwnnw, droi barddoniaeth yr Unol Daleithiau ben i waered. Mae llyfr pwysig i'w ysgrifennu ar y testun hwnnw. Ac am wn i, byddai pennod yn y gyfrol honno yn mentro trin Dylan fel tad y Beats. Byddai hynny'n briodol, gan ei bod hi hefyd yn bosibl mai Cymro oedd y cyntaf i ysgrifennu am y profiad o fod 'On the Road':

> My impression of Americans from the beginning is of the best... [I travelled] with Brum, a notorious beggar, who made himself at home in all parts of the country, from the Atlantic to the Pacific coast, and from the northern provinces of Canada to the Gulf of Mexico.... The easy and sumptuous way of his catering made me indifferent to all manual labour.... In that country, where food was to be had for the asking, where it often went begging to be received, and people were not likely to suffer for their generosity, I became a lazy wretch with but little inclination for work.... Sometimes we were desperate enough to ride the narrow iron rods, which were under the [rail] car, and only a few feet from the track.[23]

Dyma ddarn o *The Autobiography of a Super-Tramp* (1907), cyfrol gan W. H. Davies, o Gasnewydd, a oedd yn enwog iawn yn ei dydd.

Os bu Dylan Thomas yn fodd i ddenu Allen Ginsberg i Gymru, yna bu hefyd yn fodd i fagu cariad mewn ambell fardd Americanaidd at hen wlad ei dadau. Dwy enghraifft bwysig o hyn yw William Greenway a Jon Dressel, ac mae'r ddau ohonynt yn enghreifftio'r hyn a elwir yn Ddeddf Hensen. Dywed y ddeddf honno fod plant y genhedlaeth wreiddiol o fewnfudwyr yn ceisio anghofio am wreiddiau'r teulu mewn gwlad bell, ond bod ar y genhedlaeth nesaf awydd arddel perthynas â'r gorffennol estron ac i adfer y berthynas drwy chwilio a chwilota am eu gwreiddiau. Ymhellach, mae William Greenway a Jon Dressel ill dau yn synhwyro bod yna debygrwydd awgrymog rhwng y gymdeithas yng Nghymru a'r gymdeithas y mae'r ddau'n gyfarwydd â hi yn nhaleithiau'r De – 'the South'.

Fe aned, ac fe faged, William Greenway yn nhalaith ddeheuol Georgia, ond mae ei deulu ar ochr ei dad yn hanu o ardal Crughywel. Ymadawodd ei dad â Chymru pan oedd yn fachgen deng mlwydd oed, ac ar ôl crwydro mor bell ag Awstralia, ymgartrefodd yn Georgia, lle'r ordeiniwyd ef yn weinidog gyda'r Southern Baptists. 'Much of Welsh culture I recognize from the culture of the South', meddai William Greenway, 'particularly the religious climate of the chapel. My father became a Southern Baptist preacher and ran his house probably very much like his father did. Though I am grateful for much of this upbringing – particularly the knowledge of the Bible, which gave me a love of language, the hymns, which gave me a love of music and poetry; and the haunted, spiritual quality of our home life, all of which probably made me a poet – I'm not grateful for the repression that continues to complicate my life.'[24] Nid oes rhyfedd i Greenway uniaethu mor barod â Dylan Thomas – un arall o blant y capel a wrthryfelai yn erbyn gormes y crefyddwyr. A cheir gan William Greenway gerddi sy'n mynegi ei deimladau amwys at grefydd a chrefydda:

> The honeysuckle scent of guilt.
>
> And no way around it, like the joke
> from back when thousands pressed to hear
> evangelist chanting of hell
> and the wailing and gnashing of teeth,
> till one old timer, like a teenage smart-ass, called,
> 'But what if some of us have no teeth?'
> The laughter, then, and the quiet,
> And then the preacher's thundering answer,
> As always. (54)

Beth oedd ei ateb? Fe'i ceir yn nheitl y gerdd: 'Teeth will be provided'.

Ganed Jon Dressel yn St Louis, Missouri, cyffordd o ddinas lle y mae De a Gogledd a Gorllewin yn cyfarfod â'i gilydd. Un o Lanelli oedd ei dad, gŵr a ddysgodd ei grefft yn un o weithiau tun enwog tref y sosban, cyn mudo i St Louis ar ddechrau'r ugeinfed ganrif ac ymarfer ei grefft yn Granite City, y dref ddiwydiannol gyferbyn â St Louis, ar lan ddwyreiniol y Missouri. Mae gan Jon Dressel ddiddordeb byw yn y tebygrwydd rhwng Llanelli a Granite City. Ond mae gwedd arall, hefyd, ar ei ymwybyddiaeth ef o'r gydberthynas rhwng ei fagwrfa a'r wlad lle y ganed ei dad-cu a'i fam-gu. Dinas ar y ffin rhwng y De a'r Gogledd yw Granite City, run fath â St Louis; eithr drwy ymgydnabod â Chymru y daeth Jon Dressel i sylweddoli ei fod ef ei hun yn perthyn yn agosach i daleithiau'r De nag i daleithiau'r Gogledd. Ac mae'r modd yr arweiniwyd ef i'r casgliad – neu i'r darganfyddiad – hwn yn hynod ddiddorol.

Mae'n bosibl mai gan Americanwr, yn hytrach na chan Gymro, yr ysgrifennwyd y gerdd Saesneg fwyaf grymus ac angerddol am siomedigaeth fawr 1979, pan bleidleisiodd y mwyafrif o bobl Cymru yn erbyn y mesur datganoli. Jon Dressel oedd yr Americanwr hwnnw, a'r gerdd, wrth gwrs, oedd y gerdd hir 'Ianws', cerdd a oedd hefyd i'w chael yn y Gymraeg drwy law T. James Jones. Cofier mai honno oedd y gerdd 'fuddugol' yng nghystadleuaeth y goron ym 1979, ac i'r wobr gael ei hatal pan sylweddolwyd mai 'cywaith' oedd y gerdd arobryn. Clwyfwyd Jon Dressel i'r byw pan fwriwyd y mesur datganoli o'r neilltu gyda'r fath ddirmyg gan y Cymry. Ni fedrai ddirnad, na stumogi, y fath ymddygiad gwasaidd: onid oedd hi'n hunanamlwg i unrhyw Americanwr gwerth ei halen fod gan bob cenedl yr hawl i'w rheoli ei hun? Ac onid oedd hi ymhellach yn hunanamlwg i bob Americanwr y byddai unrhyw genedl a feddai ar y gronyn lleiaf o hunan-barch am weithredu yn ôl yr hawl hwnnw?

Bu'n rhaid i Jon Dressel geisio synied yn wahanol am genedligrwydd y Cymry ar ôl 1979:

> I began to ask myself something like this; just what was the relationship between my experience of Wales and my sense of American identity; and how had Wales made me a different kind of American than I had been before? The answer that finally came back was that the only sense of national identity that is worth a plugged nickel is one which can face, and transcend, the experience of defeat... but what, I asked myself, had America to do with this? Despite the trauma of Vietnam, America had never really known defeat. And then an obvious truth, which I had perhaps repressed during more than fifteen years of intense involvement with Wales, struck home; there are in the American story two profound experiences of defeat and suppression. That of the American Indian is surely the most tragic, but one that it would be, at best, presumptuous to try to articulate. The other is the experience of the American South, with which that of the African-American is inextricably interwoven. This, as a border Southerner, I found I knew something about, although I had never, to my limits, felt the need to confront it. In the aftermath of 1979 in Wales, I realized that I had to.[25]

Ffrwyth y sylweddoliad hwn oedd *The Road to Shiloh*, cyfres hir o gerddi yn myfyrio ar y Rhyfel Cartref rhwng y Taleithiau. Ac mae Jon Dressel yn cloi'i gyfres â cherdd sy'n holi pam nad oes cofgolofnau i Lywelyn ac i Glyndŵr i'w gweld yng Nghymru sy'n cyfateb i'r cofgolofnau i Lee a Jackson sydd i'w gweld yn Richmond, Virginia.

Os yw ymateb y Gymru Saesneg i'r Taleithiau wedi amrywio dros y degawdau, mae'r un yn wir am ymateb y Gymru Gymraeg. Os taw gelyniaeth i America oedd amlycaf yn agwedd awduron a deallusion Cymraeg hanner cyntaf yr ugeinfed ganrif, yna erbyn ei diwedd yr oedd nifer sylweddol yn barod i gyfaddef eu bod yn cael eu cyffroi a'u cyfareddu gan ferw anystywallt bywyd y tu hwnt i'r Môr Iwerydd. Yng nghwmni Iwan Llwyd y mentrodd Menna Elfyn deithio i'r Taleithiau am y tro cyntaf, a hynny ym 1997. Ond yr oedd y cyfandir hwnnw o wlad wedi hudo ei dychymyg ers iddi fod yn ferch ifanc a berthynai i 'genhedlaeth y chwedegau', chwedl hithau.

'Un o'r croesdyniadau i genhedlaeth y 1960sau hwyr', meddai hi, 'oedd y ffaith eu bod ar y naill law yn dyheu am adfer... yr iaith a'r diwylliant Cymraeg, a Chymreig, tra ar yr un pryd yn ffoli ar bob dim Americanaidd.'[26] Ond un arall o'r croesdyniadau oedd hwnnw rhwng y wedd bositif a'r wedd negatif ar America cyfnod Fiet-nam. Ymserchodd y Menna Elfyn ifanc yn yr ail, gan lyncu awduron megis Thoreau a Whitman ac uniaethu gyda'r beirdd niferus a oedd, y pryd hynny, yn gwrthdystio yn erbyn y rhyfel. Ffolodd ar 'y gymysgedd o'r aflednais a'r telaid' yng ngwaith Allen Ginsberg a'i debyg, a thrwy ymddiddori yn y mudiad o blaid hawliau'r duon cafodd ei denu hefyd i gyfeiriad mudiad y merched, gan nodi pwysigrwydd y cyfunrywiol yn y mudiad hwnnw. Profiad nid annhebyg i'r profiad o agor anrheg sydd wedi ei lapio mewn haenau di-ben-draw o bapur fu America iddi hi, meddai Menna Elfyn, ond bod darnau gwahanol o farddoniaeth wedi eu hysgrifennu ar bob un o'r haenau hynny. 'A dyna America i mi. Do, cyrhaeddodd un dydd mewn bocs... a bûm yn diosg y papur amdano byth oddi ar hynny.' (*GS*, 74) Ond nid diosg papur yn unig y mae'r Taleithiau wedi peri iddi wneud. Wedi iddi ymweld â'r Taleithiau am y tro cyntaf ym 1997, ysgrifennodd gerdd lle cyffesodd ei bod bellach hefyd wedi mentro diosg ei chot law, ar ôl ei phrofiad addysgol ym mhoethder Asheville, Gogledd Carolina:

> Doedd neb arall yn torsythu cot,
> Neb yn arddangos ymbarelau.
> Ond po fwyaf tyner yw'r tymor,
> Mwyaf yn y byd yr ofnwn ei frath. (*GS*, 81)

Prawf oedd hyn pa 'Mor ofnus ddiantur oedd y Cymry': 'fydde neb [adre] yn mentro gollwng cot law' hyd yn oed a hithau'n hindda. Ond ni all Cymraes, hyd yn oed, wrthsefyll y temtasiwn, yng nghrasder Asheville, i adael ei chot adre. Ac wrth wneud hynny, ychwanega Menna Elfyn:

> Fe ddadwisgwn fy llwyth,
> Plisgo fesul pilyn amdanynt
> A'u dirwyn at eu crwyn cryno.
> Eu gadael yn y glaw i ddawnsio,

> Arloesi mewn pyllau dŵr,
> Ysgafnhau mewn monsŵn o siampaen. (*GS*, 82)

Mae yna gyfeiriad digamsyniol yn y fan honno, wrth gwrs, at ddawns enwog Gene Kelly yn 'Singing in the Rain'. Ac ergyd cerdd Menna Elfyn yw bod y Taleithiau, unwaith iddi fagu'r plwc i ymweld â nhw, wedi bod yn fodd iddi ymryddhau o 'lwyth y rhag-ofn-leiafrif' y mae Cymru yn tueddu i'w gynhyrchu.

Bu profi'r wedd ryddhaol yma ar y Taleithiau yn fendithiol yn achos nifer o'n llenorion diweddar. 'Cefais gyfle i dreulio'r haf ar ôl gwneud lefel O allan yn Danville, Illinois', meddai Gwyneth Lewis, mewn ysgrif bwysig lle mae'n priodoli ei datblygiad yn fardd i'r cyfnodau ffurfiannol a dreuliodd yn America:

> Roedd yn gyfnod o brofi pethau am y tro cyntaf. Ar yr awyren blasais ddiod o'r enw *7-Up*; yn Danville, gwelais ddyn noeth am y tro cyntaf (roedd fy nghefnder wedi anghofio bod merch yn y tŷ) a rhoddais fys bawd fy nhroed yn afon Mississippi a theimlo gwefr o ddeall bod mapiau'n gallu dod yn fyw. (*GS*, 204)

Ond wrth iddi aeddfedu, nid y gweddau synhwyrus yn unig ar America a fu o bwys mawr iddi. Daeth, yn araf bach, i werthfawrogi'r rhydd ddewis yr oedd beirdd mwyaf y Taleithiau, megis Walt Whitman, yn ei gynnig iddi i fod yn hyhi ei hun ar ei thelerau ei hun, a hynny heb orfod ymwrthod yn llwyr â'r traddodiad barddol Cymraeg a Chymreig yr oedd hi'n dal i ddymuno glynu wrtho.

> Erbyn hyn [meddai] rwyf wedi dod i'r casgliad bod yr ymdrech i ddweud yr hyn nad yw'ch diwylliant na'ch iaith am i chi ei ynganu'n rhy hawdd yn rhan hanfodol o addysg y bardd. Yn yr un ffordd y mae'n rhaid bod yn fwy parod i goelio'ch fersiwn chi o'r byd nag i ymddiried yn fersiwn eich rhieni, pa mor deilwng bynnag fo eu gwerthoedd; mae'n rhaid i fardd benderfynu rhwng plesio ei draddodiad cynhenid a dweud ei ddweud ei hun. Dyma'r gwahaniaeth rhwng ystrydeb gysurus a gwir farddoniaeth…. A dyma oedd pwynt America i mi. Bu'n dir niwtral hollbwysig i alluogi i mi glywed rhythmau fy llais fy hun, ar wahân i rythmau cryfion y Gymraeg. (*GS*, 208)

Profiad ymryddhaol, felly, oedd profiad Gwyneth Lewis o ymweld â'r Taleithiau, a phrofiad tebyg oedd profiad Mihangel Morgan, er mai drwy graffu am yn hir ar ffotograffau Weegee y cafodd y profiad hwnnw, ac nid drwy ymweld ag America. Mewn ysgrif ddifyr y mae wedi sôn am y lluniau *quirky* hyn, o fywyd yr ymylon yn bennaf, a dynnwyd gan y ffotograffydd yn ystod y degawd cyn ac ar ôl yr Ail Ryfel Byd, gan awgrymu eu bod yn egin nofelau. Mae'n amlwg eu bod nhw'n coglais ei ddychymyg yn ddybryd, ac yn ei gymell ef, fel nofelydd ffantasïol go iawn, i fwrw ati i ddyfalu gweddill y stori, megis, ym mhob achos (*GS*, 117–27).

Mae'r ymatebion hyn i gyd yn cadarnhau mai'r hyn a welwn ni pan syllwn ar wlad arall yw rhyw wedd ddadlennol ar ein gwlad ein hunain. Mae hyn mor wir am yr America a ddychmygir gan Saunders Lewis ag yw hi am y Gymru y mae Jon Dressel yn dal, chwarae teg iddo, i ymserchu ynddi. Ac mae'r un mor wir am brofiad Americanwyr o Gymru. Felly, dyna'r ateb i'r cwestiwn, '*Pam*, pam?' a holir ym mrawddeg agoriadol cyfrol ddifyr Pamela Petro, *Travellers in an Old Tongue: Touring the World Speaking Welsh*. Americanes yw Pamela Petro sy'n crwydro o gwmpas y byd yn olrhain peth o hanes y Cymry Cymraeg sydd wedi dewis troi'n alltud. Ac mae'n gwneud hynny am ei bod hi wedi ffoli ar yr iaith Gymraeg – 'a tongue few speak and fewer understand, with vowel sounds so rich I'd swear they all have calories.'[27] Ond *pam* y mae hi wedi gwirioni ar y Gymraeg? Oherwydd mai Americanes yw hi, mae'n debyg, a'i bod hi, o'r herwydd, yn laru o bryd i'w gilydd ar nerth unbenaethol, digyfnewid yr iaith Saesneg: 'everywhere, even in its own country, Welsh is just something different. Something to be recycled, saved, re-membered from the detritus of the past into a language that people from different countries can use together at the bank. It's a lesson in the power of mutation.' (318) Gan fod yr iaith yn treiglo'n barhaus, nid oes modd i'r Americanes ei meistroli hi. A chan fod yr iaith yn newid ar hyd yr amser, drwyddi hi – drwy ddilyn ei thrywydd hi, o dreiglad i dreiglad, o frawddeg i frawddeg, ac o le i le ar draws y byd – y mae Pamela Petro yn cael y profiad o'r Lôn Ddiddiwedd. Dyna paham mai *Travels in an Old Tongue* yw teitl ei chyfrol hi.

Ac mae Jon Dressel yntau yn cael profiad tebyg, sef bod cymaint o swyngyfaredd yn perthyn i'r daith o wyth milltir o Lansteffan i Gaerfyrddin nes ei bod yn gwrthbwyso'r holl deithio y mae ef wedi ei wneud ar hyd yr Interstates yn yr Unol Daleithiau, 'one of the great American / themes, the business of the open road.'

> Then why had he,
> at least in part, renounced it, in favour of
>
> a place so small, were it superimposed,
> as to make but a smudge on the map
> of America, a place regarded, by most

of the world, as merely an appendage
on the spine of England?[28]

Daw rhan o'r ateb iddo wrth ddynesu at ddiwedd ei daith fer a syllu o bell ar dref hynafol Caerfyrddin: 'The town, for him, was dense as fact, significant, / for its locus in great time.' Hynny yw, iddo fe, sy'n perthyn i weriniaeth anferth nad oes ganddi hanes hir, y mae hynafedd Cymru fitw yn hudolus. Iddo ef – ac i William Greenway a Pamela Petro – Cymru yw'r wlad o bosibiliadau.

Nodiadau

1. Seiliwyd ar ddarlith agoriadol y gynhadledd i lansio Canolfan Cymry America, Prifysgol Cymru, Caerdydd, 19 Hydref 2001. Am drafodaethau mwy cyflawn o ymatebion awduron Cymraeg i'r Taleithiau, gweler M. Wynn Thomas (gol.), *Gweld Sêr: Cymru a Chanrif America* (Caerdydd: Gwasg Prifysgol Cymru, 2001).
2. 'Lady Gwen, or the days that are to be', pennod 2, *Cymru Fydd*, 3–7 (Gorffennaf 1890), 386. Carwn ddiolch i Dr Kirsti Bohata am dynnu fy sylw at y gwaith hwn. Erbyn hyn mae sail gadarn i gredu mai awdur y nofel oedd J. Arthur Price: gweler e.e. *The Cardiff Times*, 9 Awst 1890, 5. Diolch yn fawr i Natalia A. Mckenzie am y wybodaeth hon.
3. Christine James (gol.), *Gwenallt: y Casgliad Cyflawn* (Llandysul: Gomer, 2001), t. 189.
4. Gordon Craig, 'Not Wholly Holy', *The New York Review of Books* (10 Awst 2000), 45–6.
5. Adroddiad papur newydd (23 Mehefin 1937), Llyfrgell Genedlaethol Cymru, Papurau D. R. Davies, Bocs 1, t. 29.
6. 'Y Teulu', *Canlyn Arthur* (Dinbych: Gwasg Gee, 1938), t. 47.
7. 'Henry James', yn Gwynn ap Gwilym (gol.), *Meistri a'u Crefft: Ysgrifau Llenyddol Saunders Lewis* (Caerdydd: Gwasg Prifysgol Cymru, 1981), tt. 216–20.
8. Aneirin Talfan Davies (gol.), *Eliot, Pushkin, Poe: Tair Rhaglen Arbennig ar gyfer Radio Cymru* (Llandybïe: Llytrau'r Dryw, 1948), t. 82.
9. Saunders Lewis, 'Beirniadaeth Cerdd Vers Libre', yn *Cyfansoddiadau a Beirniadaethau Eisteddfod Genedlaethol Llandybïe* (Eisteddfod Genedlaethol, 1944), tt. 98–100. Mae'n cyfaddef, wrth gwrs, y gallai'r Saeson olrhain hanes y wers rydd yn ôl at Milton.
10. *Y Dwymyn* (Aberystwyth: Gwasg Aberystwyth, 1944), tt. 43–57.
11. Jerry Hunter, 'O'r ymfudwr ffuglennol i'r twrist barddol: teithiau llenyddol i America', yn M. Wynn Thomas (gol.), *Gweld Sêr*, t. 50.

12. 'Wales' American Dreams', yn M. Wynn Thomas, *Corresponding Cultures: The Two Literatures of Wales* (Cardiff: University of Wales Press, 1999), tt. 214–51.
13. 'Cotton Mather remembers the trial of Elizabeth How', yn *The Colour of Cockrowing (1960)*, yn Julian Croft a Don Dale-Jones (goln), *The Collected Poems of T. Harri Jones* (Llandysul: Gomer, 1977), tt. 193–9.
14. Desmond Barry, *The Chivalry of Crime* (London: Vintage, 2001).
15. Cassie Davies, *Hwb i'r Galon* (Abertawe: Gwasg John Penry, 1973), t. 44.
16. 'Mae'n wlad i fi', yn Thomas (gol.), *Gweld Sêr*, t. 30.
17. Gweler Hywel Teifi Edwards, *Codi'r Hen Wlad yn ei Hôl* (Llandysul: Gomer, 1989), tt. 246–7.
18. Lewis Jones, *Cwmardy* (London: Wishart and Wishart, 1978), t. 1.
19. Ron Berry, *So Long Hector Bebb* (London: Macmillan, 1970); Linden Peach, 'Gunslingers and Gamblers: Law and Lawlessness in Leslie Norris's short fiction', *Welsh Writing in English: A Yearbook of Critical Essays*, 5 (1999), tt. 130–49; Ed Thomas, *The House of America*, yn Brian Mitchell (gol.), *Edward Thomas: Three Plays* (Bridgend: Seren, 1994).
20. 'John Berryman's Elegy, for Alun Lewis', *American Literature*, 56:1 (1984), 100–4.
21. Allen Ginsberg, *Journals: Early Fifties, Early Sixties* (New York: Grove Press, 1977), tt. 13–15. Hawlfraint Allen Ginsberg, 1977; adargraffwyd trwy ganiatâd The Wylie Agency (UK) Limited.
22. Allen Ginsberg, *Collected Poems, 1947–1980* (London: Viking, 1995), t. 280. Hawlfraint Allen Ginsberg, 1995; adargraffwyd trwy ganiatâd The Wylie Agency (UK) Limited a HarperCollins Publishers.
23. W. H. Davies, *Autobiography of a Super-tramp* (London: Cape, 1931), tt. 22–6.
24. 'Back to source', *New Welsh Review*, 32, rhifyn arbennig am America (1996), 84.
25. Jon Dressel, *The Road to Shiloh* (Llandysul: Gomer, 1994), t. xvii.
26. Menna Elfyn, 'America: Cymhlethdod o Achlysuron', yn Thomas (gol.), *Gweld Sêr*, t. 75. GS o hyn ymlaen.
27. Pamela Petro, *Travels in an Old Tongue: Touring the World Speaking Welsh* (London: Flamingo, 1998), t. 27.
28. Jon Dressel, 'Looking both ways', *The New Welsh Review*, 32 (1996), 62.

Dolennau Cyswllt

10

Y Werin a'r Byddigions:
Gwaed yr Uchelwyr *a Diwylliant Llên Troad y Ganrif*

Gwaed yr Uchelwyr: y mae'n ddrama sydd wedi derbyn cryn dipyn o sylw, gan mai hi oedd cynnig cyntaf Saunders Lewis ar gynhyrchu testun llwyfan yn y Gymraeg. O'r herwydd, mae ei ffynonellau, ynghyd â byrdwn ei neges, yn hysbys ddigon erbyn hyn. Pam, felly, cychwyn drwy gyfeirio ati? Wel, yn fyr, am fod sawl gwedd ar y weledigaeth a fynegir ganddi yn nodweddiadol o ffrwd meddwl ymhlith carfan o ddeallusion ac awduron Cymru cyfnod troad y bedwaredd ganrif ar bymtheg sydd, yn fy marn i, yn haeddu mwy o sylw nag a roddwyd iddo hyd yn hyn. Ac i ba gyfeiriad y'n dygir ni gan y ffrwd honno? I gyfeiriad y gred y byddai Cymru ar ei hennill o gael arweinwyr call, awdurdodol, ymroddgar, â'u bryd yn gyfan gwbl ar gynnal gwerthoedd eu cymdeithas a'u cenedl, ynghyd â'r argyhoeddiad pellach y dylid edrych i gyfeiriad yr hen bendefigaeth Gymreig am batrwm o arweinwyr anrhydeddus o'r fath.

Y mae wedi mynd yn arfer ers tro bellach i drafod dylanwad cydnabyddedig awduron Ffrengig megis Corneille a Barrés ar *Gwaed yr Uchelwyr*, ac i wneud yn fawr o ddyled hysbys Saunders Lewis i *Antigone*. Nid oes gwadu hynny, wrth gwrs. Ond bwriad amgen y drafodaeth hon, cyn diweddu, fydd trin y ddrama nid fel enghraifft o esthetig hynafol glasurol neu fel darn o gelfyddyd gyfandirol, ond yn hytrach fel enghraifft gymhleth, heriol o anghonfensiynol, o ideoleg a oedd yn fawr ei hapêl i rai carfanau o Gymry Cymraeg ac Eingl-Gymreig fel ei gilydd ar drothwy'r ugeinfed ganrif. Pam oedd yr ideoleg yma'n apelio? Yn rhannol, o leiaf, am ei bod yn cynnig rhith o waredigaeth; dihangfa ddeniadol o fywyd cyfoes cenedl a oedd yn cael ei sgubo'n ddiymadferth gan gorwynt o weddnewidiadau chwyldroadol, a hynny ym mhob maes – economi, iaith, diwylliant, gwleidyddiaeth, crefydd.

Dolennau Cyswllt 191

Wyneb yn wyneb â chynnwrf y presennol dryslyd o estron hwn, fe ofidiai llawer fod bwlch diadlam yn agor rhwng y Gymru newydd a'r hen Gymru yr oeddent yn dal i hiraethu am rai o'i phrif nodweddion: 'Hiraethu am ei dlysni mae'r awel ar ei hynt, / Fel awen dyner Cymru Sydd am burdeb Cymru gynt.'[1]

'In our time', meddai T. Stephens yn ofidus, er enghraifft, mewn ysgrif a gyhoeddwyd yn *Young Wales* ym 1901, 'change is writ large on all things Welsh. We seem to have persuaded ourselves that to cease to change is to lose place in the great race.'[2] O'r herwydd y mae'n hiraethu am y cyfnodau tybiedig hynny yn y gorffennol pan na welwyd llawer o newid ym mhatrwm cymdeithas am ganrifoedd lawer. Ac fel enghraifft o'r sadrwydd hwnnw y mae'n cynnig darlun euraidd 'of a Gentleman of Wales – a picture which may belong to any date from the eighth to the fifteenth century.' Gan ddyfynnu o destun Cymraeg wedi ei gyfieithu i'r Saesneg, mae'n rhestru tri deg a thair o nodweddion rhinweddus yr hen uchelwyr, gan ddechrau drwy nodi 'His house weatherproof, / His homestead compact', cyn mynd yn ei flaen i ganmol ei deulu, ei letygarwch, ei weision, ei dylwyth, ei gyfeillion, ei gi a'i hebog a'i ychen a'i ddefaid a'i foch, ei felin, ei eglwys, ei frenin, ei offeiriad a'i Dduw (79). Yng nghanol y darlun yma o gyfanfyd delfrydol y mae'n sôn, wrth gwrs, am 'His bard learned, / His harpist respectable.' Ac er bod Stephens yn prysuro i bwysleisio pa mor gyntefig oedd 'moethusrwydd' buchedd yr hen uchelwr mewn gwirionedd o'i gymharu â bywydau ei ddarllenwyr cyfoes, y mae'n amlwg ddigon fod ar Stephens hiraeth am hirhoedledd dosbarth yr uchelwyr ac am warineb eu ffordd hwy o fyw.

Fel yr awgryma ysgrif Stephens, cri a glywyd yn gyson yn y cylchgronau oedd na fyddai'r un ddolen gyswllt gynhaliol maes o law rhwng Cymru Fu a Chymru Fydd. Mewn ymdrech i gau'r bwlch, hoeliai rhai awduron eu sylw ar y gobaith y medrai disgynyddion yr hen uchelwyr gynnig arweiniad i'r genedl fodern. Ai dyna yr oedd Saunders Lewis hefyd yn ei obeithio yn *Gwaed yr Uchelwyr*? Cyn ceisio ateb y cwestiwn hwnnw, rhaid sylwi i ddechrau ar ymdriniaeth rhai o awduron eraill â'r hen bendefigaeth Gymraeg.

* * *

Ceir rhagolwg o'r pwnc mewn ysgrif gan J. Arthur Price a gyhoeddwyd yn y cylchgrawn *Cymru Fydd* ym 1889.[3] Mae gan Price yr enw o fod yn un o ddeallusion mwyaf treiddgar a mwyaf anghonfensiynol mudiad Cymru Fydd, a hawdd deall pam ar ôl darllen yr erthygl nodweddiadol heriol hon.

Ynddi y mae Price yn tanseilio'r dyb gyffredin ymhlith Rhyddfrydwyr a Thoriaid y cyfnod fel ei gilydd mai mudiad chwyldroadol oedd yr ymgyrch i sicrhau hawliau cenedlaethol i'r Cymry. Na, meddai, Price, nid mudiad radical mohono o gwbl ond mudiad cadwriaethol y dylai'r Ceidwadwyr ei gefnogi ac y dylai Eglwys Loegr ei barchu. Nid y Chwyldro Ffrengig, gyda'i bwyslais ysgubol ar iawnderau'r unigolyn, oedd tarddle ymgyrchoedd cenedlaethol y bedwaredd ganrif ar bymtheg, meddai Price ymhellach, gan wfftio tyb y Rhyddfrydwyr. Man cychwyn pob ymwybyddiaeth genedlaethol yn y cyfnod modern oedd gwrthryfel gwaedlyd y bobloedd dewr hynny, megis y Sbaenwyr, a wrthodasai fyw o dan fawd Ffrainc gan fynnu annibyniaeth ac ymreolaeth.

Yr oedd yn gas gan Price y Chwyldro Ffrengig am ei fod yn ei ystyried yn fynegiant o athroniaeth ddinistriol deallusion Oes Oleuedig y ddeunawfed ganrif (Enlightenment / Aufklärung). Gan adleisio'r Eingl-Wyddel mawr hwnnw Edmund Burke, awdur y clasur *Reflections on the Revolution in France*, dadleuai Price fod athronwyr Ffrainc wedi bwrw heibio pob parch at hanes, at draddodiad, at arferion hynafol ac at gwlwm cymdeithas er mwyn ymddiried yn gyfan gwbl yng ngallu unigolion i resymu drostynt eu hunan. O ganlyniad difethwyd

> all historic institutions and... the spirit which had created them. All ideas which owed their origin to historic growth, – in other words, the life, the feelings, the aspirations of the past, – were naturally odious to those who saw in all the past history of faith and heroism only the weary annals of folly, delusion, and bad taste. (426)

Fel y cawn weld, y mae Luned yn *Gwaed yr Uchelwyr* fel petai'n aralleirio'r datganiad hwn pan fo'n esbonio wrth ei chariad, Arthur Gwynn, mai blys am gyfleoedd y dyfodol yw ei gymhelliad ef ond mai teyrngarwch i hen werthoedd y gorffennol yw ei hysbrydoliaeth hi.

Pa rym, felly, a allai wrthsefyll athrawiaeth ddinistriol newydd y Chwyldro Ffrengig? Nid grym democratiaeth, yw ateb J. Arthur Price, ac nid grym rhyddid ychwaith. Dim ond cariad angerddol at hen hanes eu cenedl a fedrai danio dychymyg y Sbaenwyr a'u symbylu i frwydro, hyd at angau, dros eu rhyddid. Y mae gan y Cymry hwythau gariad tebyg at eu gwlad, meddai Price, cariad sy'n deillio o'u balchder yn hanes hynafol y genedl. Dros dro, yn unig, felly, yr hudir y Cymry gan Radicaliaeth â'i bryd yn gyfan gwbl ar ffyniant yr unigolyn yn y presennol. Buan y'i gwelir yn hiraethu am werthoedd cymdeithasol y gorffennol ac yn chwilio am ffyrdd i'w hadfer. Ac yn y cyd-destun hwn, awgryma Price y gall fod gan weddillion yr hen bendefigaeth Gymraeg ran i'w chwarae, dim ond i'r uchelwyr amlycaf roi'r gorau i'r awch am ymseisnigo a afaelsai ynddynt ers cyfnod y Ddeddf Uno, a dewis yn hytrach ddychwelyd o'r diwedd at eu gwreiddiau Cymreig:

> To suppose... that the Welsh, in proportion as they develop their nationality, will do their best to dispense altogether with an upper class, or at least to ostracise it from public life, is at the best a rash, and to my mind, unhistorical presumption. No doubt the Welsh are a democratic people, but their democratic ideas are not inconsistent with a respect for ancient blood. The nation that is proud of the fact that, in its noble romance of a Welsh prince and his knights of the round table, it gave to Europe its medieval chivalry, cannot desire to emulate its social or political life to that of the United States of America, or to parody the vulgar democracy of modern Paris. It could be as soon expected to abolish the Eisteddfod, and to build an Eiffel Tower in the mountains of Merioneth. (434–5)

* * *

Gobaith J. Arthur Price felly oedd y byddai modd i ddosbarth llywodraethol y Gymru gyfoes fanteisio rywsut ar y profiad cyfoethog oedd gan yr hen bendefigaeth o gynnig arweiniad i'r genedl. A choleddir yr un gobaith gan rai o nofelwyr Cymreig amlycaf ei gyfnod, gan gynnwys yr enwocaf ohonynt, Allen Raine. Ceir awgrym o hynny, er enghraifft, yn syth ar gychwyn ei nofel olaf, *Torn Sails*, lle y cyflwynir un o brif gymeriadau'r nofel, Hugh Morgan, i sylw'r darllenydd. Y mae Hugh Morgan yn uchel iawn ei barch ym mhentref bach glan-y-môr Mwntseison, yn rhannol am mai ef sydd berchen hanner y pentref ond hefyd oherwydd ei fod yn gymeriad nodedig o anrhydeddus. Cyflogir y mwyafrif o wŷr y pentref ganddo i gynhyrchu hwyliau, ac mae'n byw mewn tŷ ychydig yn fwy na'r gweddill sy'n llawn trugareddau hynafol cywrain – awgrym cryf fod ei deulu'n wreiddiol o dras uchelwrol: '[there was an] old tradition afloat in the village, that his forefathers belonged to a different class from that in which he now lived.'[4]

Y mae'r pentrefwyr yn cydnabod ei ragoriaeth gymdeithasol yn reddfol ac yn talu gwrogaeth iddo'n gyson drwy gyfeirio ato fel 'Mishteer'. 'In Wales the landlord is still called "Master",' meddai Allen Raine, gan ychwanegu'n finiog, 'and about the term hangs, in spite of modern and radical suggestions, a flavour of the old affection which once existed between landlord and tenant.' (*TS*, 7) Ergyd yw hwn, wrth gwrs, i gyfeiriad 'radicaliaid' Rhyddfrydol y 'werin Anghydffurfiol' a oedd mor hoff, yn dilyn helyntion chwedegau'r bedwaredd ganrif ar bymtheg, o adrodd yr hanes 'arwrol' am wrthsafiad tenantiaid dewr yn erbyn gorthrwm eu landlordiaid estron. A hithau'n ffyddlon i Eglwys Loegr, yr oedd yn well gan Allen Raine amddiffyn agweddau gorau'r hen drefn osod na meithrin rhwygiadau oddi mewn i'w chymdeithas. Derbyniai fod mawr angen diwygio ond mynnai mai'r ffordd orau o wneud hynny oedd drwy gyfuno'r hen a'r newydd, a mynegir y weledigaeth hon ganddi dro ar ôl tro ar ffurf nofel.

Yn achos *Torn Sails*, ymgorfforir ei gobaith am adnewyddiad cymdeithasol cymodlon yn y berthynas rhwng Hugh Morgan ac Ivor Parry, y gŵr ifanc o gefndir cyffredin y mae Hugh yn ei hyfforddi'n fwriadus i'w olynu, gan adnabod ynddo y gwerthoedd moesol a chymdeithasol anrhydeddus hynny y mae ef ei hun yn eu cynrychioli. Am gyfnod, twf anghydfod anffodus rhyngddynt drwy fod Hugh, yn ddiarwybod ac felly'n gwbl anfwriadol, yn priodi cariad Ivor, Gwladys. Ond ar ôl i Hugh gael ei ladd mewn tân enbyd, y mae Gwladys yn rhydd i briodi Ivor o'r diwedd, ac y mae ysbryd Hugh, yn ei dro, yn dyst bodlon i'w huniad. Yn y modd hwn, felly, sicrheir bod rhinweddau penna'r hen uchelwyr yn cael eu trosglwyddo'n ddiogel i arweinwyr cymdeithasol y Gymru newydd.

Yr un yw neges gymdeithasol *Under the Thatch* yn y bôn, eithr y tro hwn fe arwyddir uno'r hen a'r newydd ar ddiwedd y nofel gan briodas rhwng cynrychiolydd yr hen bendefigaeth sydd wedi gweld dyddiau gwell a chynrychiolydd y dosbarth newydd deinamig sydd wedi esgyn o rengoedd y werin. Ond cyn y gall hi gytuno i briodi Michael Lloyd, mab ifanc hen felinydd sydd wedi ei hyfforddi yn Llundain yn arbenigwr meddygol disglair, y mae'n rhaid i Barbara Owen, disgynnydd hen deulu uchelwrol, ddiosg ei balchder yn ei thras. A gwneir yn fawr yn y nofel hon drwyddi o'r perchentyaeth a arferai nodweddu dosbarth yr uchelwyr. 'Ei dŷ', meddai Dafydd Johnston, 'oedd yr arwydd gweledol o statws uchelwr a chanolbwynt ei fywyd cymdeithasol',[5] ac wrth i rai o'r uchelwyr ymelwa o'r drefn Seisnig a ddaethai yn sgil Deddf Uno 1536, dechreusant ddynwared aristocratiaid Lloegr a phrynu plasau sylweddol.

Plas, felly, yw 'Caefrân', cartref Barbara a'i brawd, ond am ei fod yn rhy fawr ac yn rhy ddrud i'w gynnal y mae'n rhaid i'r ddau roi'r gorau i fyw ynddo a chwilio am loches yn y bwthyn sylweddol sydd ynghlwm wrth y felin lle y mae Phil, tad Michael, yn felinydd. Yn gyfleus ddigon, mae'r melinydd yn datgelu bod y tŷ to cawn hwn yn arfer bod yn un o 'blasau' gwerinol yr hen uchelwyr – 'Plas Meivon', cartref 'Madam Hughes'[6] – ac mae'n cynnig adfer darn sylweddol ohono i'w gyflwr gwreiddiol, gyda golwg ar ddarparu cartref clyd priodol ar gyfer Barbara a'i brawd. Ar ddiwedd y nofel, wrth gwrs, y mae Barbara a Michael ar fin meddiannu'r tŷ cyfan, gan awgrymu bod dosbarth canol newydd Cymru am fabwysiadu hen ddull yr uchelwyr o fyw ac am efelychu eu gofal traddodiadol hwy am eu cymdeithas. At hynny, mae'n ymddangos bod Michael yn dymuno siarad Cymraeg â'r ardalwyr, fel yn y dyddiau gynt.

* * *

Nid dim ond ambell nofelydd Saesneg o Gymru, megis Allen Raine, a oedd yn breuddwydio am uniad yr hen uchelwyr a'r dosbarth llywodraethol newydd. Dyna ddyhead Gwyneth Vaughan yn ogystal, yn ei dwy nofel nodedig, *O Gorlannau'r Defaid* a *Plant y Gorthrwm*. Cyfeiriwyd ynghynt at ofid dybryd rhai o garfanau'r cyfnod na fyddai'r Gymru newydd yn rhannu'r un gwerthoedd â'r hen gymdeithas ddiflanedig Gymraeg, ac fe danlinellir y gofid hwnnw'n syth yn y rhagymadrodd i *O Gorlannau'r Defaid*. 'Nid wyf fi'n honni dim iddi', meddai Gwyneth Vaughan am ei nofel, 'ond ei bod yn iach a phur, yn Gymreig hollol ei nodweddion, yn amcanu at gadw ambell rai o'r pethau a eilw'r Doethor John Rhys yn *vanishing landmarks* ar gof a chadw, ac yn ddarlun lled gywir o fywyd duwiol y rhai annwyl y bu eu cartref yn "borth y nefoedd" i bawb a drigai ynddo.'[7] 'Ychydig iawn o rodres ein dyddiau ni oedd yn bod yr amser hwnnw', meddai ymhellach yn y bennod gyntaf. 'Nid oedd gwanc am arian a bywyd moethus wedi meddiannu ein tadau... Rhyfedd fel y mae Cymru fechan wedi newid.' (*OGD*, 10–11)

Ar ganol y nofel ceir gwrthgyferbyniad rhwng dau dŷ sylweddol sy'n arwyddo dau fath gwrthgyferbyniol o bendefigaeth. 'Cae Morfudd' yw un, plas crand Syr Wiliam Prys a'i deulu. Efe yw bonheddwr mwyaf yr ardal ac er mor hoffus yw ei gynhesrwydd tuag at yr ardalwyr, ac er mor annwyl o ddoniol yw ei ddefnydd teyrngar carbwl o'r iaith Gymraeg, gwneir yn glir ei fod ef a'i deulu oeraidd, yn y bôn, â'u bryd yn gyfan gwbl ar statws, a thir, ac arian, ac eiddo. Awgrymir ymhellach fod hyn yn gydnaws â'r ffaith mai dim ond dwy ganrif ynghynt y dyrchafwyd y teulu i rwysg a bri y dosbarth aristrocrataidd yn Lloegr. Gwahanol iawn yw hanes perchnogion yr hen blasty arall, Y Neuadd, a fu'n gartref i hen deulu cynhenid Cymreig a Chymraeg y Wyniaid ers canrifoedd lawer:

> Digon bychan oedd o'i gymharu â'r plastai a adeiledir gan gyfoethogion undydd unnos er mwyn dangos eu golud i'w haddolwyr, a heb un tebygrwydd arall ynddo i'r trigfannau hyny chwaith. Yr oedd i bob ystafell hynafol yn y Neuadd – gyda'r dodrefn derw na wyddai neb eu hoedran, gan nad oedd eu blynyddoedd wedi hagru dim ar harddwch eu gwedd – ryw genadwri oddi wrth oesau a fu i'w sibrwd i'n clustiau. (*OGD*, 164)

Er i'r Neuadd syrthio drwy ddichell i afael dwylo estron am gyfnod, erbyn i'r stori ddirwyn i'w therfyn y mae hen blasty'r uchelwyr yn ei ôl yng ngofal ei briod berchnogion. Ar ddechrau'r nofel dim ond bugail cyffredin yw Dewi, y gŵr ifanc a fydd yn adfeddiannu'r plas, ond hyd yn oed bryd hynny fe 'wyddai pawb fod gwaed tywysogion Cymru Fu yn rhedeg [yn ei wythiennau], tra nad oedd teulu Syr Wiliam yn gallu olrhain eu hachau fawr dros ddau gan mlynedd.' (*OGD*, 95) Ac erbyn i Dewi ymgartrefu yn y Neuadd ar ddiwedd y nofel y mae wedi datblygu i fod yn bregethwr Methodistaidd duwiol. Yng nghyd-destun y drafodaeth bresennol mae hynny'n ddatblygiad hynod arwyddocaol am ei fod yn arwyddo gobaith Gwyneth Vaughan, yn wyneb y gofid enbyd am newid byd a nodwyd uchod, y bydd arweinwyr y Gymru Anghydffurfiol newydd yn mabwysiadu gwerthoedd moesol ac yn ysgwyddo cyfrifoldebau cymdeithasol yr hen ddosbarth Cymraeg o uchelwyr.

Neges nid annhebyg a ymgorfforir yn ail nofel Gwyneth Vaughan, *Plant y Gorthrwm*. Yma, eto, gwrthgyferbynnir dau deulu bonheddig, a hynny'n rhannol drwy bwysleisio'r gwahaniaeth rhwng dau blasty. Hen blasty croesawgar, cartrefol yw Y Friog, cartref priodol iawn ar gyfer yr hen uchelwr gwerinol Syr Tudur Llwyd a '[d]reuliai lawer iawn o'i amser ymysg ei bobl.'[8] 'Yr oedd boneddigrwydd a moesgarwch yn anwahanol gysylltiedig â bodolaeth Syr Tudur Llwyd, a theimlai pawb dan ei gronglwyd ef yn berffaith gartrefol ar unwaith.' (*PG*, 75) Mawr yw consýrn Syr Tudur am ei denantiaid, yn gwbl groes i agwedd perchnogion ffroenuchel Plas Dolau. Y maent hwy yn perthyn i'r dosbarth hwnnw o uchelwyr a ddisgrifir fel a ganlyn gan Gwyneth Vaughan:

> Hannai llawer o'r tirfeddianwyr o hen deuluoedd Cymreig, ond ni fynnai y mwyafrif ohonynt gydnabod y graig y'u naddwyd o honi, ac ystyrient y fraint o loddesta oddeutu Llys Sant Iago yn y brif ddinas yn fwy ei gwerth iddynt hwy, na meithrin hen draddodiadau gwych eu cenedl eu hunain. (*PG*, 110–11)

Arferai'r rhain sefyll ysgwydd wrth ysgwydd, meddai Vaughan ymhellach, â'r 'self-made men' ariannog o Loegr, y 'crach-foneddigion' a oedd wedi prynu tiroedd yng Nghymru ac a ddisgwyliai i'r Cymry foesymgrymu iddynt.

Am eu bod yn treulio'u hamser i gyd oddi cartref y mae teulu bonheddig Plas Dolau wedi penodi goruchwyliwr gormesol (Mr Harris) i ofalu bod eu tenantiaid yn talu crocbris o rent am yr hawl cyfreithiol i ffermio eu tiroedd. A phan fo'r tenantiaid hynny'n bwrw pleidlais am y tro cyntaf, yn sgil Deddf Ddiwygio 1868, ac yn gweithredu'n groes i ewyllys teulu'r Plas, dyma Mr Harris yn cael gorchymyn i'w troi allan o'u cartrefi'n syth. Y mae teulu duwiol, dedwydd fferm lewyrchus Hafod Olau ymhlith y dioddefwyr mwyaf, ac yn sgil yr ergyd enbyd hwn y mae pennaeth y teulu, y gwerinwr parchus Robat Gruffydd, yn marw'n ifanc gan adael gweddw a dwy ferch yn ddiymgeledd ar ei ôl. Ymateb trugarog Syr Tudur Llwyd i argyfwng y teulu bach yw cynnig priodi Rhianon, y ferch hynaf, gyda golwg ar sicrhau cartref newydd iddi hi, ynghyd â'i mam a'i chwaer, yn Y Friog.

Y mae hithau'n derbyn ei gynnig, yn bennaf er mwyn sicrhau noddfa i'w theulu, ac y mae'r briodas yn ddigon diddig, o ystyried bod bwlch enfawr o ddeugain mlynedd yn gwahanu 'Lady Llwyd' a'i gŵr. Arwydd yw'r ieuo anghymharus hyn efallai o farn yr awdur, Gwyneth Vaughan, fod hen ddosbarth yr uchelwyr yn prysur dynnu at ei derfyn, ac mai gorau po gyntaf felly y trosglwyddir y gwerthoedd a ddiogelir ganddo i ofal arweinyddion ifainc y Gymru gyfoes. I'r perwyl hynny, y mae Vaughan yn pwysleisio ymhellach nad yr hynafgwr Syr Tudur sy'n cynnig arweiniad i'w wraig ifanc, ond yn hytrach Rhianon sy'n arfer doethineb ac yn amlygu ei haeddfedrwydd drwy ddysgu ei gŵr sut i barchu ac i gefnogi – yn gwbl groes i arfer ei ddosbarth – genhadaeth wleidyddol y to ifanc o wleidyddion Rhyddfrydol. Yn gyfleus ddigon, y mae Syr Tudur yn marw'n annisgwyl ar ddiwedd y nofel, gan adael Rhianon yn rhydd, o'r diwedd, i briodi ei gwir gariad, y bonheddwr ifanc eangfrydig Francis Glyn – priodas sy'n awgrymu y gwelir hen werthoedd dosbarth yr uchelwyr Cymreig yn cael eu mabwysiadu gan do newydd o arweinwyr cymdeithasol a fydd yn sicrhau eu bod yn cael eu haddasu at ddibenion oes newydd, yn union fel y sicrhaodd Rhianon fod Syr Tudur, yn ei hen ddyddiau, yn newid o fod yn 'Tori' i fod yn Rhyddfrydwr.

* * *

Yn ymhlyg ym mhob enghraifft a ystyriwyd hyd yn hyn y mae'r gred sylfaenol mai'r werin bobl bellach yw gwir etifeddion y gwerthoedd diwylliannol a gwleidyddol cynhenid Gymreig a feithrinwyd yn wreiddiol gan y dosbarth uchelwrol. Seiliwyd y dyb allweddol hon, wrth gwrs, ar ddarlun euraidd, cwbl anhanesyddol, o'r hen bendefigaeth – darlun y gosododd hyd yn oed O. M. Edwards sêl ei fendith arno:

> Hyfryd yw meddwl fod prif dywysogion Cymry ymhob oes wedi bod yn gefn i ryddid pa le bynnag y caent gyfle, ac wedi amddiffyn y di-amddiffyn a'r tlawd. Aberthodd Llywelyn ei fywyd, ac aberthodd Cymru ei hanibyniaeth gydag ef, er mwyn amddiffyn mynyddwyr a dyffrynwyr

gorthrymedig Rhos a Rhufoniog. A thaflodd Glyn Dŵr, a miloedd gydag ef, eu hunain i'r ymdrech o blaid y llafurwyr yn bennaf.⁹

O dderbyn hyn, hawdd wedyn ddadlau ymhellach fod dolen gyswllt naturiol – o'r math a arwyddir ar ffurf priodas yn nofelau Gwyneth Vaughan ac Allen Raine – rhwng pendefigaeth Cymru Fu a'r arweinwyr crefyddol, cymdeithasol a gwleidyddol disglair a gynhyrchwyd gan y werin ei hun yng nghyfnod Cymru Fydd.

Ymhellach, fe dybiai'r werin gyffredin ei bod hi'n llwyr deilyngu'r parch yr oedd hi yn ei dderbyn ar ddiwedd y bedwaredd ganrif ar bymtheg, am ei bod hi wedi parhau'n ffyddlon i'w gwlad ar hyd y canrifoedd hynny'n dilyn pasio'r Ddeddf Uno, pan oedd y mwyafrif o foneddigion Cymru wedi cefnu ar eu gwlad gan heidio i Lundain a phrysuro i ymseisnigo. Gwelwyd canlyniad y 'brad' hwn yn glir adeg Gwrthryfel y Jacobitiaid ym 1745, fel yr adroddir gan W. Llewelyn Williams yn ei gerdd 'Waiting for Sir Watkin: David Morgan, the Welsh Jacobite, speaks the night before his execution.'¹⁰ Gobaith David Morgan adeg y gwrthryfel oedd y byddai Sir Watkin Williams-Wynn, tirfeddiannwr mwyaf Cymru ac arweinydd Cylch y Rhosyn Gwyn (y brif garfan yn Lloegr a oedd wedi cynllwynio i ddiorseddu'r Brenin Siôr II a choroni Siarl Stuart), yn ymuno yn y gwrthgodiad.

> The gallant Prince in Wales, land of unencumbered dales,
> Would surely meet us there with thrice three thousand men;
> Once more from hill and vale the Cymro and the Gael
> Would join in bravely fighting for country and for King.

Ond ofer bu'r gobaith, ac ar yr un gwynt y mae'r carcharor yn diawlio 'the laggard lord that broke his plighted word' ac yn cywilyddio dros Gymru: 'Shame for our gallant country that never would be free.' Ac wrth sylweddoli nad oes gan Gymru bellach ddosbarth o uchelwyr gwlatgar i'w harwain, mae David Morgan yn penderfynu edrych i gyfeiriad gwahanol o hyn ymlaen: 'In Cavalier homes we'll seek, among the poor and weak, / For worthier chiefs to lead the united Cymric Clan.'

Yr oedd y fersiwn hwn o hanes at ddant Owen Rhoscomyl, un o gymeriadau mwyaf lliwgar holl hanes Cymru.¹¹ Cenhadaeth Rhoscomyl oedd dihuno Cymru o'i thrwmgwsg. Yr oedd yn gas ganddo'r taeogrwydd a oedd yn ei hatal hi rhag gwneud ei chyfraniad priodol i'r Ymerodraeth Brydeinig, ac un nodwedd arbennig o'r ofnusrwydd hwnnw oedd parodrwydd y Cymry i dderbyn barn ddylanwadol Matthew Arnold mai 'Celtiaid' hydeiml breuddwydiol oeddent, ac felly na fedrent ddioddef berw brwydrau gwrywol byd masnach, gwleidyddiaeth a maes y gad. Ymdrechai Rhoscomyl i atgoffa'r Cymry o'u hanes fel rhyfelwyr, ac yn lle'r ddelwedd hunanfodlon, boblogaidd o'r werin dduwiol, lonydd, ceisiodd osod y cof am genedl o ymladdwyr dewr. Prif ddiffyg y Cymry, yn ei farn ef, oedd diffyg dosbarth pendefigaidd o arweinwyr a oedd yn wir falch o'u tras genedlaethol, yn null aristocratiaid Iwerddon a'r Alban.

> The upper class Welshman has... largely lent himself to the Anglicising policy of the government. It might have been very different had things fallen out as certain of the Jacobite leaders desired... Wales would have risen to the Stuarts, and, in the bloodshed and suffering which must have followed the stamping out of the rebellion, had it failed; or in the honour which would have followed its success, had it succeeded; the Welshman as such would again have cut that figure which his ancestor first created in Tudor times. It would have been an honour to be a Welsh gentlemen, and the privilege would have been as strenuously upheld as the Scots or Irish gentleman of today upholds his.[12]

Manteisiai Rhoscomyl ar bob cyfle i daenu ei neges ar led, gan gynnwys cynhyrchu pasiant cenedlaethol rhwysgfawr Cymru yng Ngerddi Sophia, Caerdydd ym 1909. Gan ei fod yn awdur medrus, yn ogystal ag yn wrol ryfelwr go iawn, fe ysgrifennodd sawl nofel yn trin ei athroniaeth. A'r mwyaf diddorol ohonynt yn ddi-os yng nghyd-destun y drafodaeth bresennol yw *Old Fireproof*, clamp o ramant yn null awduron antur poblogaidd y cyfnod megis Rider Haggard. Seiliwyd y nofel antur ar brofiadau hynod gyffrous Rhoscomyl ei hun wrth ymladd yn Ne Affrig gyda charfan o filwyr afreolaidd (*irregulars*) yn y rhyfel yn erbyn y Boëriad.

Eto fyth yn y nofel hon gwrthgyferbynnir dau dŷ mawr er mwyn gwahaniaethu rhwng dau ddosbarth gwahanol o wŷr bonedd. Cartref pobl ddwad yw 'Vron Aig' – estroniaid â digon o arian ganddynt i godi 'a fancy-built modern mansion, one that would need some thousands a year to keep it going by the look of it.'[13] Perchennog presennol y plasty haerllug hwn yw gweddw ifanc y mae ei balchder ffroenuchel yn costio'n ddrud iddi, am o'r herwydd y mae'n colli serch ei gwir gariad. 'Old Fireproof', awdur y nofel, yw hwnnw, ymladdwr heb ei ail sy'n cael ei eilunaddoli gan y dynion y mae'n eu harwain mewn nifer o gyrchoedd peryglus yn erbyn y gelyn ar wastadeddau'r *veldt* uchel. Am fod Old Fireproof yn ddisgynnydd balch un o hen deuluoedd uchelwrol Cymru y mae'n dod i ddirmygu ymdrechion ystrywgar y weddw ifanc i dorri ei grib ac i'w feistroli. Ac fel y gellir disgwyl, plasty gwahanol iawn i 'Vron Aig' yw cartref hynafol Old Fireproof. Tŷ ydyw y mae ei leoliad a'i bensaernïaeth fel ei gilydd yn awgrymu bod yr adeilad yn garn o hanes hen:

It was… the picture of an old-looking house in wild-looking grounds, set where there were a few level acres between the mountains and the sea, for bush and tree and ivied rock and precipice went straight up behind the house, and a curve of the coast, showing the edge of the sea, lay in front of it a few fields' breadth away. (*OF*, 77)

'Llys Rono' yw ei enw, ac mae'r dirwedd wyllt y saif ynddi'n awgrymu, wrth gwrs, nad yw'r perchennog brodorol ychwaith eto wedi ei ddofi.

Tua diwedd y nofel, y mae 'Old Fireproof' yn priodi – yn union fel y gwnaethai Rhoscomyl ei hun – ferch o genedl y Boëriad y daethai ar ei thraws wrth arwain cyrch dirgel mentrus yn ddwfn yn nhiroedd y gelyn. Ac ar ôl iddo gael ei glwyfo'n angheuol y mae'n marw yn y ffydd y bydd y mab bach a aned o'r briodas nid yn unig yn sicrhau parhad ei linach hen ond hefyd yn gwireddu breuddwyd 'uchelwrol' ei dad y gwelir Cymru'n deffro o'i thrwmgwsg ac yn cymryd ei phriod le ar flaen y gad yn ymdrechion yr Ymerodraeth Brydeinig i ledaenu rhyddid a chyfiawnder ar draws yr hollfyd. Yn arwydd o hyn, yr oedd Old Fireproof wedi gosod bidog noeth yng nghrud y babi, gan orfoleddu bod y bychan wedi gafael ynddo'n eofn:

> '"*Gwell angeu nag ovn,*"' I said. '"Better death than fear." Son! little son! fourteen hundred and fifty years your ancestors are known, from father to father back to that king of the Picts who drove Vortigern to calling in the Saxons to help him. And from son to son, all down the five and forty generations before you, every one of them has closed his grip on the steel the moment it was laid near him in the hour that he was born.' (*OF*, 364)

Er mwyn tanlinellu hyn, y mae 'Old Fireproof', yn null dihafal y ffantasïwr Owen Rhoscomyl ei hunan, yn honni bod hen Ddeddfau'r Cymry yn mynnu bod pob bachgenyn uchelwrol yn gorfod gadael ei deulu yn bedair ar ddeg mlwydd oed er mwyn cael ei hyfforddi am saith mlynedd o dan gyfarwyddyd arglwydd y llwyth i fod yn filwr. 'No wonder', meddai 'Old Fireproof', 'that the nation never could be rooted out, in spite of all the armies that came in endless clouds to do it. And that's my ideal still.' (*OF*, 364)

* * *

Awdur arall â diddordeb byw mewn adfer yr hen bendefigaeth er lles y Gymru newydd gyfoes oedd yr hynod 'Mallt' Williams, ac fe geir mynegiant o'i gweledigaeth yn *A Maid of Cymru*, rhamant chwerthinllyd o ffantasïol sydd, serch hynny, yn ddogfen hanesyddol eithriadol ddadlennol.[14] Arwres y stori yw'r 'Maid of Cymru' ei hun, Tangwystl Hywel, merch danbaid o wladgarol na fynn briodi'r undyn nad yw'n Gymro glân, gloyw er mwyn sicrhau purdeb yr hil, dyfodol yr iaith a chyfoeth y diwylliant brodorol. Y mae gweithwyr cyffredin gweithfeydd glo, haearn a dur a chwarelwyr yr ardal ddiwydiannol y mae Tangwystl yn byw ynddi yn cyfeirio'n barchus ati fel 'y Foneddiges', ac fe wrthgyferbynnir ei theyrngarwch bonheddig hi i Gymru ag agwedd ddirmygus 'Madame Lloyd', menyw estron sy'n aelod o ddosbarth uchelwrol Lloegr, tuag at y 'brodorion' cyntefig lleol.

Hoff ŵyl Tangwystl yw'r Eisteddfod, lle y gall wisgo amdani wisg 'hynafol' urddasol: 'a red robe (the favourite colour of Cymru fu) of some soft woollen material… and a striped ribbon of the three bardic colours – blue, white and green.' (*MC*, 38) Yno hefyd y gall chwarae ei hoff offeryn, sef y delyn deires Gymreig. Ac yn yr Eisteddfod, ymhellach, y mae'n medru ymddwyn fel aelod o hen bendefigaeth Cymru: 'To her own consciousness, she was no longer simple Tangwystl Hywel. Rather at that moment she was a daughter of the princely House of Gruffydd ab Rhys ab Tewdwr welcoming the bards and harpists to that Royal Eisteddfod which lasted for forty days under the green oaks of Ystrad Tywi.' (*MC*, 38)

Am fod Tangwystl yn y stori hon yn ddolen gyswllt bwysig rhwng y Gymru fodern a thraddodiad yr hen uchelwyr, y mae'n medru cyflawni dwy swyddogaeth allweddol. Yn gyntaf y mae'n medru atal streic gan y gweithwyr a allasai fod wedi arwain at wrthdaro gwaedlyd rhyngddynt a'r milwyr Saesneg a fuasai'n siŵr o fod wedi cael eu gyrru i'r ardal gan y llywodraeth. A dull Tangwystl o atal y terfysg yw trefnu ei bod hi'n canu rhai o hen alawon Cymru i'r dorf anystywallt i gyfeiliant telyn y mae hen delynor dall yn ei chwarae. Mae'n amlwg bod yr olygfa ddoniol o amhosibl hon yn ddameg ar ei hyd, am ei bod hi'n arwyddo'n glir obaith ofer Mallt Williams a'i thebyg y gellir ffrwyno holl egnïoedd bygythiol y dosbarth gweithiol newydd afreolus drwy atgoffa'r gweithwyr o werthoedd gwâr tybiedig 'Cymru Fu'.

Camp wyrthiol arall Tangwystl Hywel yw dad-Seisnigo 'Hoel Cadwgan,' un o wŷr bonheddig y Gymru newydd, drwy ei berswadio i ddysgu Cymraeg ac i ymdrwytho yn nhraddodiad llên Cymru. Y modd hwn y mae hi, i bob pwrpas, yn gwneud 'uchelwr' Cymraeg ohono.

> And as she looked at him, tall-statured, as the men of Merlin's country are, with his stately bearing and eagle eyes, that had never feared the gaze of any man, a great wave of pride swept over her. Here, in this representative of an old, proud line, was material fit even for Cymru to

accept with readiness. She had wakened in him that love of race and country that lies latent even in the most Anglicised of Cymru's sons, so by that he is of the gwaed coch cyfan. She had given him who had drifted purposeless as a rudderless boat on the Ocean of Time a new interest in life. Because a great sympathy lay between them, her words, her acts, her ideals, had first moved, then won him. (*MC*, 256)

Y mae Hoel Cadwgan, yn ei dro, yn gwneud cymwynas enfawr â Tangwystl drwy sicrhau nad yw Elormeirch, ei chartref sylweddol hi a'i brawd, yn cwympo, drwy ddichell, i ddwylo'r Sais uchelwrol yr Arglwydd Entwistle. Ac wrth gwrs, diwedd y stori yw bod Cadwgan yn priodi Tangwystl.

Un dylanwad ar obaith Mallt Williams o adfer hen bendefigaeth Cymru i'w phriod le fel arweinydd y gymdeithas oedd ei phrofiad o'r rhan a chwaraewyd gan rai o aristocratiaid Iwerddon yn y mudiad pan-Geltaidd yr oedd hi mor frwd o'i blaid. Yn ei hadroddiad am y Gyngres Ban-Geltaidd a gynhaliwyd yn Nulyn yn Awst 1901, er enghraifft, dywed: 'In a brilliant speech, the President, Lord Castletown of Ossory (MacGiolla Phadring), opened the Congress.'[15]

* * *

Fel y dengys y drafodaeth uchod, felly, yr oedd corff o waith eisoes yn bod yn y Gymraeg ac yn y Saesneg a oedd yn mawrygu traddodiad yr uchelwyr cyn i Saunders Lewis fynd ati i lunio ei fersiwn afaelgar ef ei hun o'r etifeddiaeth goll honno yn *Gwaed yr Uchelwyr*. Ac o ystyried y ddrama yn y cyswllt arbennig hwn, gwelwn debygrwydd diddorol rhyngddi ar sawl cyfrif a nifer o'r triniaethau blaenorol, ond fe sylwn hefyd ei bod hi'n bur wahanol iddynt, yn enwedig am ei bod hi'n mynnu mentro i eithafion ar y diwedd, a hynny, mae'n debyg, am fod Saunders Lewis mor awyddus i osgoi cyfaddawdu â threfn osod ei gymdeithas. Yn ei olygiad safonol o'r testun, y mae Ioan Williams yn gosod y ddrama'n dreiddgar o gyflawn yn ei chyd-destunau hanesyddol amlweddog. Dengys yn glir ei bod hi'n ymgais i ymwrthod â'r pwyslais ar hawliau'r unigolyn a nodweddai Rhamantiaeth a Rhyddfrydiaeth fel ei gilydd, yn rhannol am fod yr ideolegau hynny'n arwain yn anorfod, ar gychwyn yr ugeinfed ganrif, at dranc y diwylliant Cymraeg ar law hunan-les a ffyniant materol personol. At hynny, yr oedd hi hefyd yn amlwg, yn nhyb Saunders Lewis, mai gwir ddyhead y 'werin', y tybiwyd gyhyd ei bod hi mor rinweddus o dduwiol ac mor bur ei buchedd, oedd llwyddiant economaidd a dyrchafiad cymdeithasol, a hynny ar draul y Gymraeg, a'r cenedligrwydd a ymgorfforwyd ynddi.

Fel yr eglura Ioan Williams yn gryno, 'ymdrech i adolygu'r myth hanesyddol [sef myth 'y werin'] yr oedd awdurdod Rhyddfrydiaeth wedi'i seilio arno' oedd *Gwaed yr Uchelwyr*. Ac ymgeisiodd Saunders Lewis chwalu'r myth hwnnw drwy lunio myth heriol newydd o'i wneuthuriad ef ei hun:

> Mynnai fod yr elfennau o drefn a thraddodiad yn y gymdeithas wledig Gymreig yn hanu o barhad yr hen fonedd yn hytrach nag o aruchelledd cynhenid y werin. Ei ddadl oedd y byddai'r werin yn methu â chynnal traddodiadau'r genedl heb fod yna rywbeth i gyfryngu rhyngddi hi a'r hen gymdeithas a'i creodd.[16]

Enghraifft o'r ideoleg honno ar waith – ar ffurf stori afaelgar o ddramatig – yw *Gwaed yr Uchelwyr*. Fel sy'n hysbys ddigon, echel y ddrama yw diwedd trist y berthynas rhwng Luned Gruffydd a'i chariad Arthur Gwynn. Disgynnydd hen deulu uchelwrol Y Plas yw Luned, teulu o dirfeddianwyr cynhenid Gymreig a gollodd eu statws a'u heiddo yn yr ail ganrif ar bymtheg drwy wrthod plygu i'r drefn newydd a mynnu parhau'n ffyddlon i'r hen frenhiniaeth a'r Hen Ffydd Gatholig. Uchafbwynt y ddrama yw'r olygfa pan yw Luned, ar ôl ychydig o wamalu, yn gwrthod ildio i'w theimladau drwy briodi ei chariad, Arthur Gwynn, mab y tirfeddiannwr cefnog sy'n berchen Isallt, ei chartref hi a'i rhieni. Teulu gwerinol cyffredin oedd teulu Arthur ganrif ynghynt, ond daeth dyrchafiad cymdeithasol sylweddol iddo ar ôl i'w aelodau ddechrau cydymffurfio â threfn orthrymus y dosbarth canol Seisnig. A pham bod Luned yn gwrthod priodi etifedd y teulu, Arthur? Nid oherwydd balchder tras yn bennaf, ond am nad yw hi'n fodlon perthyn drwy briodas i ddosbarth estron sydd, yn ei barn hi, yn gormesu ei phobl. Ac nid cefnu ar serch yn unig y mae Luned yn ei wneud drwy weithredu fel hyn. Er loes calon i'w mam, y mae hefyd yn dewis bwrw heibio'r cyfle olaf oll i achub hen aelwyd ei theulu, am y bydd ei gweithred yn sicr o elyniaethu'r perchennog a fedrai gipio Isallt yn ei hôl o afael y tenant newydd. Yn nhermau'r ddrama, merch ei thad yw Luned, ac yn ei safiad digyfaddawd hi ar dir anrhydedd llinach a lles cenedl clywir adlais o'i ddatganiad cynt di-ildio yntau: 'Fedraf fi ddim gwerthu fy mhobl, a rhoi pob Cymro'n llechgi.' (*DSL*, 80)

Er mwyn tanlinellu urddas moesol y gwerthoedd uchelwrol y mae Luned yn eu cynrychioli, y mae Saunders Lewis yn cyferbynnu ei chymhellion hi dros gilio i'r Taleithiau a chymhellion Arthur Gwynn pan yw'n cynnig ei phriodi ac yn datgan ei barodrwydd i ffoi dros y dŵr yn ei chwmni i gychwyn bywyd newydd. Ond ofer yw ei gynnig. Gofyn iddi anghofio'n llwyr am Gymru y mae Arthur – 'ac anghofio yw bradychu', etyb Luned. Yn hytrach y mae hi'n mynnu trin ei hymadawiad hi am y Taleithiau fel gweithred o hunan-aberth ac o alltudiaeth fwriadus. 'Dyna'r gwahanieth rhyngom ni', meddai wrth Arthur:

> Pobl newydd ydych chi, yn edrych ymlaen o hyd, yn gobeithio. Ond yr wyf fi yn perthyn i bobl hen iawn; mae fy ngwreiddiau i yn ôl yn y gorffennol. A 'does gan obaith ddim rhan yn fy null i o fyw... Mi wnaf fy mywyd yn allor i atgofion fy nghenedl. Mi fydda i'n lleian i'm gwlad. Ac fe fydd fy nheulu farw gyda mi, ond yn marw heb fradychu eu delfrydau na'u traddodiad. (*DSL*, 93)

Dyna ddatganiad, y mae'n ymddangos, sydd am gloi'r ddrama drwy roi pen ar y ddadl. Ond yna, ar y diwedd yn lân, dyma'r awdur yn sydyn yn mentro un cam herfeiddiol ymhellach. Oherwydd wele Arthur yn tyngu wrth Luned ei fod am ei phriodi hi oherwydd ei fod yn dymuno i'w fywyd yn y dyfodol ymgorffori'r union werthoedd y mae hithau mor benderfynol o'u gwarchod: 'Mi ddeuthum yma heno... gan feddwl ymysgwyd yn rhydd o'r budreddi, y gormesu ar dlawd a gwan, yr ymgecru a'r gwarth. Mi freuddwydiais am noddfa gyda thi, am fyw yn gain ac yn fonheddig, yn deilwng ohonot.' (*DSL*, 95) A beth yw ymateb Luned i hyn? Mynna fod dyletswydd arno ef, fel hithau, i fod yn ffyddlon i'w gefndir, i'w deulu, ac i'w 'enedigaeth fraint'. Hynny yw, y mae'n rhaid i bobl o bob dosbarth ufuddhau i'w ffawd drwy fodloni ar fyw oddi mewn i drefn osod cymdeithas na ellir ei newid am ei bod yn cyfateb i drefn natur ei hun. Ni fyddai'n briodol i'r gwrêng geisio ymgydnabod o ddifrif â'r gwerthoedd aruchel sy'n eiddo'n unig i ddosbarth y bonedd – y bendefigaeth hynafol ddethol honno sydd, yr un fath â Luned ei hun wrth gwrs, â 'gwaed yr uchelwyr' yn llifo'n falch drwy ei gwythiennau. Yn y man digalon hwn, ymddengys bod Saunders Lewis wedi cyrraedd pen draw eithaf ei ddrwgamheuaeth gwaelodol o'r werin Anghydffurfiol Gymraeg ac o ddosbarth gweithiol y Gymru ddiwydiannol Sacsneg fel ei gilydd. Ac er ei fod yn datgan ei edmygedd mawr o rinweddau tybiedig yr hen bendefigaeth Gymreig y mae hefyd, ar yr un gwynt, yn gorfod cyfaddef nad yw'n bosibl bellach i weddillion y dosbarth hwnnw gynorthwyo Cymry'r presennol i godi'r hen wlad yn ei hôl. Ymddengys, felly, fod y genedl y tu hwnt i'w hachub.

    Beth, felly, a wnawn o'r clo syfrdanol hwn, sy'n gwbl groes, wrth gwrs, i'r modd cymodlon, cymharol obeithiol, y mae pob testun arall a astudiwyd yn yr ysgrif hon yn trin y berthynas rhwng Cymru Fu yr hen uchelwyr a'r Gymru werinol gyfoes. Ar yr wyneb, ymddengys bod Saunders Lewis wedi creu *impasse* llwyr o fwriad, drwy awgrymu nid yn unig nad yw'r Gymru sydd ohoni o werth yn y byd ond ymhellach nad oes modd dychmygu dyfodol amgen i Gymru ychwaith. Ar ben hynny, mae'n ymddangos bod yr awdur wedi seilio'r diweddglo anobeithiol hwn ar y cysyniad o 'waed', gan faentumio'n bryfoclyd fod gwahaniaeth rhwng dosbarth a dosbarth yn ffenomenon biolegol na ellir ei newid yn hytrach nag yn ffenomenon cymdeithasol y medrir ei ddiwygio.

Hyd y gwelaf i, nid oes modd osgoi'r casgliadau enbyd o ddigalon, ac enbyd o adweithiol, hyn os mynnwn lynu wrth union destun y ddrama. Ond os cytunwn i edrych y tu hwnt i derfynau caeth y testun ei hun er mwyn chwilio am gyd-destun i'n goleuo ymhellach, yna byddai'n werth inni sylwi ar lythyr a ysgrifennwyd gan Saunders Lewis at ei arwr T. Gwynn Jones 'ar drothwy'r rhyfel cartref yn Iwerddon [pan] awgrymodd mai cymeriad pendefigaidd ei gyfaill oedd rhan o'r ysbrydoliaeth.'[17] Os gwir hynny, yna ystyr 'gwaed' yng nghyswllt *Gwaed yr Uchelwyr* yw 'cymeriad', neu 'anian'. As os felly, yna nid oes rhaid wrth 'berthynas waed' lythrennol â'r dosbarth uchelwrol cyn y gellir ymgorffori'r diwylliant pendefigaidd sydd, ym marn Saunders Lewis, yn gonglfaen amhrisiadwy cenedligrwydd y Cymry. Ymhellach, golyga nad yw tranc y diwylliant a'r cenedligrwydd hwnnw yn anorfod, fel yr awgrymir i bob pwrpas yng ngeiriau olaf Luned yn y ddrama.

Ond pam, felly, mabwysiadu metaffor ('gwaed') sy'n rhwym o fod yn gamarweiniol am ei fod yn seiliedig ar fywydeg ac yn awgrymu trefn anorfod natur ei hun yn hytrach na metaffor y mae ei ensyniadau *cymdeithasol* yn llawer mwy eglur? Ceir hyd i'r ateb, debygwn i, yn y corff o destunau'n ymdrin â gweddillion yr hen bendefigaeth Gymreig y tynnwyd sylw atynt yng nghorff yr ysgrif hon. Ym mhob un o'r rhain rhagdybir bod y broses o sicrhau parhad y gwerthoedd cymdeithasol a arwyddir gan fuchedd yr uchelwyr yn un weddol hawdd – dyna paham, er enghraifft, yr arwyddir y broses honno'n aml gan briodas sy'n pontio'r bwlch rhwng y dosbarth uchelwrol a'r dosbarth canol 'gwerinol' newydd sydd bellach yn rheoli Cymru. Eithr barn wrthwyneb yw barn Saunders Lewis. Cred ef yn ddiysgog mai proses anodd dros ben – mor anodd nes ei bod yn ymylu ar yr amhosibl – yw'r broses o adfer diwylliant dosbarth yr oedd ei werthoedd yn gwbl groes i werthoedd y Gymru newydd gyfoes. Dyna pam na fyddai'n briodol ei harwyddo yn y ddrama drwy drefnu priodas rhwng Arthur Gwynn a Luned. Proses ydyw, yn wir, sy'n golygu mynd i eithafion wrth herio'r drefn osod gyda'r bwriad o'i dymchwel yn llwyr. Dim ond gweithred o hunanaberth a all obeithio cychwyn y fath chwyldro; dyna paham y mae *Gwaed yr Uchelwyr* yn mynnu gorffen drwy ddwyn sylw at hunanaberth Luned (er mai ofer, wrth gwrs, yw'r hunanaberth hwnnw). Felly, mae'n naturiol i Saunders Lewis edrych i gyfeiriad Iwerddon am batrwm i'w ddilyn, fel yr esbonia mewn llythyr pellach at T. Gwynn Jones:

> Byddaf yn fy nghasáu fy hun ac yn ffieiddio fy nghenedl pan gymharwyf angerdd Iwerddon a difrawder ein cynadleddau ninnau. Ac eto, beth a wnawn ni? Y mae'n amhosibl cefnu ar ein gwlad, ei melltithio a gadael iddi. Dyna paham y sgrifennais 'Waed yr Uchelwyr' – ceisio egluro imi fy hun paham yr arhosaf yng Nghymru.

Esboniad eglur a chyflawn – neu felly y mae'n ymddangos tan inni sylweddoli mai penderfyniad cwbl wrthwyneb i benderfyniad Luned a wnaed gan Saunders Lewis ei hun. Gyda golwg ar hynny, hwyrach y byddai'n dderbyniol maentumio bod ysgrifennu'r ddrama wedi bod yn fodd iddo wahaniaethu'n glir rhwng cred lythrennol Luned taw dim ond y rheini â gwaed coch cyflawn yr uchelwyr yn eu gwythiennau all ymddwyn yn bendefigaidd a sylweddoliad yr awdur ei hun mai metaffor yn unig yw'r sôn am 'waed'. A chan fod ei edmygedd o T. Gwynn Jones wedi cyfrannu'n sylweddol at y sylweddoliad hwnnw, yna hwyrach na fyddai'n amhriodol awgrymu ymhellach y gall fod perthynas wrthwyneb awgrymog rhwng sefyllfa Luned yn *Gwaed yr Uchelwyr* a sefyllfa Arthur yn 'Ymadawiad Arthur'. 'Mi wnaf fy mywyd yn allor i atgofion fy nghenedl. Mi fydda i'n lleian i'm gwlad', meddai Luned wrth baratoi i ymfudo. Ac wele eiriau T. Gwynn Jones am yr Afallon honno sy'n disgwyl ei 'ymfudwr' ef:

> Yno y mae tân pob awen a gano,
> Grym, hyder, awch pob gwladgar a 'mdrecho
> Ynni a ddwg i'r neb fyn ddiwygio,
> Sylfaen yw byth i'r sawl fyn obeithio;[18]

Ergyd y darn enwog hwn, wrth gwrs, yw mai adnodd ac nid dihangfa yw Afallon, am fod modd bob amser i drigolion Cymru gael at y gwerthoedd sanctaidd hynny a sicrheir yno a'u defnyddio er lles y genedl fodern.

Ni allai Saunders Lewis gymeradwyo awydd Luned, er y medrai gydymdeimlo i'r byw â hi, gan y bu ond y dim iddo yntau, ar un adeg, ddilyn yng nghamrau ei frawd drwy godi ei bac ac anelu at y Taleithiau. Un peth oedd i Luned wrthod priodi Arthur. Cydsyniai'r awdur yn frwd â hynny, am ei fod ef ei hun mor ddirmygus o'r gred a adlewyrchwyd, fel y gwelwyd eisoes, yng nghynifer o nofelau'r cyfnod, fod modd pontio'r gagendor enfawr rhwng buchedd yr hen bendefigaeth a buchedd y werin yn hawdd drwy gyfrwng priodas. Ond peth arall yn llwyr oedd ei phenderfyniad i adael Cymru. Os oedd hynny'n weithred o hunanaberth, yna yr oedd hefyd yn weithred cenedl-ddinistriol, ym marn Saunders Lewis. Wedi'r cyfan os am aberthu'r hunan er lles y genedl, yna dylid gwneud hynny yn null criw dewr gwrthgodiad y Pasg yn Iwerddon ym 1916.

Hwyrach, felly, fod mynegi penderfyniad negyddol Luned yn *Gwaed yr Uchelwyr*, a deall fod yn rhaid ymbellhau oddi wrtho, wedi bod yn fodd i Saunders Lewis ganolbwyntio ar benderfyniad cadarnhaol ei arwr T. Gwynn Jones, a arwyddir ar ddiwedd ei awdl fawr gan benderfyniad Bedwyr. Fel y cofiwn, y mae'n penderfynu, hyd yn oed yn ei ddirymder wedi colli Caledfwlch, i droi unwaith yn rhagor yn ei ôl ac wynebu'r drin. Ac onid dyna a wnaeth Saunders Lewis ei hun weddill ei ddyddiau?

Nodiadau

1. *Cymru*, 2 (1896), 182.
2. T. Stephens, 'An Old-Time Gentleman of Wales', *Young Wales*, 7 (1901), 77–9.
3. J. Arthur Price, 'Welsh Nationalism and Revolutionary Politics', *Cymru Fydd*, II (Awst 1889), 424–437.
4. Allen Raine, *Torn Sails* (Kingston, Surrey: The Chapel River Press, dim dyddiad), t. 8. *TS* o hyn ymlaen.
5. Dafydd Johnston, *Llên yr Uchelwyr* (Caerdydd: Gwasg Prifysgol Cymru, 2005), t. 4.
6. Allen Raine, *Under the Thatch* (London: Hutchinson and Co, 1920), t. 127.
7. Gwyneth Vaughan, *O Gorlannau'r Defaid* (Wrecsam: Gwasg Gee, dim dyddiad), rhagymadrodd. *OGD* o hyn ymlaen.
8. Gwyneth Vaughan, *Plant y Gorthrwm* (Cardiff: The Educational Publishing Company, dim dyddiad ond 1908), t. 12. *PG* o hyn ymlaen.
9. *Cymru*, 11 (1890), 102.
10. *Young Wales*, 7 (1901), 187.
11. Ceir hyd i gyflwyniad ardderchog i fywyd a gwaith Owen Rhoscomyl yn John Ellis, *Owen Rhoscomyl* (Cardiff: University of Wales Press, cyfres Writers of Wales, 2017).
12. *Young Wales*, 5 (1899), 52,
13. Owen Rhoscomyl, *Old Fireproof* (London: Duckworth & Co, 1906), t. 78. *OF* o hyn ymlaen.

14. 'Y Ddau Wynne' (h.y. Mallt Williams), 'A Maid of Cymru', *Young Wales*, 7 (1901), 38, 58, 80, 112, 130, 154, 182, 204, 239, 272. *MC* o hyn ymlaen.
15. 'Y Ddau Wynne', 'Celtia's Congress', *Young Wales*, 7 (1901), 231.
16. Ioan Williams (gol.), *Dramâu Saunders Lewis: Y Casgliad Cyflawn, Cyfrol II* (Caerdydd: Gwasg Prifysgol Cymru, 2000), t. 43. *DSL* o hyn ymlaen.
17. Robin Chapman, *Un Bywyd o Blith Nifer: Cofiant Saunders Lewis* (Llandysul: Gwasg Gomer, 2006), t. 83. *CSL* o hyn ymlaen.
18. T. Gwynn Jones, 'Ymadawiad Arthur', yn *Awdlau Cadeiriol Detholedig y Ganrif Hon 1900–1925* (Cymdeithas yr Eisteddfod Genedlaethol: Hugh Evans a'i Feibion), t. 52.

11

Monica Lewinsky a Fi[1]

Beth amser yn ôl, cyhoeddais erthygl yng ngholofn Gymraeg cylchgrawn newyddion Prifysgol Cymru, Abertawe, gan fabwysiadu ar ei chyfer y teitl a rois i'r ysgrif hon: 'Monica Lewinsky a fi.' Ac am y tro cyntaf, a'r tro olaf, yn hanes y cylchgrawn hwnnw, derbyniwyd sawl cais am gyfieithiad o'r erthygl i'r Saesneg gan ddarllenwyr nad oedd yn medru'r Gymraeg. Am beth, felly, oedd y darn yn sôn? Wel, cyfeirio yr oedd at neges e-bost a anfonwyd ataf gan un o fy nghyn-fyfyrwyr a oedd bellach yn llunio sgriptiau ar gyfer byd y ffilmiau yn Hollywood. Ac yn y neges honno, holodd tybed a wyddwn fod fy enw newydd gael ei grybwyll yn y *Los Angeles Times*? 'Wyddwn i ddim', atebais i'n syn, ac felly cefais esboniad ganddi o'r hyn a fu.

Yn y cyfnod pan oedd sylw'r byd wedi ei hoelio ar berthynas Bill Clinton a Monica Lewinsky, datgelwyd yn y wasg fod yr Arlywydd, pan oedd yn ceisio denu sylw'r ferch ifanc, wedi cyflwyno anrheg arbennig iddi – copi o gyfrol honedig anllad Walt Whitman, *Leaves of Grass*. O'r herwydd, dechreuodd y cyfryngau ymddiddori yn hanes ac yng ngwaith y bardd mawr o'r bedwaredd ganrif ar bymtheg a chafwyd enghraifft dda o'r diddordeb hwnnw yn y rhifyn o dan sylw o'r *Los Angeles Times*. 'Whitman Goes Global: rumour linking his work to the Clinton-Lewinsky story has scholars, reporters trying to read between the lines', meddai'r penawdau bras, ac yn yr erthygl swmpus sy'n dilyn eir ati i sôn am y modd y mae enwogrwydd Whitman bellach wedi lledu i bedwar ban byd.[2] Sonnir yn benodol am y cyfieithiadau aneirif o'i gerddi i bob iaith o dan haul, ac fel enghraifft o hyn cyfeirir at y gyfrol *Dail Glaswellt* a gyhoeddwyd gennyf i ym 1995.[3]

Ystyrier felly, am eiliad, y gweddau gwahanol iawn ar gyfieithu a amlygir yn y stori yr wyf newydd ei chrynhoi. I ddechrau, ceir enghraifft yma o gyfathrebu sy'n ateb diben (*functional communication*) gan mai am ddeall 'cynnwys' fy erthygl yn bennaf oedd y darllenwyr hynny a ofynnodd am gyfieithiad ohono i'r Saesneg. Ar yr un pryd, fe debygwn i fod ar nifer o'r darllenwyr awydd agor cil y drws ar ddiwylliant gwahanol a bod cyfieithiad yn fodd iddynt wneud hynny. Ond beth, wedyn, am fy nghyfieithiadau i o ddetholiad o gerddi Saesneg Whitman i'r Gymraeg? Mae'n amlwg ddigon nad enghraifft o gyfathrebu sy'n ateb diben a geir yn yr achos hwn, ond yn hytrach ymdrech i greu cyfanweithiau geiriol awgrymog a chymhleth yn y Gymraeg sy'n cyfateb, ar ryw ystyr, i'r cerddi gwreiddiol. Ond yn sgil hynny cwyd cwestiwn pwysig arall: pam cyfieithu cerdd o'r Saesneg i'r Gymraeg pan nad oes bellach un Cymro na Chymraes yn bod nad yw ef neu hi yn berffaith rugl yn y Saesneg? O safbwynt dibennol mae trosiad o'r fath yn hollol ddi-alw-amdano. Bu'n rhaid i mi fynd i'r afael â'r wrth-ddadl ymddangosiadol resymol hon wrth lunio *Dail Glaswellt*, a dyma'r ateb a roddwyd gennyf: '[Mae] cyfieithiad llwyddiannus o waith sy'n estron o ran ei ddull a'i ddiwyg a'i feddylfryd, yn ogystal ag o ran ei iaith, yn medru cyffroi a chyfoethogi ac ail gyfeirio'r diwylliant.' (11) Yna euthum yn fy mlaen i ddyfynnu'r sylw craff canlynol a wnaed gan Rainer Schulte a John Biguenet:

> Y mae trosglwyddo hyn sy'n estron o ieithoedd eraill i'n hiaith ni yn ein galluogi i archwilio ac i ffurfio teimladau a chysyniadau na fyddem wedi eu profi heb hynny. Ac y mae'r weithred o gyfieithu yn estyn yn barhaus ffiniau ieithyddol ein hiaith ni'n hunain. Yn yr ystyr hwnnw, mae cyfieithu'n gweithredu fel grym sy'n datguddio adnoddau iaith.[4]

Gwelir, felly, fod yr hanes a grynhoir uchod am yr erthygl yng nghylchgrawn y coleg, am yr adroddiad yn y *Los Angeles Times*, ac am y gyfrol *Dail Glaswellt*, yn datgelu nifer o weddau gwahanol iawn ar gyfieithu ac yn amlygu rhai o'r cymhlethdodau sy'n nodweddu'r gweithgarwch hwnnw.

* * *

Y mae'r cymhlethdodau hynny i'w gweld yn fwyaf amlwg, wrth gwrs, ym maes cyfieithu llên, a'r maes hwnnw yw union faes llafur yr ysgrif hon, ysgrif a fydd yn canolbwyntio'n bennaf ar gyfieithu o'r Gymraeg i'r Saesneg gan fanylu, cyn gorffen, ar gyfieithiadau o lenyddiaeth Gymraeg gan awduron Cymraeg sy'n ysgrifennu yn Saesneg. Ym mhob cyfieithiad gwelir un diwylliant yn dehongli diwylliant arall, drwy drosi'r diwylliant hwnnw yn rhannol i'w iaith ei hun. Ac wrth wneud hynny, bydd y cyfieithiad, wrth gwrs, yn arddangos gweddau pwysig iawn ar ei ddiwylliant ei hun – sef diwylliant y cyfieithydd yn hytrach na diwylliant y testun a gyfieithir. Awgrymir y wedd fygythiol, orthrymus, dreisgar hon ar gyfieithu gan rigwm doniol Kingsley Amis:

> It may seem funny
> but my cat
> is learning English. Think of that.
> So when I pick up Sarah's dish
> And ask who's for a spot of fish,
> I have to listen carefully
> But I've no doubt she answers 'Me!'[5]

Tueddiad pob cyfieithiad, efallai, yw troi 'Miaw' y gwreiddiol yn 'Me'. Tueddiad cyfieithiadau Saesneg yw awgrymu bod pob testun o dan haul, o ba ddiwylliant bynnag y bo'n hanu, wedi dysgu Saesneg yn syndod o dda. Ac mae'r tueddiad hwnnw yn fwyaf amlwg, ac yn fwyaf bygythiol, lle bo anghyfartaledd grym rhwng iaith y gwreiddiol a'r iaith Saesneg – hynny yw, lle nad yw'r iaith frodorol yn meddu ar yr un statws cymdeithasol â'r Saesneg. Mae'r perygl yn un hynod fyw i ni'r Cymry Cymraeg, ac mae'n berygl sydd bellach yn cael sylw mawr iawn ym maes astudio cyfieithu – *translation studies* – ledled y byd. Dyma'r wedd imperialaidd ar gyfieithu i'r Saesneg a grynhoir yn gynnil gan Eric Chafitz: 'At the heart of every imperial fiction (the heart of darkness) there is a fiction of translation. The colonial Other is translated into terms of the imperial self, with the net result of alienation for the colonised and a fiction of understanding for the coloniser.'[6] Sut i osgoi'r weithred ormesol honno – os oes modd ei hosgoi hi o gwbl – yw'r her sy'n wynebu'r cyfieithydd yn yr oes 'oleuedig', 'ôl-drefedigaethol' hon.

Mae'n her a wynebwyd, i raddau, gan Ezra Pound – y *maverick*, y cyw Ffasistiad, a'r cyfieithydd athrylithgar a weddnewidiodd yr arfer o gyfieithu i'r Saesneg ar ddechrau'r ugeinfed ganrif, ac a weddnewidiodd holl farddoniaeth Saesneg yn sgil hynny. Sylwer, er enghraifft, ar y gerdd 'The Jewel Stairs' Grievance' a droswyd yn anuniongyrchol o'r Tsieinëeg, ac a ymddangosodd yn y casgliad chwyldroadol mawr hwnnw *Cathay* (1915):

> The jewelled steps are already quite white with dew,
> It is so late that the dew soaks my gauze stockings,
> And I let down the crystal curtain
> And watch the moon through the clear autumn.[7]

Mae darllenwyr heddiw yn ei chael hi'n anodd deall cerdd fel hon oherwydd ei bod yn ymddangos yn ddieithr. Ble ydym ni? Beth sy'n digwydd? Beth yw ystyr ac arwyddocâd yr ymadroddion? Beth yw'r berthynas rhwng un sylw, neu ddisgrifiad, a'r llall? A dyna fwriad Pound, wrth gwrs, sef agor cil drws dychymyg ar hynodrwydd estron diwylliant dwyreiniol, a mynnu bod yn rhaid i'r iaith Saesneg ymddwyn yn wahanol gerbron y profiad hwnnw, gan gael ei chamystumio'n ddirdynnol ar brydiau. 'Petals are on the gone waters and on the going' (130) meddai mewn cerdd arall; ymadrodd lletchwith, od, a math o 'translatorese' ['cyfieithiaith'?] bwriadol sy'n enghreifftio'i fwriad.

Ond wrth gwrs, yr oedd cymhellion Pound yn rhai cymhleth iawn. Yr oedd am lunio barddoniaeth a fyddai'n herio cymdeithas imperialaidd Lloegr ac America. Cyhoeddwyd *Cathay* yn ystod y Rhyfel Mawr, y gyflafan lle y collodd Pound ffrindiau ifainc mynwesol megis Gaudier-Brezska, a gwyddai Pound yn iawn mai traha imperialaidd gwledydd mawr y Gorllewin oedd yn gyfrifol am y cigyddio hwnnw: 'There died a myriad, / And of the best, among them / For an old bitch gone in the teeth / For a botched civilization.'[8] Drwy agor drws dychymyg ar ddiwylliant llwyr wahanol, yr oedd cyfieithiadau 'dieithriol' *Cathay*, felly, yn galluogi'r dychymyg i ymryddhau o afael hualau'r meddylfryd imperialaidd. Ac eto, er i Ezra Pound fwriadu cydnabod, a chyfleu yn ei gyfieithiadau, y wedd anorchfygol ddieithr ar y testun gwreiddiol, mae cerddi *Cathay*, serch hynny, yn gerddi Americanaidd iawn eu hosgo a'u cywair. Mae'r cyfieithiad yn mynnu dangos, yn groes i ddymuniad y cyfieithydd, o ba radd y bo'i wreiddyn. A bydd hynny'n wir am bob cyfieithiad, yn anorfod. Yng nghynildeb tawedog eu dweud, mae cerddi Tsieineaidd Pound yn *Cathay* yn amlwg yn perthyn i gyfnod Ernest Hemingway ac i wlad Gary Cooper. Mae'r gwerth y mae Pound yn ei osod ar harddwch a cheinder a chelfyddyd yn wrthymateb i bwyslais 'ffilistaidd' America ar fyd ymarferol busnes ac ar werth dim ond doler. Mae'r modd y mae'n uniaethu ag unigolion unig yn nodweddu diwylliant unigolyddol America, er gwaethaf ei ymdrech i sicrhau bod ei gyfieithiadau Saesneg yn parchu, ac megis yn ymgorffori, dieithrwch anghaffael a goruchafiaeth anorchfygol y testun 'gwreiddiol'.

* * *

Ond er nad oes modd i'r un cyfieithydd, yn y diwedd, osgoi datgelu o ba ddiwylliant y mae ef, neu hi, yn hanu, y mae llawer i'w ddweud o blaid ymdrech i sicrhau bod y cyfieithiad yn mynegi arwahanrwydd y diwylliant y mae'r testun gwreiddiol yn perthyn iddo. Noder, er enghraifft, y gwahaniaeth rhwng y ddau gyfieithiad sy'n dilyn o bennill cyntaf emyn cyfarwydd Ann Griffiths, 'Wele'n sefyll rhwng y myrtwydd':

Fersiwn Un: Lo, between the myrtles standing
One who merits well my love,
Though His worth I guess but dimly,
High all earthly things above;
Happy morning
When at last I see him clear!⁹

Fersiwn Dau: See – there stands – among the myrtles –
An object worthy of my heart –
Though I only know in part how
He transcends all worldly thought –
Welcome – morning –
When I see him – as he is –¹⁰

Ar y cyfan, y mae'n well gennyf yr ail gyfieithiad na'r cyntaf. Pam? Oherwydd ei fod yn gwrthod dofi mynegiant Ann Griffiths ac yn ymwrthod â'r temtasiwn i beri iddi hi swnio'n od o debyg i emynydd cyfarwydd, parchus, Fictoraidd Seisnig. Mae'n llwyddo i led awgrymu cyffroadau gwyllt, anrhagweladwy meddwl synhwyrus sydd wedi ei gynhyrfu gan brofiadau crefyddol angerddol o ddwys. A dyma gerdd arall debyg i'r ail gyfieithiad uchod:

> Saviour! I've no one else to tell –
> And so I trouble *thee*.
> I am the one forgot thee so –
> Dost thou remember me?
> Nor, for myself, I came so far –
> That were the little load –
> I brought thee the imperial Heart
> I had not strength to hold –
> The Heart I carried in my own –
> Till mine too heavy grew –
> Yet – stranger – *heavier* since it went –
> Is it too large for *you*.¹¹

Ond nid Ann Griffiths yw awdur y gerdd hon, wrth gwrs. Na, cerdd gan Emily Dickinson, un o feirdd mwyaf yr Unol Daleithiau, yw hi. A throsiad yr Americanwr, Joseph Clancy, yw'r ail drosiad uchod o 'Wele'n sefyll rhwng y myrtwydd'. Sylwoddolir, felly, fod Joseph Clancy yn dehongli Ann Griffiths mewn modd sy'n datgelu'r diwylliant y mae ef, y cyfieithydd, yn deillio ohono. Canlyniad hynny, yn yr achos hwn, yw ei fod, yn baradocsaidd ddigon, wedi cael hyd i ddull trawiadol o awgrymu gwreiddioldeb dychymyg Ann Griffiths.

Nid ar chwarae bach y ceir y fath lwyddiant, yn arbennig wrth gyfieithu barddoniaeth grefyddol Gymraeg pan fo'n anodd iawn i gyfieithydd osgoi creu barddoniaeth Saesneg Seisnig sy'n barchus o emynol ei naws. Er enghraifft, dyma ddau gynnig ar gyfieithu darn o un o emynau enwocaf William Williams Pantycelyn, 'Rwy'n edrych dros y bryniau pell':

Fersiwn Un: Pull my heart's fondness, all compact,
From fickle things away
Unto the One whose faith is sure
For ever and for aye!

Under the blue sky nothing is
That love of life affords,
But satisfaction stays within
The house that is my Lord's.[12]

Fersiwn Dau: But pull my affections totally
From falsities away
To the one object that keeps faith
And shall for ever stay.

Nothing under the blue sky now
Would make me want to live
But only that I'll know the joys
That the courts of God can give.[13]

Mae'r gwahaniaeth rhyngddynt yn hynod ddiddorol. Mae'r fersiwn cyntaf yn llifo'n hyfryd ac felly yn fwy dwys delynegol ei naws. Ar yr un pryd, arferir tafodiaith hynafol ynddo, a hwyrach y byddai rhai darllenwyr yn teimlo mai maen tramgwydd yw hynny, am ei fod yn peri i'r testun ymddangos yn glogyrnaidd o henffasiwn, fel petai'n ymylu ar *pastiche*. Ond hwyrach y gwerthfawrogai darllenwyr eraill naturioldeb y canu, ac y byddent am ddadlau bod iaith cyfnod a fu yn gweddu, wedi'r cyfan, i emyn a ysgrifennwyd ddwy ganrif a hanner yn ôl. Mae'r ail fersiwn ychydig bach yn wahanol, gan ei fod yn mynnu cadw at ieithwedd gyfoes, uniongyrchol, a gellir dadlau bod yr uniongyrchedd hwnnw yn gweddu i uniongyrchedd drama ysol Williams Pantycelyn – y blys amrwd, cyntefig, am waredigaeth, gwanc nad oes modd ei gyfyngu oddi mewn i ffiniau poléit yr 'emyn' Saesneg. Hwyrach ei fod yn dwyn i gof llinellau ysgytwol Gwenallt: 'Fel bleiddiaid codwn ni ein ffroenau fry / Gan udo am y gwaed a'n prynodd ni.'[14]

Yr hyn sy'n hynod yw mai dau gyfieithiad gwahanol gan yr un cyfieithydd yw'r ddau ddarn hyn. Ceir y cyntaf ohonynt yn *The Penguin*

Book of Welsh Verse (1967) a'r ail yn *Welsh Verse* (1986). Tony Conran yw'r cyfieithydd, ac yn y rhagymadrodd i *Welsh Verse* ceir sylwadau ganddo sy'n esbonio pam yr aeth ati i gyfieithu Pantycelyn am yr eildro:

> [The Methodist preachers were men] possessed of considerable histrionic ability and fire, who could stimulate in their congregations the wildest surges of emotional release... English hymns usually contrive to sound both under-nourished and artificially over-blown at one and the same time. Welsh hymns are quite different. (69–70)

Mewn man arall mae Tony Conran yn cyfaddef mai'r hyn y mae'n ei glywed yn emynau Pantycelyn yw nid tinc o emynyddiaeth y Saeson, ond yn hytrach atsain o farddoniaeth freuddwydiol Henry Vaughan, y bardd Eingl-Gymreig mawr iawn hwnnw o'r ail ganrif ar bymtheg. Ac mae yna arwyddocâd arbennig i'r sylw hwn, yn fy marn i. Am fod Tony Conran, ar ei orau, yn gyfieithydd galluog, mae perygl inni anghofio ei fod hefyd, ac yn bennaf, yn fardd o bwys yn ei rinwedd ei hun. Felly, yr hyn a gawn yn rhannol yn ei gyfieithiadau yw man cyfarfod rhwng dau ddiwylliant Cymru – y diwylliant Cymraeg a'r diwylliant Saesneg ei iaith, y diwylliant Eingl-Gymreig; William Williams Pantycelyn a Henry Vaughan. Maentumiwn na allwn ni, Gymry'r presennol, lwyr ddeall, na llwyr werthfawrogi, hanes diwylliannol ein gwlad yn ei gyflawnder tan inni barchu ac ymgydnabod â'r hyn sydd gan y ddau ddiwylliant hyn i'w gynnig i ni, ac i ddweud wrthym ni amdanom ein hunain. Y mae'n hen bryd inni i gyd ddechrau gwerthfawrogi'r modd y gall cyfieithu o'r Gymraeg i'r Saesneg fod yn gyfrwng cydio'r naill ddiwylliant wrth y llall, a deall sut y gall y cyfieithu hwnnw gynnig cip diddorol i ni, yn ogystal, ar y cyffelybiaethau a'r gwahaniaethau rhwng dau ddiwylliant y Gymru fodern.

Gwelir hyn yn glir yng nghyfaddasiad Leslie Norris o gerdd adnabyddus Gwenallt, 'Y Meirwon', ac yn arbennig yn y pennill olaf:

> Gosodwn Ddydd Sul y Blodau ar eu beddau bwys
>   O rosynnau silicotig a lili mor welw â'r nwy,
> A chasglu rhwng y cerrig annhymig a rhwng yr anaeddfed gwrb
>   Yr hen regfeydd a'r cableddau yn eu hangladdau hwy.
>
> Diflannodd yr Wtopia oddi ar gopa Gellionnen,
>   Y ddynoliaeth haniaethol, y byd diddosbarth a di-ffin;
> Ac nid oes a erys heddiw ar waelod y cof
>   Ond teulu a chymdogaeth, aberth a dioddefaint dyn. (*CG*, 140)

> Terrible
>
> Are the blasphemous wars and savageries I
> Have lived through, animal cruelty
> Loose like a flame through the whole world;
> Yet here on Flower Sunday, in a soiled
>
> Acre of grass, I lay down my gasping roses
> And lilies pale as ice as one who knows
> Nothing certain, nothing; unless it is
> My own small place and people, agony and sacrifice.[15]

Sylwer yn syth ar y gwahaniaeth rhwng y Gymraeg a'r Saesneg. Ni cheir gan Leslie Norris ddim o angerdd trydanol llinellau Gwenallt, na'r dicter ysol sy'n fflachio fel mellt ar eu hyd; dim awgrym o argyhoeddiadau gwleidyddol y Gwenallt ifanc – yr efengyl Sosialaidd a'i meddiannai mor llwyr; dim awgrym ychwaith o gariad iasol Gwenallt at ei fro ddiwydiannol arbennig ef ei hun. Pam felly? Pam fod Norris wedi llunio 'cyfieithiad' sydd mor fonheddig ei gystrawen, mor felys ei gywair, mor hamddenol ei ddull o atgofiannu? Yr hyn sy'n werth ei gofio, yn fy marn i, yw bod Leslie Norris wedi cyfieithu'r gerdd hon ar ddiwedd y 1960au, y degawd hwnnw a welodd Cymru'n deffro yn wleidyddol, cenedlaetholdeb ar gynnydd, cyfnod cythryblus, cyffrous pan oedd awduron ifainc yn ymrwymo i wasanaethu'r 'achos' cenedlaethol ac yn ffieiddio pob math o lenydda nad oedd yn cyfrannu'n uniongyrchol at yr ymdrech wleidyddol i osod Cymru i sefyll yn gadarn ar ei thraed ei hun. Ac un o nodweddion mwyaf cyffrous y degawd hwnnw oedd y modd yr oedd nifer sylweddol o awduron Cymraeg ac awduron Saesneg ifainc Cymru yn cynghreirio ac yn cyd-ymgyrchu er mwyn cyd-gyrchu at y nod o sicrhau tegwch i'r iaith Gymraeg ac annibyniaeth wleidyddol i Gymru. Dyma gyfnod Harri Webb a John Tripp, Meic Stephens a Raymond Garlick, a llu o rai eraill. Ond yr oedd yn gas gan Leslie Norris y datblygiadau hyn. Nid oedd yn genedlaetholwr. Hoffai synied amdano'i hun fel cydwladolwr ac ni fedrai gydweld â'r rheini a fynnai fod yn rhaid i lenyddiaeth fod yn *ymrwymedig*, yn *engagé*. Yn hytrach, daliai i gredu bod yn rhaid i lenyddiaeth, fel pob celfyddyd, fod yn llwyr annibynnol ar wleidyddiaeth, a bod rhaid parchu arwahanrwydd yr awdur. Felly, yr hyn a welir yng nghyfaddasiad Norris o gerdd Gwenallt yw cyfieithiad ohoni i iaith arall – nid yr iaith Saesneg, fel y cyfryw, ond iaith credo amhleidiol ac efengyl goddefgarwch cydwladol.

Mae'n werth dwyn i gof eiriau pwysig a geir mewn cerdd arall a ysgrifennodd Leslie Norris yn y cyfnod hwn, geiriau sy'n nodweddiadol iawn ohono, ac yn arwyddair ei ddychymyg. Sylweddolir, wedyn, beth yw gwir arwyddocâd ei gyfieithiad tawel o 'Y Meirwon': 'the great battle-cries / Do not arouse me. I keep short boundaries holy, / These my eyes have recognized and my heart has known / As welcome.'[16] Dyma pam mae'n osgoi mynegi cariad angerddol Gwenallt at fro arbennig ac at werthoedd arbennig – dymuna Norris leisio profiadau sy'n gyffredin i bawb yn ddiwahân, a gwelir hynny'n syth o'r cychwyn cyntaf. Pan fo Gwenallt yn sôn am y rhaffau dur sy'n ei ddal yn dynn wrth Allt-wen a Chwm Tawe, mae Leslie Norris yn sôn yn unig am y modd 'I think with compassion / Of the graves of friends who died.' A'r hyn sy'n werth ei sylweddoli yw nad llais a gwerthoedd Leslie Norris yn unig sy'n cael eu hamlygu yn y cyfaddasiad hwn. Yr oedd nifer o feirdd Eingl-Gymreig hynod bwysig yn rhannu ei weledigaeth yn y cyfnod hwnnw, beirdd megis John Ormond a Dannie Abse. Felly, mae'r cyfieithiad hwn yn fath o 'faniffesto', ac yn ddogfen ddiwylliannol o bwys erbyn hyn yn hanes llên Cymru.

Ar ben hynny, gwelir yn y man hwn un gwahaniaeth sylfaenol rhwng diwylliant Saesneg a diwylliant Cymraeg Cymru. Mae tuedd yn y traddodiad Eingl-Gymreig i drin llenyddiaeth (ac yn fwyaf arbennig barddoniaeth) fel rhywbeth sy'n llwyr ar wahân i wleidyddiaeth – meddylier, er enghraifft, am Dylan Thomas neu Vernon Watkins. Tra'i bod yn hysbys i bawb mai traddodiad i'r gwrthwyneb yn llwyr yw'r traddodiad hynafol Cymraeg, traddodiad ydyw sy'n pwysleisio swyddogaeth gymdeithasol allweddol y bardd. Ond weithiau, mae awydd ar fardd Eingl-Gymreig i arddel perthynas â'r traddodiad brodorol hwnnw, gan haeru mai traddodiad estron, Seisnig, yw'r traddodiad o wahanu llenyddiaeth a gwleidyddiaeth. Ac mae sawl enghraifft o fardd Eingl-Gymreig yn defnyddio cyfieithu fel ffordd o ymbellhau oddi wrth y traddodiad estron hwnnw ac o glosio at draddodiad tybiedig cynhenid Cymraeg a Chymreig. Gwelir hynny yn yr enghraifft nesaf:

> On'd ydyw yn rhyfeddod
> Bod dannedd merch yn darfod?
>   Ond tra bo yn ei genau chwyth
>   Ni derfydd byth ei thafod.

> Now isn't it offending
> A girl's teeth have an ending,
>   But that her tongue, while she has breath –
>   Till death – will want no mending?[17]

Glyn Jones yw'r cyfieithydd, bardd a dreuliodd blynyddoedd yn cyfieithu hen benillion Cymraeg i'r Saesneg. Ar ddiwedd ei fywyd gwnaeth gasgliad o'r cyfieithiadau hyn, ac yn y rhagymadrodd i'r gyfrol honno ceir y sylw canlynol:

> The question must arise – for what purpose was this great body of verse produced? Like much Welsh poetry its function was social, it was intended to serve a community. We have more than one account, in the books of travellers, novelists and others, of the *nosweithiau llawen* [at which such *penillion telyn* were sung]. (15–16)

Ac er mwyn deall arwyddocâd y sylw hwnnw, mae'n werth dwyn i gof sylw arall a wnaeth Glyn Jones ym 1939, pan oedd yn dal yn ŵr cymharol ifanc:

> My ambition… was to achieve a workers' poetry… And when I thought of the workers I visualised a certain unemployed collier, and a middle-aged engine-driver, and a group of coal-trimmers… My theory was that proletarian poetry… was that which had been written by the people themselves. I didn't know anything about English folk-poetry, but I greatly admired the *Hen Benillion* of my own country.[18]

Ond yn anffodus, chwalwyd ei freuddwyd gan y darganfyddiad 'that the workers work eight hours, have had a three R's education, and care nothing for poetry.' Ac nid dyna'r unig broblem. Y gwir amdani yw bod Glyn ei hun yn arbrofwr o ran anian, yn fardd tywyll modernaidd wrth reddf, fel y cyfaddefodd:

> I met a famous young poet [Dylan Thomas]. His verse seemed to me entirely to disregard the reader…. But paradoxically this poet who appeared completely unconcerned with the social or communal aspect of poetry, was also one for whose work, difficult and even perverse as it was, I felt the greatest admiration at the time. (136)

Gellir awgrymu, felly, fod cyfieithiadau Glyn Jones o'r hen benillion yn ymdrech gan fardd modernaidd, Eingl-Gymreig, i greu rhyw fath o ddolen gyswllt â'r traddodiad barddol Cymraeg yr oedd ef yn ei edmygu ar yr un llaw ond hefyd yn ymwybodol iawn o'i gyfyngiadau a'i annigonolrwydd ar y llaw arall. Dyna is-destun diwylliannol y cyfieithiadau bywiog, difyr hyn:

> Mi rois goron am briodi
> Ni rof ffyrling byth ond hynny.
> Mi rown lawer i ryw berson,
> Pe cawn i'm traed a'm dwylo'n rhyddion.

> * * *

> I paid five bob to marry Gwen.
> I wouldn't pay five pence again,
> I'd slip some parson fifty quid
> If he could undo what he did. (93)

A chyn cloi'r drafodaeth hon am gyfieithiadau o gerddi Cymraeg i'r Saesneg gan awduron Eingl-Gymreig, mae'n werth sylwi ar un enghraifft fach arall. Soniwyd ynghynt am Harri Webb ac wele ei gyfieithiad o gerdd enwog Ieuan Fardd am y mieri lle bu mawredd:

> Ifor the Giver's hall is down,
> In heaps in swamps it lies;
> Thistles its tenantry and thorn,
> Brambles where greatness was.

> No bards sing now in the halls,
> The feast is long over,
> No gold now within its walls,
> Nor mail, nor the gold's giver.[19]

Beth yw arwyddocâd diwylliannol y cyfieithiad hwn? Yr oedd gan Harri Webb radd Prifysgol Rhydychen mewn Ffrangeg, ac un o'i hoff awduron yn ystod y 1960au oedd Frantz Fanon, un o arwyr y mudiad gwrthdrefedigaethol yn Algeria ac awdur y gyfrol ddylanwadol *Les damnées de la terre*. Sylwer, felly, ar rai o sylwadau Fanon a deellir y cymhelliad y tu ôl i gyfieithiad Harri Webb:

> [The evolution of the native intellectual goes through three phases.] In the first phase [he] gives proof that he has assimilated the culture of the occupying power;... in the second phase, we find the native is disturbed; he decides to remember what he is;... finally, in the third phrase... he turns himself into an awakener of the people; hence comes a fighting

literature, a revolutionary literature, and a national literature. (178–9)
...The colonised man who writes for his people ought to use the past with the intention of opening the future, as an invitation to action and a basis for hope.[20] (187)

Barddoniaeth y trydydd cyfnod – yr hyn y mae Fanon yn ei alw 'the fighting phase' – yw barddoniaeth Harri Webb. Ac wrth gyfieithu cerdd Ieuan Fardd ei fwriad yw dihuno'i bobl o'u trwmgwsg, a'u gwneud yn ymwybodol o'r trysor a gollwyd o dan eu dwylo.

* * *

Dyna ddigon o fanylu, gobeithio, i roi cip ar ambell wedd ddiddorol ar gyfieithu o'r Gymraeg i'r Saesneg. Dros bymtheng mlynedd yn ôl cefais wahoddiad i lunio cofnod am hanes cyfieithu o'r naill iaith i'r llall ar gyfer *The Oxford Companion to Literature in English Translation*. Cydsyniais yn llawen, gan fy mod yn ei chymryd hi'n ganiataol fod y maes hwnnw eisoes wedi ei hen fapio'n bur fanwl a'i drafod yn ddeallus ac yn drylwyr. Cefais sioc fy mywyd o ddarganfod nad oedd hyd yn oed restr yn bod o'r cyfieithiadau a oedd ar gael, a hynny ar ôl dwy ganrif a hanner o weithgarwch ffrwythlon a dadlennol. Sefyllfa warthus oedd hon, yn fy marn i, sefyllfa oedd yn adlewyrchu'n wael arnom ni fel cenedl ac yn golygu ein bod ni'n anweledig o safbwynt astudio cyfieithu – maes hynod ddylanwadol mewn prifysgolion ar draws y byd. Yn waeth na hynny, yr oedd yn dystiolaeth ddamniol o drist o'r amharodrwydd a fu ar ran y Cymry Cymraeg a'r Cymry Saesneg i geisio rhannu profiadau ei gilydd.

Mewn ymdrech i wella'r sefyllfa, cyflwynais gais i'r AHRB (*The Arts and Humanities Research Board*, y corff a oedd yn ariannu gwaith ymchwil yn y prifysgolion drwy'r deyrnas gyfan), a hynny am swm o arian i fy ngalluogi i greu dwy lyfryddiaeth o gyfieithiadau o'r Gymraeg i'r Saesneg, y naill i'w chyhoeddi gan Wasg Prifysgol Cymru, a'r llall i'w chyhoeddi ar y we. Enw'r wefan honno fyddai BWLET, sef *A Bibliography of Welsh Literature in English Translation*. Bu'r cais yn llwyddiannus a, diolch i'r prif ymchwilydd Dr Rhian Reynolds, cafwyd gwefan werthfawr, a chyfrol hefyd i gyd fynd â hi. Ac wrth gwrs, daethpwyd o hyd i beth wmbredd o stwff – ymhell dros chwe mil o eitemau unigol gwahanol.[21] Dylai'r wybodaeth hon, sydd bellach ar glawr a chadw, fod o'r gwerth mwyaf, yn fy marn i, i bwy bynnag yn y dyfodol fydd am ddeall hanes y ddau ddiwylliant sy'n ein gwneud ni'n un genedl drwy eu bod nhw'n cydberthyn i'w gilydd. Pan luniwyd y cais am arian, dadleuais ei fod yn gais amserol am fod gan Gymru bellach Gynulliad Cenedlaethol a oedd wedi ymrwymo i sicrhau bod Cymru yn datblygu'n wlad aeddfed, gytbwys, gwlad a fyddai'n ymfalchïo yn ei dau ddiwylliant ac yn mynnu bod y ddau'n ymblethu'n un ym meddyliau'r Cymry. Ysywaeth, hwyrach mai breuddwyd ofer oedd y freuddwyd honno – ond 'breuddwyd bardd yw dawn bod' fel y canodd T. Gwynn Jones yn dreiddgar iawn. Breuddwyd gwrach fydd y freuddwyd o Gymru ddeuddiwylliannol, yn ddi-os, oni bai fod Llywodraeth Cymru yn ymroi o ddifrif ac ar fyrder i'r gwaith o addysgu drwy feithrin ymwybyddiaeth ar draws Cymru gyfan o'r hyn y mae'n wir olygu i fod yn wlad ddwyieithog. Ac y mae gan y prifysgolion – yn ogystal â'r ysgolion, wrth gwrs – ran gwbl allweddol i'w chwarae yn y broses hon, debygwn i. Eithr nid ar werth y Gymraeg yn unig y dylai'r pwyslais fod. Mae mawr angen meithrin hyder y Cymry Saesneg eu hiaith yn eu diwylliant cyfoethog hwythau – na, nid eu diwylliant nhw, ond ein diwylliant NI, pa iaith bynnag fydd iaith ein haelwyd. Mae'r diffyg sylw a roddwyd i ddiwylliant llên Saesneg Cymru ar hyd y degawdau gan ein hysgolion a'n prifysgolion yn gwbl gywilyddus, a dim ond yn ddiweddar y dechreuwyd newid y sefyllfa. Dyna pam y sefydlwyd, ym Mhrifysgol Cymru, Abertawe, Ganolfan Ymchwil i Lên ac Iaith Saesneg Cymru (*The Centre for Research into the English Literature and Language of Wales* (CREW)), canolfan sydd bellach yn denu myfyrwyr ymchwil o bedwar ban byd ac wedi ennill iddi hi ei hun statws cydwladol.

Oddi mewn i CREW y cafodd y llyfryddiaeth o gyfieithiadau Cymraeg–Saesneg, sef BWLET, ei llunio, a hynny am fy mod i bob amser am sicrhau bod llên Saesneg a llên Gymraeg yn cael eu trin ar y cyd ac yn cael eu cydio wrth ei gilydd. Onid yw hi'n amlwg eu bod nhw, mewn gwirionedd, yn gyd-ddibynnol ac yn cydgyfrannu at unoliaeth gyfansawdd ein hunaniaeth fel cenedl? Ac onid yw hefyd yn amlwg na ddylai gweithiau llên Gymraeg fod, yn llythrennol, yn llyfrau caeedig i'r Cymry niferus hynny sydd ddim yn medru'r Gymraeg? Fel hyn yr ysgrifennais yn agos i ugain mlynedd yn ôl yn fy llyfr am ddwy lenyddiaeth Cymru, *Corresponding Cultures* – a throf yn fwriadol i'r iaith Saesneg am y tro:

> To think in cross-cultural terms may be beneficial to our apprehension and appreciation of particular writers, and should sharpen our sense of the magnitude and hospitable capaciousness of modern Welsh literary culture. But above all else, to think in these terms is to begin the process of making connections, finding associations, across the cultural divide that has been both the making and the undoing of modern Wales. It is to begin the delicate work of stitching Wales together again, of producing an image not of a single monolithic entity but of a remarkable profusion of significant differences, creative hostilities,

silent interconnections and hidden attachments. It is surely high time we began seriously to explore the recent 'plural history' of our Welsh present, and attempted a proper audit of Welsh culture, in order that we might more fully know who we are, and where we are, as another century begins.[22]

Mae llunio llyfryddiaeth o gyfieithiadau o'r Gymraeg i'r Saesneg yn wedd bwysig iawn, yn fy marn i, ar yr archwiliad diwylliannol y gelwais i amdano, a hynny eto ugain mlynedd yn ôl bellach. A fy mreuddwyd i o hyd yw y daw cyfle maes o law i greu cymdeithas astudio Cymru (*an association for Wales studies*), cymdeithas a fyddai'n fodd i ddwyn ynghyd arbenigwyr allweddol ym mhob maes ar draws y dyniaethau a'r gwyddorau cymdeithasol – a hyd yn oed y gwyddorau – i gydrannu'r wybodaeth ddiweddaraf yn eu meysydd hwy er mwyn llunio map dadlennol newydd o'r gweithgarwch deallusol sy'n ymwneud â Chymru. Dyma'r fath o brosiect y bydd Llywodraeth Cymru, gobeithio, yn fodlon ei noddi er lles dyfodol y genedl – dyma'r math o 'think tank' y mae ar Gymru ei wir angen.

Soniais yn gynharach i mi gael fy synnu a'm siomi gan y ffaith nad oedd llyfryddiaeth eisoes yn bod o gyfieithiadau o'r Gymraeg i'r Saesneg. Pam felly? Beth fu'n gyfrifol am y fath hwyrfrydedd? Mae nifer o resymau, wrth reswm, a medraf gydymdeimlo â llawer ohonyn nhw. Mae darllen cyfieithiad, meddai R. S. Thomas un tro (gan ddyfynnu awdur Iddewig), yr un fath â chusanu drwy neisied boced: bach iawn o bleser nac o foddhad a ddaw o'r fath brofiad, yn amlach na heb. Mae yna deimlad, hefyd, yn ein plith ni'r Cymry Cymraeg, fod cyfieithiadau'n bygwth dwyn un o'n trysorau pennaf ni oddi wrthym, sef trysor ein diwylliant llên hynafol.

Ond yn y bôn mae yna, yn fy marn i, deimladau dyfnach fyth yn llechu, sef y teimlad ymhlith y Cymry Cymraeg ar y naill law fod y Gymraeg yn *sine qua non* hunaniaeth Gymraeg, ac na ellir fod yn Gymraes neu'n Gymro trwyadl a chyflawn hebddi hi; a'r teimlad cyfatebol ond gwrthgyferbyniol ymhlith y Cymry Saesneg, ar y llaw arall, nad yw'r Gymraeg yn berthnasol o gwbl, heb sôn am fod o bwys hanfodol, i'w Cymreictod nhw. Thâl hi ddim i ochri gyda'r naill garfan na'r llall os byddwn ni am i Gymru oroesi fel gwlad ac i'r Cymry oroesi fel cenedl. Yn sicr, gwn yn iawn am y peryglon sy'n ymhlyg mewn cyfieithu – dyna pam y soniais ar y dechrau am sylw rhybuddiol Chafitz: 'the colonial subject [can be] translated into the terms of the imperial self.' Ymhellach, yr wyf yn medru teimlo i'r byw ergyd sylw treiddgar George Steiner: 'There is, in every act of translation – especially where it succeeds – a touch of treason. Hoarded dreams, patterns of life, are being taken across the frontier.'[23] Ond yn y diwedd, mae'r gwirionedd a leisir gan Michael Cronin yn lleddfu fy amheuon, er nad ydynt yn llwyr ddiflannu ychwaith: 'Co-existence implies translating the cultural, political, religious, emotional language of the other into a language and culture that is strengthened by the presence of the other. The alternative to translation is the muteness of fear.'[24]

Yr hyn yr wyf yn ei glywed wrth glustfeinio ar y distawrwydd mawr a fu ar hyd y degawdau – ac yn wir ar hyd y canrifoedd – ynghylch yr arfer pwysig o gyfieithu llên o'r Gymraeg i'r Saesneg yw mudandod ofn; ofn y naill garfan ieithyddol o'r garfan arall, a hynny y ddwy ffordd. Mae'n hen bryd inni darfu ar y mudandod hwnnw ac i fentro – yn ochelgar iawn, wrth gwrs – ar y fenter o gydnabod gwerth cyfieithu.

Nodiadau

1. Seiliwd yr ysgrif hon ar ddarlith Diwrnod y Llyfr a drefnwyd gan Gyngor Llyfrau Cymru. Traddodwyd hi yng Nghynulliad Cenedlaethol Cymru ym mis Ionawr 2002.
2. *Los Angeles Times*, dydd Mawrth, 3 Mawrth 1998.
3. *Dail Glaswellt: Detholiad o Gerddi Walt Whitman* (Caerdydd: Yr Academi Gymreig, 1995).
4. Daw'r dyfyniad o Rainer Schulte a John Biguenet (goln), *Theories of Translation: An Anthology of Essays from Dryden to Derrida* (Chicago and London: University of Chicago Press, 1992), rhagymadrodd.
5. 'Cat-English', *The Listener* (11 Mehefin 11 1987), 25.
6. Dyfynnwyd yn Michael Cronin, *Translating Ireland* (Cork: Cork University Press, 1996), t. 92.
7. Ezra Pound, *Selected Poems* (London: Faber, 1978).
8. 'Hugh Selwyn Mauberley', V, *Selected Poems*, t. 176.
9. Idris Bell, *Welsh Poetry* (Oxford: Clarendon Press, 1936), t. 147.
10. Joseph P. Clancy, *Other Words, Essays on Poetry and Translating* (Cardiff: University of Wales Press, 1999), t. 27.
11. Thomas H. Johnson (gol.), *The Complete Poems of Emily Dickinson* (London: Faber & Faber, 1970), tt. 100–1.
12. Anthony Conran, *The Penguin Book of Welsh Verse* (Harmondsworth: Penguin, 1967), t. 209.
13. Tony Conran (cyf.), *Welsh Verse* (Bridgend: Poetry Wales Press, 1986), t. 231.
14. 'Pechod', Christine James (gol.), *Cerddi Gwenallt: Y Casgliad Cyflawn* (Llandysul: Gomer, 2001), t. 103. *CG* o hyn ymlaen.
15. Leslie Norris, 'The Dead, after the Welsh of Gwenallt, 1899–1968', *Collected Poems* (Bridgend: Seren, 1996), t. 79.
16. Norris, *Collected Poems*, t. 115.

17. Dafydd Johnston (gol.), *A People's Poetry: Hen Benillion, Translations by Glyn Jones* (Bridgend: Seren, 1997), tt. 120–1.
18. Dafydd Johnston (gol.), *The Collected Poems of Glyn Jones* (Cardiff: University of Wales Press, 1996), t. 136.
19. Meic Stephens (gol.), *Harri Webb: Collected Poems* (Llandysul: Gomer, 1995), t. 64.
20. Constance Farrington (cyf.), Frantz Fanon, *The Wretched of the Earth* (Harmondsworth: Penguin, 1990).
21. O fis Hydref 2002, cafwyd hyd i'r llyfryddiaeth ar wefan *www.bwlet.net*.
22. M. Wynn Thomas, *Corresponding Cultures* (Cardiff: University of Wales Press, 1999), t. 74. Ceir hefyd yn y gyfrol hon bennod yn trafod hanes cyfieithu llên o'r Gymraeg i'r Saesneg, '"The good thieves?" Translating Welsh literature into English'.
23. George Steiner, *After Babel: Aspects of Language and Translation* (Oxford: Oxford University Press, 1975).
24. Cronin, *Translating Ireland*, t. 200.

12

Vernon Watkins: Taliesin Bro Gŵyr

Talwyd teyrnged i Vernon Watkins, yn briodol iawn, ar faes yr Eisteddfod Genedlaethol, pan ymwelodd y brifwyl ag Abertawe yn 2006. Wedi'r cyfan, fe'i ganed union ganrif ynghynt, a threuliodd y bardd y rhan fwyaf o'i fywyd yn byw heb fod yn bell o'r ddinas, ar glogwyni godidog penrhyn Gŵyr. A bu farw'n gymharol ifanc ym 1967, wrth chwarae tennis, gyda'i afiaith arferol, ar gwrt yn nhalaith Washington, ar lannau pellennig y Môr Tawel. Yn yr Unol Daleithiau, felly, y daeth ei fywyd i ben, yn union yr un fath â bywyd crwt arall o Abertawe, ei gyfaill mynwesol a'i arwr mawr, Dylan Thomas. Cludwyd gweddillion Dylan Thomas yn eu hôl yma i Gymru, wrth gwrs, a bellach gwelir ei enw ym mhob twll a chornel o'i dref enedigol. Ond ysywaeth, nid felly Vernon Watkins. Mae ei weithiau fel petaent wedi diflannu o'r tir, ac o'r cof, fel petai ef ei hun byth wedi cael dychwelyd i'w hen gynefin yn llwyr. Er i'w gorff gael ei gladdu, mae'n wir, yn eglwys Pennard, gerllaw ei gartref,[1] mae ei ysbryd fel petai yn dal i grwydro'n ddigartref draw 'co ben pellaf y byd. Yr oedd hi'n hynod dda gweld, felly, fod yr Eisteddfod mor barod i gofio amdano ac i'w gydnabod, oherwydd y mae Vernon Watkins yn fardd Saesneg Cymreig y dylem ni i gyd werthfawrogi ei waith.

Ond pam ei alw yn Daliesin? Mae'n amlwg i'r sawl wnaiff ddarllen ei gerddi fod Vernon Watkins yn uniaethu'n ddwys iawn â'r ffigwr chwedlonol hwnnw. Dros gyfnod o bymtheg mlynedd ysgrifennodd chwe cherdd nodedig iawn am Daliesin. Y gyntaf ohonynt oedd 'Taliesin in Gower', ac yna, wyth mlynedd yn ddiweddarach, ymddangosodd 'Taliesin's Voyage', cerdd sy'n dechrau fel hyn:

> The coracle carried me.
> The seawave tossed me.
> Hawk, hound harried me,
> Ceridwen lost me.[2]

Gwelir yn syth, felly, fod Watkins yn gyfarwydd â'r chwedl Gymraeg a geir yn *Hanes Taliesin* ac yn y *Mabinogi*. Nid oedd Watkins ei hun yn medru'r Gymraeg, ond yr oedd digon o gyfieithiadau o'r hanesion am Daliesin ar gael at ei ddefnydd. Dewin yw ei Daliesin ef, ymrithiwr llithrig y mae ei weddnewidiadau dihysbydd yn arwyddo, i raddau, dreigl amser y bywyd a'r byd meidrol. Ond ar yr un pryd, y mae parhad Taliesin drwy bob cyfnewid yn awgrymu bod yna rywbeth – rhyw wirionedd ysbrydol dirgel, cyfrin, digyfnewid – sy'n parhau yr un drwy'r gweddnewidiadau hyn i gyd. A dyna'r paradocs Cristnogol, y paradocs ysbrydol sylfaenol, y mae Taliesin yn ei gynrychioli i Vernon Watkins, a oedd yn aelod ffyddlon o'r Eglwys yng Nghymru.

Ystyriwn ni hynny'n fanylach yn y man, drwy sylwi'n agosach ar y cerddi hynny sy'n ymwneud â Thaliesin. Ond yn y cyfamser, gadewch inni ddwyn i gof, yn fyr, hanes ei fywyd. Ganed Vernon Watkins ym Maesteg, yn fab i reolwr banc ac athrawes Almaeneg. Hwyrach am fod y teulu yn gefnog ac yn fythol symudol, addysgwyd Watkins oddi cartref yn ysgolion bonedd yn Lloegr a threuliodd gyfnod mor hapus yn Repton nes i'r profiad hwnnw'n ddiweddarach ei analluogi, i bob pwrpas, i dderbyn mai bywyd cyffredin di-liw pob dydd oedd y realiti eithaf. Ar ôl treulio cyfnod byr anhapus ym Mhrifysgol Caergrawnt, aeth i weithio yng Nghaerdydd, ond bu'n rhaid iddo roi'r gorau i'w waith yn dilyn chwalfa nerfol bur ddifrifol. Gafaelodd hunllef ynddo – gweledigaeth o dreigl gormesol diystyr amser, a'r modd y mae'n dinistrio pob peth a grëir ganddo. Ond o'i artaith seicolegol ganed yn araf y weledigaeth a roddodd fodd i'w farddoniaeth weddill ei ddyddiau, sef y weledigaeth bod byd amser wedi ei wreiddio mewn gwerthoedd ysbrydol arhosol, tragwyddol. Ac ar ôl iddo wella, cysegrodd Watkins ei fywyd i ddathlu'r gwirionedd hwn ar ffurf cerdd, nes ennill bri cydwladol iddo'i hun fel bardd Saesneg o'r radd flaenaf. Er mwyn medru canolbwyntio ar ei waith, dewisodd ennill ei fara menyn drwy fynd yn glerc distadl mewn banc, gan fod gorchwylion beunyddiol syml y swydd honno yn ei ryddhau i ymroi'n gyfan gwbl gyda'r nos i'w briod alwedigaeth, sef barddoni. Mae'n debyg ei fod yn arbennig o dda yn trin rhifau, a hynny er bod ei anghofusrwydd yn ddiarhebol – y stori gyfarwydd amdano, wrth gwrs, yw honno am y tro yr anghofiodd gloi drws y banc ar ei ôl wrth droi am adre liw nos, fel y bu'n rhaid i blisman redeg ar ei ôl i gael hyd i'r allwedd. Bob gyda'r nos, yn gwbl ddi-ffael, âi ati i weithio ar ei gerddi – a gwaith gwirioneddol obsesiynol oedd hwnnw. Galwedigaeth fendithiol aruchel oedd bod yn fardd, yn ei farn ef, ac yr oedd yn argyhoeddedig bod yn rhaid iddo felly ymgysegru'n gyfan gwbl i'w ddawn.

O gyfnod ei lencyndod ymlaen, cartref Vernon Watkins oedd tref Abertawe a'i chyffiniau, ac ar ôl priodi ymgartrefodd yn Southgate, ar glogwyni urddasol Pennard, yn syth uwchben y môr ac wrth ymyl y llwybr troed sy'n arwain at fae enwog, godidog Three Cliffs. Dyma'i fro, ei filltir sgwâr wyrthiol o hardd. A cherddi bro, ar un olwg, yw ei gerddi am Daliesin hwythau. Oherwydd y mae tirluniau'r cerddi wedi eu gweu o'r defnyddiau crai, yr elfennau cyntefig hynny sy'n nodweddu arfordir hynafol penrhyn Gŵyr – man cyfarfod gwynt a môr a chlogwyn, llethrau lle tyf yr eithin a'r banadl, llecynnau lle mae porfa fras yn britho'r twynni tywod twmpathog, a thraethau lle'n aml y gorchuddir y tywod gan greigiau amryliw. Dyma'r ffordd y mae 'Taliesin in Gower' yn cychwyn:

> Late I return, O violent, colossal, reverberant, eavesdropping sea,
> My country is here. I am foal and violet. Hawthorn breaks from my hands.
> I watch the inquisitive cormorant pry from the praying rock of Pwlldu,
> Then skim to the gulls' white colony, to Oxwich's cockle-strewn sands.
> (*CP*, 184)

Nid oes rhyfedd, felly, ei fod yn synied am Daliesin fel brodor chwedlonol y parthau elfennaidd, anghaffael, cyson drawsffurfiol hyn. Yn enwedig gan fod Watkins mor ymwybodol pa mor hudolus o hynafol oedd y penrhyn – oni ddaethpwyd o hyd i Ladi Goch Pafiland ynghudd yn un o'r ogofâu heb fod yn bell o'i gartref yn Pennard?

Dychwelwn maes o law at y syniad yma o Gymru fel gwlad sy'n hynafol yn ei hanfod. Ond yn gyntaf, gadewch inni olrhain y syniad o Watkins fel rhyw fath o 'fardd bro' anghonfensiynol ychydig ymhellach. Yn ei lyfr diddorol, *Sacred Place and Chosen People*, mae Dorian Llywelyn yn dadlau bod y diwylliant llenyddol Cymraeg wedi cynnig, dros gyfnod o ganrifoedd, nifer o enghreifftiau gwahanol o'r hyn sy'n gwneud darn syml o dir yn fangre; yn lle wedi ei amgylchynu a'i ddiffinio gan ffiniau hollol ddychmygol sy'n ei osod ar wahân i ddarn arall o dir a ystyrir, o'r herwydd, yn fangre arall.[3] Mae dynolryw yn mynnu cymeriadu tir yn y modd hynod hwn. Ac yng Nghymru, un o'r ffyrdd y gwneir hyn amlaf yw drwy drin mangre fel petai yn fangre gysegredig, man cyfarfod y byd hwn a'r byd a ddaw – byd yr ysbryd. Mae lleoedd arbennig yn cael eu hystyried yn fannau sy'n cyfryngu sancteiddrwydd, mannau lle mae'r lleol yn cyfranogi o gyffredinolrwydd y tragwyddol. Dyma un o brif nodweddion canu bro rhai o'n beirdd mwyaf, megis Gwenallt a Waldo Williams. Ac o dderbyn awgrym Dorian Llywelyn, gwelwn fod Vernon Watkins hefyd, yn ei ffordd arbennig ei hun, yn perthyn i'r traddodiad nodweddiadol Gymreig hwn. Yn nifer o'i gerddi gorau, y mae bro Gŵyr yn ymrithio yn benrhyn unigryw, ac iddo arwyddocâd ysbrydol.

Ond cyn inni ddilyn y trywydd hwnnw, mae'n werth oedi am funud i sylwi ar y map o fro Gŵyr a geir ym marddoniaeth Vernon Watkins. Fel y gwyddys, mae'r penrhyn bach eithriadol brydferth hwn wedi ei rannu'n ddwy ar ei hyd gan ucheldiroedd Cefn Bryn. Ar yr ochr ogleddol, yng Ngŵyr uchaf, ceir arfordir aberog gyda morfa a thraethell leidiog ar hyd y glannau. Ar yr ochr ddeheuol, yng Ngŵyr isaf, ceir arfordir garw, creigiog, mawreddog a nifer o fân faeau a chilfachau a gysylltir â llongddrylliadau a smyglwyr 'slawer dydd. Ac wrth gwrs, y mae Cefn Bryn hefyd yn ffin ieithyddol a diwylliannol. Dyma wedi'r cyfan *landsker* bro Gŵyr. Ers cyfnod y Normaniaid, bu Gŵyr isaf yn Saesneg ei hiaith a'i diwylliant. Ond mae'r gwrthwyneb yn wir am Ŵyr uchaf. Yma ceir nid yn unig bentref adnabyddus traddodiadol Gymraeg Penclawdd, ond hefyd Lanilltyd a Llanmorlais a Llanrhidian a Llangennith, yr hen, hen bentrefi a enwyd er cof am y Saint Celtaidd cynnar. Yr hyn sy'n drawiadol yw na cheir yr un cyfeiriad yn holl gerddi Watkins at yr enwau hyn, nac ychwaith at dirwedd hardd gwastatiroedd arfordirol y gogledd. Yn hytrach, mae ei gerddi'n ymwneud ag arfordir garw y de ac yn cofiannu mannau gydag enwau trwyadl Saesneg a Seisnig, megis Hunt's Bay, Crawley Woods a Culver Hole. Yn y modd hwn mae Watkins yn gosod ei hun ar y map, megis, gan arddangos yn glir o ba radd ddiwylliannol y bo'i wreiddyn.

Bae ar arfordir y de yw Pwll-du, wrth gwrs, ac yn y gerdd 'Taliesin at Pwllduˈ, mae Taliesin yn datgan yn y llinell agoriadol: 'Through leaning boughs I see the veil of heaven'. Mae'r gerdd ar ei hyd yn creu argraff bod y bae hudolus hwn yn fan lle y mae elfennau croes yn ymbriodi. Dŵr a daear, nant a môr, tir a nef, golau a thywyllwch – maent yn cydgyfarfod, yn cymodi ac yn cyfamodi yn y llecyn dirgel hwn, ac arwyddir hynny gan yr enfys a welir yn hofran uwchben y tonnau. Mae'n briodol, felly, mai Daphne yw un o'r ffigyrau chwedlonol a ddygir i gof yn y gerdd, gan mai hi, wrth gwrs, oedd y ferch a dröwyd yn goeden lawryf; a'r un modd, megis, y mae 'Taliesin at Pwllduˈ yn dathlu'r modd y mae pob un o'r elfennau fel petaent yn ymrithio yn elfennau cwbl wahanol yn y llecyn rhyfedd, cyfrin hwn.

Fan hyn, felly, y mae Taliesin yn cyrraedd y lan yn ei gwrwgl, ac fel y dywed yn y gerdd wrth lanio, 'I touch you; then I know my native land.' (*CP*, 353) Crwydrwr yw'r Taliesin hwn, sydd o'r diwedd yn dychwelyd i'w gynefin, ei fro enedigol. Ond pa ystyr sydd i hynny? Mae yna sawl ystyr, mewn gwirionedd, ond ar un ohonynt yn unig yr wyf am ganolbwyntio am ychydig. Cyn, ac yn ystod, yr Ail Ryfel Byd, meithrinwyd cwlt Taliesin ymhlith rhai o feirdd amlwg Lloegr. Ceisiwn ddeall paham yn nes ymlaen; am y tro, mae'n ddigon i sylwi ar ddau lyfr nodedig sy'n amlygu'r diddordeb dwys hwn, sef *The White Goddess* gan Robert Graves, a *Taliessin through Logres* gan Charles Williams, cyfaill mynwesol J. R. R. Tolkien a C. S. Lewis.[4] Llyfr creadigol o loerig yw *The White Goddess: A Historical Grammar of Poetic Myth*; llyfr lle y mae Graves y bardd yn ymrithio'n ffug-ysgolhaig gorffwyll er mwyn llunio delwedd o draddodiad barddol hynafol sy'n cydfynd, yn cyfiawnhau, ac yn cynnal ei ddull arbennig ef ei hun o farddoni, a'i ddelwedd aruchel o'i swyddogaeth fel 'bard'. Y mae Graves yn seilio'i ddamcaniaeth ar 'Cad Goddeu', cerdd ryfedd, ddyrys, ddryslyd a geir yn *Llyfr Taliesin*. Drwy osod llinellau'r gerdd mewn trefn newydd yn ôl ei fympwyon ei hun, y mae Graves yn honni ei fod yn datgelu'r gwirionedd symbolaidd cyfrin a guddir yn fwriadol ynddi. A beth yw'r dirgelion cyfrin hyn? Y gred yr oedd y beirdd derwyddol hynafol yn arfer ei harddel ar draws Ewrop yn y cyfnod cyn hanes, sef mai nhw oedd offeiriadon y Dduwies Wen, duwies ddeublyg ei dewiniaeth a oedd yn gyfuniad o gariad a chas, o greadigrwydd a dinistr. Hon yw'r ddewines sy'n rheoli egnïoedd amwys byd natur, a hyhi hefyd sy'n rheoli greddfau arswydus dyfnaf dynol ryw. Hi yw duwies y dychymyg, ac yr oedd hi'n arfer cael ei chydnabod a'i haddoli gan feirdd-dderwyddon yr henfyd tan iddynt hwy, ac iddi hithau, gael eu disodli gan dduwiau rheswm y traddodiad clasurol goleuedig. Dyna pryd y dechreuodd barddoniaeth ddirywio, yn ôl Graves, hyd nes bellach ni cheir beirdd go iawn yn unman yn Ewrop ac eithrio ambell gilfach fel Cymru, lle y mae'r hen arferion barddol yn dal i gael eu diogelu. Ac wrth gwrs, y mae Graves yn hawlio mai ef ei hun yw'r unig fardd Saesneg sydd wedi ymgydnabod ac wedi ymgysylltu â'r traddodiad barddol dirgel, hynafol hwn. Dyma draddodiad Taliesin, y bardd-ddewin Cymraeg, a gwelir ei fod yn un o blant y Dduwies Wen gan iddo gael ei eni'n wyrthiol gan Geridwen, y dduwies wen arswydlon ei hun.

Ond beth am *Taliessin through Logres*? Wel, yn y gerdd hirfaith hon o waith Charles Williams, y mae Taliesin yn gadael y diwylliant derwyddol yng Nghymru ac yn teithio i Byzantium. Yno y mae'n dysgu am ddirgelion y ffydd Gristnogol, cyn iddo ddychwelyd, eithr nid i Gymru ond i Loegr, lle y mae'n creu cenedl y Saeson drwy oleuo'r bobl a'u gosod ar ben y ffordd ysbrydol gywir. Canolbwynt 'Logres' yw'r ddinas sanctaidd 'London-in-Logres', ac fel y nododd C. S. Lewis, ei gyfaill mynwesol a chyd-aelod o grŵp enwog 'The Inklings' yn Rhydychen,

> Williams was a Londoner of the Londoners; Johnson or Chesterton never exulted more than he in their citizenship. On many of us the prevailing

impression made by the London streets is one of chaos; but Williams, looking on the same spectacle, saw chiefly an Image – an imperfect, pathetic, heroic, and majestic image – of [divine] Order. (*TTL*, 289)

Gwaredwr Lloegr yw'r Taliesin hwn, ac fel y sylwyd yn barod, mae'n siŵr, mae yna nodweddion trefedigaethol i'r modd y mae Williams a Graves ill dau yn cipio'r Taliesin chwedlonol oddi ar y Cymry ac yn ei ddefnyddio i ateb dibenion diwylliannol Lloegr. Felly, pan fydd Taliesin yng ngherdd Vernon Watkins yn ymlawenhau ei fod unwaith yn rhagor yn troedio tir ei wlad, mae yna ergyd gwrth-drefedigaethol ac ôl-drefedigaethol i'w sylw. Hynny yw, y mae Vernon Watkins yn rhyddhau Taliesin o afael y Saeson ac yn ei ddwyn yn ei ôl i diriogaeth Cymru.

Ond un wedd yn unig ar ymwneud Watkins â Thaliesin yw'r wedd hon. Mae yna wedd arall, gwbl groes. Yn ei gyfrol *Affinities* y mae'r Cymro, wedi'r cyfan, yn cynnwys tair soned sy'n talu gwrogaeth i Charles Williams:

> Crystalline scribe of the pure Parousia, chronicling passion's tale
> Of Logres, giver of questions knights;…
> …[reveal] Taliesin the nightingale
> Soothing Helayne in the night of labour, divining the labouring sail
> Of the song-borne ship, and invoking her joy, her infant in swaddling-bands. (*CP*, 291)

Ac un ddolen gyswllt bwysig rhwng y bardd o Gymro a'r Sais oedd y modd yr oedd dychymyg y ddau yn cael ei hudo'n gyson gan gyfnod lled-chwedlonol cyn-hanes. Soniwyd yn barod am ymwybyddiaeth gyson Vernon Watkins ei fod yn byw ar benrhyn hynafol iawn, a bod gweddillion brodorion cyntefig yn yr ogofâu sy'n britho'r arfordir. Mae'r esgyrn hyn yn dyddio i'r cyfnod pan oedd tir sych yn cysylltu bro Gŵyr a Dyfnaint. Fel y dywed Watkins yn 'Taliesin in Gower', 'Rhinoceros, bear and reindeer haunt the crawling glaciers of age / Beheld in the eye of the rock, where a javelin'd arm['s] held stiff' (*CP*, 185). Dyma ddarlun dychmygol, wrth gwrs, o'r helwyr cyntefig a arferai grwydro'r llain sych sydd wedi hen, hen ddiflannu dan Fôr Hafren. Ac nid gyda Charles Williams yn unig y rhannai Watkins y weledigaeth gynoesol hon. Meddylier, i ddechrau, am J. R. R. Tolkien a David Jones a Robert Graves a'u tebyg. Ac ar ben hynny yr oedd yna lu o artistiaid gweledol, gan gynnwys Graham Sutherland a Ceri Richards, a rannai'r un weledigaeth. Ymhellach, swynwyd nifer fawr o'r rhain yn benodol gan dirlun Cymru a chan ei hanes chwedlonol hen. Yn wir, yn ystod y rhyfel ymgartrefodd llawer ohonynt yma, yn enwedig yn ardal sir Benfro. Ac, wrth gwrs, bygythiadau rhyfel oedd yn bennaf cyfrifol am fagu'r genhedlaeth arbennig hon o 'hynafiaethwyr' artistig, gan gynnwys Vernon Watkins ei hun. Hynny yw, wrth i'r bygythiad y byddai Prydain yn cael ei threchu a'i goresgyn gynyddu chwiliai nifer o artistiaid yn reddfol am ddihangfa i ryw fath o seintwar y dychymyg, a'i chael yn hynafiaethrwydd Cymru. Y gallu i wrthsefyll ac i oroesi – dyna a olygai'r hynafiaethrwydd hwnnw iddynt hwy. Yr oedd yr hen, hen hanes hwn yn brawf bod yna ysbryd anghaffael anorchfygol ynghudd ym mhridd ac yng nghreigiau'r wlad, ysbryd a fynegwyd drwy ei chwedloniaeth. Ac er mai ymhell ar ôl y drin yr ysgrifennwyd pob un o gerddi Vernon Watkins am Daliesin, ffurfiwyd ei ddychymyg fel bardd yn ystod y 1930au hunllefus a chyfnod y rhyfel ei hun, cyfnod a ddwysaodd yn enbyd y gofidiau gwaelodol greddfol a oedd yn rhan o deithi ei feddwl a'i ddychymyg erioed.

Gadewch inni oedi am ychydig uwchben y gofidiau gwaelodol hynny, gan mai'r rhain a hysiai Vernon Watkins y bardd yn ei flaen gydol ei fywyd, debygwn i. Defnyddiai ei ddychymyg barddol i drawsnewid ei ofnau bygythiol yn weledigaeth achubol o'r bywyd tragwyddol a oedd ynghudd mewn bywyd meidrol, yr ysbryd bywiol a gyniweiriai'r greadigaeth ddiflanedig gan osod ysblander eithriadol ar bob peth byw. Soniwyd eisoes am y chwalfa feddyliol a ddioddefodd yn ŵr ifanc. Bu ond y dim i'r profiad ei lorio'n llwyr, ond maes o law gosododd y weledigaeth frawychus hon fin arbennig ar ymateb synhwyrus llesmeiriol Vernon Watkins fel bardd i ogoniannau'r byd amryliw, bythol gyfnewidiol o'i gwmpas. Mae gan William Blake sylw bachog ardderchog sy'n goleuo'r wedd hon ar ganu Watkins. Y mae Duw ei hun, meddai Blake, mewn cariad â chynyrchiadau amser. Dywedai Vernon Watkins, a addolai Blake, 'Amen' wrth hynny, rwy'n siŵr. Mae ei ganu yntau ar ei orau pan fydd yn rhyfeddu at harddwch dihysbydd y byd, ac ar yr un gwynt yn ymdeimlo â'r tristwch sydd wrth wraidd pob peth diflanedig byw.

Ceir llawer o enghreifftiau o'r weledigaeth ddeublyg hon yn y cerddi am Daliesin, wrth i'r dewin sylwi ar 'three smouldering bushes of willow, like trees of fire, and the course of the river under the stones of death' (*CP*, 184) neu pan fydd yn rhyfeddu at y prydferthwch a geir mor annisgwyl yn nyfnderoedd gaeaf: 'I see, a marvel in Winter's marshes, the iris break from its sheath / And the dripping branch in the ache of sunrise frost and shadow redeem / With wonder of patient, living leaf' (184). Dyna Watkins ar ei orau. Yr hyn a fydd yn ceisio ei wneud fel arfer fydd ein galluogi ni, y darllenwyr, i gyfranogi o'r weledigaeth achubol hon drwy fod llinellau rhythmig, hypnotig a delweddau cyfoethog awgrymog ei gerddi yn trawsnewid ein hymwybod ni a'n dull ni o syllu ar y byd o'n cwmpas.

'Bard' oedd y bardd ym marn Vernon Watkins. Meddai'r bardd-broffwyd ar ddoniau nid annhebyg i ddoniau'r shaman mewn cymdeithas gyntefig – a chofir fod gweddau shamanistaidd amlwg i gymeriad chwedlonol Taliesin yntau, wrth iddo ymrithio yn flaidd, yn iâr, yn eryr ac yn y blaen. Cyfryngwr yw'r shaman – un sy'n meddu ar y gallu i bontio rhwng y byd hwn a byd yr ysbryd. A'r modd y mae'n gwneud hynny, wrth gwrs, yw drwy ymgolli mewn perlewyg sy'n ei osod ar ben y ffordd i'r bywyd hwnnw. Cerddoriaeth a dawns rythmig fydd, fel arfer, yn achosi'r perlewyg, ac unwaith bod y shaman wedi ymgolli ynddo, bydd yn siarad iaith anghyfiaith – iaith ddelweddol awgrymog o amwys ei hystyr. Yn yr un modd, wrth gwrs, y mae Vernon Watkins am weu cerddoriaeth a rhythm a delwedd yn gerdd a fydd yn agor drws dychymyg y darllenydd i gyfeiriad estron newydd, ac yn pontio'r gwagle arferol rhwng byd y deall dynol a byd yr ysbryd. Gwêl Vernon Watkins Daliesin yntau fel 'bard' tebyg iddo ef ei hun. Ac felly, pan fydd Taliesin yn siarad yn y cerddi a ysgrifennwyd amdano, bydd hefyd i raddau yn siarad ar ran Vernon Watkins. O'r herwydd, gellir ystyried Taliesin yn un o enwau barddol Watkins ei hun.

Eithr nid plentyn siawns gwyrthiol Ceridwen oedd Watkins y bardd ond plentyn gofid. Mae'n amlwg ei fod yn fachgen gofidus erioed. Nid oes syndod felly fod ganddo gerdd gynnar ddiddorol am Pearl White, un o sêr sgrin mwyaf disglair Hollywood yn ystod y 1920au, pan oedd Vernon Watkins ei hun yn llanc. Ei champ hi oedd ei bod yn llwyddo i ddianc yn wyrthiol, a hynny dro ar ôl tro, o sefyllfaoedd eithriadol fygythiol lle'r ymddangosai nad oedd ganddi hi obaith yn y byd i oroesi. Yr olygfa enwocaf, mae'n debyg, oedd honno pan glymwyd hi wrth gledren rheilffordd a thrên yn anelu'n syth amdani. Mae'n amlwg ddigon, felly, fod Pearl White fythol ddihangol nid yn unig yn arwres i'r llanc yn ei arddegau ond hefyd yn rhyw fath o awen i farddoniaeth Vernon Watkins weddill ei oes; wedi'r cyfan, prif destun y farddoniaeth honno yw'r modd nad yw bywyd natur byth yn cyrraedd ei ddiwedd gan fod ysbryd adnewyddiad ynddo sy'n ei adfywio'n barhaus. Ac yn yr un modd, y mae dyn hefyd yn ei hanfod yn cyfranogi o'r un bywyd ysbrydol sy'n para byth. Yng nghyd-destun y weledigaeth hon, gellir awgrymu, felly, fod Pearl White a Thaliesin yn ffigyrau sy'n cyfateb i'w gilydd, gan fod y ddau'n arwyddo dihangfa i'r bardd pryderus rhag bygythiadau byd caethiwus amser.

Ond o bryd i'w gilydd o hyd gallai'r pryderon fygwth tanseilio gwele-digaeth waredol Vernon Watkins a'i fwrw yn ei ôl i bydew yr anobaith a brofasai pan oedd yn ifanc. '"The penumbra of history is terrible"', meddai ei Daliesin yn 'Taliesin and the Springs of Vision', cyn ychwanegu, 'There is no sheet-anchor. / Time reigns; yet the kingdom of love is every moment, / ...In a time of darkness the pattern of life is restored.' (224) Yr oedd dau gyfnod arbennig pan hoeliwyd sylw Watkins ar 'penumbra' tywyll hanes. Nid yn annisgwyl, y tro cyntaf oedd cyfnod y rhyfel, ac ysgrifennodd lawer iawn mwy o gerddi yn ymwneud yn uniongyrchol â byd dinistr y drin nag y mae pobl yn ei sylweddoli. Bu ef ei hun yn ffodus, ac ni fu'n rhaid iddo wynebu colledion personol. Ond seriwyd un digwyddiad arbennig ar ei gof, sef y profiad ofnadwy hwnnw pan chwalwyd hen dref Abertawe mewn cyrch awyr didrugaredd a barodd am dair noswaith yn olynol. Wrth gofio'r erchyllterau hynny nododd mewn awdl: 'So, when these islands faced a tyrannous power, / Death approached in the air; towns, churches, fell.' (*CP*, 219) A siarad yn ddelweddol, digartrefwyd Dylan Thomas a Vernon Watkins ill dau pan losgwyd Abertawe i'r llawr, ac mae'n amlwg iddynt ill dau deimlo'u bod wedi dioddef colled bersonol ddybryd.

Heneiddiwyd eu dychymyg gan y profiad hwn o ddinistr a fwriodd gysgod tywyll dros weddill eu dyddiau. A cheir dwy gerdd – y naill gan Dylan Thomas a'r llall gan Vernon Watkins – sy'n rhan o gynnyrch anuniongyrchol profiadau'r rhyfel. Mae'r ddwy hefyd yn cyfateb i'w gilydd mewn ffordd ddiddorol iawn, gan eu bod yn sôn am baradwys a gollwyd, paradwys cyfnod eu bachgendod, ac yn lleoli'r baradwys honno yn y gorllewin, yn y Gymru wledig yr arferai'r ddau dreulio rhan o'u gwyliau mebyd ynddi yn ymweld â pherthnasau agos. Nid oes angen dweud pa gerdd gan Dylan Thomas sydd gen i mewn golwg, wrth gwrs. Y mae'r byd cyfan yn gyfarwydd â 'Fern Hill' erbyn hyn. Bymtheng mlynedd yn ôl yr oeddwn yn eistedd wrth ford ginio ym mhrifysgol Peking yn Beijing. Unwaith i'r athro a oedd yn eistedd wrth fy ymyl ddarganfod o ble'n union yr oeddwn yn dod, dyma hi'n dechrau adrodd darnau o 'Fern Hill' ar ei hunion yn gyfan gwbl o'r frest, a hynny'n deimladwy iawn. Ond rwy'n amau a fyddai hi wedi clywed am 'Returning to Goleufryn' (*CP*, 102) gan Vernon Watkins! Ac eto, mae'r gerdd atgofus honno, hefyd, yn gerdd ddigon hudolus.

Mae Watkins y gŵr canol oed yn dychwelyd, fel rhyw fath o fab afradlon, i ardal Caerfyrddin ac i dŷ ei dad-cu a'i fam-gu. Ac mae'r gerdd yn dwyn i'w gof nodweddion dynol ac ysbrydol yr ardal honno – nodweddion gwerthfawr y mae am ymgydnabod o'r newydd â nhw a'u harddel o ddifrif. Yn ei gof, mae gardd ei dad-cu yn ymddangos yn Afallon ffrwythlon, yn llawn blodau a gwsberis a gwair a gwenyn a golau. Ac ar draws darlun y cof y mae'r afon Tywi yn fythol lifo. Gan ei bod yn dynesu at yr aber, mae'n arwyddo marwolaeth iddo; ond hefyd, fel sydd bob tro yn wir yng ngherddi Wakins, mae i'r afon wedd arall hefyd –

mae'n arwyddo llif diderfyn y grymoedd ysbrydol sy'n bythol greu a chynnal y cread crwn i gyd. Ac i Watkins, mae'r weledigaeth hon ynghlwm wrth fyd chwedlonol y Celtiaid. Yn wir, mae'r hud a lledrith hynafol hwn yn cyniwair 'Returning to Goleufryn' ar ei hyd, yn rhannol, hwyrach, am fod Vernon Watkins yn cofio mai am Gaer Fyrddin y mae'n sôn, ac mae'n hysbys i bawb, wrth gwrs, fod gan Daliesin gysylltiad chwedlonol agos â'r dewin Myrddin. A serch nad oes sôn uniongyrchol am Daliesin yn y gerdd hon, y mae ei bresenoldeb i'w deimlo drwyddi, debygwn i. Yn arbennig pan yw Watkins yn sôn am yr eog '[who] has swallowed the tributary path.' Cofio y mae am y llwybr troed dirgel lawr at yr afon yr arferai ef ei hun droedio yn fachgen, llwybr a oedd felly, mewn ffordd, yn talu gwrogaeth i apêl gyfrin y Tywi. Ac mae'n meddwl am y modd y mae'r llwybr hwnnw bellach wedi diflannu, fel petai'r samwn wedi ei lyncu.

Yng nghyswllt yr ymadrodd hwn, mae'n werth inni sylwi ar un o gerddi olaf Vernon Watkins, 'The Salmon'. Dyma gerdd y gellir ei hystyried yn seithfed gerdd Watkins am Daliesin, gan fod ynddi gyfeiriad mor bwysig ato. Mae'n sôn am y modd yr ymrithiodd Taliesin yn samwn er mwyn dianc oddi wrth Geridwen, ac yn cysylltu'r chwedl honno â'r hen chwedl Geltaidd Wyddelig sy'n trin y samwn fel symbol o fywyd tragwyddol. Ac yn y cyd-destun chwedlonol hwn, debygwn i, y dylem ni ddehongli'r cyfeiriad at yr eog yn 'Returning to Goleufryn'. Mae'n arwyddo'r gwirionedd prydferth y mae Watkins ar ddiwedd 'The Salmon' yn ei alw 'the living flash that runs along the bough, / The light of dawn, the almond-light that fills the ages now.' (*CP*, 428) Mae'r cyfeiriad olaf hwn yn fy atgoffa o gerdd weledol orfoleddus Pennar Davies yntau i'r almonwydden ysblennydd.[5]

Dyna ni wedi sylwi, felly, ar un gofid mawr y bygythiwyd Vernon Watkins ganddo – y gofid a achoswyd gan y rhyfel. Ond beth am yr ail fygythiad y soniais amdano? Marwolaeth ei gyfaill mynwesol Dylan Thomas, enaid hoff cytûn Vernon Watkins, oedd tarddiad y pryder a'r dioddefaint hwnnw. Yr oedd adnabyddiaeth Watkins o Thomas yn adnabyddiaeth ryfedd, hynod gymhleth a hollol unigryw. Credai fod ei gyfaill, yn y bôn, yn rhannu'r un gwerthoedd ysbrydol ag ef ei hun i bob pwrpas. Nid ei fod yn credu ei fod ef a Dylan yn union yr un fath, ychwaith. Fel y nododd Watkins, yr oedd hanes barddoni yn llawn enghreifftiau, megis cydberthynas Wordsworth a Coleridge, o ddau fardd yn dod yn gyfeillion mynwesol nid oherwydd bod eu dulliau mynegiant yr un ffunud â'i gilydd, ond oherwydd bod eu gweledigaethau gwahanol yn tyfu o'r un gwreiddyn. Ac fel yna y gwelai Watkins ei berthynas â

Dylan Thomas – bardd a oedd, chwedl Watkins, yn fardd hynafol a ddigwyddai fod yn fyw. Ysgrifennodd Watkins liaws o gerddi hynod deimladwy er cof am ei gyfaill gan ei gymeriadu yntau hefyd fel math o Daliesin. Ac mae'n werth sylwi'n fyr iawn ar un ohonynt yn arbennig.

Mae 'A True Picture Restored: Memories of Dylan Thomas' yn gerdd sy'n cyffwrdd â'r galon am ei bod yn mynegi tor calon tyner Watkins ddeng mlynedd ar ôl colli ei ffrind. Wrth i'r gerdd gychwyn, mae Watkins yn eistedd yn y tŷ yn Pennard ac yn sylwi ar fachlud haul i gyfeiriad Talacharn, gan ddwyn i'w gof gyfnod euraidd na ddaw fyth yn ei ôl. Ac wrth iddo fyfyrio, mae'r cyfnod hwnnw'n cael ei adfywio'n lledrithiol gan lygaid ei ddychymyg gan beri iddo gredu ei fod unwaith eto'n cerdded ar hyd y stryd i gyfeiriad yr Uplands mewn tref nad yw hithau ychwaith bellach yn bod yn dilyn dinistr y rhyfel: 'My echoing footsteps when they stop / Reconstitute the town'. Ac yn nes ymlaen yn y gerdd mae Watkins yn dychymygu ymhellach ei fod yn dringo'r tyle serth sy'n arwain i fyny o'r Uplands tuag at dŷ Dylan Thomas ei hun: 'Climbing Cwmdonkin's dock-based hill, / I found his lamp-lit room, / The great light in the forehead / Watching the waters' loom, / Compiling there his doomsday book / Or dictionary of doom.' (*CP*, 288) Gwelir y ffenest, felly, fel symbol sy'n arwyddo'r Taliesin cyfoes sy'n gweithio yn ei gell – y mae gan Dylan yntau dâl iesin, y talcen gloyw sy'n arwyddo'r gwir weledydd, y bardd-broffwyd. Ac yng ngweddill y gerdd mae Watkins yn ceisio mynegi unwaith yn rhagor natur y weledigaeth sy'n nodweddu'r gwir Daliesin, gan ei phriodoli y tro hwn i Dylan ei hun. Os oedd chwedl Taliesin yn arwyddo bwrlwm yr egnïoedd ysbrydol tragwyddol a oedd yn cyffroi byd natur, yna yr oedd Dylan yntau yn troi bywyd meidrol y ddaear yn gerddi a fyddai fyw byth, gan ddatgelu'r wedd dragwyddol ar wrthrychau diflanedig.

Serch hynny, marwnadu cyfnod euraidd yn y gorffennol y mae Vernon Watkins yn y bôn: 'a time is gone / That shall not come again.' (*CP*, 286) Felly, mae'r atgofion pruddfelys am Dylan Thomas yn ymhleth ag atgofion am yr Abertawe a gollwyd adeg y rhyfel: 'My echoing footsteps when they stop / Reconstitute the town'. Ac yn wir roedd rhyw hud arbennig siŵr o fod yn nodweddu'r dre yn y cyfnod rhwng y ddau ryfel byd, os meddyliwn am y nythaid o ddoniau anghyffredin a feithrinwyd ganddi bryd hynny. Clywyd llawer o sôn am 'The Kardomah Gang', y criw a arferai gyfarfod yn y caffi poblogaidd yng nghanol y dre. Yn ogystal â Dylan Thomas, yr oedd y cerddor Daniel Jones a'r artist nodedig Alfred Janes yn eu plith. Ond yr oedd ffigyrau eraill, llawn bwysiced, i'w cael hefyd y tu hwnt i'r grŵp hwnnw. Meddylier, er enghraifft, am Evan

Walters, Nicholas Evans ac Archie Griffiths. Ac ar ben y rheini yr oedd artistiaid ifainc, ar eu prifiant, megis y cyfansoddwr Alun Hoddinott o Benllergaer, a John Ormond Thomas o Ddyfnant, un o'r beirdd Cymreig gorau i ymddangos ar ôl yr Ail Ryfel Byd ac edmygydd enfawr o Dylan Thomas. Maes o law, lluniodd John Ormond sawl ffilm o fri cydwladol am fywyd a gwaith Dylan, a chyfarwyddodd ffilm bwysig hefyd yn olrhain gyrfa crwt arall o Ddyfnant, sef Ceri Richards, yr artist mwyaf, mae'n bur debyg, i ymddangos yng Nghymru yn ystod y ganrif ddiwethaf.

Adeg y cyrchoedd awyr ofnadwy ar Lundain, dychwelodd Ceri Richards i fyw ac i weithio am gyfnod yng Nghaerdydd. Yr adeg honno, cynhyrchodd y gyfres gyntaf o luniau yn dehongli rhai o gerddi enwocaf Dylan Thomas. Yn wir, gafaelodd gwaith y bardd mor dynn yn nychymyg yr artist bryd hynny nes peri iddo ddychwelyd at yr un testun dro ar ôl tro dros y chwarter canrif nesaf. Yn ogystal, cysylltai Richards gerddi Dylan Thomas ag ardal penrhyn Gŵyr, bro hudol a oedd yn atgoffa'r artist, yn union yr un fath ag yr atgoffai Vernon Watkins, o chwedlau hynafol y Gymru Geltaidd, megis y rhai a gasglwyd ynghyd yn y *Mabinogi*. O'r herwydd lluniodd gampwaith yn y cywair lled-chwedlonol hwnnw ym 1952, o dan y teitl 'Afal Du Bro Gŵyr'. Mae i'r llun hwnnw hanes nodedig, oherwydd fe'i prynwyd gan berson i'w anfon at Carl Jung, a derbyniodd Ceri Richards lythyr go arbennig gan y seicoddadansoddwr enwog a welai yn y darlun ddelwedd gyfoethog o'r grymoedd croes y credai Jung a oedd yn nodweddu'r seici dynol. Yr oedd yr afal du ei hun, meddai, yn cynrychioli y wedd ddeublyg ar egnïon creadigol gwaelodol y seici. Ar y naill law, arwyddai ddüwch drygioni ac anhrefn; ond ar y llaw arall, arwyddai'r *prima materia* hefyd, sef yr aur coeth a oedd ynghudd yn y düwch hwnnw. Wrth ddiolch i Jung am ei lythyr, esboniodd Ceri Richards, yn ei dro, mai'r hyn a oedd ganddo ef ei hun mewn golwg oedd ffrwythlondeb amwys cylch natur, fel y mynegwyd ef yng ngwaith Dylan Thomas, a bod yr afal du felly yn cynrychioli'r hedyn, neu'r embryo tywyll, a oedd yn bythol ddatblygu yn dyfiant prydferth.

Erbyn 1952, sef y flwyddyn y gwnaed y llun, yr oedd Ceri Richards eisoes wedi dechrau closio at frodor arall o fro Gŵyr, sef Vernon Watkins. Teimlai'r naill fel y llall fod rhyw gynghanedd go arbennig rhwng eu gweledigaethau fel bardd ac fel artist. Awgrymodd Ceri Richards, er enghraifft, fod tebygrwydd awgrymog rhwng ei lun pwysig ef am Gylch y Tymhorau a rhai o gerddi ei ffrind newydd. Ac erbyn diwedd y 1950au yr oedd Richards a'i deulu wedi rhentu býngalo heb fod yn bell o gartref Watkins ar glogwyni Pennard. O hynny ymlaen tyfodd cyfeillgarwch go glòs rhyngddynt, ac ysbrydolwyd yr artist o bryd i'w gilydd i greu llun a

oedd yn fwriadol gydnaws â barddoniaeth Watkins. Y llun mwyaf mawreddog o'r gyfres, mae'n bur debyg, yw 'The Music of Colours', sy'n seiliedig, wrth gwrs, ar gyfres o dair cerdd gyfoethog gan Vernon Watkins.
   Droeon yn y lluniau hyn, y mae Ceri Richards yn cyfosod delweddau lliwgar, llachar, o ffrwythlonrwydd byd natur a delw'r alarch ddu y mae Vernon Watkins yn cyfeirio ati – 'I know you, black swan' – yn y gerdd gyntaf yn ei gyfres, 'Music of Colours: White Blossom' (*CP*, 101). Yn y gerdd, y mae'r ddelwedd yn arwyddo'r tywyllwch dirgel y mae T. H. Parry-Williams yn cyfeirio ato fel 'y llonyddwch mawr' gwaelodol sy'n esgor ar fywyd ond sydd hefyd yn denu pob beth byw yn ôl i'w grombil. Yr oedd gan Watkins a Richards ill dau ddiddordeb angerddol yn y paradocs hwnnw. Arwyddodd Richards y dirgelwch hwn droeon yn ei luniau, gan gynnwys 'Afal Du Bro Gŵyr'. Maged Ceri Richards yn Nyfnant, wrth gwrs, a rhannai'r artist ddiddordeb byw Vernon Watkins yn hen hanes 'Celtaidd' Cymru. Ceir mynegiant anuniongyrchol o'r thema hon yn ei gyfres urddasol o beintiadau ar y testun 'La Cathédral Engloutie'. Seiliwyd y lluniau ar chwedl Lydawaidd am ddinas, ynghyd â'i heglwysi, a ddiflannodd dan y don, ond oherwydd fod gan Richards gariad angerddol at glogwyni ei fro enedigol, Bro Gŵyr, mae'n anodd iawn credu nad oes adlais cryf o ffawd Cantre'r Gwaelod yn y peintiadau hyn.
   Yr oedd bryd Richards ymhellach ar fynegi trawsffurfedd aflonydd byd natur, ac felly rhannai ddiddordeb Vernon Watkins yn yr hyn a arwyddwyd gan Daliesin. Yn hyn o beth, yr oedd yr artist a'r bardd yn efeilliaid byd y dychymyg. O'r herwydd, pan fu farw Vernon Watkins teimlodd Ceri Richards y golled i'r byw, a chreodd nifer o luniau i goffáu ei ffrind. Yn eu plith y mae llun hudolus o flodau sy'n cyfeirio at y gyfres 'Music of Colours', ynghyd â llun arall o ieir bach yr haf a thywysen. Y mae'r glöyn byw, wrth gwrs, yn symbol hen a chyfarwydd o'r enaid hedfanol yr oedd Vernon Watkins mor hoff o gyfeirio ato yn ei gerddi.
   Ar ôl i'w ffrind farw, ni allai Ceri Richards fyth gerdded ar hyd clogwyni Pennard heb gofio amdano: hebddo, meddai Richards, yr oedd y tirlun yn fud ac yn amddifad. A chan fy mod innau, bellach, yn byw yn yr union fangre honno, ergyd carreg yn unig o hen gartref teuluol Vernon Watkins, byddaf yn aml yn ei ddwyn ef a'i farddoniaeth i gof wrth grwydro'r creigiau. Ond da fyddai hefyd i Gymru gyfan gofio amdano, oherwydd ef yw Taliesin beirdd Saesneg Cymru, ac y mae'n fardd sy'n teilyngu cael ei gyfrif yn un o feistri ein traddodiad barddol.

Nodiadau

1. Mae'n werth nodi bod dau fardd nodedig arall hefyd wedi'u claddu yn y fynwent honno, sef Harri Webb a Nigel Jenkins.
2. 'Taliesin's Voyage', *Vernon Watkins: Collected Poems* (Ipswich: Golgonooza Press, 1986), t. 316. *CP* o hyn ymlaen.
3. Dorian Llywelyn, *Sacred Place, Chosen People: Land and National Identity in Welsh Spirituality* (Cardiff: University of Wales Press, 1999).
4. Robert Graves, *The White Goddess: A Historical Grammar of Poetic Myth* (London: Faber, 1948); Charles Williams, *Taliessin Through Logres, the Region of the Summer Stars, Arthurian Torso* (Grand Rapids, Michigan: William B. Erdmans Publishing Company, 1980). *TTL* o hyn ymlaen.
5. Pennar Davies, 'Cathl i'r Almonwydden', yn *Yr Efrydd o Lyn Cynon* (Llandybie: Llyfrau'r Dryw, 1961), tt. 9–10.

13

Y Bardd Cocos ar gefn ei Asyn:
Cip ar **Kulturkampf** *y Tridegau*

Rywbryd, tua diwedd y 1930au, tynnwyd sylw J. Gwyn Griffiths at arysgrifen Ladin hynod a ddarganfuwyd ar hen garreg ar lethrau moel y Rhondda Fawr:

```
F O R A S
S E S T O
  S I T O
      N
```

Yr adeg honno, yr oedd Gwyn Griffiths, wrth gwrs, yn aelod blaenllaw o Gylch Cadwgan, cylch anystywallt o lenorion ifainc bywiog, blaengar, Cymraeg, y cymoedd glofaol Seisnig. A cheir yr hanes am yr arysgrifen ganddo mewn ysgrif ddifyr am Gwm Rhondda yn rhifyn Hydref / Tachwedd 1939 o'r cylchgrawn *Heddiw*, a olygwyd ar y pryd gan un o'i sylfaenwyr, y fferyllydd a'r llengarwr ifanc, Aneirin Talfan Davies.[1] Gan ein bod ni i gyd yn arbenigwyr bellach ar bosau fel *sudoku*, hwyrach ei bod hi'n hawdd inni sylweddoli mai tynnu coes yr oedd J. Gwyn Griffiths. Neges yr arysgrifen o graffu arni, wrth gwrs, yw 'For Asses to Sit On'.

 Enghraifft nodweddiadol o ffraethineb hwyliog Cylch Cadwgan? Ie, debyg iawn. Ond o'm safbwynt i, mae'r jôc hefyd yn ddameg. Gall arwyddo'r drafferth yr oedd diwylliant Cymraeg a diwylliant Saesneg Cymru yn ei chael i ddeall ei gilydd yn y cyfnod cyn yr Ail Ryfel Byd. Dyma genedl a oedd, ar y naill law, yn fwy tueddol o barchu ei gwreiddiau hynafol, ôl-Ladinaidd, nag o wynebu'r presennol llethol Saesneg. Cenedl, hefyd, lle nad oedd gan nifer o'r awduron Saesneg fawr ddim ond dirmyg at asynnod y diwylliant cul, adweithiol Cymraeg. A dyma gyfnod pan oedd y Cymry Cymraeg fel petaent yn llwyr amharod i ddarllen yr arysgrifen – yr ysgrifen Saesneg ar y mur a arwyddai dranc yr hen ffordd Gymraeg, a Chymreig, o fyw. Ond ar yr un pryd, yr oedd yna hefyd rai o'r naill ochr a fynnai dorri ambell air â'r ochr arall – hwynt-hwy oedd broceriaid diwylliannol y cyfnod, a geisiai gyflwyno'r naill ddiwylliant i'r llall.

Testun yr ysgrif hon, felly, fydd diffyg ymwneud dau ddiwylliant Cymru â'i gilydd yn y 1930au, ond gan ganolbwyntio ar ambell agwedd yn unig ar y pwnc amlochrog hwnnw. Ac ymhellach, yr wyf am ganolbwyntio'n gyfan gwbl ar rai o gylchgronau cyfnod diwedd y degawd gan eu bod, yn fy marn i, yn cynnig inni ddrych cymdeithasol arbennig o werthfawr.

Asgwrn y gynnen, o safbwynt y Cymry Cymraeg, oedd y perygl dybryd y dwthwn hwnnw i'r iaith, a olygai berygl i hunaniaeth y genedl Gymraeg. Dyma gyfnod y cenedlgarwch ethnig, ieithyddol, pan gredai llawer mai iaith unigryw pob gwir genedl oedd ei hanfod. Fel hyn, er enghraifft, y mae'r athronydd adnabyddus R. I. Aaron yn diffinio cenedl yn rhifyn Awst 1939 o *Tir Newydd*, gan ragarwyddo trafodaeth ddylanwadol J. R. Jones ddeng mlynedd ar hugain yn ddiweddarach:

> Wel, dyma bellach brif seiliau cenedl. Nid yw un ohonynt yn ddigonol ynddo'i hun i gyfrif am fodolaeth cenedl. Rhaid eu rhoi at ei gilydd. Os gofynnir i mi yn awr am ddiffiniad o'r gair *cenedl* awgrymwn rywbeth fel hyn: Casgliad o unigolion yn ymwybodol eu bod yn un bobl arbennig; yn debyg o fod yn perthyn i'w gilydd o ran gwaed; yn weddol sicr o fod yn defnyddio'r un iaith; yn gyd-etifeddion o'r un traddodiadau; yn ymserchu yn yr un dreftadaeth; ac yn awyddus i sicrhau eu buddiannau ac i gadw'n fyw eu diwylliant arbennig hwy.[2]

Mae'n cydnabod yn ochelgar fod eithriadau i'r diffiniad hwn ond, ar yr un pryd, mae'n gwbl amlwg mai dyma sut y mae ef yn syniied am Gymru fel cenedl. Ac o ddechrau yn y man hwn, tasg anodd yw hi wedyn i Gymry Cymraeg y cyfnod – pa mor eangfrydig bynnag y bônt – dderbyn bod y di-Gymraeg hefyd yn medru bod yn Gymry. Er enghraifft, wele adolygiad diddorol gan 'A-ap-T' (Aneirin Talfan Davies) yn *Heddiw* ar gyfrol chwyldroadol Dylan Thomas, *The Map of Love*, ynghyd â chasgliad o gerddi W. H. Davies. Noda, yn berffaith gywir a chraff, mai'r 'traddodiad Seisnig ydyw ffynhonnell ysbrydiaeth y dosbarth Anglo-Gymraeg. Hap a damwain ydyw'r ochr Gymreig, ond mater o ewyllys greadigol ydyw'r ochr Saesneg.'[3] Ac ymhellach, er ei fod yn gresynu na cheir dawn debyg i eiddo Dylan Thomas ymhlith beirdd Cymraeg y cyfnod, noda Aneirin Talfan Davies ei bod yn 'rhy gynnar dywedyd' eto a lwyddodd Dylan Thomas a'i debyg i 'sefydlu *traddodiad* Anglo-Gymraeg. Credwn y bydd yn rhaid i'r Gymraeg ddirywio llawer mwy nag a wnaeth cyn y daw gobaith am draddodiad o'r math a gafwyd yn Iwerddon, dyweder. Mesur dirywiad y Gymraeg fydd llwyddiant yr ysgol Anglo-Gymraeg.' Dyma ymateb amwys iawn, felly, sy'n arwyddo'r modd y rhwygir yr Aneirin Talfan ifanc rhwng cariad teyrngar, amddiffynnol at y diwylliant Cymraeg, ac edmygedd o egni diwylliant problematig yr 'Anglo-Gymry'. Er nad yw ef mor bendant â Richard Aaron fod yn rhaid wrth y Gymraeg er mwyn bod Cymru, mae'n rhannu'r farn a leisiwyd mor rymus yr un adeg gan Saunders Lewis, sef na all ddiwylliant Saesneg nodweddiadol Gymreig ddatblygu yng Nghymru nes i'r iaith Gymraeg gilio, gan greu ieithweddau Saesneg newydd a fyddai'n unigryw i Gymru, fel y tybiwyd a ddigwyddasai yn hanes Iwerddon.

Noder ymhellach un wedd arwyddocaol arall ar drafodaeth Aneirin Talfan. Nid yw am ddadlau bod yn rhaid i Gymru ymwrthod â'r 'Anglo-Gymry' am fod eu barddoniaeth yn fodernaidd. Eithr barn wrthwyneb oedd barn llawer o lenorion Cymraeg mwyaf amlwg a dylanwadol y cyfnod. Yn eu tyb hwy, ffieiddbeth estron oedd diwylliant modernaidd. Mynegir y farn hon yn hyfryd o ddoniol gan Gwenallt mewn sgwrs ddifyr a ddarlledwyd gan y BBC ac a gyhoeddwyd yn rhifyn Ionawr–Chwefror 1939 y cylchgrawn *Heddiw*.[4] Fel hyn y mae'r ysgrif yn dechrau: 'Y bardd pwysicaf a gododd Cymru yn y ganrif ddiwetha oedd y Bardd Cocos. Dyna osodiad go feiddgar, a rhaid rhoddi'r rhesymau drosto.' Â Gwenallt yn ei flaen i nodi bod y Bardd Cocos yn gwerthfawrogi pethau cyffredin pan oedd beirdd a dybiai eu bod yn bwysig yn ymgolli yn niwl testunau aruchel annelwig. Dyma ddarn o gerdd anfarwol y Bardd Cocos i'r tarw:

> Y Tarw, mae arno flewyn garw,
> Mi frefiff yn arw;…
> Mae ganddo ddau lygad gloew,
> Hoew yn ei ben, mi edrychiff ar y pren;…
> A'i groen sy'n ddefnyddiol
> Rhag y boen i wneuthur gwisg,
> I roddi am y noethion droed dyn,
> Rhag y damp a'r dŵr yn bur siŵr;
> A'i flew sy'n ddefnyddiol
> I wneuthur morter tew,
> I blastrio pennau'r tai…

Dyma ichi, medd Gwenallt, a'i dafod yn ei foch, ragflas o gerddi Williams Parry ac ysgrifau T. H. Parry-Williams. Ac ymhellach, sylwer ar ffurf ei farddoniaeth – nid oes ynddi na mesur na mydr: 'Yr oedd hyn yn gyson â'i gredo yn yr "awen rydd" – Efe a ddyfeisiodd yr hyn a elwir yn "vers libre" neu yn y Gymraeg y "wers rydd".' Yn wir, o ddilyn arbrofion y Bardd Cocos i'w pen, cyrhaeddir pegwn eithaf moderniaeth, y tu hwnt hyd yn oed i'r hyn a geir mewn cylchgrawn gwrthryfelgar megis *Tir Newydd*. 'Wrth gwrs, nid barddoniaeth Gocosaidd a fyddai'r enw ar ei farddoniaeth heddiw, ond rhyw enw fel barddoniaeth bost-surrealistig. Byddai "post" o wahaniaeth rhwng ei farddoniaeth ef a barddoniaeth *Y Tir Newydd*.' Wedi'r cyfan, meddai Gwenallt,

> gwendid y farddoniaeth 'vers libre' yw bod ynddi rythm. Caethiwed yw rhythm, peth yn perthyn i oes y mynachod a'r cyfalafwyr. Ni ddylai fod yn y farddoniaeth Gomiwnyddol rythm y bourgeois. Yr un egwyddor sydd y tu ôl i rythm a banciau'r arianwyr. Ar ôl diddymu odl a mydr a rhythm, byddai'n rhaid alltudio'r atalnodau o farddoniaeth. Peth cyfalafol yw colon; nid oes unrhyw gysylltiad rhwng 'comma' a Chomiwnyddiaeth; nid oes diweddnod neu 'full stop' ym myd gwrthryfel. Y peth nesaf a fyddai symud y llythrennau mawr o ddechrau'r llinellau, y llythrennau capital. Ni fydd a fynno'r werin â dim 'capitalistig'.

Yn yr ysgrif ddifyr, hwyliog a chrafog hon, felly, y mae Gwenallt yn tynnu sawl blewyn o drwyn y math o foderniaeth yr oedd Iorwerth Peate a beirniaid cyffelyb yn ei phriodoli i'r awduron Eingl-Gymreig a oedd yn hagru ac yn halogi celfyddyd ddilychwin Cymru lân, werinol, wledig. Y pechadur duaf o dipyn yng ngolwg y beirniaid hyn oedd Dylan Thomas ond melltithiwyd hefyd ei griw, sef y giwed o awduron ifanc, herfeiddiol o arbrofol y gwelwyd eu gwaith rhwng cloriau'r cylchgrawn lliwgar, ymosodol hwnnw *Wales*, a olygwyd gan y deryn drycin Keidrych Rhys, Cymro Cymraeg gwlatgar o Langadog.

Bwriad yr *enfant terrible* hwn oedd creu cylchgrawn llên cenedlaethol Cymraeg yn yr iaith Saesneg, a hwnnw'n gylchgrawn blaengar, gwrthblwyfol, a brofai fod Cymru yn ferw o greadigrwydd arloesol, chwyldroadol. Ac mae byseddu rhifyn o *Wales* yn dal, hyd heddiw, i fod yn wefr ac yn antur gyffrous. Dysgodd Keidrych Rhys gan Ezra Pound a'i debyg y grefft newyddiadurol o greu cyffro drwy godi cloch a gwneud honiadau eithafol, ysgubol; drwy watwar sefydliadau parchus o bob math, a thrwy yrru pob buwch gysegredig ar ei hunion i ladd-dy rhethregol go waedlyd. Yr oedd gwrth-Gymreictod nawddoglyd y sefydliad llenyddol Seisnig y cyfeiriai ato fel 'Bloomsbury' yn dân ar ei groen. Ac yr oedd yr Eisteddfod sglerotig a'i pharchedig feirdd yn gocyn hitio cyson ganddo hefyd – agwedd a rannai, wrth gwrs, â golygyddion cylchgronau ac awduron Cymraeg mwyaf blaengar y cyfnod. Yn y cyswllt hwn, dyfynnir yn *Wales* ganmoliaeth Gwilym R. Jones o farddoniaeth eisteddfodol R. Williams Parry, T. Gwynn Jones, a W. J. Gruffydd, a'i ymosodiad ef ar 'Farcsiaeth odledig Cecil Day Lewis, Auden, neu Spender, neu dywyllwch Dylan Thomas.'[5]

Yr oedd Keidrych Rhys yn olygydd athrylithgar ac yn meithrin naws ddadleuol ei gylchgrawn yn gelfydd iawn, gan ddeall y byddai hynny'n tynnu sylw darpar brynwyr a darllenwyr. Un arfer ganddo, er enghraifft, oedd cynnwys pytiau gogleisiol o'r wasg Saesneg a Chymraeg yn *Wales*, sylwadau twp neu nawddoglyd am Gymru, dyweder, neu ymosodiadau anwybodus a rhagfarnllyd ar y cylchgrawn. Ac yn rhifyn Mawrth 1939, bu iddo gynnwys y sylw a ganlyn, o dan y pennawd brathog 'The Enemy – (On Radio)'. Darn ydyw gan Iorwerth Peate a godwyd o golofnau *Y Llenor* (Haf 1937):

> Ai am hyn y brwydrasom yn y dyddiau gynt? Yn goron i'r cwbl fe roddwyd lle amlwg dros y misoedd i 'Point of View' – pwy? Huw Menai, Gwyn Jones y nofelydd, Arthur Machen, Richard Hughes, Rhys Davies a'u tebyg, a chafodd ambell un ohonynt dragwyddol heol i ddilorni'r Safbwynt Cymreig a Chenedlaetholdeb.[6]

Ac o droi ar ein hunion at yr ysgrif wreiddiol, cawn fod Peate hefyd yn ychwanegu:

> Dangosodd yr awdurdodau ... mai at y Cymry Seisnig y troant gyntaf, – pobl na chynrychiolant neb ond hwy eu hunain, canys nid y rhain yw tafodau'r werin ddi-Gymraeg yng Nghymru.[7]

Rheolwyr a darllenwyr Welsh Regional Service y BBC sydd o dan y lach, a hwynt-hwy yw'r cocyn hitio hefyd mewn ysgrifau gan T. J. Morgan mewn rhifynnau eraill o'r *Llenor* sy'n dilyn yr un trywydd:

> Y mae llenorion taleithiol fel Huw Menai a Rhys Davies yn cael yr un sylw â llenorion cenedlaethol fel Williams Parry a Gwynn Jones... pethau *taleithiol* yw hanes a thafodiaith Saesneg a llenorion Gwent a Bro Gŵyr a siroedd y gororau ... Ac os yw llenorion fel Arthur Machen yn haeddu eu lle mewn rhaglen genedlaethol am fod eu bri yn goresgyn ffiniau eu talaith, yna rhaglen genedlaethol Lloegr y dylai hwnnw fod. Ysywaeth, y mae'r swyddogion Cymreig fel petaent wedi eu tynghedu i 'ddehongli'r' ochr daleithiol Seisnigaidd hon i fywyd Cymru, ac i ddiystyru'r ochr genedlaethol.[8]

Ar y naill law, y mae datganiadau fel hyn yn cynnig enghreifftiau defnyddiol, o safbwynt Keidrych Rhys, o elyniaeth y sefydliad Cymraeg at y to ifanc, athrylithgar o awduron 'Eingl-Gymreig' a'r gymdeithas Gymreig boblog honno a gynrychiolwyd ganddynt. Ond ar y llaw arall, dyma gyfle i Rhys hefyd ymbellhau yn ymddangosiadol oddi wrth y gwerthoedd diwylliannol a gwleidyddol hynny y cydymdeimlai ef â hwy yn ei ffordd anuniongred ei hun. Oherwydd yr oedd Rhys yn genedlaetholwr diwylliannol, a hwyrach ei fod yn genedlaetholwr gwleidyddol hefyd, ond deallai'n iawn pa mor rhwydd yr oedd hi ddiwedd y 1930au i'w elynion gamddehongli cenedlaetholdeb o'r fath, ac felly ceir ganddo sawl cyfeiriad deifiol at 'the bigotry of fascist nationalism.' Yr oedd Rhys hefyd yn un o garedigion annisgwyl yr iaith: 'Now that there is a revival of interest in the disagreeable Welsh', meddai yn ei ysgrif olygyddol olaf cyn ymuno â'r lluoedd arfog, 'perhaps some English vanity publisher might put out translations of our contemporary classics. I can think of two short novels which are not too parochial and which sold well in the Welsh – *Plasau'r Brenin* by D. Gwenallt Jones and *Monica* by Saunders Lewis.'[9] Ac meddai ymhellach, wrth ei olynydd, 'it is up to you… to get the better weekly newspapers like *Y Faner* to keep a watchful eye and to speak sharply when the other big dailies misinform. Those already learning Welsh might benefit from the ten Radio lessons in the language, which are to be broadcast in the Autumn.'

Eithr teimlai Keidrych Rhys fod angen carthu'r diwylliant llên Cymraeg drwy gael gwared ar y geidwadaeth ddiwylliannol a'r parchusrwydd affwysol a oedd yn ei fygu. Ceir cyfeiriad brathog, er enghraifft, yn *Wales* at ddarlith ar lenyddiaeth fodern a draddodwyd gan W. J. Gruffydd yn Rhydychen pan fethodd y darlithydd, yn ôl y sôn, fentro ymhellach i'r ugeinfed ganrif na Thomas Hardy, gan anwybyddu, chwedl y gohebydd, Joyce, Lawrence, Wyndham Lewis, Foster, Hemingway, ac ati. Yr oedd yn naturiol felly i Keidrych Rhys wfftio'r hen wynebau gorbarchus a chynghreirio yn hytrach â'r to newydd a gynrychiolid gan gylchgronau blaengar megis *Heddiw* ac yn arbennig *Tir Newydd*. Yn rhifyn cyntaf *Wales* gwelir adolygiad damniol gan 'Aneirin ap Gwynn' (sef Aneirin Talfan Davies, golygydd *Heddiw*) o lyfr H. Idris Bell, *The Development of Welsh Poetry*: 'Cynan, Prosser Rhys, and Saunders Lewis, the only vigorous element in Modern Welsh Poetry, aren't quoted. London street life, even rugby at Twickenham, v.d. or homosexuality are preferable to the dull-as-ditchwater pieces of Nonconformists, helpful professors, and officials.'[10]

Anghofir yn aml fod Keidrych Rhys, yn ystod ei gyfnod cynnar, llachar o olygu *Wales*, yn cynnwys cerddi Cymraeg yn y cylchgrawn yn achlysurol. Cyhoeddwyd cerddi gan R. Williams Parry, Niclas y Glais, Alun Llywelyn-Williams (golygydd *Tir Newydd*), a hefyd soned fawr Gwenallt am Saunders Lewis: 'Ac er mwyn Cymru buost ti yn ffŵl, / Yn ffŵl fel holl ferthyron Crist a Mair'. Mae hynny'n arwyddocaol, oherwydd yr oedd gan

Keidrych Rhys barch arbennig at Saunders Lewis am ei fod, yn ei farn ef, yn dderyn drycin ac eithafwr tebyg iddo ef ei hun. Deilliai ei edmygedd yn rhannol, mae'n debyg, o'i barch mawr at weithred Penyberth, a ganmolwyd gan Rhys yn ei gerdd 'The Fire Sermon or Bureaucracy Burned' (cyfeiriad awgrymog ffraeth, wrth gwrs, at 'The Waste Land'). Yr oedd y weithred honno gan dri llenor yn enghraifft berffaith o gred Keidrych Rhys mai gan lenorion yn unig y caed gweledigaeth broffwydol waredol a fyddai'n chwyldroi'r gymdeithas Gymreig. Credai'n gryf ei fod ef, a'r awduron 'Eingl-Gymreig' y cyhoeddwyd eu gwaith ganddo, yn perthyn i linach y beirdd-broffwydi o gyfnod y Gogynfeirdd ymlaen, y traddodiad llenyddol-gymdeithasol radical y mae Keidrych Rhys yn ei arddel yn ei ysgrif olygyddol gyntaf:

> This number of *Wales* shows the new interest of the Celt in the social scene; also that we are not a 'literary' clique; once more we stress that we are with the People... Welsh poets from the *Gogynfeirdd* onwards have always possessed a Sense of their Own Age.[11]

Yn y modd hwn, mae Keidrych Rhys yn ceisio cydio'r llenorion Eingl-Gymreig wrth y llenorion Cymraeg mwyaf blaengar, a chydio'r ddwy lenyddiaeth Gymreig hynny wrth werin ddiwydiannol cymoedd y de yn eu hargyfwng mawr – yr union gyplysiad y teimlai Alun Llywelyn-Williams nad oedd y sefydliad llenyddol Cymraeg wedi ei wneud yn y 1930au, er mawr gywilydd. A dyna paham y sefydlodd *Tir Newydd*. Sylwer ar y modd yr unir achos Penyberth ac achos diweithdra'r cymoedd tlawd ym mhennill agoriadol 'The Fire Sermon':

> This is a poet's story cut by the strong
> Magic of a dominant land. Now, the real
> Healers branded as quacks, the shut prophecy,
> Forgotten like the unemployed, grows lungs
> For scores of bards, for haunting elegy,
> Simple faiths praying – England's gift a bombing school.[12]

Yr oedd gan y cylchgronau newydd Cymraeg fel *Heddiw* a *Tir Newydd* awydd tebyg – awydd cenhadol diffuant a dwys i drin cyflwr y Gymru ddiwydiannol Saesneg. Ond serch hynny, yr oeddent yn amlwg yn ei chael hi'n anodd gwneud hynny. Cymerwch *Heddiw* fel enghraifft. Ceir yn rhifyn Mai 1939 ail bennod stori fer hir gan W. T. Davies, Aberpennar (sef Pennar Davies, maes o law), ac ynddi ymateb croes yr efengylwr Robert a'r feddylwraig seciwlar Ceridwen i'r gri a glywir o'r stryd drwy'r ffenestr:

'Down with the Means Test! Down with Fascism and War!'
'Mae'r bobl yna'n newynog,' meddai Ceridwen.
'Mae'r bobl yna'n wallgof', atebodd Robert gyda ffyrnigrwydd nad oedd neb yn ei ddisgwyl. 'Dyna ganlyniad anocheladwy canrif o ramantiaeth a gwyddoniaeth a rhyddfrydiaeth. Dyna *escapism* yn ei ffurf fwyaf bwystfilaidd. Dyna ffordd rad i deimlo'n bwysig. Dyna ymgais i ddramateiddio ymdrech ffug rhwng dwy syniadaeth annynol. Dyna annuwioldeb ar lefel y dorf. Dyna anhrefn ysbrydol yn llithro tua chaethwasiaeth faterol…'
'Mae'r bobl yna'n newynog. Allan nhw ddim fforddio unrhyw fath o ddisgyblaeth, boed Ffasgaidd, boed Gristnogol.' Edrychodd Ceridwen ar Robert yn ddig. 'Dacw ffeithiau bywyd Cymru, yn bloeddio ac yn sgrechian yn y stryd. Onid rhyw fath o ragrith meddyliol yw siarad am Bersonau Moesol a Ffydd a Deall a'r Cylch Anfeidrol pan nad oes digon o fwyd i fynd rownd?'[13]

Wele gipolwg, felly, ar *realpolitik* bywyd yn y cymoedd dirwasgedig. Ond hyd yn oed yn y cylchgronau mwyaf blaengar, y mae stori Pennar yn cadw cwmni i doreth o storïau traddodiadol Gymraeg – storïau gwerinol, gwledig; brethyn cartref cyfforddus, hen ffasiwn gan awduron o W. Llywelyn Williams i Waldo Williams.

Gŵr o Gwm Cynon a fagwyd ar aelwyd Saesneg oedd Pennar. Ac felly cynrychiolai ffenomenon newydd pur arwyddocaol a amlygir am y tro cyntaf yn y cylchgronau hyn, sef awduron ifanc a ddewisai gyfrannu i'r cylchgronau Cymraeg a'r cylchgronau Saesneg fel ei gilydd. Yn eu plith ceir un awdur sy'n cynnig drych imi o'm cefndir a'm cyflwr diwylliannol i fy hun:

> Below, Ferndale squats in a gash of cwm,
> its trellised streets spat from a tube of road
> that crashes through: streets huddling fire from cliques,
> coloned by chapels and commaed by pubs
> and cinemas, inoculating soul –
> silicosed men against the hate-red cough
> of discontent and breathless war for food.[14]

Ferndale, sef Glynrhedyn. Pen uchaf y Rhondda Fach, y nesaf i lawr oddi wrth Little Moscow ei hun, sef Maerdy. Fan hyn y cefais i fy ngeni a'm magu. Meddai'r beirniad llên Americanaidd athrylithgar, Helen Vendler: 'The aim of poetry is to saturate every terrain, every city, every village, so that every… child might find a native landscape invested with language. The *genius loci* lives only where poetry creates it.'[15] Ei breuddwyd hi yw 'that there will be no American landscape that does not speak in words as well as in line and color.' Mae gennyf innau deimlad tebyg am Gymru ac, yn ddi-os, fel y dangosodd Manon Rhys yn ddiweddar mor wefreiddiol o glir yn *Rara Avis*, mae'n rhaid wrth y Saesneg os am rwydo'r Rhondda mewn geiriau. Ac yn ystod y 1930au yr ymddangosodd y genhedlaeth gyntaf o awduron i gyflawni'r gamp ddiwylliannol hollbwysig honno. Ond y mae'n rhaid wrth y Gymraeg, yn ogystal, os am gyflawn ddatgelu gwirionedd cymdeithas cymoedd cymysgryw, unigryw y de-ddwyrain. Felly, dyma gerdd arall gan Meurig Walters, ond a gyhoeddwyd y tro hwn yn *Tir Newydd*:

> Mae'r tipiau'n byramidiau beilch
> o law Picasso fysedd inc,
> yn feini coffa llwydd a bri
> fu'n chwa dros oes ac nad yw mwy.
>
> Caledwyd fy ngewynnau'n ddur
> yng ngwres y pwll dan bwys y glo,
> ond mwy ni eilw'r staciau croch
> y ffyddlon dewr i'w gwaith.
>
> Nid cwm y glo mo hwn fel cynt
> ond cwm y meirw byw, a'r dôl
> yn gyffur pŵl i ddofi'r seirff
> sy'n gweu drwy ogofeydd y cnawd.[16]

Awdur Cymraeg sydd hefyd yn awdur Saesneg. Nid yw'n ffenomenon newydd yn hanes Cymru, wrth gwrs, ond gosoder Meurig Walters ochr yn ochr â Pennar Davies – Cymro di-Gymraeg a ddysgodd yr iaith ac a gyhoeddai gerddi ynddi yn ogystal ag yn y Saesneg – a gwelir bod yna ddatblygiadau diwylliannol go bwysig a phellgyrhaeddol ar gerdded yng Nghymru'r 1930au. Ac at hynny, ychwaneger enghraifft Glyn Jones, a faged ar aelwyd lle'r oedd y Gymraeg i'w chlywed yn achlysurol, mae'n wir, ond a faged ac a addysgwyd yn Saesneg i bob pwrpas. Ceir ganddo ef gerdd gyffes hynod o bwysig yn syth ar ddechrau rhifyn cyntaf *Wales*:

> This is the scene, let me unload my tongue,
> Discharge perhaps some dirty water from my chest…
> I might have been and liked it, born like you
> Westward, or north beyond the crooked coalfields.
> But night on the valleys and my first star stands
> Voluble above those Beacon peaks
> Gesticulating like a tick-tack man.
> Standing now where that birth-star was eloquent…

...I see my bitter county dawn between
My hands. I grieve above five valleys leaning
Suppliant against my unstruck rock.
The cream rose blushing sweet and scarlet stares
Back along the barren pink-hooked stem.
I hear my heart speak to the bleaky sky,
Coal and the valleys were my lucky egg,
As though some bird should scribble his short song.[17]

Dyma'i *apologia* fel awdur Cymreig ymrwymedig. Gwyddom ei fod, ar yr un pryd, yn prysur adennill yr iaith Gymraeg, yn astudio'r traddodiad barddol hynafol ynghyd ag awduron cyfoes, ac yn dechrau mentro ysgrifennu ysgrifau yn y Gymraeg. Cyhoeddwyd darn eithriadol bwysig am swrealaeth ganddo yn *Tir Newydd*.

Fel y gwyddys, rhoddodd Glyn Jones sylw craff dros ben yn ei glasur o lyfr, *The Dragon Has Two Tongues*, i'r cyfnewid iaith, y 'language-shift', a fu, fel y gwyddai ef yn dda o'i brofiad ef ei hun, yn ddigwyddiad o'r pwys mwyaf i'w genhedlaeth gyntaf ef o awduron 'Eingl-Gymreig.'[18] Ers hynny, dilynodd llawer o haneswyr a beirniaid diwylliannol ei gamre ef, ond ni chafwyd, hyd y gwn i, ddadansoddiad cynnil, cyflawn o'r ffenomenon hynod gymhleth a hynod bwysig hwn. A hyd nes i hynny ddigwydd, byddwn ar ein colled yn ddirfawr am fod ein hadnabyddiaeth ohonom ni ein hunain fel Cymry'r presennol yn anghyflawn.

'What do we want to do?', holodd Keidrych Rhys yn ei ddarn golygyddol cyntaf: 'If we are given a reasonable chance we hope to print work by our younger writers – an opportunity denied them in the English Literary Map of log-rolling, cocktail parties, book clubs, knighthoods, O.M.'s, and superannuated effeminacy in Bloomsbury editorial chairs.'[19] Ac o'r cychwyn cyntaf, profodd *Wales* yn feithrinfa anhepgorol o bwysig i do arbennig o ddawnus o lenorion Saesneg ifanc – y to cyntaf o awduron o'r fath y mae'n deg eu hystyried yn awduron Cymreig. Nod Rhys oedd creu cymdeithas amgen Gymreig, cymdeithas o lenorion Saesneg ifanc a fyddai'n chwyldroi'r gymdeithas yng Nghymru. A nod tebyg oedd gan y bardd Cymraeg Alun Llywelyn-Williams mewn golwg hefyd. Yr oedd yntau am greu cymdeithas o awduron ifanc blaengar, a chanddynt olwg eangfrydig, gynhwysfawr ar Gymru a hefyd ar Ewrop; cymdeithas a fedrai herio a disodli'r gymdeithas lenyddol sefydledig, gul, unllygeidiog, a ddirmygai'r Gymru newydd ddiwydiannol, ddinesig ac a wrthodai gydnabod bod y Cymry di-Gymraeg yn Gymry o gwbl.

O ddarllen y cylchgronau llenyddol mwyaf blaengar, yn y ddwy iaith, ar ddiwedd y 1930au, mae'n eich taro chi yn eich talcen fod y golygyddion yn ymgroesi rhag y grymoedd ar y gorwel a oedd yn bygwth dinistr Cymreictod o unrhyw fath. Y rhyfel oedd y bwgan eithaf, a'r gofid oedd y deuai ton ddinistriol o genedlaetholdeb Seisnig yn ei sgil. Ond at hynny, ychwaneger bygythiad y rhwygiadau mewnol – anwybodaeth y Cymry di-Gymraeg am y Gymru Gymraeg, a'i gelyniaeth hefyd tuag ati; ac anwybodaeth y Cymry Cymraeg hwythau am y Gymru Saesneg, a'i hymosodiadau anneallus, trahaus arni. Breuddwydiai'r cylchgronau hyn am greu grŵp o lenorion a fyddai'n rhyw fath o gymdeithas y cyfamod.

Ac ym 1939, ar union drothwy'r rhyfel, dyma Pennar Davies yn mentro lleisio'r gofid hwn yn glir ac yn ceisio troi'r freuddwyd fawr yn ffaith.

Yn rhifyn Awst 1939 o *Tir Newydd*, ymddangosodd llythyr cyhoeddus eithriadol huawdl dan enw W. T. Davies. 'Ein Hamddifadrwydd Llenyddol' oedd ar ben y llythyr, ac yn fy marn i mae'n llith y dylid rhoi lle anrhydeddus iddo yn hanes llên Cymru oherwydd ei fod yn ddogfen hanesyddol. Dyma ddarnau helaeth ohono:

'Problem gymdeithasol yw problem parhad ein llenyddiaeth ni' [meddai Saunders Lewis]. Problem gymdeithasol yn ddi-os: diffyg arian, diffyg amser, diffyg symbyliad – yn enwedig diffyg symbyliad. Ac o ddiffyg cyfathrach gymdeithasol rhwng cyd-feddylwyr a chyd-artistiaid y daw diffyg symbyliad. Ein hamddifadrwydd llenyddol yw prif achos ein diogi gresynus. Ac y mae iddo ganlyniadau eraill yr un mor bwysig; ein cyffredinedd, ein coegddysgeidiaeth, ein hofnusrwydd, ein hiraeth merchedaidd, ein paganiaeth ddihangol, ein crefyddolder tila, ein diletantiaeth gysglyd, ein taleithioldeb cloff, ein whimsi clyfar, ein parchusrwydd diddrwg-didda, ein hefelychiadolrwydd undonog, ein haelganoligrwydd diderfyn.

Buasai pethau'n wahanol iawn pe buasai metropolis gennym... [ond yn niffyg hynny] mae'n rhaid inni greu cymdeithas newydd drosom ni ein hunain. Mae'n rhaid inni wneud math ar seiat i lenorion Cymru, cyflunio cymdeithas lenyddol a all ddod â llenorion ifainc ynghyd i fanteisio ar gydweithrediad a rhyngweithrediad eu meddyliau, ac a all hyrwyddo beirniadaeth rydd ac annibynnol ar fywyd a chelfyddyd yng Nghymru. Dyma, mi gredaf, yr unig ffordd i fywiogi ein llenyddiaeth.

Keidrych Rhys, golygydd *Wales*, a ddangosodd y ffordd hon imi. Mae eisiau cyfathrach feddyliol ymhlith y Cymry Saesneg hefyd; ac y mae'n sicr gennyf na ddylem, wrth geisio gwneud Cymru'n uned ddiwylliadol fyw, esgeuluso'r ffaith greulon a chaled fod mwy na hanner y Cymry'n methu deall Cymraeg. Ymddengys i mi'n rhywbeth perffaith naturiol a pherffaith iach fod y Cymry Saesneg yn cynhyrchu llenyddiaeth iddynt eu hunain. Nid oes hudlath gennym a all drawsffurfio'r llenyddiaeth Saesneg hon yn llenyddiaeth Gymraeg. Ond os nad ydym yn wallgof fe wnawn ein gorau glas i'w gwneud yn llenyddiaeth *Gymreig*. Fe ddylai fod

cyfathrach fywiog rhwng llenyddiaeth Gymraeg a llenyddiaeth Saesneg yng Nghymru.
Gan hynny, dylid ffurfio cymdeithas lenyddol i Gymry Saesneg a Chymraeg. Ond, fel yr ydych wedi dangos, dylid trefnu'r gymdeithas mewn modd a fydd yn rhoddi chwarae teg i'r Gymraeg. Hynny yw, dylid mewn gwirionedd ffurfio dwy gymdeithas lenyddol, y naill i lenorion Cymraeg a'r llall i lenorion Saesneg yng Nghymru, a dylai'r cymdeithasau hyn fod yn adrannau o gymdeithas gyffredinol a fyddai'n cynnal cynhadledd ddwyieithog bob blwyddyn i drafod problemau Cymru a phroblemau llenyddiaeth. A dylid gwneud hyn oll cyn gynted ag y gellir.[20]

Dyna ddatganiad gweledigaethol, os bu un erioed yng Nghymru. Datganiad ysbrydoledig. Datganiad sydd, wrth gwrs, yn rhagweld sefydlu'r Academi Gymreig. Ond nid dyma'r lle i olrhain cwrs y freuddwyd hon, ac i ystyried y modd y syrthiodd, ysywaeth, i gors gyfarwydd y frwydr rhwng dau ddiwylliant Cymru.

Yn hytrach, noder prif ergyd y drafodaeth hon. Ceir, yng nghylchgronau Cymraeg a chylchgronau Saesneg y 1930au, doreth o ddeunydd sy'n taflu goleuni ar ddatblygiad cythryblus a chyffrous y Gymru newydd – y Gymru ddwyieithog, ddeuddiwylliannol yr ydym ni i gyd yn aelodau ohoni. Tâl hi, felly, inni graffu'n fanwl ar gylchgronau'r cyfnod hwn, os mynnwn geisio ein hamgyffred ein hunain. Ac ymhellach, cafwyd sawl datblygiad diddorol ac arwyddocaol, yn ystod y degawd diwethaf, yn y moddau deallusol sydd gennym i werthfawrogi'r rhan, neu'n hytrach y rhannau, y mae cylchgronau llenyddol yn eu chwarae yn y gwaith o gynnal, a chadw, a datblygu diwylliant. Pwysleisir, er enghraifft, y modd y mae cylchgronau'n ymddangos ac yn gweithredu oddi mewn i rwydweithiau lluosog o gysylltiadau cymdeithasol. Ac yn y cyswllt hwn, telir sylw nid yn unig i gynnwys y cylchgronau ond hefyd i doreth o agweddau eraill arnynt – o'r rhestr danysgrifio a'r cylch dosbarthu hyd at ddiwyg y cylchgrawn, y modd y'i cynllunnir, y clawr a ddewisir ar ei gyfer, a hyd yn oed y teipograffi a welir ar wyneb ei ddalennau. Yn y modd hwn, pwysleisir, er enghraifft, ymdrech y cylchgronau i feithrin 'cymdeithas' ddewisol, elît o ddarllenwyr sef union nod W. J. Gruffydd, Aneirin Talfan Davies, Alun Llywelyn-Williams a Keidrych Rhys fel ei gilydd, fel y sylweddolai Pennar Davies wrth awgrymu y dylid datblygu hyn er mwyn creu cymdeithas ehangach o awduron, a hynny er mwyn chwyldroi cymdeithas ei hun. Ymhellach, defnyddir nifer o ddamcaniaethau cyfoes am wead a gwneuthuriad diwylliant i oleuo cylchgronau, yn arbennig y trosiadau economaidd a fathwyd gan Pierre Bourdieu i ddadansoddi dinoethi'r modd y mae pob diwylliant yn faes y gad (*field of force*) lle y ceir nifer o rymoedd gwahanol yn gwrthdaro ac yn ymgiprys.[21] Byddai'n ddiddorol sylwi, er enghraifft, ar y patrwm grymoedd cymhleth a amlygir yn ymwneud y cylchgronau Cymreig â'i gilydd, oherwydd rhydd hynny gipolwg dreiddgar inni ar berfeddion y gymdeithas Gymreig ddiwedd y 1930au. Ac y mae gan dermau awgrymog o'r eiddo Bourdieu hefyd lawer i'w dysgu inni yng Nghymru. Ystyrier termau megis *habitus* (sef ymarweddiad diwylliannol); 'trais symbolaidd' (sef y modd y bydd un disgẃrs nerthol mewn cymdeithas yn tra-arglwyddiaethu ar bob disgẃrs arall ac yn ei ormesu); a 'chyfalaf symbolaidd', sef y modd y mae mathau arbennig o wybod a deall a datgan yn gosod urddas cymdeithasol ar unigolion ac ar grwpiau, gan eu bendithio â grym ynghyd â statws. Onid yw hi'n amlwg taw'r hyn sy'n digwydd, i raddau, drwy gyfrwng brwydr y cylchgronau, yw ymdrechion carfanau gwahanol i sicrhau eu 'heiddo' cymdeithasol, naill ai drwy amddiffyn hynny sydd ganddynt neu drwy ddisodli carfanau eraill?

O fentro i gyfeiriadau ymddangosiadol hunandybus o ddeallus fel hyn, mentrwn hefyd, yn anorfod, ymddangos yn ddeallusion anneallus, asynnod o'r radd flaenaf, neu'n feirdd cocos sy'n ymhyfrydu mewn pentyrru geiriau a thermau abswrd. Eithr serch hynny, y mae angen inni fentro arni, yn fy marn i, os ydym ni am amgyffred gorffennol ein presennol heriol ni. Trown o'r newydd at gylchgronau'r 1930au, felly, er mwyn dechrau ar y gwaith o ddeall, a gwerthfawrogi, datblygiad ein cymdeithas ddeuddiwylliannol gymhleth o amlweddog ni heddiw, ar ddechrau'r unfed ganrif ar hugain.

Nodiadau

1. *Heddiw*, 5:6, 292–6.
2. 'Seiliau Cenedl', *Tir Newydd* 17 (Awst 1939), 17.
3. *Heddiw*, 5:8 (Ionawr 1940), 416–20.
4. 'Beth petasai'r Bardd Cocos yn fyw heddiw?', *Heddiw*, 4:5/6 (Ionawr–Chwefror 1939), 154–61.
5. *Wales*, 10 (Hydref 1939), 282.
6. *Wales*, 6/7 (March 1939), 209.
7. 'Y Radio yng Nghymru', *Y Llenor*, XVI:2 (Haf 1937), 93.
8. 'Darlledu yng Nghymru', *Y Llenor*, XVII:3 (Hydref 1938), 155.
9. 'Notes for a New Editor', *Wales*, 8/9 (Awst 1939), 249.
10. 'No Errata: No High Spots', *Wales*, 1 (Haf 1937), 28.
11. 'Editorial: "As you know"', *Wales*, 2 (Awst 1937), 35 a 36.
12. *Wales*, 2 (Awst 1937), 69.

13. 'Sgwrs yn Llansuddas', *Heddiw*, 5:1 (Mai 1939), 25.
14. 'Rhondda Poems: 1', *Wales*, 4 (Mawrth 1938), 150.
15. Helen Vendler (gol.), *Contemporary American Poetry* (Cambridge, Mass.: Harvard University Press, 1985), tt. 14–15.
16. *Tir Newydd*, 13 (Awst 1938), 13.
17. 'Scene', *Wales*, 1 (Haf 1937), 8.
18. Tony Brown (gol.), Glyn Jones, *The Dragon Has Two Tongues* (Cardiff: University of Wales Press, 2001).
19. *Wales*, 2 (Awst 1937), 37.
20. 'Ein Hamddifadrwydd Llenyddol', *Tir Newydd*, 17 (Awst 1939), 7.
21. Gweler, er enghraifft, Richard Jenkins, *Bourdieu* (London: Routledge, 1992); R. Harker, C. Maher a C. Wilkes (goln), *An Introduction to the Work of Pierre Bourdieu* (London: Macmillan, 1990).

Mynegai

Aaron, R. I. 241
Aberdâr, Arglwydd 33
Abse, Dannie 218
Albert (Tywysog) 52, 57
America 149, 159, 171–87, 194, 205, 226
Amis, Kingsley 211
Anderson, Benedict 72
Anderson, Bill 179
ab Caledfryn (William Williams) 83, 85, 87
ap Gwilym, Dafydd 62, 64–5
ap Iwan, Emrys 151–3
Arnold, Matthew 27, 199
Arthur 44–67
Artists in Wales 101, 105, 116
Atchison, Raymond 99
Auden, W. H. 99, 102, 243

Babel, Isaac 166
Bach, Johann Sebastian 155
Bal, Victor 169
Barnie, John 168
Barrés, Maurice 191
Barry, Desmond 177–8
Baxter, Richard 6
Bebb, Ambrose 156, 159–61, 163
Bell, H. Idris 245
Belloc, Hilaire 157
Berdyaev, Nikolai 129
Berry, Ron 178
Berryman, John 179
Biguenet, John 211
Blake, William 129, 180–1, 232
Blodeuwedd 43, 93, 158–9, 173

Bourdieu, Pierre 251–2
Bowen, Euros 168
Branwen 93–5, 101, 104–6, 108, 124, 144–5
Briande, Aristide 156
Bryan, Robert 19–20
Bufton, John 31, 35
Bulgakov, Mikhail 166
Burke, Edmund 193
Bush, Duncan 166–7
Butler, Judith 74–5, 80, 85, 88
BWLET 221–2

Caradoc (o Lancarfan) 48
Carley, James P. 49
Caxton, William 49
Ceiriog (John Ceiriog Hughes) 62, 176
Cézanne, Paul 104
Chafitz, Eric 212
Chesterton, G. K. 157
Clancy, Joseph 214
Clarke, Gillian 93
Clinton, Bill 210
Coleridge, Samuel Taylor 117, 235
Conran, Tony 93, 216
Cooper, Gary 213
Corneille, Pierre 191
Coudenhove-Kalergi (Y Cownt) 156
Cradoc, Walter 4, 6–7
CREW 222
Cromwell, Oliver 4, 13
Cronin, Michael 224
Cule, Cyril P. 161–3

Cymru 19, 54–5, 60
Cymru Fydd (y mudiad) 38, 53–6,
    58, 60, 64, 71, 74–5, 81, 85, 89
Cymru Fydd 3, 38, 72–3, 171, 192

Daniel, J. E. 161
Darwin, Charles 35
Davies, Aneirin Talfan 175, 240–1,
    245, 251
Davies, Cassie 177
Davies, David 29–31, 156
Davies, Edward (Celtic) 52
Davies, Idris 111–12
Davies, Morgan T. 64
Davies, Pennar 111–26, 134, 246–7,
    250–1
Davies, Richard (Yr Esgob) 10
Davies, Rhys 244
Davies, W. H. 181, 241
Daudet, Alphonse 155
Dawson, Christopher 157
Dewi Sant 6–7
Dickinson, Emily 214
Drayton, Michael 50
Dressel, Jon 181–3, 186
Dyfnallt (John Dyfnallt Owen) 18

Ddraig Goch, Y 161

Edwards, Charles 158
Edwards, Hywel Teifi 70
Edwards, Lewis 17
Edwards, O. M. 19, 60, 72–3, 151,
    153–4, 198
Edwards, Owen 54
Elfyn, Menna 184–5
Elias, John 32, 86
Eliot, T. S. 112
Ellis, T. E. 3, 17–19, 56, 72, 74–5,
    79–80, 83, 86–7
Emerson, Ralph Waldo 129
Erbury, William 4, 15
Evans, Arise (Rhys) 7–11
Evans, Beriah Gwynfe 71–89
Evans, Christmas 32
Evans, Elwyn 106
Evans, Gwynfor 145

Evans, Ifor L. 155
Evans, John Young 60
Evans, Nicholas 237
Evans, Theophilus 158
Ewrop 149–69, 171, 175, 249

Faner, Y 173, 245
Fanon, Frantz 60, 220–1
Fardd, Ieuan 220–1
Fictoria (Brenhines) 87
Foulkes, Isaac 28
Fournier, E. E. 63
Franco, Francisco 161–2
Freud, Sigmund 133
Frost, Robert 58, 172
Fuller, Andrew 27

Gallichan, Walter (Geoffrey
    Mortimer) 36
Garibaldi, Giuseppe 52
Garlick, Raymond 164–5, 217
Genedl Gymreig, Y 72, 74–6
Ginsberg, Allen 179–81
Gladstone, William 28, 80, 82
Glyndŵr, Owain 55, 183
Glynne, John 9
Goethe, Johann Wolfgang von
    155, 158
Gogol, Nikolai 155
Graves, Robert 230–1
Greenway, William 181–2
Griffiths, Ann 32, 213–14
Griffiths, Archie 237
Griffiths, J. Gwyn 240
Gruffydd, W. J. 99, 243, 245, 251
Guest, Charlotte 50–2
Gwenallt (D. Gwenallt Jones) 99,
    113, 115, 123, 172, 215, 218,
    228, 243, 245

H., Edward 93
Haggard, Rider 200
Hallam, Arthur 46, 57
Harcourt, William (Syr) 82
Hardy, Thomas 245
Harris, James 28
Heddiw 161, 240–1, 245

Hemingway, Ernest 213, 245
Hoddinott, Alun 237
Homer 66
Hudson-Williams, T. 155
Hughes, Elian 154
Hughes, Hugh 83
Hughes, Richard 244
Hughes, T. Rowland 93
Hughes, Ted 137
Humphreys, E. Morgan 71–2
Humphreys, Emyr 4, 163–5

Ibsen, Henrik 155

James, Henry 173–4
James, Jesse 177, 179
Janes, Alfred 236
Jenkins, David 63
Jenkins, R. T. 101, 156
Johnston, Dafydd 195
Jones, Bobi 134
Jones, Dafydd Glyn 100
Jones, Daniel 236
Jones, David 231
Jones, Dic 179
Jones, Glyn 99, 219–20, 248–9
Jones, Gwilym R. 243
Jones, Gwyn 116, 244
Jones, J. R. 20, 241
Jones, Jack 99
Jones, Lewis 178
Jones, Margam 36
Jones, Michael D. 17
Jones, P. Mansell 154
Jones, Robert (Rhoslan) 15
Jones, T. Gwynn 43–8, 50–1, 53, 56–65, 67, 103, 117, 155, 175–6, 206–8, 222, 243
Jones, T. Harri 177
Jones, T. James 183
Joseff o Arimathea 7, 9, 11
Joyce, James 245
Jung, Carl 237

Kant, Immanuel 155
Keats, John 116
Knowles, J. T. 51

Lawrence, D. H. 245
Layamon 48
Lewinsky, Monica 210
Lewis, Alun 112, 179
Lewis, Cecil Day 102, 243
Lewis, C. S. 230
Lewis, Gwyneth 185
Lewis, Henry 155
Lewis, Saunders 3, 93, 149, 155–9, 161, 163–5, 168, 172–5, 186, 191, 203–7, 245–6, 250
Lewis, Wyndham 245
Lloyd, D. Myrddin 151–2
Lloyd George, David 3, 17, 48, 54, 56, 58, 72–4, 80, 82–3, 150
Lloyd-Morgan, Ceridwen 53
Luther, Martin 155

Llenor, Y 161, 175, 244
Llwyd, Huw 15–16
Llwyd, Morgan 4–20
Llywelyn Fawr 49
Llewelyn-Williams, Alun 93–109, 134, 151, 155, 161–2, 168, 245–6, 249, 251
Llwyd, Alan 130, 135
Llwyd, Iwan 184
Llywelyn, Dorian 228

Mabiniogi, Y 4, 50–2, 108, 159, 227, 237
Machen, Arthur 244
Maeterlinck, Maurice 154
Malory, Thomas 45, 49–51, 59, 62–3, 67
Mandelstam, Osip 166
Masaryk, Thomas 156
Masson, Ursula 80
Mather, Cotton 177
Maupassant, Guy de 155
Mayakovsky, Vladimir 166
Mazzini, Giuseppe 17
McCarthy, Cormac 177
McMurtry, Larry 177
Meils/Miles, Gareth 93, 166
Menai, Huw 244
Meunier, Constantin 154
Milton, John 14

Mistral, Frédéric 160
Molière 155
Montale, Eugenio 163
Morgan, Mihangel 185
Morgan, Robert 113
Morgan, T. J. 99, 244
Morgan, William 10
Morganwg, Iolo 52
Morris, Jan 167–8
Morris, Lewis (Syr) 53–5
Morris, William 57
Morris-Jones, John (Syr) 43-45, 59, 62, 65, 155, 175

Nicholas, T. E. 162
Norris, Leslie 178, 216–18

Oppenheimer, Robert 136
Ormond, John 177, 218, 237
Owen, Daniel 23–7, 33–5, 38
Owen, Goronwy 62
Owen, Isambard 86–7

Parry, R. Williams 93, 116–17, 243–5
Parry, William 31–3
Parry-Williams, T. H. (Syr) 149
Passerini, Luisa 156–8
Peate, Iorwerth 99, 243–4
Penri, John 4
Petro, Pamela 186–7
Pikoulis, John 179
Pirandello, Luigi 163
Planet 168
Poe, Edgar Allan 175
Pound, Ezra 212–13, 243
Powell, Vavasor 4
Presinger, Anton 172
Price, J. Arthur 192–4
Price, Thomas 52
Pryce, D. Hugh 37
Pugh, Thomas 9–10
Pugh, William Owen 52

Phillips, Norah 80, 82–4

Raine, Allen 194–6, 199
Reynolds, Matthew 51

Reynolds, Rhian 221
Richards, Ceri 231, 237–8
Roberts, (John) Bryn 81–2
Roberts, Elezear 26–7
Roberts, Evan 36
Roberts, Gruffudd 151
Roberts, John 32, 38–9
Roberts, W. George 3
Rowland, Daniel 32
Rowlands, Dafydd 179–80
Ruskin, John 57

Rhiannon 43, 101, 160
Rhoscomyl, Owen 178, 199–201
Rhys, Ernest 54–5
Rhys, John (Syr) 51
Rhys, Keidrych 243–6, 249–51
Rhys, Manon 247
Rhys, Robert 24–5, 135, 145

Salesbury, William 10
San Steffan 56, 76–9, 81, 87
Saunders, Sara Maria 34
Schiller, Friedrich 155
Schulte, Rainer 211
Scott, Walter (Syr) 62
Shakespeare, William 62
Shelley, Percy Bysshe 116–17, 129, 143–4
Sieffre (o Fynwy) 48, 52–3
Slotkin, Richard 29, 31, 33, 177
Smith, Anthony 5, 11, 15, 17
Smith, Dai 177
Spender, Stephen 102, 243
Spenser, Edmund 50
Steiner, George 223
Stephens, Meic 217
Stephens, T. 192
Stevens, Wallace 103, 129, 177
Sutherland, Graham 231
Swift, Jonathan 116

Taliesin 9, 117, 226–38
Tennyson, Alfred (Arglwydd) 44–7, 49, 52–3, 56–7, 59, 61–3, 65–7, 116
Thomas, Alfred P. 31

Thomas, Dylan 115, 180–2, 218–19, 226, 234–5, 237, 241, 243
Thomas, Ed 178
Thomas, Edward 103
Thomas, Gwyn 95, 97, 100, 102, 105, 107, 163, 178
Thomas, Ned 149, 168
Thomas, Oliver 11
Thomas, R. S. 128, 177, 223
Thomas, Sybil 80
Thoreau, Henry David 129, 184
Tirebuck, William Edwards 28
Tir Newydd 100, 102, 115, 241–3, 245–6, 248–250
Tolkien, J. R. R. 230–1
Tredegar, Arglwydd 33, 70
Tripp, John 217

Vaughan, Gwyneth 80, 84, 196–9
Vaughan, Henry 118, 216
Vendler, Helen 247–8
Verhaeren, Emile 154

Wace, Robert 48
Wales 243, 245, 248–9
Walters, D. Llewellyn 99, 102
Walters, Evan 237
Walters, Meurig 148
Wardlow, Ralph 27
Watkins, Vernon 218, 226–38

Webb, Harri 93, 113, 217, 220–1
Welsh Outlook, The 61, 155
Wharton, Thomas 50
White, Pearl 233
Whitman, Walt 129, 175, 181, 184–5, 210–11
Williams, Charles 230–1
Williams, D. J. 131, 135, 172–3
Williams, E. Llwyd 130
Williams, Griffith John 99, 168
Williams, Gwyn A. 163
Williams, Iona 203
Williams, Linda 140–1
Williams, 'Mallt' 201–3
Williams, Raymond 33–4, 168
Williams, T. Merchant 37
Williams, W. Llewellyn 199, 247
Williams, Waldo 93, 113, 128–45, 228, 247
Williams, William (Pantycelyn) 4, 32, 86, 102, 215–16
Williams, William (Wern) 32
Wordsworth, William 62, 118, 180, 235
Wyn, Elis 116

Yeats, W. B. 100
Yesenin, Sergei 166
Young Wales 55, 72, 192

Zimmern, A. E. 163, 177

Mynegai 259